Werner Doralt/Daniela Hohenwarter • Steuerrecht 2023

Steuerrecht
2023

Ein systematischer Überblick

Stand 1. Jänner 2023

von

Dr. Werner Doralt

em. o. Universitätsprofessor in Wien

und

Dr. Daniela Hohenwarter-Mayr, LL.M.

Universitätsprofessorin in Wien

24. Auflage

Wien 2023
MANZ'sche Verlags- und Universitätsbuchhandlung

Zitiervorschlag: *Doralt/Hohenwarter*, Steuerrecht 2023 [Tz]

1. Auflage: Steuerrecht 2001 (Stand 1. 1. 2001)
10. Auflage: Steuerrecht 2008/09 (Stand 1. 9. 2008)
20. Auflage: Steuerrecht 2018/19 (Stand 1. 8. 2018)
21. Auflage: Steuerrecht 2020 (Stand 1. 10. 2019)
22. Auflage: Steuerrecht 2021 (Stand 1. 1. 2021)
23. Auflage: Steuerrecht 2022 (Stand 1. 3. 2022)
24. Auflage: Steuerrecht 2023 (Stand 1. 1. 2023)

Alle Rechte, insbesondere das Recht der Vervielfältigung und Verbreitung sowie der Übersetzung, vorbehalten. Kein Teil des Werkes darf in irgendeiner Form (durch Fotokopie, Mikrofilm oder ein anderes Verfahren) ohne schriftliche Genehmigung des Verlages reproduziert oder unter Verwendung elektronischer Systeme gespeichert, verarbeitet, vervielfältigt oder verbreitet werden.

Sämtliche Angaben in diesem Werk erfolgen trotz sorgfältiger Bearbeitung ohne Gewähr; eine Haftung der Autor:innen sowie des Verlages ist ausgeschlossen.

Kopierverbot/Vervielfältigungsverbot

Die für Schulen und Hochschulen vorgesehene freie Werknutzung „Vervielfältigung zum eigenen Schulgebrauch" gilt für dieses Werk nicht, weil es seiner Beschaffenheit und Bezeichnung nach zum Unterrichtsgebrauch bestimmt ist (§ 42 Abs 6 UrhG).

ISBN 978-3-214-04274-5

© 2023 MANZ'sche Verlags- und Universitätsbuchhandlung GmbH, Wien
Telefon: (01) 531 61-0
E-Mail: verlag@manz.at
www.manz.at
Bildnachweis: Doralt: Mike Ranz, Hohenwarter: Foto Huger
Datenkonvertierung und Satzherstellung: Ferdinand Berger & Söhne GmbH, 3580 Horn
Druck: Finidr, s. r. o., Český Těšín

Univ.-Prof. Dr. Daniela Hohenwarter-Mayr, LL.M.
Mitautorin

Frau Univ.-Prof. Dr. *Daniela Hohenwarter-Mayr* von der Fakultät für Wirtschaftswissenschaften an der Universität Wien ist seit dieser Auflage Mitautorin.

Frau Prof. *Hohenwarter-Mayr* ist seit Oktober 2020 Professorin für Finanzrecht mit Schwerpunkt Internationales Unternehmenssteuerrecht am Institut für Recht der Wirtschaft. Davor war sie unter anderem Gastprofessorin an der Universität St. Gallen und wissenschaftliche Mitarbeiterin am Institut für Österreichisches und Internationales Steuerrecht der Wirtschaftsuniversität Wien (WU), wo sie sich nach der Promotion zum Dr. iur. auch habilitiert hat.

Ich kenne Frau Prof. *Hohenwarter-Mayr* schon seit vielen Jahren und freue mich über unsere Zusammenarbeit.

Wien, im Dezember 2022 *Werner Doralt*

Auch bei dieser Auflage hat uns Frau Mag. *Sabine Millauer* fachkundig unterstützt. Dafür danken wir herzlich.

Änderungen und Verbesserungsvorschläge bitten wir an unsere E-Mail-Adressen zu richten:
werner.doralt@univie.ac.at
daniela.hohenwarter@univie.ac.at

Inhaltsverzeichnis

Seite

Vorwort V
Abkürzungsverzeichnis XIII
Kleine Stilkunde XV

I. Einführung 1
   1. Entwicklung des Steuerrechts 1
   2. Einteilung der Steuern 2
   3. Die drei Funktionen der Steuern 4
   4. Rechtsquellen des Steuerrechts 4

II. Einkommensteuer 5
   1.   Allgemeines 5
   2.   Persönliche Steuerpflicht (§ 1) 6
   3.   Sachliche Steuerpflicht – das Einkommen (§ 2) 7
   4.   Die sieben Einkunftsarten 8
   4.1 Einkünfte aus Land- und Forstwirtschaft (§ 21) 9
   4.2 Einkünfte aus selbständiger Arbeit (§ 22) 9
   4.3 Einkünfte aus Gewerbebetrieb (§ 23) 10
   4.4 Einkünfte aus nichtselbständiger Arbeit (§§ 25, 26) ... 11
   4.5 Einkünfte aus Kapitalvermögen (§§ 27, 27a, 27b) 13
   4.6 Einkünfte aus Vermietung und Verpachtung (§ 28) 17
   4.7 Sonstige Einkünfte (§§ 29–31) 18
   4.8 Gemeinsame Vorschriften für alle Einkunftsarten (§ 32) 24
   4.9 Exkurs: Der Geschäftsführer einer Kapitalgesellschaft im Arbeitsrecht, Sozialversicherungsrecht und Steuerrecht .. 25
   5.   Verluste und Liebhaberei 26
   6.   Zeitliche Zuordnung von Einkünften (§ 19) 29
   7.   Persönliche Zuordnung von Einkünften 31
   8.   Ermittlung der Einkünfte 33
   9.1. Betriebliche Einkünfte – Gewinnermittlung 34
   9.2. Betriebsvermögen 39
   9.3. Entnahmen – Einlagen 44
   9.4. Bilanzierungsgrundsätze 44
   9.5. Allgemeine Bewertungsvorschriften 47
   9.6. Bewertungsmaßstäbe 49
   9.7. Bewertung des Betriebsvermögens (§ 6) 54
   9.8. Betriebsausgaben – Betriebseinnahmen 60
   9.9. Rückstellungen (§ 9) 66
   9.10. Absetzung für Abnutzung (§§ 7, 8) 70

Inhaltsverzeichnis

10.	Investitionsbegünstigungen	75
10.1	Übertragung stiller Reserven (§ 12)	76
10.2	Forschungsprämie (§ 108 c)	77
10.3	Gewinnfreibetrag (§ 10)	78
11.	Einnahmen-Ausgabenrechnung (§ 4 Abs 3)	79
12.	Wechsel der Gewinnermittlungsart (§ 4 Abs 10)	80
13.	Durchschnittssätze (§ 17)	81
14.	Schätzung (§ 184 BAO)	85
15.	Einkünfte von Personenvereinigungen	85
16.	Betriebsveräußerung	89
17.	Überschuss der Einnahmen über die Werbungskosten	92
17.1	Werbungskosten (§ 16)	92
17.2	Werbungskosten aus Vermietung und Verpachtung	95
18.	Miteigentümergemeinschaften bei Vermietung und Verpachtung	98
19.	Ermittlung des Einkommens	98
19.1	Sonderausgaben (§ 18)	100
19.2	Außergewöhnliche Belastung (§§ 34, 35)	103
20.	Exkurs: Rentenbesteuerung	104
21.	Berechnung der Einkommensteuer (§ 33)	106
21.1	Sanierungsgewinn (§ 36)	108
21.2	Ermäßigung der Progression	108
22.	Veranlagung zur Einkommensteuer	109
23.	Lohnsteuer (§§ 47 ff)	111
24.	Beschränkte Steuerpflicht (§§ 98 ff)	113
25.	Zuzugsbegünstigung (§ 103)	116
26.	Vermeidung der Doppelbesteuerung	116

III. Körperschaftsteuer ... 121

1.	Allgemeines	121
2.	Persönliche Steuerpflicht (§ 1)	122
3.	Unbeschränkte und beschränkte Steuerpflicht (§ 1 Abs 2 und 3)	124
4.	Betriebe gewerblicher Art (§ 2)	125
5.	Beginn und Ende der Steuerpflicht (§ 4)	127
6.	Sachliche Steuerpflicht (§ 7)	127
7.	Einkommensverwendung, Einlagen und Einlagenrückzahlungen	129
8.	Befreiung für Beteiligungserträge (§ 10)	131
9.	Gruppenbesteuerung (§ 9)	134
10.	Nichtabzugsfähige Aufwendungen (§ 12)	137
11.	Verlustabzug, Mantelkauf	138
12.	Liquidation (§ 19)	139
13.	Steuersatz und Erhebung der Steuern (§§ 22 bis 24)	139
14.	Zuständigkeit	140

Inhaltsverzeichnis

15. Kapitalertragsteuer auf Gewinnausschüttungen
    (§§ 93 ff EStG) 140
16. Vergleich: Besteuerung von Personengesellschaften und
    Kapitalgesellschaften 141
17. Exkurs: Besteuerung der Privatstiftung 142

IV. Umgründungssteuergesetz 146
1. Allgemeines 146
2. Übersicht über die einzelnen Tatbestände 146
3. Verschmelzung (Art I) 147
4. Umwandlung (Art II) 149
5. Einbringung (Art III) 150
6. Zusammenschluss (Art IV) 152
7. Realteilung (Art V) 153
8. Spaltung (Art VI) 155

V. Umsatzsteuer 157
1. Allgemeines 157
2. Das System der „Mehrwertsteuer" 157
3. Bestimmungslandprinzip – Ursprungslandprinzip 159
4. Steuertatbestand (§ 1) 161
5. Der Unternehmer (§ 2) 161
6. Einnahmenerzielung und Nachhaltigkeit 162
7. Grundsatz der Unternehmenseinheit 164
8. Lieferungen und sonstige Leistungen (§§ 3, 3a) 164
9. Leistungsentnahme und Eigenverbrauch 166
10. Grundsatz der Einheitlichkeit der Leistung 167
11. Ort der Leistung 169
12. Bemessungsgrundlage (§ 4) 177
13. Änderung der Bemessungsgrundlage 180
14. Steuerbefreiungen 181
15. Kleinunternehmer 185
16. Steuersätze 186
17. Rechnungen (§ 11) 187
18. Unrichtiger und unberechtigter Steuerausweis 189
19. Vorsteuerabzug (§§ 12 ff) 189
20. Steuerschuldner (§ 19) 193
21. Sollbesteuerung und Istbesteuerung (§§ 17, 19) ... 194
22. Durchführung der Besteuerung (§§ 20 ff) 196
23. Zuständigkeit 198
24. USt im Binnenmarkt 198
25. Exkurs: Zivilrechtlicher Schadenersatz und Umsatzsteuer 202

VI. Kommunalsteuer 204

VII. Dienstgeberbeitrag nach dem FLAG 205

Inhaltsverzeichnis

VIII. Neugründungs-Förderungsgesetz	206
IX. Bewertungsgesetz	207
1. Allgemeine Bewertungsvorschriften	207
2. Besondere Bewertungsvorschriften	210
X. Grundsteuer	211
XI. Grunderwerbsteuer	212
1. Allgemeines	212
2. Steuergegenstand (§ 1)	212
3. Begriff des Grundstücks (§ 2)	215
4. Ausnahmen von der Besteuerung (§ 3)	215
5. Bemessungsgrundlage (§§ 4 bis 6)	216
6. Tarif (§ 7)	218
7. Steuerschuld, Steuerschuldner (§§ 8, 9)	220
8. Erklärungspflicht, Selbstberechnung (§§ 10 bis 16)	220
9. Steuererstattung wegen Rückgängigmachung des Erwerbsvorganges (§ 17)	221
10. Zuständigkeit	222
XII. Gebührengesetz	223
1. Allgemeines	223
2. Feste Gebühren und Hundertsatzgebühren (§ 3)	224
3. Bogengebühren (§§ 5 und 6)	224
4. Nicht ordnungsgemäße Gebührenentrichtung (§ 9)	224
5. Gebühren für Schriften und Amtshandlungen (§ 14)	225
6. Gebühren für Rechtsgeschäfte (§ 33)	226
7. Entstehen der Gebührenschuld (§§ 15, 16)	233
8. Zuständigkeit	235
XIII. Sonstige Steuern	237
XIV. Landes- und Gemeindeabgaben	238
XV. Steuerrecht und Europarecht	239
XVI. Steuerrecht und Verfassungsrecht	240
XVII. Allgemeine Bestimmungen	241
XVIII. Das Abgabenverfahren	246
1. Zuständigkeit	246
2. Die Parteien und ihre Vertretung	247
3. Obliegenheiten des Abgabepflichtigen	248
4. Befugnisse der Abgabenbehörde	249
5. Verfahrensgrundsätze	251
6. Festsetzung der Abgaben	251

Inhaltsverzeichnis

    7. Fälligkeit und Stundung 252
    8. Entrichtung und Nachsicht 254
    9. Rückzahlung (§§ 239 ff BAO) 254
  10. Verjährung 255
  11. Rechtsmittelverfahren (Beschwerde) 256
  12. Das Bundesfinanzgericht 257
  13. Entscheidungen des Bundesfinanzgerichts 258
  14. Änderung und Aufhebung rechtskräftiger Bescheide 260
  15. Wiederaufnahme des Verfahrens (§§ 303 ff BAO) 261
  16. Wiedereinsetzung in den vorigen Stand (§§ 308 ff) 262
  17. Kostentragung, Verfahrenshilfe 263

XIX. Finanzstrafgesetz 264
  A. Allgemeiner Teil 264
  B. Besonderer Teil 269
  C. Finanzstrafverfahren 272

Stichwortverzeichnis 275

Abkürzungsverzeichnis

AbgÄG	Abgabenänderungsgesetz
AEUV	Vertrag über die Arbeitsweise der EU
AfA	Absetzung für Abnutzung
AG	Aktiengesellschaft
AktG	Aktiengesetz
AÖF	„Amtsblatt der österreichischen Finanzverwaltung"
AVG	Allgemeines Verwaltungsverfahrensgesetz
B-VG	Bundes-Verfassungsgesetz
BAO	Bundesabgabenordnung
BewG	Bewertungsgesetz
BFG	Bundesfinanzgericht
BFH	Bundesfinanzhof
BgA	Betrieb gewerblicher Art
BMF	Bundesminister(ium) für Finanzen
BMR	Binnenmarktregelung
BStBl	Bundessteuerblatt (deutsch)
BudBG/BBG	Budgetbegleitgesetz
DBA	Doppelbesteuerungsabkommen
EAS	Express-Antwort-Service des BMF
EB	Erläuternde Bemerkungen zur Regierungsvorlage
ErbStG	Erbschafts- und Schenkungssteuergesetz
ESt(G)	Einkommensteuer(gesetz)
EStR	Einkommensteuer-Richtlinien
EuGH	Europäischer Gerichtshof
EUSt	Einfuhr-Umsatzsteuer
F-VG	Finanz-Verfassungsgesetz
FA	Finanzamt
FAG	Finanzausgleichsgesetz
FinStrG	Finanzstrafgesetz
FLAG	Familienlastenausgleichsgesetz
GebG	Gebührengesetz
GesbR	Gesellschaft bürgerlichen Rechts
GmbH	Gesellschaft mit beschränkter Haftung
GmbHG	Gesetz über Gesellschaften mit beschränkter Haftung
GoB	Grundsätze ordnungsmäßiger Buchführung
GrESt(G)	Grunderwerbsteuer(gesetz)
GrSt(G)	Grundsteuer(gesetz)
GSVG	Gewerbliches-Selbständigen-Sozialversicherungsgesetz
ig	innergemeinschaftlich
ImmoESt	Immobilienertragsteuer
JGG	Jugendgerichtsgesetz
KESt	Kapitalertragsteuer
KG	Kommanditgesellschaft

Abkürzungsverzeichnis

KommSt(G)	Kommunalsteuer(gesetz)
KonStG	Konjunkturstärkungsgesetz
KöR	Körperschaften öffentlichen Rechts
KSt(G)	Körperschaftsteuer(gesetz)
KStR	Körperschaftsteuerrichtlinien
KVG	Kapitalverkehrsteuergesetz
LStR	Lohnsteuerrichtlinien
LVO	Liebhabereiverordnung
MRG	Mietrechtsgesetz
OeNB	Oesterreichische Nationalbank
OG	Offene Gesellschaft
OGH	Oberster Gerichtshof
ÖStZ	„Österreichische Steuer-Zeitung"
ÖStZB	„Die finanzrechtlichen Erkenntnisse des VwGH und des VfGH" – Beilage zur „Österreichischen Steuer-Zeitung"
RdW	„Recht der Wirtschaft"
RV	Regierungsvorlage
Slg	Sammlung (VwGH- bzw VfGH-Erkenntnisse)
SpaltG	Spaltungsgesetz
StabG	Stabilitätsgesetz
StGB	Strafgesetzbuch
StGG	Staatsgrundgesetz
StiftEG	Stiftungseingangssteuergesetz
StRefG	Steuerreformgesetz
StruktAnpG	Strukturanpassungsgesetz
SWI	„Steuer und Wirtschaft International"
SWK	„Steuer- und Wirtschaftskartei"
TP	Tarifpost
TS	Teilstrich
Tz	Textziffer
UB	Unbedenklichkeitsbescheinigung
UFS	Unabhängiger Finanzsenat
UFSG	Bundesgesetz über den Unabhängigen Finanzsenat
UGB	Unternehmensgesetzbuch
UID	Umsatzsteuer-Identifikationsnummer
UmgrStG	Umgründungssteuergesetz
USt(G)	Umsatzsteuer(gesetz)
UStR	Umsatzsteuerrichtlinien
VfGH	Verfassungsgerichtshof
vGA	verdeckte Gewinnausschüttung
VO	Verordnung
VwGH	Verwaltungsgerichtshof
VwGG	Verwaltungsgerichtshofgesetz

Kleine Stilkunde

„Einer plagt sich immer – der Autor oder der Leser"

Der frühere Justizminister und Vizekanzler, Univ.-Prof. Dr. *Wolfgang Brandstetter,* meinte in einem Interview: „Dass Gesetzestexte zu kompliziert sind, bekomme ich in letzter Zeit oft um die Ohren gehauen – mit Recht" (Standard 24. 9. 2016).

Ebenso hat die ehemalige Präsidentin des OGH, Frau Dr. *Irmgard Griss,* die bessere Verständlichkeit von Gerichtsentscheidungen eingemahnt. Dazu passend bescheinigt eine Diplomarbeit über die Sprache des VwGH und des VfGH den höchstrichterlichen Entscheidungen eine „auffallend überdurchschnittliche Satzlänge"; durch die langen Nebensätze entstünden häufig „lang gezogene Spannsatzrahmen mit einem beträchtlichen und unter Umständen verständnishemmenden Spannungsbogen" *(Judith Langthaler).*

Ein Richter meinte dazu allerdings, es sei ihm kein Gesetz bekannt, das ihm vorschreibt, er müsse sich um Verständlichkeit bemühen. Ein anderer, auch als Fachautor bekannter Jurist meinte ähnlich, lange Sätze und Schachtelsätze seien Geschmacksache. Von einem früheren Legisten im BMF ist bekannt, dass er sich in Schachtelsätzen „baden" konnte.

Es geht allerdings nicht darum, welcher Stil dem Verfasser eines Textes gefällt oder nicht gefällt, entscheidend ist vielmehr, dass der Leser den Text möglichst leicht versteht. Das muss unser Anliegen sein, gleichgültig, ob es sich um einen Fachbeitrag, um einen Schriftsatz an eine Behörde, ein Urteil oder um ein Gesetz handelt.

Konstruktive Kritik am fremden Text:
Eine bewährte Methode, seinen eigenen Stil zu verbessern, ist die „konstruktive Kritik am fremden Text". Da wir in unseren eigenen Text „selbstverliebt" sind, erkennen wir die Mängel leichter am fremden Text. – Es mag mühsam sein, hat aber einen hohen Lerneffekt, wenn wir versuchen, einen schwer verständlichen fremden Text umzuformulieren, um ihn lesbar zu machen.

Übrigens: Es gibt Stilfibeln, mit wertvollen Anregungen, zB von *Wolf Schneider. Tonio Walter* und *Michael Schmuck* haben eigene Stilfibeln für Juristen geschrieben.

Univ.-Prof. Dr. *Fritz Schönherr* hat an unserer Fakultät eigene Seminare für Legistik veranstaltet (siehe auch *Fritz Schönherr,* Sprache und Recht, Verlag Manz).

Werner Doralt

Kleine Stilkunde

1. Regel: Vermeiden Sie lange Sätze

Lange Sätze mit oft mehr als 50, gelegentlich sogar mehr als 100 Wörtern sind einer der häufigsten Gründe, weshalb ein Text schwer lesbar ist. Daher ist eine der einfachsten Methoden, verständlicher zu schreiben: lange Sätze vermeiden.

Im Anhang finden Sie – als abschreckendes Beispiel – einen Satz mit 133 Wörtern aus einer Entscheidung des OGH.

Zählen Sie die Wörter in Ihren Sätzen: Ab 20 Wörtern sollten Sie vorsichtig werden, je mehr Wörter, desto mehr leidet die Verständlichkeit. Lösen Sie Nebensätze in selbständige Sätze auf (zB statt einen Nebensatz mit „weil" anzufangen, können Sie einen neuen Hauptsatz mit „denn" einleiten).

Ausnahmen gibt es zB dann, wenn Ausführungen nur aneinandergereiht werden.

2. Regel: Vermeiden Sie Schachtelsätze

Schachtelsätze machen einen Satz insbesondere dann schwer verständlich, wenn er lang ist, oder wenn mehrere Schachtelsätze hintereinander gereiht sind. Besonders erschwerend wirken Schachtelsätze, wenn sie Subjekt und Prädikat durch lange Nebensätze trennen.

Lange Sätze verbunden mit Schachtelsätzen sind die häufigsten Ursachen für einen schwer verständlichen Text. Indem Sie lange Sätze mit Schachtelsätzen vermeiden, gewinnen Sie bereits erheblich an Verständlichkeit.

Beispiel:

§ 12 Abs 1 Z 1 UStG (Vorsteuerabzug): „. . . Besteuert der Unternehmer nach vereinnahmten Entgelten (§ 17) – ausgenommen Unternehmen iS des § 17 Abs 1 zweiter Satz – und übersteigen die Umsätze nach § 1 Z 1 und 2 – hierbei bleiben die Umsätze aus Hilfsgeschäften einschließlich der Geschäftsveräußerung außer Ansatz – im vorangegangenen Veranlagungszeitraum 2.000.000 Euro nicht, ist zusätzliche Voraussetzung, dass die Zahlung geleistet worden ist . . ." (idF vor dem AbgÄG 2016).

Alternative:

„. . . Versteuert der Unternehmer nach vereinnahmten Entgelten, muss außerdem die Zahlung geleistet sein; dies gilt nicht für Unternehmen, deren Umsätze im vorangegangenen Veranlagungsjahr 2.000.000 Euro überstiegen haben, wobei Umsätze von Hilfsgeschäften einschließlich der Geschäftsveräußerung außer Betracht bleiben, und für Unternehmungen iS des § 17 Abs 1 zweiter Satz . . ."

Kleine Stilkunde

Anmerkung:

Richtig heißt es natürlich „Versteuert der Unternehmer ..." und nicht „Besteuert ..."

Die Hauptaussage ist durch Einschübe und Schachtelsatz zerrissen, gehört aber vorangestellt, die Ausnahmen gehören nachgereiht. Damit werden gleichzeitig die Verschachtelungen aufgelöst. Als Ausnahmen gehören die Unternehmen mit hohen Umsätzen den Versorgungsunternehmungen (§ 17 Abs 1 zweiter Satz) vorangereiht, weil sie für den Normadressaten die idR wichtigere Ausnahme sind.

Beispiel:

§ 28a FinstrG: Ein Beispiel, wie selbst ein Satz mit „nur" rund 40 Wörtern absolut unverständlich sein kann (siehe Anhang).

3. Regel: Machen Sie Absätze

Gliedern Sie den Text zumindest mit Absätzen, nach Möglichkeit auch mit Zwischenüberschriften. Das zwingt Sie, den Text zu strukturieren, und macht den Text für den Leser leichter verständlich.

4. Regel: Verwenden Sie „dass"-Sätze sparsam

Unnötige „dass"-Sätze machen den Text holprig und stören den Lesefluss (wirken „wie eine Hacke"). Noch schlimmer ist es, wenn es sich um Treppensätze handelt (mehrere „dass" in einem Satz). Gerade in juristischen Texten ist der Satz vor dem „dass"-Satz häufig nur kurz und ohne relevante Aussage; erst der oft lange Nebensatz enthält die Hauptaussage. Nach dem ersten nichtssagenden Hauptsatz, ist die Hauptaussage bereits im ersten Nebensatz.

Beispiele:

– § 20 EStG normiert, dass ...
  Alternative: Nach § 20 EStG

– Der Autor vertritt die Auffassung, dass ...
  1. Alternative: Wie der Autor erklärt ...
  2. Alternative: Der Autor kommt zu folgendem Ergebnis: ...

– Voraussetzung ist, dass ...
  1. Alternative: Das gilt nur, wenn
  2. Alternative: Voraussetzungen sind:

– Es ist bekannt, dass es unzulässig ist, dass in öffentlichen Räumen geraucht wird.
  1. Alternative: Es ist bekannt, dass in öffentlichen Räumen nicht ...
  2. Alternative: Wie bekannt, darf in öffentlichen Räumen nicht ...

Kleine Stilkunde

- Bemerkenswert ist, dass sich auch das Bezirksgericht für unzuständig erklärt hat.
  1. Alternative: Bemerkenswerterweise hat sich auch ...
  2. Alternative: Im Übrigen hat sich auch das Bezirksgericht ...
- Die Rechtslage sieht nunmehr vor, dass ...
  Alternative: Nach der neuen Rechtslage ...
- Der VwGH vertritt die Auffassung, dass ...
  1. Alternative: Nach Auffassung des VwGH ...
  2. Alternative: Wie der VwGH entschieden hat ...
  3. Alternative: Der VwGH kam zu folgendem Ergebnis: ...
- Der VwGH bestätigt die geltende Auffassung, dass ...
  Alternative: Der VwGH bestätigt die geltende Auffassung, nach der ...

Besonders hässlich sind „dass, wenn"-Sätze.

Beispiel:
- Es gibt den Grundsatz, dass, wenn der Gesetzgeber unterschiedliche Begriffe verwendet, er auch Unterschiedliches meint.

Notwendig ist ein „dass"-Satz, wenn der vorangehende Satz eine wichtige Aussage enthält; dann wirkt er auch nicht holprig.

- Der Kläger konnte nicht beweisen, dass ...
- Die Zeit verging so schnell, dass ...

5. Regel: Verwenden Sie „da" und „weil" richtig

Der Begründungssatz wird mit „da" eingeleitet, wenn er dem Satz mit der Folgeaussage vorangeht. Dagegen wird der Begründungssatz mit „weil" eingeleitet, wenn er dem Satz mit der Folgeaussage nachgereiht ist.

Beispiele:
- Da der Zeuge die Unwahrheit gesagt hat, wurde er wegen falscher Zeugenaussage verurteilt.
- Der Zeuge wurde wegen falscher Zeugenaussage verurteilt, weil er die Unwahrheit gesagt hat.

6. Regel: Achtung bei Verstärkerwörtern

Verstärkerwörter können auch abschwächen. Oft ist man versucht, eine Aussage mit einem Verstärkerwort zu betonen (zB sicher, sehr, genau, exakt). Die beabsichtigte Verstärkung kann allerdings gegenteilig wirken, meist ist sie unnötig oder weicht die Aussage sogar auf.

Beispiele:

- Der Zeuge hat sicher die Wahrheit gesagt.
  Alternative: Der Zeuge hat die Wahrheit gesagt.
  Anmerkung: In Prozessbehauptungen kann ein „sicher" sogar gefährlich sein, weil es die Frage provoziert: „Wie sicher sind Sie?"
- Bekanntes Beispiel aus einer Stilfibel: Der Freund flüstert seiner Freundin ins Ohr: „Ich liebe Dich sehr."
  Was stört seine Freundin daran?

7. Regel: Eher Zeitwörter als Hauptwörter verwenden

Verbalstil ist flüssiger zu lesen als Nominalstil. Das heißt nicht, dass man auf Hauptwörter verzichten soll – als formelhafte Begriffe können sie gerade bei juristischen Texten wichtig sein. Vielmehr sind überflüssige Substantivierungen zu vermeiden. Wenn es um Tätigkeiten geht, dann ist es besser, sie mit Tätigkeitswörtern auszudrücken, eben mit Zeitwörtern.

Beispiele:

- Ich stelle den Antrag auf Einvernahme des Herrn N. als Zeugen.
  Alternative: Ich beantrage, Herrn N. als Zeugen zu vernehmen.
- Die Behörde führt als Begründung an ...
  Alternative: Die Behörde begründet ...

8. Regel: Kündigen Sie Gegenmeinungen möglichst früh und ausdrücklich an

Wenn Sie im Text eine Gegenposition erwähnen (gerade in juristischen Texten nicht selten), dann dient es der Verständlichkeit, wenn sie erstens die Gegenposition als solche deutlich ansprechen (zB mit „dagegen") und – zweitens – die Gegenposition auch so früh wie möglich ankündigen. Der Leser weiß dann sofort, dass eine Gegenposition kommt; damit erleichtern Sie dem Leser das Verständnis des (nachfolgenden) Textes.

Beispiele:

- Unbeschränkt Steuerpflichtige unterliegen mit ihren Welteinkommen der ESt. Beschränkt Steuerpflichtige unterliegen nur mit bestimmten Inlandseinkünften der ESt.
  Alternative: ... Dagegen unterliegen beschränkt Steuerpflichtige ...
- Der Kläger erklärte, er habe gesehen, wie das Fahrzeug nach rechts abgebogen ist. Der Beklagte erklärte, er habe gesehen, wie das Fahrzeug links abgebogen ist.
  Alternative: „... Der Beklagte erklärte dagegen ..." oder noch besser „... Dagegen erklärte der Beklagte ..."

Kleine Stilkunde

9. Regel: Verwenden Sie Tendenzwörter! Aber richtig!

Tendenzwörter sind Wörter, die das Positive oder Negative einer (bevorstehenden) Aussage erkennen lassen; sie erleichtern das Lesen. Gelegentlich werden sie sogar falsch angewendet und erschweren damit das Verständnis, statt es zu erleichtern.

Beispiele (überprüfen Sie selbst):
- Die Wahrscheinlichkeit, in einer Lawine umzukommen, ist groß.
- Die Gefahr, in einer Lawine umzukommen, ist groß (wohl besser!).
- Die Chance, in einer Lawine umzukommen ...

- Die Möglichkeit, in der Lotterie zu gewinnen, ist gering.
- Die Chance, ...

- Die Chance, Opfer eines Terroranschlags zu werden ...
- Die Gefahr, Opfer ...

- Über 200 Personen sind seit Jänner im Mittelmeer „gestorben" (ORF). – Passender wäre wohl „ertrunken".
- „Kosten höher als erhofft." – Die Aussage irritiert, hohe Kosten waren wohl nicht „erhofft"; gemeint ist: „Kosten höher als erwartet."
- „Insolvenzen: Österreich unter den Erwartungen."
Oder: „Insolvenzen: Österreich besser als erwartet."
- Die Auswahl stieß auf Anerkennung.
Die Auswahl fand Anerkennung.
- Feinstaubbelastung höher als die WHO „vorschreibt" (besser wohl „zulässt").
- Im ORF hieß es: Die Ergebnisse der Zentralmatura waren „besser als befürchtet" (richtig wohl: „besser als erwartet").

10. Regel: Hauptaussagen voranstellen (im Hauptsatz), Spezifizierungen oder Ausnahmen nachstellen (in Nebensätzen)

Beispiele:
- § 6 Z 5 EStG: „Einlagen sind wie folgt zu bewerten:
  a) Wirtschaftsgüter und Derivate ... sind mit den Anschaffungskosten anzusetzen ...
  b) Grundstücke ... sind mit den Anschaffungs- oder Herstellungskosten anzusetzen ...
  c) Abweichend von lit b sind Gebäude ...
  d) in allen übrigen Fällen ist der Teilwert im Zeitpunkt der Zuführung anzusetzen."

Alternative: Die allgemeine Regel gehört vorangestellt:
„Einlagen sind mit dem Teilwert im Zeitpunkt der Zuführung anzusetzen; davon bestehen folgende Ausnahmen:
a) ...
b) ...
c) ..."
Siehe außerdem das Beispiel zum Vorsteuerabzug oben.

§ 8 Abs 4 Z 2 lit c KStG (Mantelkauf):
„Der Verlustabzug steht ab jenem Zeitpunkt nicht mehr zu, ab dem die Identität des Steuerpflichtigen infolge einer wesentlichen Änderung der organisatorischen und wirtschaftlichen Struktur im Zusammenhang mit einer wesentlichen Änderung der Gesellschafterstruktur auf entgeltlicher Grundlage nach dem Gesamtbild der Verhältnisse wirtschaftlich nicht mehr gegeben ist (Mantelkauf) ..."

Der Satz hat mit 45 Wörtern bereits eine Überlänge und ließe sich übersichtlicher gestalten:

„Der Verlustabzug steht ab jenem Zeitpunkt nicht mehr zu, ab dem die wirtschaftliche Identität des Steuerpflichtigen nicht mehr gegeben ist; das ist dann der Fall, wenn sich im Zusammenhang mit einer wesentlichen Änderung der Gesellschafterstruktur auf entgeltlicher Grundlage die organisatorische und wirtschaftliche Struktur nach dem Gesamtbild der Verhältnisse wesentlich geändert hat."

Die Hauptaussage ist vorangestellt, die Spezifizierungen sind nachgestellt.

11. Regel: Vermeiden Sie „ich" in wissenschaftlichen Arbeiten

Vermeiden Sie in wissenschaftlichen Fachpublikationen das „Ich". Besser sind unpersönliche Formulierungen. Das „Ich" wirkt meist eitel, es schwächt ab und lenkt von der Sache ab.

Beispiele:

– Ich habe in keinem Kommentar gefunden ...
  Alternative: In keinem Kommentar findet sich ...

– Freilich räume ich durchaus ein ...
  Alternative: Freilich ist einzuräumen ...

– ... glaube ich, sagen zu können ...
  Alternative: lässt sich wohl sagen (kann man wohl sagen) ...

– Ich halte es für unnötig ...
  Alternative: Es ist unnötig ...

– Ungeachtet der Rechtsprechung lehne ich die Auffassung ab ...
  Alternative: Ungeachtet der Rechtsprechung ist die Auffassung abzulehnen ...

Anmerkung: Stellen Sie nicht Ihre Person in den Vordergrund, sondern die Sache. Das „Ich" benötigen Sie nur dann, wenn Sie den Leser direkt ansprechen wollen (zB „für Anregungen bin ich dankbar").

12. Regel: Machen wir uns in Fachbeiträgen nicht zum Richter

Mit Wörtern wie „unzutreffend" und „unrichtig" in Fachbeiträgen machen wir uns zum Richter über andere. Das steht uns nicht zu, wirkt überheblich und verletzend; auch wir hätten keine Freude, wenn jemand anderer unsere Meinung derart abqualifiziert, selbst und gerade dann nicht, wenn er recht hat und wir einen Fehler gemacht haben. Das Gleiche gilt für die Zustimmung, für das „Lob". Auch wenn es freundlich klingt: Auch mit „zutreffend" und „richtig" maßen wir uns die Position des Richters an.

Schwächer, aber in der Sache nicht anders wirkt „überzeugend" bzw „nicht überzeugend".

Was richtig oder falsch ist, überzeugt oder nicht überzeugt, soll der Leser anhand unserer Argumente entscheiden; für die Zustimmung genügt „ebenso" oder „ebenso bereits". Für die gegenteilige Meinung genügt „anders"; dass Sie die andere Meinung nicht für richtig halten, ergibt sich bereits daraus, dass Sie sie nicht teilen.

Ebenso verletzend wie unnötig ist etwa die Bemerkung, der Autor habe „übersehen" oder er „ignoriere" oder „verkenne". Inhaltsgleich aber nicht verletzend wäre der Hinweis: Der Autor „lässt außer Betracht" (noch besser ist es, keinen Namen zu nennen, sondern zu formulieren: „. . . Diese Auslegung lässt außer Betracht . . ." oder: „Dagegen lässt sich einwenden . . ." und nicht: „Gegen NN lässt sich einwenden").

Die Regel, wie man mit einer anderen Meinung umgehen soll, ohne den anderen zu verletzen, ist einfach und alt: „Was du nicht willst, das man dir tut, das füg' auch keinem anderen zu."

Derartige Formulierungen sind unpassend und wirken anmaßend (zB: „Wie der OGH richtig erkannt hat", oder „zutreffend OGH" statt „Wie auch der OGH erklärt hat" bzw „ebenso OGH"; negative Beispiele siehe ÖJZ 2016, 416).

13. Regel: Belehrungen

Auch Belehrungen sind unpassend. Formulierungen wie etwa, der Gesetzgeber „wird gut beraten sein", sind oberlehrerhaft und befremden ebenso, wie die Empfehlung, eine unbefriedigende Rechtslage „sollte den VfGH nicht in Versuchung führen, seine Kompetenzen zu überschreiten und selbst Gesetzgeber zu spielen". – Was erwartet sich der Autor von solchen Formulierungen?

14. Regel: Vermeiden Sie besonders hässliche Wörter (Unwörter)

Zu den besonders hässlichen Wörtern gehören zB „obig", „vor Ort", „oberstgerichtliche" oder etwa „seitens".

„Obig" ist nicht nur hässlich, sondern dient meist nicht einmal der beabsichtigen Präzisierung. Wenn Sie „obig" im Laufe des Textes verwenden (zB wie „obig" erwähnt, weiß der Leser genauso viel und genauso wenig, wie wenn Sie Passagen weglassen und sich auf „wie erwähnt" beschränken. Gerne wird „obig" zu Beginn eines Schreibens verwendet, um das im Betreff angeführte Thema nicht wiederholen zu müssen. Flüssiger zu lesen ist es allerdings, wenn Sie das Thema im Text wiederholen.

„Vor Ort" ist selten richtig und meist nur hässliche Journalistensprache. Wenn Sie sich am Unfallort befinden, dann sind Sie eben nicht „vor Ort".

Der „Oberste Gerichtshof" ist ein „Höchstgericht" und kein „Oberstgericht". Daher gibt es auch keine „oberstgerichtliche Entscheidung" sondern eine „höchstgerichtliche Entscheidung". In der Regel ergibt sich aus dem Text, welches Höchstgericht gemeint ist; ist dies nicht der Fall, müssen wir das Gericht beim Namen nennen.

Statt „seitens" besser „von": Nicht „seitens der Partei wurde angemerkt", sondern „von der Partei wurde angemerkt".

15. Regel: Wohin mit Paragraphen, Geschäftszahlen und BGBl-Zahlen?

Paragraphen eines Gesetzes und Geschäftszahlen eines Erkenntnisses oder Urteils sind zwar wichtig, meist aber nur als Zusatzinformation von Interesse. Stehen sie mitten im Satz, dann muss der Leser sie trotzdem mitlesen; setzt man sie dagegen nach der Aussage oder am Schluss des Satzes oder Absatzes in eine Klammer, dann kann der Leser diese Information überspringen. Der Text ist flüssiger zu lesen.

Beispiele:

– Der VwGH hat in seiner Entscheidung vom 1. 3. 2002, 13/14/2001, Slg 2193 erklärt, dass Aufwendungen für ein Arbeitszimmer, das den Mittelpunkt der Tätigkeit bildet, als Betriebsausgaben abzugsfähig sind.

1. Alternative: Der VwGH hat entschieden, dass ... abzugsfähig sind (E 1. 3. 2002 ...).

2. Alternative: Nach der Rechtsprechung des VwGH sind ... abzugsfähig (E 1. 3. 2002 ...).

3. Alternative: Aufwendungen für ein Arbeitszimmer sind als Betriebsausgaben abzugsfähig, wenn es den Mittelpunkt der Tätigkeit bildet (VwGH 1. 3. 2002 ...).

– Nach § 1 EStG sind natürliche Personen mit einem Wohnsitz im Inland unbeschränkt steuerpflichtig.
Alternative: Natürliche Personen mit einem Wohnsitz im Inland sind unbeschränkt steuerpflichtig (§ 1 EStG).
– Das mit BGBl I 2007/104 geänderte Gesetz hat nunmehr folgenden Wortlaut . . .
Alternative: Das Gesetz wurde geändert (BGBl . . .) und hat nunmehr folgenden Wortlaut . . .

16. Regel: Wortwiederholungen vermeiden?

In der Schule haben wir gelernt, dass wir Wortwiederholungen vermeiden sollen.

In der Fachsprache dienen dagegen Wortwiederholungen oft der Präzisierung oder umgekehrt: Wechselt man die Begriffe, bloß um eine Wortwiederholung zu vermeiden, kann die Aussage unpräzise werden. Daher im Zweifel: Keine Scheu, dieselben Begriffe zu wiederholen, wenn dies der Klarheit dient.

17. Regel: Achten Sie auf die Stellung im Satz

Aus einer Presseaussendung:
„Die Staatsanwaltschaft darf einzig und alleine in Österreich entscheiden, ob jemand angeklagt wird oder nicht."

Was ist hier gemeint? „Nur in Österreich darf die Staatsanwaltschaft alleine entscheiden, ob . . ."

Oder: „Nur die Staatsanwaltschaft darf in Österreich entscheiden, ob . . ."

18. Regel: „Gendern" mit Blähsätzen?

Dass es dem Gesetzgeber vollkommen gleichgültig ist, ob ein Gesetz verständlich formuliert ist, zeigt *§ 41 ZahnärzteG*:

„(1) Wenn eine Person . . . eine Schadenersatzforderung erhoben hat, so ist der Fortlauf der Verjährungsfrist von dem Tag an, an welchem der/die Schädiger/Schädigerin, sein/seine bzw. ihr/ihre bevollmächtigter/bevollmächtigte Vertreter/Vertreterin oder sein/ihr Haftpflichtversicherer oder der Rechtsträger jener Krankenanstalt, in welcher der/die genannte Angehörige des zahnärztlichen Berufs tätig war, schriftlich erklärt hat, zur Verhandlung über eine außergerichtliche Regelung der Angelegenheit bereit zu sein, gehemmt."

Oder ein anderes Beispiel aus dem Oö Feuerwehrgesetz:

„§ 14 Abs 3: Die Pflichtbereichskommandantin bzw der Pflichtbereichskommandant kann im Einzelfall die Einsatzleitung einer der dazu bereiten

Kommandantin bzw einem dazu bereiten Kommandanten eingesetzten Feuerwehrkräfte, der Abschnitts- oder Bezirks-Feuerwehrkommandantin bzw dem Abschnitts- oder Bezirks-Feuerwehrkommandanten, der Landes-Feuerwehrinspektorin bzw dem Landes-Feuerwehrinspektor oder der Landes-Feuerwehrkommandantin bzw dem Landes-Feuerwehrkommandanten oder deren bzw dessen Stellervertreterin bzw Stellvertreter übertragen, soweit es aus einsatztechnischen oder einsatztaktischen Gründen nötig ist."

In ihrem „Gendereifer" sprach die frühere Parteiobfrau der Grünen von „Elterinnen und Eltern". Eine andere Funktionärin der Grünen sprach von „Gesetzgeber oder Gesetzgeberin" (Im Zentrum, 9. 9. 2018).

Kritisch auch: *Gerlinde Ondrej*, Rechtspanorama, 13. 12. 2010 und *Peter Pülzl*, Salzburger Nachrichten 28. 10. 2008; abschreckend dagegen ÖJZ 2009, 983 über die „Differenzierung zwischen Notar/e/innen und Rechtsanwält/e/innen".

Schlussbemerkung

Die hier dargestellten Vorschläge sind relativ willkürlich, sowohl in der Auswahl wie auch in ihrer Reihenfolge, und lassen sich auch selbst wieder kritisch hinterfragen. An Stilregeln braucht man sich nicht sklavisch halten; wichtig ist jedoch, eine Sensibilität dafür zu entwickeln, ob der Text, den man geschrieben hat, für den Adressaten möglichst leicht verständlich ist.

Anhang

Drei besonders abschreckende Beispiele, zwei aus Entscheidungen des OGH, das andere aus dem Finanzstrafgesetz:

1. **Aus einem Urteil des OGH** zum Schadenersatz des geschädigten Unfallhelfers (OGH 10. 4. 2008, 2 Ob 43/08 z; ein Satz mit 133 Wörtern!):

„... Auch wenn es im dort entschiedenen Anlassfall darum ging, dass der Hilfe leistende Dritte vom ‚Täter' selbst (der seinen Pkw nach Verursachung eines Parkschadens am Kfz der Kl schuldhaft gegen das Abrollen auf einer abschüssigen Straße nicht ausreichend abgesichert hatte, sodass sein Gegner nach Bemerken, dass das Fahrzeug zu rollen begann, hinterherlief, um es zum Stehen zu bringen, und hierbei sturzbedingt überrollt wurde) den Ersatz des bei seiner Eingriffshandlung erlittenen Schadens begehrte (und auch zugesprochen erhielt), während im vorliegenden Fall nicht der in der Gruppe der Hilfe Leistenden hineinfahrende und diese verletzende Lenker, sondern die den Hilfseinsatz auslösende Lenkerin (bzw für diese der Verband) in Anspruch genommen wird, so kann doch auch bei dieser Fallkonstellation die adäquate Verursachung dieses weiteren Folgeunfalls durch die Verursacherin des ersten Unfalls nicht ernsthaft in Zweifel gezogen werden ..."

2. **§ 28a FinStrG** (Verbandsverantwortlichkeit): Selbst ein noch halbwegs kurzer Satz mit rund 40 Wörtern kann absolut unverständlich sein (weitere Beispiele aus der FinStrG-Novelle 2010 siehe *Doralt*, RdW 2011, 506).

   „Die Verbandsgeldbuße ist, sofern in den Tatbeständen nichts anderes bestimmt wird, jedoch nach der für die Finanzvergehen, für die der Verband verantwortlich ist, angedrohten Geldstrafe, unter den Voraussetzungen des § 15 Abs 2 jedoch nach dem 1,5-fachen dieser angedrohten Geldstrafe, zu bemessen."

   Alternative: „Sofern in den Tatbeständen nichts anderes bestimmt wird, ist die Verbandsgeldbuße nach der Geldstrafe zu bemessen, die für die Finanzvergehen angedroht ist, für die der Verband verantwortlich ist. Unter den Voraussetzungen des § 15 Abs 2 erhöht sich die Geldstrafe um 50%."

   Oder noch einfacher: „... ist die Verbandsgeldbuße nach der Geldstrafe zu bemessen, die für den Täter angedroht ist ..."

3. **OGH** zur Verhängung einer Untersuchungshaft (OGH 13. 3. 2015, 11 Os 14/15s, ein Satz mit 165 Wörtern), ein Prunkstück an Unverständlichkeit:

   „Allein der Umstand, dass im Haftrecht der StPO die Situation nicht vorgesehen ist, dass sich die aufgrund einer gerichtlich bewilligten Festnahmeanordnung in ‚Verwahrungshaft' zu nehmende (weiter anzuhaltende) und ohne Aufschub in die Justizanstalt des zuständigen Gerichts einzuliefernde Person bereits (unmittelbar vor der Entlassung aus einer Strafhaft) in einer Justizanstalt befindet, und dass deshalb im gegenständlichen Fall – über Veranlassung der Staatsanwaltschaft auf Grund einer dem Beschuldigten samt schriftlicher Rechtsbelehrung ausgefolgten gerichtlich bewilligten Festnahmeanordnung (ON 14 in ON 11; ON 39) – die Übernahme aus der Strafhaft in eine ‚Anhaltung' sowie die weitere Überstellung durch die Justizwache (vgl Vollzugsinformation in ON 11; ON 39 S 7–13) ohne Zwischenschaltung der Kriminalpolizei (die den Betroffenen auf Grundlage der gerichtlich bewilligten Festnahmeanordnung unmittelbar im Anschluss an die Entlassung aus der Strafhaft ohnedies lediglich in Verwahrung zu nehmen und in die zuständige Justizanstalt einzuliefern hätte) bewerkstelligt wurde, konnte – ebenso wie die unterlassene Belehrung nach Art 36 Abs 2 WÜK – keinen Einfluss auf die Zulässigkeit der nachfolgenden, die ‚Verwahrungshaft' (Anhaltung) jedenfalls beendenden (*Kirchbacher/Rami*, WK-StPO Vor §§ 170–189 Rz 6) Verhängung der Untersuchungshaft haben, weil die für eine solche geltenden Haftkriterien (§ 173 StPO; *Kier* in WK² GRBG § 2 Rz 84; *Kirchbacher/Rami*, WK-StPO § 173 Rz 1) dadurch nicht berührt werden (vgl ON 55 S 10; mit Verweis darauf auch ON 56 S 3)."

I. Einführung

1. Entwicklung des Steuerrechts

(Doralt/Ruppe I[12], Tz 6 ff)

Die Entwicklung des modernen Steuerrechts setzt mit dem Ende des 18. Jahrhunderts ein.

Erst in der Zeit der Aufklärung entstand die Forderung, dass Abgaben gerecht sein müssen. Eine der Ursachen der **Französischen Revolution** war die Steuerwillkür. Aus der Forderung nach gerechten Steuern entwickelten sich die Steuern auf das Einkommen, die die Leistungsfähigkeit berücksichtigen sollten; die erste effektive Einkommensteuer wurde in England eingeführt, um den Krieg gegen Napoleon zu finanzieren.

Gleichzeitig mit der damals einsetzenden Industrialisierung und dem Übergang von der Naturalwirtschaft (Selbstversorgung) zur Geldwirtschaft wurden die Voraussetzungen für ein modernes Steuerrecht geschaffen, das an den Geldverkehr anknüpfen konnte. Mit der Industrialisierung wuchsen auch die Staatsaufgaben, und es entstand damit das Bedürfnis des Staates nach einem regelmäßigen und gesicherten Steueraufkommen.

In Österreich etablierte sich im **Laufe des 19. Jahrhunderts** ein System von **Verbrauchsteuern** und **Verkehrsteuern** (Gebührengesetz 1850). Auf dem Gebiet der direkten Steuern gab es zunächst ein zersplittertes System verschiedener Ertragssteuern, die ua die gewerblichen Einkünfte und den Mietzins erfassten, bis 1898 das **Personalsteuergesetz** in Kraft trat, mit dem im Wesentlichen das Einkommen erfasst wurde. 1923 wurde in Österreich die **Warenumsatzsteuer** eingeführt.

1938 wurde in Österreich das **reichsdeutsche Steuerrecht** übernommen und **1945** mit dem **Rechtsüberleitungsgesetz 1945** in den österreichischen Rechtsbereich übergeleitet. In den Folgejahren wurden die deutschen Steuergesetze mit oft nur geringfügigen Änderungen als österreichische Steuergesetze neu beschlossen („Austrifizierung" der reichsdeutschen Steuergesetze; zB UStG 1951, EStG 1953).

In den Grundstrukturen stimmt das österreichische Steuerrecht auch heute noch mit dem deutschen Steuerrecht überein. Hinzu kommen Steuerharmonisierungen innerhalb der EU vor allem im Bereich der Umsatzsteuer und der Verbrauchsteuern. Daher kann zur Auslegung des österreichischen Steuerrechts oft auf die (umfangreiche) deutsche Literatur und auf die Rechtsprechung des deutschen Bundesfinanzhofs zurückgegriffen werden.

I. Einführung

2. Einteilung der Steuern

(Doralt/Ruppe I[12], Tz 16ff)

Die Steuern lassen sich nach verschiedenen Kriterien einteilen:
- Nach der **Finanzverfassung** wird danach unterschieden, welche Gebietskörperschaft die einzelne Steuer erhebt und welchen Gebietskörperschaften die Erträgnisse zufließen (Bundes-, Landes-, Gemeindeabgaben; § 6 F-VG).
- Nach der **Anknüpfung** wird danach unterschieden, ob die Steuern an persönliche Umstände, an bestimmte Objekte oder an bestimmte Vorgänge anknüpfen (Personensteuern, Objektsteuern, Verkehrsteuern).
- Nach der **Erhebungsform** wird danach unterschieden, wie die Steuern erhoben werden (Veranlagungssteuern, Selbstbemessungsabgaben, Abzugsteuern).
- **Finanzwissenschaftlich** werden direkte und indirekte Steuern unterschieden, je nachdem, ob der Steuerschuldner die Steuer auch wirtschaftlich tragen soll.

Bundes-, Landes- und Gemeindeabgaben

Auf der Grundlage des Finanz-Verfassungsgesetzes werden im **Finanzausgleichsgesetz** die Erträgnisse bzw die Einhebung dem Bund, den Ländern oder Gemeinden zugewiesen (Ertragshoheit bzw Verwaltungshoheit).

Gemeinschaftliche Bundesabgaben: Die Erhebung erfolgt durch den Bund, der Ertrag wird zwischen Bund, Ländern und Gemeinden aufgeteilt (zB ESt, KSt, USt).

Ausschließliche Bundesabgaben: zB Gebühren nach dem Gebührengesetz.

Ausschließliche Landesabgaben: zB Feuerschutzsteuer (Bundesabgabe, jedoch an die Länder weitergegeben).

Zwischen Ländern und Gemeinden geteilte Abgaben: Fremdenverkehrsabgaben.

Ausschließliche Gemeindeabgaben: zB Kommunalsteuer, Grundsteuer.

Während der Bundesgesetzgeber nach der Finanzverfassung bei der Schaffung neuer Abgaben frei ist (uneingeschränktes Abgabenerfindungsrecht; § 7 F-VG), haben die Länder nur ein eingeschränktes Abgabenerfindungsrecht: Sie können zwar grundsätzlich neue Abgaben einführen, doch darf die Landesabgabe einer bereits bestehenden Bundesabgabe nicht „gleichartig" sein (§ 8 Abs 3 F-VG).

Gemeinden können nur aufgrund einer Ermächtigung des Bundes bzw des Landes bestimmte Abgaben einheben; die Gemeinde hat dann nur ein Beschlussrecht, ob sie die Abgabe einheben möchte oder nicht (§ 7 Abs 5 und § 8 Abs 5 F-VG).

Der Bund kann sich bei Landes- und Gemeindeabgaben die einheitliche Regelung vorbehalten. Beispiele sind die Grundsteuer und die Kommunalabgabe; sie sind Gemeindeabgaben, aber bundesgesetzlich geregelt (§ 7 Abs 3 F-VG).

Zu den finanzverfassungsrechtlichen Vorgaben kommen EU-rechtliche Vorgaben hinzu: zB widersprach die frühere Getränkesteuer der Verbrauchsteuer-Richtlinie.

2. Einteilung der Steuern

Personensteuern, Objektsteuern, Verkehrsteuern, Verbrauchsteuern

Personensteuern knüpfen hinsichtlich des Steuergegenstandes und der Steuerhöhe an personenbezogene Merkmale an; Personensteuern sind die Einkommensteuer und die Körperschaftsteuer (bis 1. 8. 2008 auch die Erbschafts- und Schenkungssteuer). Den Personensteuern gemeinsam ist die Anknüpfung an den Wohnsitz bzw gewöhnlichen Aufenthalt (oder Sitz bzw Ort der Geschäftsleitung bei juristischen Personen).

Objektsteuern (Sachsteuern) knüpfen hingegen an bestimmte Gegenstände an; zu den Objektsteuern gehört zB die Grundsteuer.

Verkehrsteuern knüpfen an bestimmte Vorgänge im wirtschaftlichen oder im rechtlichen Verkehr an (Umsatzsteuer, Rechtsverkehrsteuern).

Verbrauchsteuern knüpfen an den Verbrauch an (Tabaksteuer, Mineralölsteuer).

2/2

Die Einteilung in Personensteuern und andere Steuern ist allerdings weitgehend unergiebig und überschneidet sich zum Teil. ZB ist die Körperschaftsteuer zwar eine Personensteuer, hat aber zunehmend starke Züge einer Objektsteuer angenommen. Die USt ist eine Objektsteuer und zugleich eine Verkehrsteuer und Verbrauchsteuer.

Veranlagte Steuern, Selbstbemessungsabgaben und Abzugssteuern

Veranlagungssteuern werden aufgrund einer Steuererklärung mit Bescheid vorgeschrieben.

Selbstbemessungsabgaben hat der Steuerpflichtige selbst zu ermitteln und abzuführen. Selbstbemessungsabgaben sind zB die USt-Vorauszahlung, der Dienstgeberbeitrag zum Familienlastenausgleichfonds, die Kommunalsteuer und einzelne Gebühren nach dem GebG.

Abzugssteuern behält ein Dritter bei Auszahlung eines Geldbetrages für den Empfänger (= Steuerschuldner) ein und führt sie direkt an den Fiskus ab (zB Lohnsteuer, Kapitalertragsteuer, Immobilienertragsteuer).

2/3

Direkte und indirekte Steuern

Die Unterscheidung zwischen direkten und indirekten Steuern richtet sich danach, ob die Steuer überwälzt werden kann: **Direkte Steuern** trägt der Steuerschuldner auch wirtschaftlich selbst, Steuerschuldner (Steuerzahler) und Steuerträger sind ident; zu den direkten Steuern werden die Personensteuern gezählt (ESt, KSt). **Indirekte Steuern** kann der Steuerschuldner (Steuerzahler) auf einen Dritten überwälzen, indem er sie auf den Preis aufschlägt oder in Rechnung stellt; indirekte Steuern sind die USt und die Verbrauchsteuern.

2/4

Die Abgrenzung zwischen direkten und indirekten Steuern ist insoweit problematisch, als die Überwälzbarkeit einer Steuer sich nicht alleine aus dem Gesetz ergibt, sondern von den Marktverhältnissen abhängt. Ob der Unternehmer die Steuer überwälzen kann, hängt von der „Preiselastizität" der Nachfrage ab: Ist die Preiselastizität gering, dh der Markt bzw die Nachfrage reagieren auf eine Preiserhöhung nicht, dann kann die Steuer leicht auf den Abnehmer überwälzt werden (zB Grundnahrungsmittel). Bei Luxusgütern ist dagegen die Preiselastizität höher; eine Steuererhöhung lässt sich nicht unbedingt im Preis unterbringen.

I. Einführung

3. Die drei Funktionen der Steuern

3 **Steuern** erfüllen **drei Funktionen** (vgl *Beiser,* Steuern[20], Tz 1):
- *Finanzierungsfunktion* zur Finanzierung der Staatsausgaben (Primärfunktion),
- *Umverteilungsfunktion* zum Ausgleich der unterschiedlichen Leistungsfähigkeit der einzelnen Steuerpflichtigen,
- *Lenkungsfunktion* insbesondere zur Lenkung der Wirtschaft (zB Investitionsbegünstigungen), Spenden für bestimmte Zwecke.

Die **Finanzwissenschaft,** die sich mit den gesamtwirtschaftlichen Effekten der Besteuerung und ihren Auswirkungen auf die Volkswirtschaft beschäftigt, unterscheidet Steuern, Beiträge und Gebühren: **Steuern** sind Geldleistungen an Gebietskörperschaften ohne unmittelbare Gegenleistung; **Beiträge** sind Geldleistungen zur Errichtung bestimmter öffentlicher Einrichtungen im unmittelbaren Interesse der Beitragszahler (zB Kanalerrichtung, Straßen); **Gebühren** werden für bestimmte Dienstleistungen der öffentlichen Hand eingehoben (zB laufende Kanalgebühren). Der Gesetzgeber folgt nicht immer dieser Terminologie; zB sind die Gebühren nach dem Gebührengesetz finanzwissenschaftlich den Steuern zuzuordnen.

Zum Unterschied von der Finanzwissenschaft beschäftigt sich die **betriebswirtschaftliche Steuerlehre** mit den Steuerwirkungen auf den einzelnen Betrieb, zB unterschiedliche Besteuerung nach Wahl der Rechtsform.

4. Rechtsquellen des Steuerrechts

4 Die wichtigste Rechtsquelle im Steuerrecht ist das **Gesetz,** hinzu kommen zahlreiche **Verordnungen,** meist aufgrund ausdrücklicher gesetzlicher Ermächtigungen (zB Pauschalierungsverordnungen aufgrund des § 17 EStG); eine ausdrückliche gesetzliche Ermächtigung ist allerdings nicht notwendig (Art 18 Abs 2 B-VG; zB Liebhabereiverordnung).

5 Weitere Rechtsquellen ergeben sich aus dem Völkerrecht aufgrund der zwischenstaatlichen **Doppelbesteuerungsabkommen.**

6 Zunehmende Bedeutung auch für das Steuerrecht hat das **Unionsrecht;** teils aufgrund umfangreicher Richtlinien, die der nationale Gesetzgeber umzusetzen hat (zB Mehrwertsteuer), vor allem aber aufgrund des Beihilfeverbots und der Grundfreiheiten des Vertrages über die Arbeitsweise der Europäischen Union – AEUV (siehe dazu unten Tz 528 f).

7 **Richtlinien** und **Erlässe** des BMF geben die Rechtsmeinung der Finanzverwaltung wieder; sie werden in der Regel auf der Homepage des BMF veröffentlicht. Richtlinien sind oft umfangreich, sie betreffen ganze Gesetze (EStR, KStR, UStR); Erlässe ergehen zu Einzelfragen. Richtlinien und Erlässe des BMF sind zwar in keiner Weise verbindlich (keine normative Bedeutung), doch halten sich die Finanzämter an sie wie an ein Gesetz. Daraus ergibt sich eine de facto normative Wirkung, allerdings ohne höchstrichterliche Kontrolle, weil der VwGH und der VfGH sich dafür nicht zuständig halten: Der VwGH berücksichtigt sie nicht, weil sie nicht im BGBl veröffentlicht sind, und der VfGH prüft sie nicht, weil/wenn sie formal keine normative Wirkung haben (nicht verbindlich sind).

II. Einkommensteuer

1. Allgemeines

(Doralt/Ruppe I[12], Tz 18 ff)

Der ESt (EStG 1988) unterliegen **natürliche Personen** (§ 1); sie knüpft an persönliche Umstände an und zählt damit zu den **Personensteuern.** Die ESt wird vom Steuerschuldner grundsätzlich auch wirtschaftlich getragen, sie ist daher eine **direkte Steuer.** Nach dem Finanzausgleich wird die ESt vom Bund eingehoben und zwischen Bund, Ländern und Gemeinden aufgeteilt (**gemeinschaftliche Bundesabgabe;** § 9 Abs 1 FAG).

Die ESt ist eine Ertragsteuer und erfasst das Einkommen der natürlichen Personen. Vergleichsweise ist die Körperschaftsteuer die Ertragsteuer der juristischen Personen. Personengesellschaften unterliegen als solche nicht der ESt, ihr Gewinn wird den Gesellschaftern direkt zugerechnet und bei ihnen besteuert („Durchgriffsprinzip").

Die ESt wird entweder vom Finanzamt dem Steuerpflichtigen direkt vorgeschrieben (idR aufgrund seiner Steuererklärung) oder sie wird vor Auszahlung der Einnahmen an den Steuerpflichtigen von der auszahlenden Stelle abgezogen und für den Steuerpflichtigen an das Finanzamt abgeführt.

Danach werden nach den Erhebungsformen unterschieden:
– Die ESt als **Veranlagungssteuer:** Das **Finanzamt** schreibt die Steuer dem Steuerschuldner mit Bescheid vor.
– Die ESt als **Abzugssteuer:** Die **auszahlende Stelle** zieht die Steuer vom Entgelt ab und führt sie an das FA ab, wie insbesondere die Lohnsteuer (Steuerabzug durch den Dienstgeber) und die Kapitalertragsteuer (Steuerabzug durch den, der die Kapitalerträge schuldet bzw auszahlt; zB bei Sparbüchern die Bank).

Prinzipien der Einkommensteuer

Die ESt wird von verschiedenen Prinzipien beherrscht; hervorzuheben sind das **Leistungsfähigkeitsprinzip,** das **Periodenprinzip** und das **Nettoprinzip.**

Leistungsfähigkeitsprinzip: Ausdruck des Leistungsfähigkeitsprinzips ist ua die Nichtbesteuerung des Existenzminimums und die **Berücksichtigung persönlicher Verhältnisse** insbesondere im Rahmen der außergewöhnlichen Belastung. Der progressive Steuertarif wird teils als Ausdruck des Leistungsfähigkeitsprinzips gesehen, zum Teil als Ausdruck einer Sozialstaatlichkeit durch Umverteilung.

Periodenprinzip: Bei einer Besteuerung nach der Leistungsfähigkeit müsste das Lebenseinkommen erfasst werden; Zeiträume mit niedrigem Einkommen und Zeiträume mit hohem Einkommen müssten zur Ermittlung der Leistungsfähigkeit zusammengefasst werden. Da dies nicht möglich ist, wird der ESt das Einkommen des einzel-

II. Einkommensteuer

nen Kalenderjahres zugrunde gelegt (Abschnittsbesteuerung; Periodenprinzip). Das Periodenprinzip führt allerdings dazu, dass Verluste in einer Periode mit Gewinnen einer anderen Periode nicht ausgeglichen werden können; nur unter bestimmten Voraussetzungen können Verluste einer Periode mit den Gewinnen einer späteren Periode verrechnet werden (Verlustabzug, siehe Tz 153).

Nettoprinzip: Nach dem Leistungsfähigkeitsprinzip darf die ESt nur das Einkommen unterworfen werden, das sich nach Abzug aller Ausgaben ergibt, die der Erzielung des Einkommens dienen; es darf kein fiktives Einkommen besteuert werden **(objektives Nettoprinzip).** Außerdem darf nur das Einkommen besteuert werden, das dem Steuerpflichtigen nach Abzug des Existenzminimums verbleibt **(subjektives Nettoprinzip).**

Ein weiteres Prinzip ist der Grundsatz der **Individualbesteuerung** im Gegensatz zur Haushaltsbesteuerung (Deutschland): Ehegatten werden individuell besteuert, während bei der Haushaltsbesteuerung die Einkommen beider Ehegatten zusammengerechnet und dann auf beide Ehegatten (oder auch auf die Zahl der Familienmitglieder) aufgeteilt werden. Beide Modelle haben unterschiedliche sozialpolitische Auswirkungen: Die Haushaltsbesteuerung entlastet Familien mit einem Alleinverdiener, umgekehrt fördert die Individualbesteuerung die Berufstätigkeit beider Ehegatten, weil es steuerlich günstiger ist, wenn beide Ehegatten zum Familieneinkommen beitragen. Die in Österreich bestehende Individualbesteuerung berücksichtigt den Familienstand durch verschiedene Absetzbeträge.

2. Persönliche Steuerpflicht (§ 1)

10   Personensteuern – und damit auch die Einkommensteuer – knüpfen regelmäßig an den **Wohnsitz** und an den **gewöhnlichen Aufenthalt** an (§ 1):
- **unbeschränkte Steuerpflicht:** Wer im Inland einen **Wohnsitz oder den gewöhnlichen Aufenthalt** hat, ist im Inland mit seinem gesamten Einkommen, also mit seinem Welteinkommen, steuerpflichtig (daher auch „Universalitätsprinzip").
- **beschränkte Steuerpflicht:** Wer im Inland **keinen Wohnsitz** und **keinen gewöhnlichen Aufenthalt** hat, ist nur mit seinen Einkünften aus dem Inland steuerpflichtig (daher auch „Territorialitätsprinzip").

Einen **Wohnsitz** iSd Abgabenvorschriften hat jemand dort, „wo er eine Wohnung innehat unter Umständen, die darauf schließen lassen, dass er die Wohnung beibehalten und benutzen wird" (§ 26 Abs 1 BAO), oder vereinfacht, wo jemand eine Wohnung innehat, die ihm jederzeit zur Verfügung steht. Maßgeblich sind die objektiven Umstände und nicht die subjektive Absicht. Ein Wohnsitz muss nicht der Hauptwohnsitz sein, auch der Zweitwohnsitz ist ein Wohnsitz; auf den Mittelpunkt der Lebensinteressen kommt es nicht an (siehe allerdings unten zur Zweitwohnsitzverordnung).

Einen Wohnsitz behält man zB auch dann, wenn man berufsbedingt für mehrere Jahre ins Ausland übersiedelt und die Wohnung in der Zwischenzeit nicht benützt. Es genügt, wenn der Stpfl die Wohnung für den eigenen Wohnbedarf jederzeit nützen kann; eine leerstehende (unmöblierte) Wohnung begründet keinen Wohnsitz. Die Wohnung steht dem Steuerpflichtigen auch dann nicht mehr jederzeit zur Verfügung, wenn er die Wohnung zur vollständigen Nutzung einem Dritten überlässt (Vermietung, Untervermietung); damit hat der Stpfl den Wohnsitz jedenfalls aufgegeben.

Einen Wohnsitz begründet zB auch eine Ferienwohnung, ein Untermietzimmer oder ein Hotelzimmer, wenn der Stpfl die Räumlichkeiten auf Dauer zur Nutzung übernommen (gemietet) hat.

Den **gewöhnlichen Aufenthalt** iSd Abgabenvorschriften hat jemand dort, „wo er sich unter Umständen aufhält, die erkennen lassen, dass er an diesem Ort oder in diesem Land nicht nur vorübergehend verweilt" (§ 26 Abs 2 BAO).

Bei einem **Aufenthalt von mehr als sechs Monaten** besteht jedenfalls unbeschränkte Steuerpflicht (§ 26 Abs 2 BAO).

Der gewöhnliche Aufenthalt ist ein Ersatztatbestand und erübrigt die uU schwierige Prüfung, ob ein Wohnsitz vorliegt.

Staatsangehörige aus der EU und dem EWR, die nur beschränkt steuerpflichtig sind, können beantragen, wie unbeschränkt Stpfl behandelt zu werden, wenn sie in Österreich einen wesentlichen Teil (90%) ihrer Einkünfte beziehen oder die ausländischen Einkünfte nicht mehr als 11.693 € betragen (dazu § 1 Abs 4; Option zur unbeschränkten Steuerpflicht). Damit lassen sich Nachteile vermeiden, die sich aus der beschränkten Steuerpflicht ergeben können (zB Hinzurechnungsbetrag beim Steuertarif nach § 102 Abs 3, keine Berücksichtigung von außergewöhnlichen Belastungen nach § 34 Abs 1).

Zweitwohnsitzverordnung: Trotz eines Wohnsitzes im Inland tritt die unbeschränkte Steuerpflicht im Inland nicht ein, wenn
– der Mittelpunkt der Lebensinteressen im Ausland liegt,
– er dort mindestens fünf Jahre lang beibehalten wird und
– die Wohnung im Inland nicht mehr als 70 Tage im Jahr verwendet wird.

Erklärter Zweck der Verordnung ist es, Steuerpflichtigen aus „Steueroasen" zu ermöglichen, einen Wohnsitz im Inland beizubehalten bzw zu begründen, damit sie zumindest in den privaten Konsum im Inland investieren. Dem entspricht es auch, dass sich die Aufenthaltsdauer im Inland – auch mit Aufzeichnungspflichten – nicht kontrollieren lässt. Ob der Inhalt der Verordnung im Gesetz gedeckt ist, scheint daher fraglich (Art 18 B-VG).

Doppelbesteuerung: Wer in mehreren Staaten jeweils einen Wohnsitz hat, unterliegt in jedem dieser Staaten der unbeschränkten Steuerpflicht. Damit kann es zur **Doppelbesteuerung** oder Mehrfachbesteuerung in verschiedenen Staaten kommen.

Zur Doppelbesteuerung kann es auch dann kommen, wenn der Steuerpflichtige in einem Staat unbeschränkt und in einem anderen Staat beschränkt steuerpflichtig ist.

Zur **Vermeidung der Doppelbesteuerung** dienen vor allem **Doppelbesteuerungsabkommen,** die das Besteuerungsrecht zwischen den einzelnen Staaten aufteilen (ausführlich Tz 176 ff).

Beginn und Ende der unbeschränkten Steuerpflicht

Die unbeschränkte Steuerpflicht beginnt mit der Geburt oder der Begründung eines Wohnsitzes oder des gewöhnlichen Aufenthaltes im Inland und **endet** mit dem Tod des Stpfl oder mit der Aufgabe des Wohnsitzes und des gewöhnlichen Aufenthaltes im Inland.

3. Sachliche Steuerpflicht – das Einkommen (§ 2)

Der Einkommensteuer ist das **Einkommen** zugrunde zu legen, das der Stpfl innerhalb eines Jahres bezogen hat (§ 2; sachliche Steuerpflicht, Steuergegenstand). Daher ist die ESt eine **Ertragsteuer.**

II. Einkommensteuer

Einkommen ist im Wesentlichen
- der Gesamtbetrag der sieben Einkunftsarten,
- nach Ausgleich mit den Verlusten aus den Einkunftsarten,
- nach Abzug der Sonderausgaben und
- nach Abzug der außergewöhnlichen Belastungen.

4. Die sieben Einkunftsarten

(Doralt/Ruppe I¹², Tz 58 ff)

15 Zum Einkommen zählen nur solche Einkünfte, die ausdrücklich unter eine der im Gesetz aufgezählten sieben Einkunftsarten fallen. Nicht zu den Einkünften zählen zB Schenkungen und Erbschaften, Schmerzengeld, Spielgewinne, Finderlohn.

Zu den sieben Einkunftsarten gehören:

1. Einkünfte aus Land- und Forstwirtschaft	betriebliche Einkünfte 1–3	Haupteinkunftsarten 1–4
2. Einkünfte aus selbständiger Arbeit		
3. Einkünfte aus Gewerbebetrieb		
4. Einkünfte aus nichtselbständiger Arbeit	außerbetriebliche Einkünfte 4–7	Nebeneinkunftsarten 5–7
5. Einkünfte aus Kapitalvermögen		
6. Einkünfte aus Vermietung und Verpachtung		
7. Sonstige Einkünfte.		

16 1. Nach der **Art der Einkünfteermittlung** werden unterschieden:
- **drei betriebliche Einkunftsarten,** bei denen sich die Einkünfte aus einer Gewinnermittlung, idR durch Vermögensvergleich, ergeben (daher auch als „Gewinneinkünfte" bezeichnet; § 2 Abs 4 Z 1);
- **vier außerbetriebliche Einkunftsarten,** bei denen sich die Einkünfte aus dem Überschuss der Einnahmen über die Werbungskosten ergeben (daher auch als „Überschusseinkünfte" bezeichnet; § 2 Abs 4 Z 2).

Wirtschaftsgüter, die der Erzielung betrieblicher Einkünfte dienen, werden als **Betriebsvermögen** bezeichnet.

Wirtschaftsgüter, die der Erzielung außerbetrieblicher Einkünfte dienen, gehören zum **Privatvermögen** (ebenso wie auch ausschließlich privat genutztes Vermögen). Daher gehört idR sowohl die für eigene Wohnzwecke genutzte Eigentumswohnung als auch die vermietete Eigentumswohnung zum Privatvermögen.

Besteuerung von Wertzuwächsen im Privatvermögen: Im außerbetrieblichen Bereich unterliegt die Veräußerung von Privatvermögen nur dann der ESt, wenn das Gesetz dies ausdrücklich vorsieht; dies trifft heute allerdings auf die wichtigsten Fälle zu (Veräußerung von Kapitalvermögen und Grundvermögen; seit dem BBG 2011 und dem 1. StabG 2012).

17 2. Nach der **Subsidiarität** werden unterschieden:
- vier **Haupteinkunftsarten** (Erwerbseinkünfte),
- drei **Nebeneinkunftsarten** (insbesondere Vermögensverwaltung und Veräußerung von Privatvermögen).

4. Die sieben Einkunftsarten **EStG**

Danach gehören insbesondere Einkünfte aus Kapitalvermögen und Mieteinkünfte nur dann zu den Nebeneinkunftsarten, wenn sie nicht zu den Haupteinkunftsarten zählen (Subsidiarität der Einkunftsarten).

Beispiele:
1. Zinsen aus einer Bankeinlage gehören nur dann zu den Einkünften aus Kapitalvermögen (5. Einkunftsart), wenn die Bankeinlage nicht zu einem Betriebsvermögen gehören, sondern zum Privatvermögen (§ 27 Abs 1).
2. Mieteinkünfte gehören dann zu den Einkünften aus Vermietung und Verpachtung (6. Einkunftsart), wenn das Gebäude zum Privatvermögen gehört (§ 28 Abs 1). Gehört dagegen das Mietgebäude zum Betriebsvermögen, dann gehören auch die Mieteinkünfte zu den betrieblichen Einkünften (ebenso auch der Veräußerungsgewinn).

4.1. Einkünfte aus Land- und Forstwirtschaft (§ 21)

Zu den Einkünften aus Land- und Forstwirtschaft gehören insbesondere Einkünfte aus der 18
– Urproduktion (Landwirtschaft, Forstwirtschaft),
– Tierzucht mit eigenen landwirtschaftlichen Produkten,
– Jagd.

Rund 97% der land- und forstwirtschaftlichen Betriebe sind durch eine Verordnung pauschaliert. Die Pauschalierung führt tendenziell zu einer erheblich niedrigeren Besteuerung der Land- und Forstwirtschaft als nach den tatsächlichen Verhältnissen. Begünstigt sind vor allem größere landwirtschaftliche Betriebe gegenüber Kleinbauern.

Nebenbetriebe zu einer Land- und Forstwirtschaft, die isoliert betrachtet einen Gewerbebetrieb darstellen, gehören zum land- und forstwirtschaftlichen Hauptbetrieb, wenn sie im Wesentlichen nur der **Verarbeitung eigener Produkte** dienen.

Beispiele:
1. Sägewerk eines Forstbetriebs, Obstverarbeitung eines gärtnerischen (landwirtschaftlichen) Betriebs.
2. Die Vermietung von Zimmern mit insgesamt bis zu zehn Betten gehört als Nebenerwerb noch zur land- und forstwirtschaftlichen Tätigkeit (PauschVO, mit Betriebsausgabenpauschale).

Leitungsrechte: Einkünfte aus der Einräumung von Leitungsrechten (insbesondere E- und Gasleitungen) unterliegen einem Steuerabzug von 10% (§ 107; besonders in der Land- und Forstwirtschaft von Bedeutung). 18/1

4.2. Einkünfte aus selbständiger Arbeit (§ 22)

Zu den Einkünften aus selbständiger Arbeit gehören die Einkünfte 19
– aus **freiberuflichen Tätigkeiten** (Z 1): insbesondere Künstler, Wissenschaftler, Schriftsteller, Journalisten, unterrichtende und erzieherische Tätigkeiten, Rechtsanwälte, Steuerberater, Architekten, Ärzte, medizinische Berufe; dazu gehören auch Stipendien, wenn sie wirtschaftlich einen Einkommensersatz darstellen.

II. Einkommensteuer

- aus **vermögensverwaltenden Tätigkeiten** (Z 2 TS 1): nur die Verwaltung fremden Vermögens führt zu Einkünften aus selbständiger Arbeit, zB Hausverwalter, Aufsichtsratsmitglieder; im Werkvertrag und im freien Dienstvertrag tätige Geschäftsführer.
- aus der Tätigkeit als **Gesellschafter-Geschäftsführer** von Kapitalgesellschaften (Z 2 TS 2), wenn er an der Kapitalgesellschaft wesentlich beteiligt ist (zu mehr als 25%) und von der Gesellschaft
  – Gehälter oder
  – sonstige Tätigkeitsvergütungen bezieht,
  und zwar auch dann, wenn seine Tätigkeit sonst alle Merkmale eines Dienstverhältnisses aufweist. Bei einer geringeren Beteiligung bezieht der Gesellschafter-Geschäftsführer idR nichtselbständige Einkünfte (siehe unten Tz 23).

Das Gesetz spricht zwar nicht vom „Gesellschafter-Geschäftsführer", doch handelt es sich regelmäßig um solche.

Vereinfacht gilt für den Gesellschafter-Geschäftsführer einer Kapitalgesellschaft folgende Regel:
– Beteiligung bis 25%: nichtselbständige Einkünfte
– Beteiligung mehr als 25%: selbständige Einkünfte

Unabhängig von einer Beteiligung an der Gesellschaft ist der Geschäftsführer allerdings auch dann selbständig, wenn er im Werkvertrag oder freien Dienstvertrag tätig ist (siehe auch unten, Exkurs zum Geschäftsführer im Arbeitsrecht, Sozialversicherungsrecht und Steuerrecht, Tz 33 ff).

Unterschied gegenüber dem Gesellschafter-Geschäftsführer einer Personengesellschaft: Bei der Personengesellschaft sind die Bezüge eines Gesellschafter-Geschäftsführers unabhängig von der Beteiligungshöhe als „Gewinnvoraus" Teil des laufenden Gewinnes aus der Gesellschaft; meist also gewerbliche Einkünfte, die dem Gesellschafter-Geschäftsführer direkt im Zeitraum ihrer Entstehung zuzurechnen sind (§ 23 Z 2; ausführlich Tz 125).

4.3. Einkünfte aus Gewerbebetrieb (§ 23)

20   **Zu den Einkünften aus Gewerbebetrieb gehören Einkünfte aus einer selbständigen, nachhaltigen** Betätigung mit **Gewinnabsicht** und **Beteiligung am wirtschaftlichen Verkehr** (§ 23 Z 1, § 28 BAO).

- **Selbständigkeit** ist als Gegensatz zur nichtselbständigen Tätigkeit zu sehen (siehe unten Tz 23).
- **Nachhaltigkeit** bedeutet länger andauernd oder mit Wiederholungsabsicht. Dabei kommt es jedoch nicht auf die subjektive Absicht an, sondern darauf, ob nach objektiven Umständen mit einer Wiederholung zu rechnen ist. Auch eine einmalige oder nur kurzfristig ausgeübte Tätigkeit kann daher als nachhaltig angesehen werden, wenn sie erfahrungsgemäß auf eine Wiederholung angelegt ist (zB Erstellung eines Gutachtens unter Ausnutzung besonderer beruflicher Fähigkeiten und Verbindungen). Gelegentliche Leistungen, die die Schwelle der Nachhaltigkeit nicht überschreiten, können allerdings unter sonstige Einkünfte iSd § 29 fallen (siehe unten Tz 30).

4. Die sieben Einkunftsarten

- **Gewinnerzielungsabsicht** ist auf die Erwirtschaftung eines Gesamtüberschusses gerichtet und so von der bloßen Einnahmenerzielungsabsicht zu unterscheiden.
- **Beteiligung am wirtschaftlichen Verkehr** liegt dann vor, wenn als Adressaten der Tätigkeit eine unbestimmte Anzahl von Personen in Betracht kommt.

Die gleichen Kriterien gelten auch für die anderen betrieblichen Einkünfte; deshalb grenzt das Gesetz die gewerblichen Einkünfte von den anderen betrieblichen Einkunftsarten folgendermaßen ab: Gewerbliche Einkünfte liegen nur dann vor, wenn keine land- und forstwirtschaftlichen Einkünfte und keine Einkünfte aus selbständiger Tätigkeit vorliegen (§ 23 Z 1). Danach gehen innerhalb der betrieblichen Einkunftsarten die Land- und Forstwirtschaft (§ 21) und die selbständige Arbeit (§ 22) den Einkünften aus Gewerbebetrieb (§ 23) vor (entspricht der Reihenfolge im Gesetz).

Abgrenzung der gewerblichen Einkünfte von der Vermögensverwaltung

Vermögensverwaltung: Gewerbliche (betriebliche) Einkünfte liegen dann nicht vor, wenn eigenes Privatvermögen nur verwaltet wird; also Kapitalvermögen bloß verzinslich angelegt wird oder unbewegliches Vermögen nur vermietet oder verpachtet wird (vgl § 32 BAO; dann Einkünfte aus Kapitalvermögen bzw aus Vermietung und Verpachtung). Erbringt allerdings zB der Vermieter weitere Dienstleistungen, indem er etwa die Wäsche zur Verfügung stellt und die Räume regelmäßig reinigt, wird die Vermögensverwaltung aufgrund der weiteren Dienstleistungen zur gewerblichen Tätigkeit (siehe dazu EStR, Rz 5433 ff). 21

Einkünfte des Gesellschafters aus einer Personengesellschaft ("Durchgriffsprinzip")

Gesellschafter einer Personengesellschaft, die betriebliche Einkünfte erzielt (OG, KG, GesbR ua), werden wie **Einzelunternehmer** behandelt: Die Personengesellschaft selbst ist im Rahmen der ESt nicht Steuersubjekt, die Gewinne werden den Gesellschaftern direkt zugerechnet **(Durchgriffsprinzip).** Der Gesellschafter einer Personengesellschaft bezieht daher betriebliche Einkünfte (ausführlich Tz 123). Dagegen werden Gewinne von **Kapitalgesellschaften** zunächst bei der Kapitalgesellschaft besteuert (Körperschaftsteuer); der Gesellschafter unterliegt mit seinen Gewinnen aus der Kapitalgesellschaft erst dann der ESt, wenn die Gesellschaft die Gewinne an die Gesellschafter ausschüttet **(Trennungsprinzip);** er bezieht dann idR Kapitaleinkünfte. 22

Erzielt die OG oder KG ausschließlich Einkünfte aus Vermietung und Verpachtung, dann bezieht sie trotz ihrer Gesellschaftsform keine betrieblichen, sondern außerbetriebliche Einkünfte (vermögensverwaltende OG).

4.4. Einkünfte aus nichtselbständiger Arbeit (§§ 25, 26)

Zu den Einkünften aus nichtselbständiger Arbeit gehören insbesondere 23
- **Gehälter** und **sonstige Vorteile** aus einem bestehenden oder früheren **Dienstverhältnis.** Kriterien für das Vorliegen eines Dienstverhältnisses sind insbesondere Weisungsgebundenheit, Eingliederung in den Betrieb und das Fehlen von Unternehmerwagnis (§ 47 Abs 2),

II. Einkommensteuer

- **Pensionen** aus der gesetzlichen Sozialversicherung, und zwar unabhängig davon, ob die pensionsbegründende Tätigkeit eine nichtselbständige oder eine selbständige (gewerbliche) Tätigkeit war. Daher begründen auch Pensionsleistungen aus der gewerblichen Pensionsversicherung Einkünfte aus nichtselbständiger Arbeit.

Außerdem gelten als nichtselbständig tätig

- **Gesellschafter-Geschäftsführer** von Kapitalgesellschaften mit ihren Tätigkeitsvergütungen, wenn sie bis zu 25% an der Gesellschaft beteiligt sind, und zwar auch dann, wenn sie aufgrund ihrer Gesellschafterstellung weisungsfrei und daher keine Dienstnehmer sind (§ 25 Abs 1 Z 1 lit b; siehe dazu auch unten Tz 33 ff).

Sind Gesellschafter-Geschäftsführer zu mehr als 25% beteiligt oder im Werkvertrag bzw im freien Dienstvertrag tätig, dann sind sie selbständig tätig (§ 22 Z 2).

- **politische Funktionäre** nach dem Bezügegesetz (zB Abgeordnete zum Nationalrat) oder vergleichbaren landesrechtlichen Vorschriften (§ 25 Z 4).

Politische Funktionäre werden deshalb als nichtselbständig behandelt, um sie in den Genuss der Lohnsteuervorteile kommen zu lassen (zB begünstigtes Urlaubs- und Weihnachtsgeld); zu den anderen Funktionsgebühren siehe Tz 31.

- **Lehrbeauftragte**, zB an Universitäten (§ 25 Z 5).

Dienstnehmerähnliche Tätigkeiten (zB wenn der Mitarbeiter einer Wochenzeitung im Rahmen eines freien Dienstvertrages wöchentlich Beiträge aus einer bestimmten Region zu liefern hat und dafür ein seitenabhängiges Honorar erhält) begründen **keine Einkünfte aus nichtselbständiger Arbeit**, sondern Einkünfte aus selbständiger Arbeit oder aus Gewerbebetrieb (anders in der Sozialversicherung).

Zu den Einkünften aus nichtselbständiger Arbeit gehören auch **Sachbezüge** und andere **geldwerte Vorteile** und **Zuwendungen von dritter Seite** (§ 25 iVm § 15 Abs 1).

Die wichtigsten Sachbezüge wie zB zur Privatnutzung überlassener Firmen-Pkw, Wohnraumüberlassung, freie Station, sind teils im Gesetz (§ 15 Abs 2), teils in einer eigenen **Sachbezugswerteverordnung** geregelt (tendenziell eher niedrig bewertet).

Zuwendungen von dritter Seite sind steuerpflichtig (zB Provisionen von Geschäftspartnern; gleichgültig, ob erlaubt oder unerlaubt, zB Bestechungsgelder). Dagegen sind ortsübliche Trinkgelder ausdrücklich steuerfrei (§ 3 Abs 1 Z 16 a).

Tagesgelder, **Kilometergelder** und ähnliche Zahlungen, die der Arbeitnehmer zur Abgeltung der eigenen Kosten vom Arbeitgeber ersetzt erhält, sind steuerfrei bzw gehören nicht zu den Einkünften des Arbeitnehmers (§ 3 Abs 1 Z 16 b, § 26 Z 4 und 5).

Dies gilt ebenso für ein „**Öffi-Ticket**" („Klima-Ticket", früher „Job-Ticket"), das der Arbeitgeber dem Arbeitnehmer finanziert und zumindest am Arbeitsort oder am Wohnort gültig ist (steuerfreier Sachbezug nach § 26 Z 5 lit b; Tz 134).

Steuerfrei sind auch **digitale Arbeitsmittel,** die der Arbeitgeber zur Verfügung stellt sowie ein **Homeoffice-Pauschale** in Höhe von bis zu 3 € pro Tag, an dem der Arbeitnehmer seine berufliche Tätigkeit ausschließlich im Homeoffice ausübt. Dies gilt jedoch höchstens für 100 Tage im Kalenderjahr; daher jährlich maximal 300 € (§ 26 Z 9, derzeit befristet bis Ende 2023).

Steuerfrei sind weiters
- **bestimmte Leistungen der öffentlichen Hand,** zB wegen Hilfsbedürftigkeit oder für Zwecke der Wissenschaft und Kunst (§ 3 Abs 1 Z 3);
- **Zuwendungen zur Zukunftssicherung** des Arbeitgebers für seine Arbeitnehmer bis zu 300 € jährlich zB Lebensversicherungen; § 3 Abs 1 Z 15 lit a);
- **Mitarbeiterbeteiligung** am Unternehmen bis zu 4.500 € jährlich (§ 3 Abs 1 Z 15 lit b und c);
- **Gewinnbeteiligungen** an Arbeitnehmer bis zu 3.000 € jährlich (dazu § 3 Abs 1 Z 35; ÖkoStRefG 2022 I, AbgÄG 2022).

4.5. Einkünfte aus Kapitalvermögen (§§ 27, 27a, 27b)

Als Einkünfte aus Kapitalvermögen werden Erträge aus privatem Kapitalvermögen erfasst. Dazu gehören Einkünfte aus der
- Nutzung von Kapital (insbesondere Zinsen und Dividenden, § 27 Abs 2),
- Veräußerung von Kapitalvermögen („realisierte Wertsteigerungen", § 27 Abs 3),
- Einkünfte aus Derivaten (§ 27 Abs 4),
- Einkünfte aus Kryptowährungen (§ 27 Abs 4a iVm § 27b).

Die Besteuerung erfolgt
- in Form der **Kapitalertragsteuer** im Wege des Steuerabzuges durch den Schuldner der Kapitalerträge mit dem „besonderen Steuersatz" von 25% bzw 27,5% (KESt; § 93), oder
- im Wege der **Veranlagung** zum Normalsteuersatz (zB private Darlehen; § 27a Abs 2 Z 1) oder zum „besonderen Steuersatz" von 25% bzw 27,5%. Der besondere Steuersatz kommt im Rahmen der Veranlagung vor allem dann zur Anwendung, wenn etwa bei Kapitaleinkünften mit Auslandsbezug ein KESt-Abzug nicht möglich ist, die Einkünfte aber den KESt-pflichtigen Einkünften im Inland entsprechen.

Als **„Endbesteuerung"** bezeichnet man jene Fälle, in denen die Steuer mit der KESt bzw mit dem „besonderen Steuersatz" abgegolten ist (25% bzw 27,5% statt dem Normaltarif).

Endbesteuerungsgesetz: Die mit 25% bzw 27,5% begünstigte Besteuerung der KESt-pflichtigen und vergleichbaren zum besonderen Steuersatz versteuerten Kapitaleinkünfte beruht auf dem Endbesteuerungsgesetz (Verfassungsgesetz). Die Besteuerung privater Darlehen zum Normalsteuersatz bedeutet damit zwar eine Ungleichbehandlung, sie ist aber verfassungsrechtlich abgesichert (BFG 11. 3. 2019, RV/6100645/2018, VfGH-Beschwerde mit Beschluss abgelehnt).

II. Einkommensteuer

1. Einkünfte aus der Nutzung von Kapital (§ 27 Abs 2 und 5)

24/1 Nach dem Gesetzeswortlaut erfasst das Gesetz die „Überlassung von Kapital"; „Überlassen" von Kapital ist jedoch auf den ersten Blick zweideutig und kann sowohl die Nutzung als auch die Übertragung von Kapital bedeuten. Wie sich aus der Gesetzessystematik ergibt, ist hier aber die Nutzung (laufende Fruchtziehung) gemeint.

Dazu gehören nach § 27 Abs 2 insbesondere:
– **Zinsen aus Bankeinlagen,** insbesondere Sparbücher, Bankkonten (25% gemäß § 27 a Abs 1 Z 1, idR mit KESt endbesteuert),
– **Zinsen aus Forderungswertpapieren** (zB Anleihen, 27,5%, idR mit KESt endbesteuert),
– **Zinsen aus privaten Darlehen** einschließlich Wertsicherungsbeträge (Normalsteuersatz, nicht endbesteuert),
– **Gewinnanteile** aus Beteiligungen an Kapitalgesellschaften (27,5%, idR mit KESt endbesteuert); zu den Gewinnanteilen gehören auch verdeckte Gewinnausschüttungen (siehe dazu Tz 209),
– **Gewinnanteile aus echten stillen Gesellschaften** (Normalsteuersatz, nicht endbesteuert; siehe unten Tz 24/5).

Bei der **echten stillen Gesellschaft** erhält der Gesellschafter als Gegenleistung für seine Kapitaleinlage eine Beteiligung nur am Gewinn und Verlust; scheidet der stille Gesellschafter aus, dann erhält er nur seine Kapitaleinlage zurück. Ist dagegen der stille Gesellschafter darüber hinaus auch am Vermögen (einschließlich den Wertsteigerungen) und am Firmenwert beteiligt, liegt eine **unechte stille Gesellschaft** vor. Der unechte stille Gesellschafter ist dem Kommanditisten ähnlich und bezieht dann mit seinen Einkünften aus der Gesellschaft nicht Einkünfte aus Kapitalvermögen, sondern betriebliche Einkünfte (siehe dazu unten Tz 123 ff).

§ 27 Abs 5 erfasst weiters:
– **Erträgnisse aus Versicherungssparen,** das sind Erlebensversicherungen, die primär dem Kapitalaufbau dienen (Kapitalsparen; Normalsteuersatz). Steht dagegen der Vorsorgegedanke im Vordergrund, dann unterliegen die Erträgnisse daraus (Einmalzahlungen) nicht der ESt (insbesondere Ablebensversicherungen, Erlebensversicherungen mit langer Laufzeit). Nur bei Auszahlung in Rentenform liegen wiederkehrende Bezüge vor (steuerpflichtig nach § 29 Z 1; siehe Tz 27).

Unabhängig von der ESt unterliegen Lebensversicherungen der Versicherungssteuer.

– Zuwendungen von **Privatstiftungen** (27,5%, idR endbesteuert),
– **sonstige Vorteile** aus Kapitalvermögen, zB Wertsicherungsbeträge (Normalsteuersatz, nicht endbesteuert).

Der Kapitalertragsteuer oder dem „besonderen Steuersatz" unterliegen danach mit
– 25%: Zinsen aus Bankeinlagen (insbesondere auch Sparbüchern),
– 27,5%: Zinsen aus Forderungswertpapieren, Zuwendungen aus Privatstiftungen, Gewinnanteile aus Aktien und GmbH-Anteilen.

Alle anderen Kapitaleinkünfte unterliegen dem Normalsteuersatz.

2. Einkünfte aus der Veräußerung von Kapitalvermögen (§ 27 Abs 3 und 6)

Kapitalvermögen, dessen Früchte steuerpflichtig sind (insbesondere Gewinnanteile, Zinsen), ist auch mit einem allfälligen **Veräußerungsgewinn** steuerpflichtig. Mit anderen Worten: sind die laufenden Erträgnisse aus einer Kapitalveranlagung steuerpflichtig, dann ist auch der Gewinn aus der Veräußerung steuerpflichtig (Beispiel: Da die Gewinnanteile aus einer Kapitalgesellschaft steuerpflichtig sind, ist auch der Gewinn aus der Veräußerung des Anteils an der Kapitalgesellschaft steuerpflichtig).

24/2

Das Gesetz spricht nicht von einer „Veräußerung", sondern von „realisierten Wertsteigerungen", doch handelt es sich dabei in erster Linie um Veräußerungen. Eine Steuerpflicht ohne Veräußerung tritt bei Anteilen an einer Kapitalgesellschaft zB dann ein, wenn der Steuerpflichtige in das Ausland übersiedelt und die Besteuerung im Zeitpunkt der späteren Veräußerung nicht sichergestellt ist („Wegzugbesteuerung" insbesondere bei Wegzug in Drittstaaten; siehe dazu § 27 Abs 6).

Die Besteuerung erfolgt zum besonderen Steuersatz von 27,5 %; bei Abwicklung der Realisation durch eine inländische depotführende oder auszahlende Stelle (§ 93 Abs 2 Z 2) im Rahmen der KESt.

Steuerfreies „Altvermögen": Die umfassende Besteuerung von Veräußerungsgewinnen aus Kapitalvermögen ist mit dem BBG 2011 eingeführt worden. Steuerfrei bleiben danach insbesondere weiterhin
– Altaktien, die vor 2011 angeschafft worden sind, und
– Altanleihen, die vor dem 1. 10. 2011 angeschafft worden sind.

Beteiligungen ab 1 % an Kapitalgesellschaften waren mit ihren Veräußerungsgewinnen schon vorher steuerpflichtig.

3. Einkünfte aus Derivaten (§ 27 Abs 4)

Zu den Einkünften aus Derivaten gehören die Einkünfte aus verschiedenen Termingeschäften, zB Optionen; sie unterliegen gegebenenfalls dem besonderen Steuersatz von 27,5 % (entweder als KESt oder im Wege der Veranlagung endbesteuert; dazu § 27a Abs 2 Z 7).

24/3

Derivate („abgeleitete Werte") sind Finanzinstrumente, deren Wert von der Wertentwicklung bestimmter Wirtschaftsgüter abhängt (insbesondere von der Kursentwicklung bestimmter Wertpapiere).

4. Einkünfte aus Kryptowährungen (§ 27b)

Einkünfte aus Kryptowährungen werden grundsätzlich wie Einkünfte aus Kapitalvermögen besteuert (dazu § 27b).

24/4

Als Kryptowährungen gelten digitale Werte, die von keiner Zentralbank oder öffentlichen Stelle emittiert werden und die nicht den gesetzlichen Status einer Währung oder von Geld besitzen, aber allgemein als Tauschmittel akzeptiert werden und die auf elektronischem Wege übertragen, gespeichert und gehandelt werden können (§ 27b Abs 4).

II. Einkommensteuer

Erfasst sind sowohl laufende Einkünfte (Abs 2) als auch Einkünfte aus realisierten Wertsteigerungen (Abs 3). Zu den **laufenden Einkünften aus Kryptowährungen** gehören:

- **Entgelte** (insb zinsähnliche Gegenleistungen) für die Überlassung von Kryptowährungen (zB *Lending*),
- der **Erwerb von Kryptowährungen** durch einen technischen Prozess, bei dem Leistungen zur Transaktionsverarbeitung zur Verfügung gestellt werden (zB *Mining*, sofern die Grenze zum Gewerbebetrieb nicht überschritten wird). Ausgenommen von der Besteuerung als laufende Einkünfte sind jedoch der Erwerb von Kryptowährungen durch *Staking, Airdrops, Bounties* und *Hardfork* (§ 27b Abs 2 TS 1 bis 3). Diese Zugänge lösen daher im Zuflusszeitpunkt keine Steuerpflicht aus, sondern die Besteuerung wird auf den Zeitpunkt einer späteren Veräußerung verschoben. Denn die so erhaltenen Kryptowährungen sind mit Anschaffungskosten iHv 0 € anzusetzen (§ 27a Abs 4 Z 5).

Die **realisierten Wertsteigerungen von Kryptowährungen** erfassen die **Veräußerung** (als Unterschiedsbetrag zwischen Veräußerungserlös und Anschaffungskosten) sowie den **Tausch.** Beim Tausch ist allerdings zu beachten, dass nur der Tausch gegen andere Wirtschaftsgüter und Leistungen, einschließlich gesetzlich anerkannter Zahlungsmittel (FIAT-Geld) eine Steuerpflicht auslöst. Der Tausch von Kryptowährungen gegen andere Kryptowährungen ist hingegen von der Besteuerung ausgenomen; vielmehr wird der Wert der eingetauschten Kryptowährungen auf die erhaltenen Kryptowährungen übertragen (§ 27b Abs 3 Z 2).

Einkünfte aus Kryptowährungen unterliegen grundsätzlich wie Einkünfte aus Kapitalvermögen dem besonderen **Steuersatz von 27,5%** sowie dem **KESt-Abzug,** sofern ein inländischer Abzugsverpflichteter (§ 95 Abs 2 Z 3) vorliegt (verpflichtend ab 2024, davor erfolgt der KESt-Abzug auf freiwilliger Basis).

Die Steuerpflicht ist mit 1. 3. 2022 in Kraft getreten und erstmals auf Kryptowährungen anzuwenden, die ab dem 1. 3. 2021 angeschafft wurden. Früher angeschaffte Kryptowährungen sind als „Altvermögen" nicht vom neuen Besteuerungsregime erfasst; werden allerdings solche Altvermögensbestände für die Erzielung laufender Einkünfte oder zum Erwerb von Kryptowährungen verwendet, fällt dies bereits unter die neue Regelung.

5. Verluste aus der Veräußerung von Kapitalvermögen und Kryptowährungen

24/5   Verluste aus der Veräußerung von Kapitalvermögen, aus Derivaten und Kryptowährungen sind im Wesentlichen nur mit Veräußerungsgewinnen aus gleichartig besteuerten Kapitalvermögen ausgleichsfähig und – als wesentliche Einschränkung – nur im selben Jahr (§ 27 Abs 8 Z 1 iVm § 93 Abs 6 und 7).

Beispiel:

Der Steuerpflichtige bezieht im Jahr 01
- Sparbuchzinsen,
- Gewinne aus der Veräußerung von Aktien an der A-Gesellschaft,
- Verluste aus der Veräußerung von Aktien an der B-Gesellschaft,
- Verluste aus der Veräußerung von Kryptowährungen.

Die Verluste aus der Veräußerung der B-Aktien und die Verluste aus der Veräußerung der Kryptowährung können nur mit den Gewinnen aus der Veräußerung der A-Aktien verrechnet werden; eine Verrechnung mit den Sparbuchzinsen ist ausgeschlossen. Auch eine spätere Verwertung der Verluste in einem Folgejahr ist nicht möglich (§ 27 Abs 8 iVm § 18 Abs 6, dazu noch Tz 153).

6. *Einkünfte aus einer stillen Gesellschaft*

Gewinne aus einer (echten) stillen Gesellschaft werden zum Normalsteuersatz im Rahmen der Veranlagung besteuert, ebenso die Veräußerungsgewinne (Abschichtungsüberschüsse). 24/6

Verluste aus einer stillen Gesellschaft können nur mit späteren Gewinnen aus derselben Beteiligung verrechnet werden (Beschränkung auf die Einkunftsquelle; § 27 Abs 8 Z 2).

Beispiel:

Der stille Gesellschafter erzielt neben anderen laufenden Einkünften aus seinem Anteil
- im Jahr 01 einen Verlust von 15.000 €,
- im Jahr 02 einen Gewinn von 10.000 €,
- im Jahr 03 einen Gewinn von 10.000 €.

Der Verlust im Jahr 01 kann nur mit den Gewinnen aus dem Jahr 02 und 03 verrechnet werden (keine Verrechnung mit anderen Einkünften im Jahr 01).

4.6. Einkünfte aus Vermietung und Verpachtung (§ 28)

Zu den Einkünften aus Vermietung und Verpachtung (VuV) gehören insbesondere Einkünfte aus der 25
- Vermietung unbeweglichen Vermögens (zur Veräußerung siehe Tz 28),
- Verpachtung von Unternehmen,
- Überlassung von Rechten (Lizenzen etc; im Hinblick auf das Subsidiaritätsprinzip idR betriebliche Einkünfte und daher bei VuV von geringer Bedeutung, allenfalls bei Zufallserfindungen, die anschließend verwertet werden; von Bedeutung allerdings bei beschränkt Stpfl; siehe Tz 174).

Beispiele:
1. Mieteinkünfte aus einem vermieteten Gebäude, das nicht zum Betriebsvermögen gehört, Lizenzeinkünfte eines beschränkt Stpfl iZm Rechten, die in einem inländischen Register eingetragen sind oder in einer inländischen Betriebsstätte verwertet werden.

II. Einkommensteuer

2. Die außerbetriebliche (gelegentliche) Vermietung von beweglichem Vermögen fällt nicht unter die Einkunftsart Vermietung und Verpachtung, sondern unter sonstige Einkünfte (Leistungen; § 29 Z 3, siehe Tz 30).

4.7. Sonstige Einkünfte (§§ 29–31)

26 Zu den „sonstigen Einkünften" gehören Einkünfte aus

1. wiederkehrenden Bezügen (§ 29 Z 1),
2. privaten Grundstücksveräußerungen nach § 30 (§ 29 Z 2, erster Fall),
3. Spekulationsgeschäfte nach § 31 (§ 29 Z 2, zweiter Fall),
4. Leistungen (§ 29 Z 3),
5. Funktionsgebühren (§ 29 Z 4).

1. Wiederkehrende Bezüge, Renten (§ 29 Z 1)

27 Unter wiederkehrende Bezüge fallen insbesondere
– **Renten** (ohne Übertragung von Wirtschaftsgütern, zB Unfallrenten oder Renten aufgrund eines Rentenlegats): Sie sind von der ersten Rente an steuerpflichtig. Auch Sachleistungen können Rentencharakter haben (zB die Einräumung eines Wohnrechtes durch Legat).
– **Gegenleistungsrenten** gegen Hingabe von Privatvermögen. Hier erfolgt eine Versteuerung nicht von der ersten Rente an. Ist die Gegenleistung aus bereits versteuertem Einkommen finanziert worden, käme es insoweit zu einer nochmaligen Besteuerung. Daher unterliegen die Renteneinkünfte erst ab dem Zeitpunkt der ESt, ab dem sie den Wert des übertragenen Wirtschaftsgutes bzw der Gegenleistung übersteigen. Konkret sind dabei folgende Fälle zu unterscheiden:
  – Besteht die **Gegenleistung in Geld,** wird also die Rente für die Hingabe von Geld bezogen, dann ist die Rente ab Überschreiten des für den Erwerb des Rentenstammrechts zu leistenden Geldbetrages steuerpflichtig (siehe unten Beispiel 4).
  – Wird ein **Grundstück** gegen Rente veräußert, dann ist der Erlös nach Überschreiten der Anschaffungskosten zu versteuern (entspricht der Besteuerung der Veräußerung von Grundstücken, siehe unten).
  – Werden **andere Wirtschaftsgüter** gegen Rente veräußert, dann ist die Rente erst dann steuerpflichtig, wenn die bereits gezahlten Renten den Wert der Gegenleistung übersteigen (bewertet mit dem Rentenbarwert; §§ 15, 16 BewG; siehe unten Beispiel 3).

Unterhaltsrenten aufgrund eines gesetzlichen Anspruchs und **freigebige Renten** sind beim Empfänger nicht steuerpflichtig (zB auch Unterhaltszahlungen an die geschiedene Ehegattin).

Beispiele:
1. Rentenlegat: Die Nichte erhält aufgrund eines Testaments vom Erben eine jährliche Rente von 5.000 €. Die Rente ist als wiederkehrender Bezug von der ersten Rente an zu versteuern (der Erbe kann die Rentenzahlungen als Son-

derausgabe nach § 18 Abs 1 Z 1 geltend machen). Verpflichtet sich der Onkel dagegen zu Lebzeiten zu Rentenzahlungen an die Nichte, dann sind die Renten freigebig und daher bei der Nichte nicht steuerpflichtig.

2. **Unfallrenten:** Genauso wie das Rentenlegat sind Unfallrenten von der ersten Rente an beim Empfänger steuerpflichtig; beim Verpflichteten sind sie als Sonderausgabe abzugsfähig (§ 18 Abs 1 Z 1).
3. **Gegenleistungsrente für einen Sachwert:** Der Stpfl verkauft ein Gemälde gegen Rente. Die Rente ist nach Überschreiten des nach § 16 BewG ermittelten Rentenbarwertes steuerpflichtig und beim Leistenden abzugsfähig (§ 18 Abs 1 Z 1).
4. **Gegenleistungsrente für Geld (Versicherungsrente):** Der Stpfl leistet an eine Versicherung einen Einmalbetrag von 100.000 € und erhält dafür eine jährliche Rente von 10.000 €. Nach Überschreiten des Einmalbetrages von 100.000 € sind die Rentenzahlungen steuerpflichtig.
5. **Unterhaltsrente:** Der geschiedene Ehegatte zahlt seiner früheren Ehegattin eine Unterhaltsrente von monatlich 2.000 €. Die Rente ist bei der geschiedenen Ehegattin nicht steuerpflichtig (und beim Ehegatten nicht abzugsfähig).
6. Ebenso liegt eine Unterhaltsrente vor, wenn sich zB der Lebensgefährte vertraglich zu einer Unterhaltsrente an seine Lebensgefährtin verpflichtet. Verpflichtet er sich zur Rentenzahlung bis zu ihrem Tod, dann geht die Rentenverpflichtung auf seine Erben über; die Rentenzahlungen bleiben weiterhin steuerlich unbeachtliche Unterhaltsrenten. Verpflichtet er sich jedoch zur Unterhaltsrente nur bis zu seinem Tod und setzt er ihr ein Rentenlegat aus, dann sind die nach seinem Tod gezahlten Renten steuerwirksam (siehe oben Bsp 1).

2. Private Grundstücksveräußerungen (§ 30 ff)

Allgemeines

Mit dem 1. Stabilitätsgesetz 2012 wurde die Veräußerung von privaten Grundstücken steuerpflichtig (ab 1. 4. 2012). Vorher war die Veräußerung von privaten Grundstücken nur als Spekulationsgeschäft steuerpflichtig, wenn ein Grundstück innerhalb von 10 Jahren ab der Anschaffung veräußert wurde. Nach Ablauf von 10 Jahren war die Veräußerung des Grundstücks steuerfrei. Daraus ergibt sich für die geltende Rechtslage die unterschiedliche Behandlung von „Altgrundstücken" (vor dem 31. 3. 2002 angeschafft) und den danach angeschafften „Neugrundstücken".

Private Grundstücksveräußerungen sind Veräußerungsgeschäfte von Grundstücken, die nicht zum Betriebsvermögen gehören. Gehören sie zum Betriebsvermögen, dann werden sie – weitgehend nach den gleichen Grundsätzen (ausgenommen gewerblicher Grundstückshandel; siehe unten) – bei den betrieblichen Einkünften erfasst. Der Begriff Grundstück umfasst den Grund und Boden, Gebäude und grundstücksgleiche Rechte (insbesondere Baurecht).

Besonderer Steuersatz: Die Einkünfte aus privaten Grundstücksveräußerungen unterliegen grundsätzlich einem „besonderen Steuersatz" von 30 %; damit ist die ESt abgegolten (Abgeltungssteuer, § 30 a; zur Selbstbemessung siehe unten, Tz 28/3). Auf Antrag ist jedoch eine Regelbesteuerung nach dem allgemeinen Tarif möglich (§ 30 a Abs 2).

II. Einkommensteuer

Als **Einkünfte** ist der Unterschiedsbetrag zwischen dem Veräußerungserlös und den Anschaffungskosten anzusetzen (§ 30 Abs 3). Die Anschaffungskosten ergeben sich aus den
- unmittelbaren Anschaffungskosten und den Anschaffungsnebenkosten (zB GrESt, Maklergebühren, Vertragserrichtungskosten),
- zuzüglich nachträglichem Herstellungsaufwand,
- zuzüglich nachträgliche Instandsetzungen (zum Begriff Tz 137).

Wurde das Gebäude steuerlich als Einkunftsquelle genutzt (zB vermietet), dann sind die steuerlich bereits in der Vergangenheit geltend gemachten Beträge (AfA, Fünfzehntelabschreibung) von den Anschaffungskosten abzuziehen und erhöhen damit den Veräußerungsgewinn.

Kosten der Veräußerung (zB Maklergebühren, Schätzungsgutachten) kürzen den Veräußerungsgewinn nicht. Das ergibt sich aus § 20 Abs 2 Z 3 lit b, wonach Aufwendungen oder Ausgaben nicht abgezogen werden dürfen, die unmittelbar mit Einkünften in Zusammenhang stehen, auf die der besondere Steuersatz des § 30a Abs 1 angewendet wird. Optiert der Steuerpflichtige hingegen zur Regelbesteuerung nach § 30a Abs 2, können die Aufwendungen oder Ausgaben abgezogen werden.

Die **unentgeltliche Grundstücksübertragung (Schenkung, Erbschaft)** unterliegt nicht der Veräußerungsbesteuerung; es fällt allerdings GrESt an (siehe Tz 462). Erfolgt die Veräußerung nach einem unentgeltlichen Erwerb, sind die Anschaffungskosten des letzten entgeltlichen Erwerbs maßgeblich (wird aus § 30 Abs 1 abgeleitet; ähnlich § 27a Abs 4 Z 1).

Abgrenzung entgeltliche und unentgeltliche Grundstücksübertragung: Weicht der Wert der Gegenleistung um nicht mehr als 25% vom Wert des Grundstücks ab, dann ist von einem entgeltlichen Rechtsgeschäft auszugehen, wenn nicht besondere Umstände für die Unentgeltlichkeit sprechen (VwGH 16. 11. 2021, Ro 2020/15/0015 zu einer Übertragung zwischen Familienangehörigen; nach den EStR, Rz 6625, bisher 50% des Grundstückswertes; anders in der GrESt, § 7).

Zwischen Familienangehörigen liegt daher nach der Rechtsprechung des VwGH erst dann ein entgeltliches Rechtsgeschäft vor, wenn der Wert der Gegenleistung mindestens 75% des gemeinen Wertes des übertragenen Grundstücks ausmacht. Darunter ist von einem unentgeltlichen Rechtsgeschäft auszugehen.

Bei der Veräußerung eines **Pachtgrundstückes** (zB Kleingartenpacht) unterliegt nur der auf das Gebäude entfallende Veräußerungsgewinn der Besteuerung nach § 30.

Bei der Veräußerung **ausländischer Grundstücke** durch einen unbeschränkt Stpfl richtet sich die Besteuerung nach dem einschlägigen DBA (meist Besteuerung im Belegenheitsstaat des Grundstücks mit Befreiung oder Anrechnung der ausländischen Steuer in Österreich; siehe dazu Tz 180).

Verluste aus einer Grundstücksveräußerung können nur mit Gewinnen aus Grundstücksveräußerungen und allenfalls auch mit Einkünften aus Vermietung und Verpachtung verrechnet werden (siehe dazu § 30 Abs 7; weiters Tz 143).

Für den gewerblichen **Grundstückshandel** gilt nicht der besondere Steuersatz, sondern der allgemeine Tarif (§ 30a Abs 3 Z 1). Grundstückshandel liegt insbesondere vor, wenn mehrere private oder betriebliche Grundstücke planmäßig in kurzer Zeit verkauft werden (zB nach einer baulichen Umgestaltung oder Umwidmung; BFG 20. 7. 2022, RV/7105561/2017, § 30a Abs 3 Z 1).

Ausnahmen von der Besteuerung der Grundstücksveräußerung

Ausgenommen von der Besteuerung sind nach § 30 Abs 2 insbesondere 28/1
- der **Hauptwohnsitz** samt Grund und Boden (Z 1), wenn das Eigenheim oder die Eigentumswohnung
    - ab der Anschaffung bis zur Veräußerung durchgehend mindestens zwei Jahre
    - *oder* innerhalb der letzten zehn Jahre vor der Veräußerung durchgehend fünf Jahre als Hauptwohnsitz gedient hat und der Hauptwohnsitz dort aufgegeben wird (die Veräußerung kann auch längere Zeit nach Aufgabe des Hauptwohnsitzes erfolgen, wenn ein entsprechender Zusammenhang gegeben ist; EStR Rz 6643),
- **selbsthergestellte Gebäude** (Z 2), soweit die Hauptwohnsitzbefreiung nicht zur Anwendung kommt, zB bei einem selbsthergestellten Zweitwohnsitz. Befreit ist in diesem Fall nur das Gebäude, nicht auch der Grund und Boden (auf vermietete Gebäude nicht anzuwenden).

Beispiele:
1. Der Stpfl hat vor acht Jahren eine Wohnung angeschafft, sie zunächst vermietet und zwei Jahre danach als Hauptwohnsitz selbst bezogen. Nach weiteren sechs Jahren übersiedelt er und verkauft die Wohnung. – Die Hauptwohnsitzbefreiung kommt zur Anwendung (fünf Jahre durchgehend selbst genutzt).
2. Der Stpfl hat die Eigentumswohnung zunächst von seiner Mutter für drei Jahre gemietet, und dann von ihr geschenkt bekommen. Nach weiteren zwei Jahren verkauft er die Wohnung. – Die Hauptwohnsitzbefreiung kommt zur Anwendung, jedoch nicht wegen der Zweijahresfrist (die Wohnung wurde nicht „angeschafft"), sondern weil die Wohnung durchgehend fünf Jahre als Hauptwohnsitz gedient hat. Dass die Wohnung in diesen fünf Jahren nicht durchgehend im Eigentum des Verkäufers stand, ist nicht relevant (vgl VwGH 14. 1. 2018, Ra 2017/13/0005).
3. Der Stpfl kauft ein Grundstück und lässt darauf ein Sommerhaus errichten (selbsthergestelltes Gebäude). In weiterer Folge verkauft er das Grundstück. – Soweit der Veräußerungsgewinn auf das Gebäude entfällt, bleibt er steuerfrei.
4. Bei einem Grundstück mit angrenzendem Garten gilt die Hauptwohnsitzbefreiung nach § 30 Abs 2 Z 1 auch für den Garten (Grund und Boden), allerdings nur insoweit, als er „üblicherweise als Bauplatz erforderlich ist" (etwa 1.000 m²; VwGH 29. 3. 2017, Ro 2015/15/0025; obwohl die Hauptwohnsitzbefreiung auch Grund und Boden mitumfasst, ist sie im Grunde dennoch eine Gebäudebefreiung).

Veräußerung gegen Rente

Bei der **Veräußerung gegen Rente** tritt die Steuerpflicht erst ein, wenn die 28/2 Summe der bereits bezahlten Renten die Anschaffungskosten übersteigt; die Besteuerung erfolgt dann allerdings nicht mit 30%, sondern zum Normalsteuersatz (§ 30a Abs 4). Ist die Rente unangemessen niedrig (siehe oben Tz 28), liegt keine Veräußerung vor, sondern eine unentgeltliche Grundstücksübertragung.

II. Einkommensteuer

Immobilien-Ertragsteuer (ImmoESt) und Selbstberechnung

28/3 In der Regel hat der Parteienvertreter (Notar oder Rechtsanwalt) die ImmoESt selbst zu berechnen und an das FA abzuführen (§ 30b und § 30c, ebenso wie die GrESt, siehe Tz 475). Außerdem besteht eine **Erklärungspflicht** zwingend durch den Parteienvertreter in Verbindung mit der GrESt-Erklärung.

Neugrundstücke und Altgrundstücke – Ermittlung des Veräußerungsgewinnes

28/4 Für die Ermittlung des Veräußerungsgewinnes ist zwischen „Neugrundstücken" (Anschaffung ab 31. 3. 2002) und „Altgrundstücken" (Anschaffung davor) zu unterscheiden. Der Stichtag 31. 3. 2002 ergibt sich aus folgender Überlegung: Vorher angeschaffte Grundstücke konnten nach der alten Rechtslage bereits steuerfrei veräußert werden; im Zeitpunkt des Inkrafttretens der neuen Immobilienbesteuerung waren sie daher nicht mehr steuerverfangen, weil für sie die damalige 10-jährige Spekulationsfrist bereits abgelaufen war. Deshalb sieht man für diese „Altgrundstücke" eine begünstigte Besteuerung vor.

– Bei **Altgrundstücken** werden die Anschaffungskosten mit 86% des Veräußerungserlöses angenommen (§ 30 Abs 4 Z 2). Daraus ergibt sich ein **pauschalierter Veräußerungsgewinn** von 14% des Veräußerungserlöses bzw ein Steuersatz von 4,2% des Veräußerungserlöses (30% von 14%).

– Bei **Neugrundstücken** ergibt sich der Veräußerungsgewinn hingegen grundsätzlich aus dem Veräußerungserlös abzüglich der Anschaffungs- und Herstellungskosten.

Beispiele:
1. Das Grundstück wurde im Jahr 2001 um 60.000 € angeschafft (also ein Altgrundstück) und wird nunmehr um 100.000 € veräußert.
Als Anschaffungskosten gelten 86.000 €. Der Veräußerungsgewinn beträgt daher 14.000 €, davon 30% ergibt 4,2% vom Veräußerungserlös von 100.000 €; daher 4.200 € Steuer.
2. Das Grundstück wurde im Jahr 2003 um 60.000 € als *Zweitwohnsitz* angeschafft (also ein „Neugrundstück") und wird nunmehr um 100.000 € veräußert. Der Veräußerungsgewinn beträgt 40.000 €; 30% ImmoESt ergeben 12.000 € Steuer.
3. Das Grundstück wurde vor 10 Jahren um 120.000 € *zur Vermietung* angeschafft (daher ebenfalls ein Neugrundstück) und wird nunmehr um 150.000 € veräußert.
Der Veräußerungsgewinn beträgt somit 30.000 €, erhöht sich aber um die während der Vermietungsdauer geltend gemachte AfA vom Gebäude. Betrug zB der Gebäudeanteil des Grundstücks bei der Anschaffung 100.000 € und die AfA 2% pro Jahr, dann wurden insgesamt 20.000 € als AfA geltend gemacht, die den Veräußerungsgewinn erhöhen. Insgesamt beträgt dann der Veräußerungsgewinn 50.000 € und die Steuer 15.000 €.

28/5 **Umwidmungen:** Bei in Bauland umgewidmeten Altgrundstücken wird ein höherer pauschaler Veräußerungsgewinn unterstellt (§ 30 Abs 4 Z 1; im

Ergebnis beträgt der Steuersatz 18% des Veräußerungserlöses, weil als Anschaffungskosten 40% des Veräußerungserlöses fingiert werden).

Umwidmungen in Bauland betreffen in erster Linie landwirtschaftliches Vermögen und bewirken idR enorme Wertsteigerungen, die ihre Ursache ausschließlich in einer behördlichen Maßnahme haben, ohne irgendein Zutun des Landwirts („Landwirteprivileg"). Ein Steuersatz von bloß 18% lässt sich daher nur schwer rechtfertigen. Entgegen dem ersten Anschein wird hier auch nicht die Landwirtschaft begünstigt. Denn der in Bauland umgewidmete Acker dient nicht mehr der Landwirtschaft.

3. Spekulationsgeschäfte (§ 31)

Spekulationsgeschäfte sind Veräußerungsgeschäfte von Privatvermögen, wenn der Zeitraum zwischen Anschaffung und Veräußerung nicht mehr als ein Jahr beträgt. Kapitalvermögen und Grundvermögen sind davon ausgenommen, weil dafür der Veräußerungsgewinn eigens in § 27 und § 30 geregelt ist.

Bei unentgeltlich erworbenen Wirtschaftsgütern ist der Anschaffungszeitpunkt des Rechtsvorgängers maßgeblich (§ 31 Abs 1).

Beispiele sind insbesondere Antiquitäten, Bilder, Edelmetalle oder sonstiges bewegliches Vermögen (zB privater Pkw).

Als Einkünfte ist der Unterschiedsbetrag zwischen dem Veräußerungserlös und den Anschaffungskosten anzusetzen, abzüglich Werbungskosten.

Einkünfte aus Spekulationsgeschäften bis **440 €** jährlich bleiben steuerfrei (**Freigrenze,** § 31 Abs 3). Führen Spekulationsgeschäfte in einem Kalenderjahr insgesamt zu einem Verlust, ist dieser nicht ausgleichsfähig (§ 31 Abs 4).

4. Leistungen (§ 29 Z 3)

Steuerpflichtig sind auch Einkünfte aus Leistungen, „wie insbesondere Einkünfte aus einer gelegentlichen Vermittlung oder aus der Vermietung beweglicher Gegenstände" (subsidiär, soweit sie nicht im Rahmen einer anderen Einkunftsart anfallen). Ähnlich wie die Einkünfte aus Spekulationsgeschäften sind auch Leistungseinkünfte nur dann steuerpflichtig, wenn sie im Kalenderjahr mehr als **220 €** betragen (**Freigrenze,** § 29 Z 3). Verluste aus Leistungen sind nur mit anderen positiven Leistungseinkünften ausgleichsfähig; eine Verrechnung darüber hinaus ist ausgeschlossen.

Leistungen können in einem positiven Tun, einem Unterlassen, in einem Dulden oder auch in einem Verzicht bestehen. Besteht die Leistung allerdings im Verzicht auf ein selbständiges Wirtschaftsgut, wird der Vorgang nicht von § 29 erfasst. Die Abgrenzung ist schwierig: ZB gelten Nachbarrechte im Baurecht nicht als selbständige Wirtschaftsgüter, daher wird der entgeltliche Verzicht auf ein Nachbarrecht als Leistung iSd § 29 erfasst. Dagegen stellt das Mietrecht an einer Wohnung ein selbständiges Wirtschaftsgut dar, weshalb die Aufgabe des Mietrechts gegen Entgelt nicht als Leistung iSd § 29 erfasst wird, sondern als Veräußerung.

II. Einkommensteuer

Die unterschiedliche steuerliche Beurteilung ist vor allem iZm Grundstücken problematisch: So wird das „Mehr", nämlich die Überlassung des ganzen Grundstücks, idR mit 30% besteuert (zB Verkauf des Grundstücks), dagegen wird das „Weniger", nämlich der Verzicht auf ein Teilrecht (Nachbarrecht), zum Normaltarif besteuert.

Die entgeltliche Zustimmung zu einem Syndikatsvertrag ist eine Leistung iSd § 29, ebenso der entgeltliche Verzicht auf eine Besitzstörungsklage oder auf ein Veräußerungs- und Belastungsverbot. Der Täterhinweis aufgrund einer Auslobung gilt nicht als Leistung iSd § 29 (obwohl ansonsten ein entgeltlicher Täterhinweis sehr wohl als Leistung anzusehen sein wird). Auch Gewinne aus der Teilnahme an einem Fernsehquiz sind nicht als Leistung steuerpflichtig. Schmiergelder und Bestechungsgelder fallen unter § 29, soweit sie nicht zu anderen Einkünften gehören.

Abgrenzung zur Vermögensübertragung am Beispiel Fruchtgenussrecht: Schließt das Nutzungsrecht das Recht zur Nutzung durch Dritte ein, ermöglicht es also auch die Vermietung, dann begründet das Nutzungsrecht einen selbständigen Vermögenswert. Daher ist die entgeltliche Aufgabe des Nutzungsrechtes in diesem Fall keine Leistung iSd § 29 Z 3, sondern die Veräußerung eines Wirtschaftsgutes. Ist dagegen das Nutzungsrecht auf das höchstpersönliche Wohnrecht des Fruchtnießers eingeschränkt, dann ist die entgeltliche Aufgabe des Nutzungsrechtes (Wohnrechts) eine Leistung iSd § 29 Z 3 (VwGH 31. 1. 2018, Ro 2017/15/0018).

Daher gilt:
– Entgeltlicher Verzicht auf ein Wohnrecht: steuerpflichtige Leistung
– Entgeltlicher Verzicht auf ein Nutzungsrecht: Veräußerung eines Wirtschaftsgutes

Abgrenzungen zur gewerblichen Tätigkeit: Leistungen iSd § 29 Z 3 sind Tätigkeiten, die ihrer Art nach nicht regelmäßig vorkommen, oder sie bestehen in der gelegentlichen Nutzung von Privatvermögen als Einkunftsquelle (zB ein Autobesitzer verleiht seinen Privat-Pkw gelegentlich zum Wochenende an einen Freund). Nur wenn zusätzliche Leistungen erbracht werden, die über die bloße Vermietung hinausgehen bzw die Vermietung geschäftsmäßig betrieben wird, liegen gewerbliche Einkünfte vor.

Beispiel:
Vermietet die Ehefrau an ihren Ehemann (Röntgenarzt) mehrere Röntgengeräte, dann begründet dies zwar keinen Gewerbebetrieb (keine „geschäftsmäßige Tätigkeit"), aber Leistungen iSd § 29 Z 3; vgl VwGH 5. 9. 2012, 2012/15/0055.

5. Funktionsgebühren (§ 29 Z 4)

31   Funktionsgebühren sind Einkünfte aus Tätigkeiten für öffentlich-rechtliche Körperschaften, soweit sie nicht zu den Einkünften aus nichtselbständiger Arbeit gehören (Funktionsgebühren erhalten zB Kammerfunktionäre).

4.8. Gemeinsame Vorschriften für alle Einkunftsarten (§ 32)

32   Zu den Einkünften gehören insbesondere auch:
– **Entschädigungen** als Ersatz für entgangene oder entgehende Einnahmen (auf Antrag auf drei Jahre verteilungsfähig, wenn der Entschädigungszeitraum mindestens sieben Jahre beträgt; § 37 Abs 2 Z 2),
– Einkünfte aus einer **ehemaligen Tätigkeit** im Rahmen einer der Einkunftsarten.

4.9. Exkurs: Der Geschäftsführer einer Kapitalgesellschaft im Arbeitsrecht, Sozialversicherungsrecht und Steuerrecht

Arbeitsrecht

Grundsätzlich kann der Geschäftsführer Arbeitnehmer oder selbständig tätig sein. Als **Arbeitnehmer** ist der Geschäftsführer im **echten Dienstvertrag** tätig. Als **Selbständiger** kann der Geschäftsführer tätig sein
- im **freien Dienstvertrag**,
- im **Werkvertrag** oder
- im **Auftragsverhältnis**.

33

Das wichtigste Abgrenzungskriterium des Arbeitnehmers von den selbständigen Beschäftigungsverhältnissen ist die Weisungsgebundenheit und die organisatorische Eingliederung (vgl auch § 47 EStG).

Der Fremdgeschäftsführer einer Kapitalgesellschaft:

Der **Geschäftsführer einer GmbH** ist grundsätzlich weisungsgebunden, er kann aber auch weisungsfrei gestellt werden (§ 20 GmbHG). Dagegen ist der **Vorstand einer Aktiengesellschaft** immer weisungsfrei (§ 70 AktG).

Ist danach der Geschäftsführer einer GmbH weisungsgebunden und daher arbeitsrechtlich als Dienstnehmer einzustufen, dann ist auf ihn auch das Angestelltengesetz anzuwenden.

Dagegen ist das AngestelltenG auf den Vorstand der Aktiengesellschaft und auf den weisungsfreien Geschäftsführer einer GmbH grundsätzlich nicht anzuwenden (daher zB kein gesetzlicher Anspruch auf Abfertigung, sondern allenfalls aufgrund des Vorstandsvertrages).

Der Gesellschafter-Geschäftsführer:

Der **Gesellschafter-Geschäftsführer** unterliegt im Prinzip den gleichen Regelungen wie der Fremdgeschäftsführer einer Kapitalgesellschaft; er ist allerdings dann nicht weisungsgebunden und folglich auch kein Dienstnehmer, wenn er
- **Mehrheitsgesellschafter** ist oder
- über eine **Sperrminorität** verfügt, mit der er Beschlüsse der Gesellschafterversammlung verhindern kann.

Sozialversicherung

Fremdgeschäftsführer:

Der Fremdgeschäftsführer unterliegt der Pflichtversicherung als

34

- **Dienstnehmer** nach ASVG (§ 4 Abs 2 ASVG; persönliche oder wirtschaftliche Abhängigkeit),
- **dienstnehmerähnlich freier Dienstnehmer** nach ASVG (§ 4 Abs 4 ASVG),
- **Selbständiger** nach GSVG (sog neuer Selbständiger; § 2 Abs 1 Z 4 GSVG).

Dienstnehmerähnlich freier Dienstnehmer ist, wer die Dienstleistungen überwiegend in eigener Person zu erbringen hat, über keine wesentlichen Betriebsmittel verfügt und nicht „selbständig" iSd GSVG ist.

Gesellschafter-Geschäftsführer:

Der Gesellschafter-Geschäftsführer unterliegt der Pflichtversicherung als
- **Dienstnehmer** nach ASVG, wenn er weisungsgebunden ist oder zwar weisungsfrei ist, aber nach EStG als Dienstnehmer gilt (§ 4 Abs 2 letzter Satz ASVG),

II. Einkommensteuer

- **dienstnehmerähnlich freier Dienstnehmer** nach ASVG,
- **Selbständiger** nach GSVG (sog alter oder neuer Selbständiger; § 2 Abs 1 Z 3 bzw Z 4 GSVG).

Steuerrecht

Einkommensteuer

35   **Der Fremdgeschäftsführer** bezieht
– Einkünfte aus nichtselbständiger Tätigkeit, wenn er weisungsgebunden ist,
– Einkünfte aus selbständiger Arbeit, wenn er als freier Dienstnehmer oder im Werkvertrag tätig ist.

Der Gesellschafter-Geschäftsführer bezieht im Regelfall
– wenn er bis zu 25 % beteiligt und im Dienstvertrag tätig ist: Einkünfte aus nichtselbständiger Arbeit (und zwar auch dann, wenn er aufgrund des Gesellschaftsvertrages weisungsfrei gestellt ist; § 25 Abs 1 Z 1 lit b);
– wenn er zu mehr als 25 % beteiligt ist: Einkünfte aus selbständiger Tätigkeit (§ 22 Z 2 zweiter Teilstrich),
– als freier Dienstnehmer oder im Werkvertrag: unabhängig von der Beteiligungshöhe Einkünfte aus selbständiger Tätigkeit (§ 22 Z 2 erster Teilstrich).

Beim **Werkvertrag** wird ein „Werk" bzw der Erfolg geschuldet (zB Bauaufsicht für ein bestimmtes Projekt). Im Gegensatz dazu wird bei einem freien Dienstvertrag die Verrichtung von Diensten schlechthin geschuldet. Bei einem Werkvertrag wird die zu erbringende Leistung bereits im Zeitpunkt des Vertragsabschlusses konkret festgelegt; hingegen wird bei einem freien Dienstvertrag die zu erbringende Leistung nur gattungsmäßig umschrieben; der freie Dienstnehmer kann die Arbeitszeit und den Arbeitsort selbst bestimmen. Beide Vertragstypen, Werkvertrag und freier Dienstvertrag, begründen im Gegensatz zum (echten) Dienstvertrag keine persönliche Abhängigkeit.

Dienstgeberbeitrag (FamilienlastenausgleichsG) und Kommunalsteuer

36   Sowohl die Bezüge des **Fremdgeschäftsführers** als auch die Bezüge des **Gesellschafter-Geschäftsführers** unterliegen idR dem Dienstgeberbeitrag und der Kommunalsteuer (siehe Tz 391 und 392).

Dagegen unterliegt der im **Werkvertrag** tätige Geschäftsführer nicht dem Dienstgeberbeitrag und der Kommunalsteuer.

5. Verluste und Liebhaberei

(Doralt/Ruppe I[12], Tz 45 ff)

37   Bloße Einnahmenerzielung bewirkt noch keine Einkunftsquelle. Im betrieblichen Bereich müssen nachhaltig auch Gewinne erzielt werden („Gewinnerzielungsabsicht"; siehe Tz 20) und genauso muss im außerbetrieblichen Bereich nachhaltig ein Überschuss von Einnahmen über Werbungskosten erzielt werden.

Ergeben sich aus einer Tätigkeit auf Dauer gesehen nur Verluste, weil die **Tätigkeit nur als Hobby** (Freizeitbeschäftigung) oder **als private Vermögensvorsorge** mit hoher Fremdfinanzierung betrieben wird, dann könnte der Stpfl solche „Liebhaberei-Tätigkeiten" auf Kosten der Allgemeinheit ausüben. Denn die Verluste würden sein Einkommen und damit die Steuer-

5. Verluste und Liebhaberei **EStG**

bemessungsgrundlage kürzen, ohne dass auf die Dauer gesehen mit korrespondierenden positiven Einkünften zu rechnen wäre. Um dies zu verhindern, werden derartige „Liebhaberei-Tätigkeiten" mit nachhaltigen Verlusten steuerlich nicht als Einkunftsquelle anerkannt. Damit sind auch die Verluste aus solchen Tätigkeiten steuerlich nicht verwertbar.

Beispiel:
Ein Rechtsanwalt ist passionierter Jäger und betreibt selbst eine Jagd. Das erlegte Wild verkauft er einem Gastwirt. Er ist also mit der Jagd nachhaltig tätig und beteiligt sich am wirtschaftlichen Verkehr; er erzielt auch Einnahmen, aber keinen Gewinn, sondern laufend nur Verluste. Könnte der Rechtsanwalt die Verluste aus seiner Jagd mit seinen anderen Einkünften (etwa aus der Tätigkeit als Rechtsanwalt) verrechnen, dann würde er dadurch sein steuerliches Einkommen und in weiterer Folge seine ESt-Belastung vermindern.

Ob eine Tätigkeit als „Liebhaberei" gilt, ist in einer eigenen **„Liebhabereiverordnung"** (LVO) geregelt, zu der auch ein Erlass (Liebhaberei-Richtlinien) ergangen ist.

Die Liebhabereiverordnung unterscheidet Tätigkeiten mit
– Liebhabereivermutung (§ 1 Abs 2 LVO),
– Einkünftevermutung (§ 1 Abs 1 LVO) und
– unwiderlegbarer Einkunftsquelleneigenschaft (§ 1 Abs 3 LVO).

1. Liebhabereivermutung

Bei Verlusten aus bestimmten Tätigkeiten geht die Liebhabereiverordnung von vornherein davon aus, dass Liebhaberei vorliegt **(Tätigkeiten mit Liebhabereivermutung).** In diesen Fällen werden die Verluste nicht anerkannt. Ist allerdings in einem „absehbaren Zeitraum" ein Gesamtgewinn (Gesamtüberschuss) zu erwarten, dann werden die Anlaufverluste anerkannt (§ 2 Abs 4 LVO). Liebhabereivermutung besteht insbesondere bei Verlusten aus Tätigkeiten, die

38

– in erster Linie der Sport- und Freizeitausübung oder
– der langfristigen Vermögensanlage dienen (§ 1 Abs 2 LVO).

Typische Fälle der Liebhaberei im Bereich der **Sport- und Freizeitausübung** sind zB die hobbymäßig betriebene Jagd, wenn das Wild verkauft wird, oder eine nur in der Freizeit betriebene Landwirtschaft, bei der die Ausgaben regelmäßig die Einnahmen übersteigen. Bei der **Vermögensanlage** geht es regelmäßig um vermietete Grundstücke im Privatvermögen: Wird das Grundstück zu einem großen Teil fremdfinanziert, dann können die Zinsen die Einnahmen übersteigen und damit zu einem steuerlich verwertbaren Verlust führen; der Wertzuwachs wird dagegen nur mit 30% besteuert.

Bei **Mieteinkünften** sind zu unterscheiden
– die „**kleine Vermietung**": einzelne Eigentumswohnungen bzw Eigenheim;
– die „**große Vermietung**": Mietgebäude mit mehreren Mietobjekten (mindestens drei Wohneinheiten).

II. Einkommensteuer

Bei der **„kleinen Vermietung"** muss innerhalb von **20 Jahren** ein Gesamtüberschuss erzielt werden, bei der **„großen Vermietung"** innerhalb **von 25 Jahren**. Die Frist beginnt ab der ersten Vermietung und verlängert sich auf 23 Jahre bzw 28 Jahre, wenn vor der Vermietung Aufwendungen erforderlich waren (§ 2 Abs 3 und 4 LVO). Nur wenn innerhalb dieser Fristen Gewinne bzw Überschüsse erzielt werden, dann werden auch die Anfangsverluste steuerlich anerkannt. Der Stpfl muss dazu idR eine „Prognoserechnung" erstellen (siehe unten).

Bei **anderen Tätigkeiten** mit Liebhabereivermutung ist der absehbare Zeitraum, in der ein Gesamtüberschuss erzielt werden muss, nach der Art der Tätigkeit zu ermitteln.

Prognoserechnung: Besteht in Anbetracht von Verlusten der Verdacht auf Liebhaberei, dann verlangt das FA vom Stpfl idR eine Prognoserechnung. Damit kann der Stpfl glaubhaft machen, dass er innerhalb der erforderlichen Zeit (Prognosezeitraum) einen Gesamtüberschuss erzielen wird.

2. Einkünftevermutung bei gewerblichen Tätigkeiten

39 Bei Tätigkeiten, die nicht unter die Liebhabereivermutung fallen, insbesondere bei den **gewerblichen Tätigkeiten,** ist Liebhaberei ebenfalls möglich, wenn sie auf Dauer keinen Gewinn erbringen. Doch besteht dort in den ersten drei Jahren selbst dann eine Einkünftevermutung, wenn Verluste vorliegen (§ 1 Abs 1 und § 2 LVO). Anlaufverluste werden daher bei gewerblichen Tätigkeiten jedenfalls anerkannt (keine Liebhaberei in den ersten drei Jahren).

Beispiel:

Ein nebenberuflich tätiger Kunsthändler hat eine Galerie eröffnet. Die in den ersten drei Jahren entstandenen Verluste sind jedenfalls anzuerkennen (BFG 9. 8. 2016, RV/1100321/2014).

In der **Umsatzsteuer** stellt sich das Problem der Liebhaberei wegen des Vorsteuerabzugs ähnlich, doch werden in der USt nur die typischen Liebhaberei-Tätigkeiten (Freizeittätigkeiten, Vermögensanlagen) tatsächlich als Liebhaberei behandelt (§ 6 LVO). Der Liebhabereibegriff in der ESt ist daher weiter als in der USt.

3. Unwiderlegbare Einkunftsquelleneigenschaft

40 Selbst bei **nachhaltigen Verlusten** ist eine **Einkunftsquelle** dann anzunehmen, wenn die Verluste aus einer Tätigkeit stammen, die aus Gründen der **Gesamtrentabilität** aufrechterhalten wird (zB Verluste aus einer Garage in Verbindung mit einem Hotel; § 1 Abs 3 LVO).

4. Betriebe gewerblicher Art, gemeinnützige Einrichtungen

41 **Betriebe gewerblicher Art** von Körperschaften öffentlichen Rechts (siehe noch ausführlich Tz 206) und gemeinnützige Einrichtungen **unterliegen nicht der Liebhabereiverordnung** (§ 5 LVO). Bei Betrieben gewerblicher Art wird eine betriebliche Tätigkeit auch bei nachhaltigen Verlusten anerkannt (vor allem für die USt von Bedeutung).

Ansonsten gelten die Liebhabereigrundsätze auch in der Körperschaftsteuer.

6. Zeitliche Zuordnung von Einkünften (§ 19)

(Doralt/Ruppe I[12], Tz 49 ff)

Die ESt wird für jedes Kalenderjahr getrennt ermittelt (§ 2 Abs 1; Abschnittsbesteuerung). Daher müssen auch die Einkünfte entsprechend zeitlich abgegrenzt werden. Dabei gibt es zwei Alternativen: 42

1. Einkünfte werden bereits der Periode zugerechnet, in der die Forderung entstanden ist (wirtschaftliche Zuordnung; Maßgeblichkeit des Vermögens).
2. Einkünfte werden erst der Periode zugerechnet, in der gezahlt worden ist (Zu- und Abflussprinzip).

Das EStG ermittelt die Einkünfte nach beiden Methoden je nach Einkunftsart unterschiedlich:

– **Betriebliche Einkünfte** (Gewinneinkünfte, § 2 Abs 4 Z 1): Bei den betrieblichen Einkünften werden die Einkünfte grundsätzlich aufgrund eines Vermögensvergleichs ermittelt; daraus ergibt sich automatisch eine Zurechnung der Einkünfte nach der **wirtschaftlichen Zuordnung** zum einzelnen Veranlagungszeitraum: Sobald der Unternehmer seine Leistung erbracht hat und er damit den maßgeblichen wirtschaftlichen Erfolg gesetzt hat, ist die Forderung auszuweisen (vgl auch die Zahlungspflicht aufgrund des Gesetzes nach § 1052 ABGB). Die Forderung ist als Vermögenswert (Aktivposten) bereits gewinnwirksam, auch wenn eine spätere Fälligkeit vereinbart oder die Forderung noch nicht bezahlt worden ist. Ebenso ist eine Verbindlichkeit (Zahlungsverpflichtung) in dem Zeitpunkt steuerwirksam, in dem sie entstanden ist, und nicht erst dann, wenn sie bezahlt wird.

   Ausnahme: Nur bei der vereinfachten Gewinnermittlung durch Einnahmen-Ausgabenrechnung (§ 4 Abs 3) kommt bei den betrieblichen Einkünften auch das Zu- und Abflussprinzip zur Anwendung (siehe unten Tz 117).

– **Außerbetriebliche Einkünfte** (Überschusseinkünfte, § 2 Abs 4 Z 2): Bei ihnen werden die Einkünfte durch den Überschuss der Einnahmen über die Ausgaben (Werbungskosten) ermittelt; maßgeblich ist der **Zuflusszeitpunkt** der Einnahmen und der **Abflusszeitpunkt** der Ausgaben. Bei den außerbetrieblichen Einkünften ist daher für die Höhe der Einkünfte in der Besteuerungsperiode grundsätzlich nicht die wirtschaftliche Zuordnung, sondern der Zeitpunkt der Zahlung entscheidend (**Zu- und Abflussprinzip;** § 19). Besteuert wird nur, was aus der Einkunftsquelle bezogen wird. Wertveränderungen der Einkunftsquelle selbst, zB im Kapitalvermögen oder im Mietgebäude, werden erst bei der Veräußerung steuerwirksam.

   Beispiel:
   Der Hauseigentümer eines Mietwohngebäudes (außerbetriebliche Einkünfte) lässt das Dach reparieren. Die Reparatur wurde im November durchgeführt; die Rechnung wurde im Dezember gelegt. Die Bezahlung erfolgt im Jänner,

II. Einkommensteuer

daher ist der Aufwand erst im Jänner steuerwirksam. Bei der Gewinnermittlung durch Vermögensvergleich wäre der Aufwand bereits im Vorjahr steuerwirksam gewesen (Entstehen der Verbindlichkeit).

Vom Zu- und Abflusszeitpunkt abweichende zeitliche Zuordnung: Kurze-Zeit-Regel, Verteilungsregel, Anspruchsprinzip

43   Da bei den Überschusseinkünften und bei der Einnahmen-Ausgabenrechnung (§ 4 Abs 3) der Zeitpunkt der Zahlung maßgeblich ist, kann der Stpfl durch die Wahl des Zahlungszeitpunktes den Gewinn innerhalb der einzelnen Perioden verschieben und dadurch steuerlich günstige Effekte erzielen (zB Zahlungen werden nicht erst bei Fälligkeit im Jänner geleistet, sondern bereits im Dezember). Das Gesetz wirkt dem durch zwei Maßnahmen entgegen:

a) **Kurze-Zeit-Regel – wirtschaftliche Zuordnung: Bei regelmäßig wiederkehrenden Zahlungen,** die kurze Zeit vor oder nach Beginn des Kalenderjahres gezahlt oder vereinnahmt werden, gelten die Zahlungen als in dem Jahr zu- oder abgeflossen, zu dem sie wirtschaftlich gehören (§ 19 Abs 1 Z 1 und Abs 2). Als „kurze Zeit" gelten 15 Tage (EStR Rz 4631), im Bereich der Lohnsteuer gelten Bezüge für das Vorjahr, die bis zum 15. 2. des Folgejahres ausgezahlt werden, als Bezüge des Vorjahres (§ 19 Abs 1 Z 3; zum „Anspruchsprinzip" bei Nachzahlungen und Rückzahlungen allgemein siehe unten).

b) **Verteilungsregel für bestimmte zeitraumbezogene Vorauszahlungen:** Vorauszahlungen insbesondere von Mieten und Zinsen, weiters von Beratungs-, Bürgschafts-, Garantie-, Treuhand-, Vermittlungs-, Vertriebs- und Verwaltungskosten sind nur dann sofort abzugsfähig, wenn sie für das laufende und das folgende Jahr geleistet werden. Vorauszahlungen, die über das laufende und das folgende Jahr für Zeiträume darüber hinaus geleistet werden, sind gleichmäßig auf den Zeitraum der Vorauszahlung aufzuteilen (§ 19 Abs 3, § 4 Abs 6). Die Verteilungsregel gilt nur für geleistete Vorauszahlungen (Zahlungsabfluss); dagegen hat der Empfänger die Vorauszahlung sofort in voller Höhe zu versteuern (bei den betrieblichen Einkünften kommt unter Umständen eine Verteilung als Rechnungsabgrenzungsposten in Betracht; siehe dazu Tz 97).

Beispiele:
1. Der Mieter bezahlt im Februar 01 die Miete für die Zeit bis Dezember 02 im Voraus: Die Mietvorauszahlung erstreckt sich damit nur auf das laufende und das folgende Jahr und ist daher in voller Höhe im Jahr 01 abzuziehen.
2. Der Mieter bezahlt im Februar 01 für die Zeit bis zum Jänner 03 im Voraus: Da die Mietvorauszahlung nicht nur für 01 und 02 geleistet wird, hat der Mieter sie entsprechend der Mietzeiten auf die Jahre 01, 02 und 03 aufzuteilen.
3. Der Vermieter erhält die Miete für 3 Jahre im Voraus: Die Mieteinnahmen sind in voller Höhe sofort zu versteuern (die Verteilungspflicht betrifft die für künftige Jahre geleisteten Vorauszahlungen, aber nicht die für künftige Jahre vorauserhaltenen Einnahmen).

c) **Anspruchsprinzip für bestimmte Nach- und Rückzahlungen:** Zur Vermeidung von Steuernachteilen werden bestimmte Zahlungen steuerlich nicht im Jahr des Zu- oder Abflusses erfasst, sondern in dem Jahr, in dem der Anspruch entstanden ist. So werden etwa Nachzahlungen von bestimmten Pensionen, von Bezügen aus einer gesetzlichen Kranken- oder Unfallversorgung, vom Arbeitslosengeld oder Nachzahlungen im Insolvenzverfahren des Arbeitgebers unabhängig vom Zufluss dem Jahr der Anspruchsentstehung zugerechnet (§ 19 Abs 1 Z 2). Das Anspruchsprinzip gilt umgekehrt auch für die Rückzahlung von bereits versteuerten Einnahmen durch den Steuerpflichtigen (§ 19 Abs 2 Satz 2). Würden die Nachzahlungen oder Rückzahlungen im Zeitpunkt des Zuflusses oder Abflusses erfasst, könnten sich daraus Progressionsnachteile für den Steuerpflichtigen ergeben.

7. Persönliche Zuordnung von Einkünften

(Doralt/Ruppe I[12], Tz 54 ff)

Die Einkünfte aus einer Einkunftsquelle sind demjenigen zuzuordnen, der die Einkunftsquelle bewirtschaftet (über sie verfügen kann). Das ist in der Regel der **Eigentümer;** ist die Einkunftsquelle vermietet oder verpachtet, dann bewirtschaften sowohl der Eigentümer als auch der **Mieter** oder **Pächter** eine eigene Einkunftsquelle.

44

Fruchtgenuss

Beim **unentgeltlichen Fruchtgenuss** hat nur der Fruchtgenussberechtigte (Fruchtnießer) eine Einkunftsquelle. Unterschieden werden:
– **Zuwendungsfruchtgenuss:** Der Eigentümer überlässt den Fruchtgenuss an einem Wirtschaftsgut unentgeltlich dem Fruchtnießer, der auch das wirtschaftliche Risiko trägt (zB der Ehemann überträgt den Fruchtgenuss an seinem Mietgebäude seiner Ehefrau; vorausgesetzt für einen längeren Zeitraum, mindestens etwa 10 Jahre). Allerdings trägt der Fruchtnießer dann kein wirtschaftliches Risiko, wenn er bloß in einen bestehenden Mietvertrag eintritt (VwGH 20. 10. 2021, Ra 2021/15/0008).
– **Vorbehaltsfruchtgenuss:** Der bisherige Eigentümer überträgt das Eigentum am Wirtschaftsgut unentgeltlich dem neuen Eigentümer, behält sich aber das Nutzungsrecht (häufig bei vorweggenommener Erbfolge, zB der Vater schenkt sein Mietgebäude seiner Tochter, behält sich aber das lebenslange Fruchtgenussrecht).

Zuwendungsfruchtgenuss und Vorbehaltsfruchtgenuss verfolgen damit idR zwei unterschiedliche Ziele:
Zuwendungsfruchtgenuss: Aufteilung der Einkünfte zwischen Fruchtnießer und Fruchtgenussbesteller (Splittingeffekt; idR steuerliche Überlegung).
Vorbehaltsfruchtgenuss: vorweggenommene Erbfolge.

II. Einkommensteuer

Problem der **Absetzung für Abnutzung** (AfA): Den Eigentümer trifft zwar der Wertverlust (AfA) am Gebäude, doch hat er keine Einkunftsquelle. Andererseits hat der Fruchtnießer eine Einkunftsquelle, doch trifft ihn die Abnutzung des Gebäudes nicht. Daher geht beim Fruchtgenuss die steuermindernde AfA grundsätzlich verloren. Nach der Verwaltungspraxis kann jedoch beim **Vorbehaltsfruchtgenuss** der Fruchtnießer im Ergebnis die AfA geltend machen, indem er dem Eigentümer den Substanzverlust in Höhe der AfA abgilt (AfA-Ersatz, „Zahlung für Substanzverlust"; EStR Rz 112). Ohne diese begünstigende Verwaltungspraxis würde eine vorweggenommene Erbfolge mit Fruchtgenuss an Mieteinkünften an den steuerlichen Folgen scheitern. Dagegen gibt es für den **Zuwendungsfruchtgenuss**, der idR nur ein steuerschonendes Einkommenssplitting bedeutet, keine begünstigende Verwaltungspraxis.

Zurechnung höchstpersönlicher Tätigkeiten

44/1 Höchstpersönlich auszuführende Tätigkeiten (insbesondere Geschäftsführer, Künstler, Schriftsteller, Wissenschaftler) sind steuerlich auch dann der natürlichen Person (Geschäftsführer usw) zuzurechnen, wenn die Zahlungen über eine Körperschaft (zB GmbH) abgerechnet werden, die unter dem beherrschenden Einfluss der natürlichen Person steht (siehe § 2 Abs 4a, EStR Rz 104).

Damit sollen Umgehungskonstruktionen mit Zwischenschaltung einer steuerlich günstigen Kapitalgesellschaft unterbunden werden, wenn bei der Kapitalgesellschaft kein eigenständiger Betrieb besteht, der sich von der höchstpersönlichen Tätigkeit der natürlichen Person abhebt.

Danach kann zB eine Universitätsprofessorin ihre Gutachterinnentätigkeit nicht steuerschonend in eine GmbH auslagern. Hingegen kann ein Rechtsanwalt seine Kanzlei mit einem entsprechenden Kanzleibetrieb auch in Form einer GmbH führen.

Verträge zwischen nahen Angehörigen; Fremdvergleich

45 Zahlungen aufgrund von **Verträgen zwischen nahen Angehörigen** mindern nur dann die Einkünfte, werden also nur dann steuerlich anerkannt, wenn sie auch **betrieblich** (durch die Einkunftsquelle) veranlasst sind. Daher sind sie auch nur insoweit anzuerkennen, als das Entgelt angemessen ist (einem **Fremdvergleich** standhält); ansonsten liegt eine unentgeltliche Zuwendung vor.

Als **nahe Angehörige** gelten hier jedenfalls der Ehegatte, die Kinder, die Eltern, der Lebensgefährte und darüber hinaus in einem Naheverhältnis stehende Personen (also weiter als der Angehörigenbegriff in § 25 BAO).

Insbesondere Dienstverträge eignen sich dazu, das Einkommen steuergünstig auf mehrere Personen aufzuteilen, zB indem der Stpfl einen Angehörigen (insbesondere Ehepartner, Kinder) in seinem Betrieb beschäftigt. Daher gelten für die Anerkennung solcher Verträge zwischen Angehörigen im Bereich der Beweisführung erhöhte Anforderungen; sie müssen
– dem Fremdvergleich standhalten,
– nach außen ausreichend zum Ausdruck kommen und
– einen eindeutigen Inhalt haben.

Neben Dienstverträgen sind oft auch Mietverträge problematisch, wenn sie zwischen nahen Angehörigen abgeschlossen werden, aber nicht fremdüblich sind.

Beispiele:
1. Der Rechtsanwalt beschäftigt seine Tochter als Konzipientin und bezahlt ihr monatlich 4.000 €. Damit hält der Dienstvertrag einem Fremdvergleich nicht stand; es wird nur das angemessene Entgelt anerkannt.
2. Der Rechtsanwalt zahlt seiner Tochter als Sekretärin statt des angemessenen Lohns in Höhe von 1.500 € nur 800 €. Die tatsächlichen Zahlungen werden anerkannt.
3. Der Rechtsanwalt zahlt seinem Sohn 10 € dafür, dass er sein betrieblich genutztes Auto wäscht. Die Bezahlung wird als freiwillig geleistetes Taschengeld gesehen und wird daher steuerlich nicht als Betriebsausgabe anerkannt.
4. Die Mutter vermietet an die Tochter eine Wohnung zu einer nicht kostendeckenden Miete (Nichtanerkennung des Mietverhältnisses bzw Liebhaberei).

Die Grundsätze der Verträge zwischen nahen Angehörigen gelten auch für Rechtsbeziehungen zwischen einer Kapitalgesellschaft und ihren Gesellschaftern.

Erwerb von Todes wegen

Der **Erbe** tritt ertragsteuerlich mit dem Nachlassvermögen und den daraus erzielten Einkünften bereits mit dem Todestag des Erblassers in die Rechtsstellung des Erblassers ein (dagegen gilt der ruhende Nachlass zivilrechtlich bis zur Einantwortung als selbständige juristische Person).

Hingegen erwirbt der **Vermächtnisnehmer** nur einen obligatorischen Anspruch gegen den Erben auf Herausgabe des Vermächtnisses; daher sind dem Vermächtnisnehmer das vermachte Gut und seine Erträgnisse einkommensteuerrechtlich erst mit der **Übertragung durch den Erben** zuzurechnen. Allerdings können der Erbe und der Vermächtnisnehmer abweichende Vereinbarungen auch mit steuerlicher Wirkung treffen (VwGH 21. 4. 2005, 2003/15/0022).

46

8. Ermittlung der Einkünfte

(Doralt/Ruppe I^{12}, Tz 153 ff)

Bei der Ermittlung der Einkünfte sind zu unterscheiden (§ 2 Abs 4):
– die **betrieblichen Einkunftsarten** (Land- und Forstwirtschaft, selbständige Arbeit, Gewerbebetrieb) mit der **Gewinnermittlung** (siehe unten Gewinnermittlungen unter Tz 48 ff) und
– die **außerbetrieblichen Einkunftsarten** mit der Ermittlung des **Überschusses der Einnahmen über die Werbungskosten** (siehe unten Tz 132 ff).

47

Außerdem ist das **Subsidiaritätsprinzip** der Nebeneinkunftsarten gegenüber den Haupteinkunftsarten zu beachten: Einkünfte werden einer Nebeneinkunftsart nur dann zugerechnet, wenn sie nicht einer Haupteinkunftsart zuzurechnen sind (zB Bankzinsen aus einem betrieblichen Konto gehören zu den betrieblichen Einkünften, ansonsten zu den Einkünften aus Kapitalvermögen).

II. Einkommensteuer

9.1. Betriebliche Einkünfte – Gewinnermittlung

48 Bei den betrieblichen Einkunftsarten ergeben sich die Einkünfte aus dem Gewinn. Dafür kommen folgende **Gewinnermittlungsarten** in Betracht:
1. **Vermögensvergleich nach § 5** für nach UGB rechnungslegungspflichtige Gewerbetriebe.
2. **Vermögensvergleich nach § 4 Abs 1** als die allgemeine steuerliche Gewinnermittlung für alle betrieblichen Einkünfte, soweit der Gewinn nicht nach § 5 zu ermitteln ist.
3. **Einnahmen-Ausgabenrechnung nach § 4 Abs 3** als vereinfachte Gewinnermittlung.
4. **Durchschnittssätze** nach § 17 (Basispauschalierung oder Verordnungen).

1. Gewinnermittlung durch Vermögensvergleich (§ 5 und § 4 Abs 1)

Allgemeines

49 Soweit der Gewinn aufgrund eines **Vermögensvergleichs** ermittelt wird (§ 5 und § 4 Abs 1), ergibt er sich aus dem Unterschiedsbetrag
– zwischen dem Betriebsvermögen **am Ende des Wirtschaftsjahres**
– und dem Betriebsvermögen **am Ende des vorangegangenen Wirtschaftsjahres.**

Entnahmen aus dem Betrieb für den privaten Bereich sind hinzuzurechnen,

Einlagen aus dem privaten Bereich in den Betrieb sind abzuziehen.

Gewinn ist der „durch doppelte Buchführung zu ermittelnde Unterschiedsbetrag zwischen dem Betriebsvermögen am Schluss des Wirtschaftsjahres und dem Betriebsvermögen am Schluss des vorangegangenen Wirtschaftsjahres" (§ 4 Abs 1): In der Bilanz wird das Vermögen stichtagsbezogen dargestellt; der Gewinn ergibt sich aus dem Vergleich mit dem Vorjahr. Dagegen werden in der Gewinn- und Verlustrechnung die Aufwendungen und die Erträge einer Rechnungsperiode dargestellt; daraus ergibt sich ebenfalls der Gewinn bzw der Verlust.

Beispiele:
1. Verliert ein Wirtschaftsgut seinen Wert und wird es daher auf Null abgeschrieben, so wirkt sich der Wertverlust in der Vermögensbilanz als vermögensmindernd aus. Gleichzeitig liegt ein Aufwand vor (Abschreibung), der sich in der Gewinn- und Verlustrechnung niederschlägt.
2. Ein Unternehmer hat eine Ware um 10.000 € eingekauft und verkauft sie um 15.000 €. Mit dem Verkauf vermindert sich sein Warenbestand um 10.000 €, sein Kassabestand erhöht sich um 15.000 €. In der Vermögensbilanz ergibt sich daher ein Zuwachs um 5.000 €. Gleichzeitig liegt in der Gewinn- und Verlustrechnung ein Warenerlös von 15.000 € vor, der um den Wareneinsatz von 10.000 € gekürzt wird.

Unter **Entnahmen** werden nur privat bedingte Entnahmen verstanden (zB der Unternehmer entnimmt seiner Betriebskassa Geld für private Zwecke). Die Entnahme mindert das Betriebsvermögen und würde damit auch den Gewinn mindern. Deshalb

9.1. Betriebliche Einkünfte – Gewinnermittlung EStG

sind Entnahmen dem Gewinn hinzuzurechnen. Umgekehrt erhöhen private **Einlagen** das Betriebsvermögen; daher sind sie vom Gewinn abzuziehen (ausführlich dazu unten Tz 63).

Gewinnermittlung nach § 5

Der **Gewinnermittlung nach § 5** unterliegt, wer 49/1
– **Einkünfte aus Gewerbebetrieb** (§ 23) erzielt und zugleich
– nach **UGB rechnungslegungspflichtig** ist,
– mit anderen Worten:
– jeder **nach UGB rechnungslegungspflichtige Gewerbebetrieb**.

Rechnungslegungspflicht nach UGB (§ 189 UGB) ergibt sich
– aus der **Rechtsform,** unabhängig vom Umsatz (Abs 1 Z 1 und 2) oder
– aus dem **Umsatz** (Abs 1 Z 3).

1. **Rechtsformabhängig** (unabhängig vom Umsatz) besteht Rechnungslegungspflicht für Kapitalgesellschaften und kapitalistische Personengesellschaften.

   Als **kapitalistische Personengesellschaften** („verdeckte Kapitalgesellschaften") bezeichnet man im Unternehmensrecht Personengesellschaften, bei denen keine natürliche Person als Gesellschafter unbeschränkt haftet (insbesondere GmbH & Co KG).

2. **Umsatzabhängig** besteht Rechnungslegungspflicht für alle sonstigen Unternehmer, die mehr als 700.000 € Umsatzerlös im Geschäftsjahr erzielen (ausgenommen freie Berufe, Land- und Forstwirtschaft).

   Die umsatzabhängige Rechnungslegungspflicht tritt erst dann ein, wenn der **Schwellenwert von 700.000 €** zweimal hintereinander (nachhaltig) überschritten wird und sodann noch ein „Pufferjahr" abgelaufen ist (ab dem *zweit*folgenden Geschäftsjahr; § 189 Abs 2 Z 1 UGB). Wird die Umsatzschwelle zweimal hintereinander nicht überschritten, entfällt die Rechnungslegungspflicht ab dem folgenden Geschäftsjahr. Wird die Umsatzschwelle in einem Geschäftsjahr **qualifiziert überschritten** (Umsätze von **mindestens 1.000.000 €**), tritt die Rechnungslegungspflicht bereits ab dem folgenden Geschäftsjahr ein (§ 189 Abs 2 Z 2 UGB).

Beispiel:
Der Unternehmer überschreitet die Umsatzgrenze von 700.000 € im Jahr 1 und im Jahr 2; die Buchführungspflicht tritt somit erst im Jahr 4 ein.

Offene Gesellschaften (OG) und **Kommanditgesellschaften** (KG) ermitteln den Gewinn dann nach § 5, wenn sie nach UGB rechnungslegungspflichtig sind und Einkünfte aus Gewerbebetrieb (§ 23) erzielen. Bei einem Umsatz bis 700.000 € ermitteln sie den Gewinn nach § 4 Abs 1 oder § 4 Abs 3 (siehe unten).

Maßgeblichkeitsprinzip: Die Besonderheit der Gewinnermittlung nach § 5 ist das Maßgeblichkeitsprinzip: Danach ist die Unternehmensbilanz zugleich auch für die Steuerbilanz maßgeblich, soweit das EStG keine Abweichungen vorsieht (dazu unten Tz 65). Die Gewinnermittlung nach § 5 berück-

II. Einkommensteuer

sichtigt damit zugleich auch das Gläubigerschutzprinzip (anders die Gewinnermittlung nach § 4 Abs 1).

Gewinnermittlung nach § 4 Abs 1

Der **Gewinnermittlung nach § 4 Abs 1** unterliegen
- zwingend: **Land- und Forstwirte,** wenn sie nach § 125 BAO buchführungspflichtig sind (Umsatz mehr als 700.000 €, wobei die Buchführungspflicht ähnlich wie im UGB ebenso erst ab dem zweitfolgenden Jahr besteht, wenn die Umsatzgrenzen in zwei aufeinanderfolgenden Kalenderjahren überschritten werden, § 125 Abs 3 BAO);
- zwingend: Einkünfte aus **sonstiger selbständiger Tätigkeit** (nicht freiberuflich), wenn die Umsätze nachhaltig 700.000 € übersteigen (zB Hausverwalter);
- freiwillig: **Einkünfte aus freiberuflicher Tätigkeit,** wahlweise statt § 4 Abs 3;
- freiwillig: **Einkünfte aus Gewerbebetrieb,** wahlweise statt § 4 Abs 3, soweit keine Rechnungslegungspflicht besteht.

Die Gewinnermittlung nach § 4 Abs 1 ist eine rein steuerliche Gewinnermittlung; sie orientiert sich ausschließlich an den steuerlichen Bewertungsvorschriften (Unterschied zur Gewinnermittlung nach § 5).

2. Einnahmen-Ausgabenrechnung (§ 4 Abs 3)

50 Im Unterschied zum Vermögensvergleich beruht die Einnahmen-Ausgabenrechnung auf dem Zu- und Abflussprinzip; maßgeblich für den Gewinn ist, wann ein Betrag als Einnahme zugeflossen bzw als Ausgabe abgeflossen ist.

Als vereinfachte Gewinnermittlung ist die Einnahmen-Ausgabenrechnung zulässig für
- **Einkünfte aus Gewerbebetrieb** mit einem **Umsatz bis 700.000 €** (darüber Gewinnermittlung nach § 5),
- **Einkünfte aus freien Berufen** unabhängig von Umsatz und Vermögen (generell keine Buchführungspflicht nach § 125 BAO),
- **land- und forstwirtschaftliche Betriebe** mit einem Umsatz bis 700.000 €.

Rechnungslegungspflichtige Steuerpflichtige sind von der Einnahmen-Ausgabenrechnung jedenfalls ausgeschlossen.

Die freien Berufe sind nach UGB nicht rechnungslegungspflichtig (§ 189 Abs 4 UGB) und daher von der Gewinnermittlung nach § 5 ausgenommen. Welche Berufe als „freiberuflich" im Sinne des UGB gelten, richtet sich nach der Verkehrsauffassung, deckt sich aber weitgehend mit den freiberuflichen Einkünften iSd § 22. Wird dagegen der freie Beruf in Form einer Kapitalgesellschaft ausgeübt (zB RA- oder Steuerberatungs-GmbH), dann besteht Rechnungslegungspflicht nach UGB und damit Gewinnermittlung nach § 5 EStG.

Auch wenn die Voraussetzungen einer Einnahmen-Ausgabenrechnung erfüllt sind, ist eine Gewinnermittlung nach § 4 Abs 1 ebenfalls zulässig.

3. Durchschnittssätze (§ 17)

Der Gewinn kann auch mit Hilfe von Durchschnittssätzen ermittelt werden; dabei gibt es Teilpauschalierungen, bei denen nur die Betriebsausgaben pauschaliert werden, und Vollpauschalierungen, die den gesamten Gewinn erfassen.

Pauschalierungen sind nur für die Gewinnermittlung nach § 4 Abs 3 vorgesehen, und auch hier nur für kleinere Betriebe (siehe dazu unten Tz 117).

Teilpauschalierungen gibt es auch im außerbetrieblichen Bereich für Werbungskosten (siehe Tz 134).

Gewinnermittlung nach den Einkunftsarten

Nach den Einkunftsarten ergeben sich folgende Gewinnermittlungsarten:

Einkünfte aus Land- und Forstwirtschaft:
– § 4 Abs 1: Umsatz von mehr als 700.000 €,
– § 4 Abs 3: Umsatz bis 700.000 € oder Pauschalierung (mehr als 95% der land- und forstwirtschaftlichen Betriebe sind pauschaliert).

Einkünfte aus selbständiger Arbeit:

freie Berufe:
– unabhängig vom Umsatz: § 4 Abs 3 oder § 4 Abs 1 (allenfalls Teilpauschalierungen nur der Betriebsausgaben).

sonstige selbständige Arbeit (zB Hausverwalter):
– Umsatz bis 700.000 €: § 4 Abs 3 oder § 4 Abs 1,
– über 700.000 €: § 4 Abs 1.

Einkünfte aus Gewerbebetrieb:
– Umsätze bis 700.000 €: § 4 Abs 3, allenfalls mit Teilpauschalierungen oder auch Vollpauschalierungen oder Gewinnermittlung nach § 4 Abs 1;
– Umsätze von mehr als 700.000 €: Gewinnermittlung nach § 5.

Abweichendes Wirtschaftsjahr

Wirtschaftsjahr: Der Gewinn wird immer für ein **Wirtschaftsjahr** ermittelt und in dem Kalenderjahr (= Veranlagungsjahr) versteuert, in dem das Wirtschaftsjahr endet; grundsätzlich dauert das Wirtschaftsjahr zwölf Monate (§ 2 Abs 5). Meist deckt sich das Wirtschaftsjahr mit dem Kalenderjahr, doch kann vor allem bei größeren Unternehmen ein vom Kalenderjahr **abweichendes Wirtschaftsjahr** sinnvoll sein (zB Inventur, einheitlicher Konzernabschluss).

Ein abweichendes Wirtschaftsjahr können bei „gewichtigen betrieblichen Gründen" in Anspruch nehmen (§ 2 Abs 7):
– rechnungslegungspflichtige Gewerbetreibende (Gewinnermittlung nach § 5; siehe oben Tz 52),

II. Einkommensteuer

– buchführende Land- und Forstwirte (Gewinnermittlung nach § 4 Abs 1; siehe oben Tz 52).
Das Wirtschaftsjahr läuft dann zB vom 1. April 01 bis 31. März 02. Der Gewinn wird dem Kalenderjahr zugerechnet, in dem das Wirtschaftsjahr endet (02). In dem Jahr, in dem ein vom Kalenderjahr abweichendes Wirtschaftsjahr erstmals eingerichtet wird, ergibt sich ein **„Rumpfwirtschaftsjahr"** (im Beispiel 1. 1. 01 bis 31. 3. 01).

Ein Rumpfwirtschaftsjahr ergibt sich zB auch bei der Betriebseröffnung (Beginn einer betrieblichen Tätigkeit), bei der Betriebsveräußerung während des Kalenderjahres (wenn das Kalenderjahr mit dem Wirtschaftsjahr übereinstimmt), oder wenn ein abweichendes Wirtschaftsjahr beendet wird.

Das Rumpfwirtschaftsjahr führt idR zu einem Steuerstundungseffekt: Im Jahr des Übergangs auf ein abweichendes Wirtschaftsjahr endet nur das Rumpfwirtschaftsjahr; in diesem Jahr wird nur der im Rumpfwirtschaftsjahr erzielte Gewinn besteuert (im Beispielsfall eben nur drei Monate). Der auf das restliche Kalenderjahr entfallende Gewinn wird erst im Folgejahr versteuert.

Das Wirtschaftsjahr ist vom **Veranlagungsjahr** zu unterscheiden. Das Veranlagungsjahr entspricht dem Kalenderjahr; das Einkommen wird in dem Kalenderjahr (= „Veranlagungsjahr") erfasst, in dem das Wirtschaftsjahr endet.

54

	§ 5 Abs 1 EStG	§ 4 Abs 1 EStG	§ 4 Abs 3 EStG	Pauschalierung
	Gewinnermittlungsarten			
Land- & Forstwirtsch.		Umsatz mehr als € 700.000,–	Umsatz bis € 700.000,–	LuF-PauschVO
Selbständige Arbeit		Freiberufliche Tätigkeit wahlweise § 4 (1) oder § 4 (3)		Bei bestimmten Berufen (zB Künstler)
		Sonstige selbständige Arbeit		
		Umsatz mehr als € 700.000,–	Umsatz bis € 700.000,–	
Gewerbebetrieb	KapGes., kap. PersGes., Umsatz mehr als € 700.000,–	wahlweise § 4 (1) oder § 4 (3)		Bei bestimmten Berufen (zB Lebensmittelhandel)
	Gewinnermittlungszeitraum			
	Abweichendes Wirtschaftsjahr: § 5 (1) + § 4 (1)-LuF		Wirtschaftsjahr = Kalenderjahr	
	Erfassung von Betriebsausgaben und Betriebseinnahmen			
	Wirtschaftliche Zuordnung Vorsichtsprinzip	Wirtschaftliche Zuordnung (Wahlrecht: Rückst. + RAP)	Zu- und Abflussprinzip	

9.2. Betriebsvermögen

Unterschiede zwischen der Gewinnermittlung nach § 5 und § 4 Abs 1

Zwischen der Gewinnermittlung nach § 5 und der Gewinnermittlung nach § 4 Abs 1 **bestehen folgende Unterschiede:** 55

- **Maßgeblichkeitsprinzip:** Der Gewinnermittlung nach § 5 liegt die UGB-Bilanz zugrunde, soweit nicht zwingende steuerliche Vorschriften entgegenstehen. Dagegen gelten für die Gewinnermittlung nach § 4 Abs 1 nur die steuerlichen Vorschriften.
- **Umfang des Betriebsvermögens:** Nach § 4 Abs 1 wird nur notwendiges Betriebsvermögen erfasst, nach § 5 auch gewillkürtes Betriebsvermögen (siehe dazu unten Tz 57 f).
- **Rückstellungen und Rechnungsabgrenzungsposten** sind bei der Gewinnermittlung nach § 5 zwingend; nach § 4 Abs 1 besteht ein Wahlrecht.

  Rückstellungen werden für **ungewisse Verbindlichkeiten** gebildet, die am Bilanzstichtag dem Grunde oder der Höhe nach ungewiss sind und ihre Ursache im vergangenen Wirtschaftsjahr haben (siehe dazu unten Tz 98 ff). **Rechnungsabgrenzungsposten** dienen dazu, Ausgaben bzw Einnahmen aus **zeitraumbezogenen Leistungsverpflichtungen** dem Wirtschaftsjahr zuzurechnen, zu dem sie wirtschaftlich gehören (zB bei vorausbezahlten Mieten; siehe dazu unten Tz 96).
- **Bewertung des Betriebsvermögens:** Für die Gewinnermittlung nach § 4 Abs 1 gelten nur die steuerlichen Bewertungsvorschriften des § 6. Dagegen gelten nach § 5 die unternehmensrechtlichen Bewertungsvorschriften nach dem UGB, soweit die steuerliche Bewertung nicht zwingend vorgeht (siehe dazu unten Tz 69 ff).
- **Wirtschaftsjahr:** Rechnungslegungspflichtige Gewerbetreibende (§ 5) und buchführende Land- und Forstwirte (§ 4 Abs 1) können auf ein abweichendes Wirtschaftsjahr optieren (siehe oben Tz 53).
- **Unterschiedliche Ergebnisse der Gewinnermittlungsarten:** Da bei der Gewinnermittlungsart nach § 5 gewillkürtes Betriebsvermögen möglich ist, decken sich die Gewinne nach § 5 und § 4 Abs 1 nicht zwingend; und zwar auch nicht über mehrere Perioden. Dagegen unterscheiden sich die Gewinnermittlung nach § 4 Abs 1 und die Einnahmen-Ausgabenrechnung nur in der Gewinnhöhe der einzelnen Perioden; der Gesamtgewinn deckt sich, wenn man die Summe aller Perioden vergleicht.

9.2. Betriebsvermögen

(Doralt/Ruppe I[12], Tz 170 ff)

Da der Gewinn grundsätzlich auf Grundlage eines Vermögensvergleichs ermittelt wird, sind für die Gewinnermittlung zwei Fragen von wesentlicher Bedeutung: 56

1. **Umfang des Betriebsvermögens:** Welche Wirtschaftsgüter gehören zum Betriebsvermögen?

II. Einkommensteuer

2. Bewertung des Betriebsvermögens: Wie wird das Betriebsvermögen bewertet?

Nur Wirtschaftsgüter, die zum Betriebsvermögen gehören, sind in den Vermögensvergleich einzubeziehen. **Wirtschaftsgüter** sind alle nach der Verkehrsauffassung **selbständig bewertbaren Güter,** zB Bargeld, Waren, Erzeugnisse, Maschinen, Gebäude, Rechte, Forderungen.

Aktivieren: Wird ein Aufwand getätigt, der zur Anschaffung oder Herstellung eines Wirtschaftsguts führt, dann ist dieser Aufwand nicht sofort als Betriebsausgabe abzugsfähig (also nicht sofort gewinnmindernd), er ist vielmehr auf das neue Wirtschaftsgut zu „aktivieren". Der Aufwand verändert daher die Höhe des Betriebsvermögens nicht, er ist „gewinnneutral". Dagegen kürzen Aufwendungen, die nicht aktiviert werden, den Gewinn (zB Erhaltungsaufwendungen, wie etwa Reparaturen oder Kosten für den laufenden Betrieb).

Beispiel:
Die Anschaffung einer Maschine um 1.000 € vermindert zwar das Betriebsvermögen im Kassastand um 1.000 €, erhöht aber gleichzeitig den Wert des Betriebsvermögens um 1.000 €. Mit der Aktivierung der Ausgabe als Anschaffungskosten bleibt daher der Vorgang gewinnneutral. Dagegen ist eine Reparatur gewinnmindernd, weil der Aufwand nicht aktiviert wird.

Würde die Maschine nicht repariert werden, dann wäre der Wertverlust nachhaltig, der Wert der Maschine müsste dann entsprechend berichtigt werden (sog „Wertberichtigung", „Abschreibung auf den niedrigeren Teilwert", dazu auch unten, Tz 86).

Passiviert werden dagegen Verbindlichkeiten/Schulden (zB nicht ausgezahlte Löhne, bereits erhaltene, aber noch nicht bezahlte Waren, Schadenersatzverpflichtungen).

Notwendiges Betriebsvermögen

57   **Notwendiges Betriebsvermögen** sind jene Wirtschaftsgüter, die dem Betrieb dienen (zB Waren zum Verkauf, Maschinen zur Produktion); notwendig ist jedoch nicht iS von unentbehrlich zu verstehen.

Zum notwendigen Betriebsvermögen gehören danach Wirtschaftsgüter, die objektiv erkennbar zum unmittelbaren Einsatz im Betrieb bestimmt sind.

Gewillkürtes Betriebsvermögen

58   **Gewillkürtes Betriebsvermögen** sind Wirtschaftsgüter, die weder dem Betrieb noch den privaten Bedürfnissen des Stpfl unmittelbar dienen, aber betriebliche Interessen, insbesondere die Kapitalausstattung fördern (zB Wertpapiere oder vermietete Liegenschaften des Privatvermögens, die dem Betriebsvermögen gewidmet werden, um das Betriebskapital zu stärken). Gewillkürtes Betriebsvermögen können nur rechnungslegungspflichtige Gewerbetreibende bilden (Gewinnermittlung nach § 5). Gewillkürtes Betriebsvermögen entsteht einfach durch Aufnahme von Privatvermögen in die Unternehmensbücher (buchmäßige Behandlung als Einlage).

9.2. Betriebsvermögen

Notwendiges Privatvermögen sind Wirtschaftsgüter, die der privaten Bedürfnisbefriedigung dienen, zB das selbstbewohnte Eigenheim; sie kommen als gewillkürtes Betriebsvermögen nicht in Betracht.

Beispiel:
Ein Textilhändler und ein Rechtsanwalt besitzen ein Mietgebäude. Da die Vermietung als reine Vermögensverwaltung keine betriebliche Tätigkeit darstellt, gehört das Mietgebäude keinesfalls zum notwendigen Betriebsvermögen; grundsätzlich liegen daher Einkünfte aus Vermietung und Verpachtung vor. Ist allerdings der Textilhändler rechnungslegungspflichtig (§ 5), dann kann er das Gebäude als gewillkürtes Betriebsvermögen behandeln; die Einkünfte daraus sind dann gewerbliche Einkünfte. Dagegen kommt beim Rechtsanwalt ein gewillkürtes Betriebsvermögen nicht in Betracht, weil er keinen Gewerbebetrieb unterhält (keine Gewinnermittlung nach § 5). Daher können beim Rechtsanwalt nur Einkünfte aus Vermietung und Verpachtung vorliegen.

Gemischt genutzte Wirtschaftsgüter

Werden **Wirtschaftsgüter teils privat, teils betrieblich** genutzt, so ist zu unterscheiden: 59

– **Bewegliche Wirtschaftsgüter** gehören bei **überwiegend betrieblicher Nutzung** zur Gänze zum Betriebsvermögen, ansonsten zum Privatvermögen (Überwiegensprinzip),
– **unbewegliche Wirtschaftsgüter** gehören nur mit ihrem **betrieblich genutzten Teil** zum Betriebsvermögen (Aufteilungsprinzip), und
– bei **Gebäuden** wird grundsätzlich **nach dem Verhältnis der Nutzungsflächen aufgeteilt.** Dabei ist zwischen der betrieblichen Nutzung, der außerbetrieblichen Nutzung (Vermietung) und der Privatbenutzung zu unterscheiden. Nutzungsanteile von untergeordneter Bedeutung (bis 20%) bleiben unberücksichtigt; sie gehören zum überwiegend genutzten Anteil (vgl VwGH 26. 7. 2007, 2005/15/0133).

Beispiele:
1. Ein Pkw wird zu 60% betrieblich und zu 40% privat genutzt. Der Pkw wird daher zur Gänze als Betriebsvermögen behandelt; die private Nutzung wird als Privatentnahme erfasst. Wird der Pkw dagegen nur zu 40% betrieblich und zu 60% privat genutzt, dann führt die betriebliche Nutzung mit den anteiligen Aufwendungen zu Betriebsausgaben (pauschaliert im Kilometergeld).
2. Ein zweistöckiges Gebäude wird im Erdgeschoß für betriebliche Zwecke genutzt; der erste Stock ist vermietet, und im zweiten Stock befindet sich die Wohnung des Betriebsinhabers. Das Gebäude wird daher zu einem Drittel betrieblich, zu einem Drittel außerbetrieblich und zu einem Drittel privat genutzt und ist dementsprechend aufzuteilen.
3. Ein Gebäude wird zu 90% betrieblich und zu 10% privat genutzt. Das Gebäude gilt zu 100% als Betriebsgebäude. Die Aufwendungen für den privat genutzten Anteil sind jedoch als Entnahme zu berücksichtigen.

Gehört ein bewegliches Wirtschaftsgut aufgrund überwiegender betrieblicher Nutzung zum Betriebsvermögen, dann sind Wertveränderungen des Wirtschaftsgutes

II. Einkommensteuer

nicht nur anteilig, sondern zur Gänze steuerwirksam (zB Verkauf eines überwiegend betrieblich genutzten Pkw).

Grundstücke im Betriebsvermögen (Anlagevermögen)

59/1 Für die Veräußerung von **Grundstücken im Betriebsvermögen** (Anlagevermögen) gelten weitgehend die gleichen Regeln wie für die Veräußerung von Grundstücken in Privatvermögen (siehe oben Tz 28 ff).

Danach unterliegen alle Grundstücksveräußerungen grundsätzlich dem besonderen Steuersatz von 30 %, soweit nicht die Regelbesteuerung mit dem Normalsteuersatz beantragt wird (zu den Besonderheiten bei der Behandlung von Verlusten aus der Veräußerung von Grundstücken sowie Teilwertabschreibungen siehe Tz 87).

Wirtschaftliches Eigentum

60 Das **zivilrechtliche Eigentum** ist das dingliche Vollrecht an einer körperlichen Sache, nämlich die Befugnis, mit der Substanz und den Nutzungen einer Sache nach Willkür zu schalten und jeden anderen davon auszuschließen (§§ 353 f ABGB).

Für die steuerliche Zuordnung zum Vermögen eines Stpfl ist aber nicht das zivilrechtliche Eigentum, sondern das **wirtschaftliche Eigentum** maßgeblich: „Wirtschaftsgüter, über die jemand die Herrschaft gleich einem Eigentümer ausübt, sind diesem zuzurechnen" (§ 24 BAO). Ist zB der zivilrechtliche Eigentümer von der Nutzung und von allen wesentlichen Verfügungsrechten ausgeschlossen (zB Kaufoption des Mieters, Veräußerungsverbote, Belastungsverbote, Gestaltungsverbote), dann ist der zivilrechtliche Eigentümer nicht wirtschaftlicher Eigentümer.

Entscheidend für das wirtschaftliche Eigentum ist insbesondere, wem Wertsteigerungen zugutekommen oder Wertverluste treffen würden, in wessen Vermögen sich also allfällige **Wertänderungen** auswirken (VwGH 28. 5. 2015, 2013/15/0135).

Beispiele:
1. Der Fruchtnießer ist nicht wirtschaftlicher Eigentümer. Wirtschaftlicher Eigentümer ist vielmehr derjenige, bei dem sich die Wertveränderungen auswirken. Nach der Rechtsprechung gilt der Fruchtnießer selbst dann nicht als wirtschaftlicher Eigentümer, wenn der zivilrechtliche Eigentümer zugunsten des Fruchtnießers ein Belastungs- und Veräußerungsverbot übernimmt, sofern die Wertveränderungen weiterhin den zivilrechtlichen Eigentümer treffen (VwGH 19. 10. 2016, Ra 2014/15/0039).
2. Verkauft oder verschenkt der Rechtsanwalt die Kanzleiräume an die Ehegattin und mietet er die Räume von ihr zurück, dann ist die Ehegattin wirtschaftliche Eigentümerin, weil die Wertveränderungen an der Liegenschaft ihr zuzurechnen sind. Daher ist der Mietvertrag in diesen Fällen steuerlich wirksam (vgl VwGH 28. 5. 2015, 2013/15/0135).
3. Der Dieb ist zwar nicht zivilrechtlicher Eigentümer, aber wirtschaftlicher Eigentümer.

9.2. Betriebsvermögen

Vom **Treuhänder** gehaltene Wirtschaftsgüter sind dem Treugeber zuzurechnen und daher in seiner Bilanz auszuweisen (§ 24 Abs 1 lit b BAO). 61

Die **UGB-Bilanz** kennt zwar keine ausdrückliche Regelung für das wirtschaftliche Eigentum, doch gelten dort die gleichen Grundsätze.

Leasing

Ein Sonderfall des wirtschaftlichen Eigentums ist das **Leasing** („Kaufmiete"): Der Vorteil beim Leasing besteht darin, dass Mietzahlungen grundsätzlich als Betriebsausgaben sofort abgezogen werden können, während beim Kauf mit Ratenzahlung nur die anteilige Absetzung für Abnutzung (vgl Tz 107) geltend gemacht werden kann. Leasingverträge sind daher immer darauf zu überprüfen, ob tatsächlich Miete oder aber ein Kauf mit Ratenzahlungen vorliegt. 62

Beispiel:

Die Anschaffungskosten einer Maschine betragen 10.000 €, die voraussichtliche Nutzungsdauer beträgt 10 Jahre. Statt die Maschine zu kaufen, wird sie auf 3 Jahre zu einer Jahresmiete von 3.000 € gemietet; nach Ablauf der dreijährigen Mietdauer kann der Mieter die Maschine um 1.000 € kaufen (vertraglich vereinbartes Optionsrecht).

Wirtschaftlich betrachtet liegt keine Miete, sondern ein Kauf auf Raten vor. Es ist von Anfang an mit großer Sicherheit anzunehmen, dass der Mieter in Anbetracht des geringen Kaufpreises nach Ablauf der Mietdauer das Optionsrecht ausüben wird. Der Mieter wird daher immer dann als wirtschaftlicher Eigentümer anzusehen sein, wenn er aufgrund eines Optionsrechtes das Wirtschaftsgut nach Ablauf der Mietdauer zu einem wirtschaftlich nicht angemessenen Entgelt (Bagatellentgelt) erwerben kann. Steuerlich kann der Mieter in diesem Fall nur die anteilige Absetzung für Abnutzung geltend machen (zB 1.000 € pro Jahr bei einer linearen Verteilung der Anschaffungskosten auf die zehnjährige Nutzungsdauer; dazu noch ausführlich in Tz 107), und nicht je 3.000 € Miete in den ersten drei Jahren.

Als **wirtschaftlich angemessen** gilt ein Entgelt nach den EStR dann, wenn zum Ende der Mietdauer mindestens der dann bestehende Restbuchwert, abzüglich 20%, als Kaufpreis zu zahlen ist (Rz 3224). Nur dann wird der Leasingvertrag steuerlich auch als Miete anerkannt.

Beispiel:

Die Anschaffungskosten eines Pkw mit einer Nutzungsdauer von 8 Jahren betragen 80.000 €; als Mietdauer werden vier Jahre vereinbart. Dementsprechend beträgt der Restbuchwert unter Berücksichtigung der jährlichen AfA nach Ablauf der Mietdauer 40.000 €. Als Kaufpreis am Ende der Mietdauer müssen daher mindestens 32.000 € vereinbart sein (40.000 € abzüglich 20%); ist der Kaufpreis niedriger, gilt der Mieter als wirtschaftlicher Eigentümer. In diesem Fall kann er die Miete steuerlich nicht absetzen, sondern nur die AfA von den Anschaffungskosten.

Unabhängig von der steuerlichen (und der bilanzrechtlichen) Beurteilung stellt sich auch im Zivilrecht die Frage, inwieweit bei Leasingverträgen ein Mietvertrag oder ein Kaufvertrag vorliegt.

II. Einkommensteuer

9.3. Entnahmen – Einlagen

(Doralt/Ruppe I[12], Tz 192 ff)

63   Wird der Gewinn durch einen Vermögensvergleich ermittelt und werden während des Jahres Wirtschaftsgüter für betriebsfremde (private) Zwecke entnommen, dann ist der Gewinn insoweit zu niedrig ausgewiesen. Werden andererseits Wirtschaftsgüter aus dem außerbetrieblichen (privaten) Bereich dem Betrieb zugeführt, dann ist der Gewinn insoweit zu hoch. Daraus ergibt sich für die Gewinnermittlung durch Vermögensvergleich ergänzend:
– Entnahmen sind hinzuzurechnen,
– Einlagen sind abzuziehen.

Beispiele:
1. Ein Autohändler entnimmt seinem Betrieb einen Pkw für private Zwecke. Durch die Entnahme verringert sich das Betriebsvermögen als Grundlage der Gewinnermittlung. Daher muss der Wert des Pkw bei der Ermittlung des Gewinns hinzugerechnet werden.
2. Um für das Weihnachtsgeschäft genügend Warenlager zu haben, legt der Juwelier aus seinem privaten Vermögen 20.000 € in den Betrieb ein; um diesen Betrag erhöht sich das Betriebsvermögen. Da der Vermögenszuwachs jedoch nicht betrieblich veranlasst ist, sondern aus dem privaten Bereich stammt, ist die Einlage bei der Ermittlung des Gewinns abzuziehen.

Notwendiges Betriebsvermögen wird entnommen, indem es für betriebsfremde Zwecke verwendet wird; beim rechnungslegungspflichtigen Gewerbetreibenden kann notwendiges Betriebsvermögen zum gewillkürten Betriebsvermögen werden (zB bisher betrieblich genutzte Büroräume werden vermietet).

Gewillkürtes Betriebsvermögen wird entnommen, indem es aus den Büchern ausgebucht wird oder indem es persönlich genutzt wird (zB der Stpfl nutzt ein bisher vermietetes und als gewillkürtes Betriebsvermögen behandeltes Gebäude nunmehr als Wohnung für sich selbst).

Beim **Wechsel der Gewinnermittlung** von § 5 auf § 4 gilt gewillkürtes Betriebsvermögen als entnommen (Versteuerung als Entnahme; vgl Tz 119).

Besonderheiten ergeben sich außerdem bei der **Entnahme von Grundstücken** (dazu Tz 90).

9.4. Bilanzierungsgrundsätze

(Doralt/Ruppe I[12], Tz 200 ff)

64   Zu den Bilanzierungsgrundsätzen gehören insbesondere
– das Maßgeblichkeitsprinzip bei der Gewinnermittlung nach § 5 (siehe unten Tz 65),
– die Grundsätze ordnungsmäßiger Buchführung (Tz 67),
– die Grundsätze der Bilanzberichtigung und der Bilanzänderung (Tz 68),

9.4. Bilanzierungsgrundsätze

- die Bewertungsgrundsätze für das Betriebsvermögen,
- die Bilanzierungsstetigkeit zur Vergleichbarkeit der Bilanzen,
- das Stichtagsprinzip mit der Maßgeblichkeit des Bilanzstichtages,
- das Realisationsprinzip und das Imparitätsprinzip über den Zeitpunkt des Gewinn- und Verlustausweises.

Die einzelnen Grundsätze werden im Folgenden oder im Zusammenhang mit den einzelnen Punkten der Gewinnermittlung behandelt.

Maßgeblichkeit der UGB-Bilanz für die Steuerbilanz (§ 5)

Rechnungslegungspflichtige Gewerbetreibende müssen bereits nach dem UGB eine Bilanz erstellen (UGB-Bilanz). Daher ist die UGB-Bilanz aus Vereinfachungsgründen auch für die Steuerbilanz maßgeblich (Maßgeblichkeitsprinzip). 65

Aus dem Maßgeblichkeitsprinzip ergibt sich für nach UGB rechnungslegungspflichtige Gewerbetreibende:
- Der rechnungslegungspflichtige Gewerbetreibende hat eine den Grundsätzen ordnungsmäßiger Buchführung (GoB nach UGB) entsprechende UGB-Bilanz zu errichten.
- Die UGB-Bilanz ist die Grundlage für die Steuerbilanz.
- Die steuerlichen Vorschriften gehen nur vor, wenn sie zwingend von den UGB-Grundsätzen abweichen.

Daraus ergibt sich weiters:
- Ist der Ansatz in der UGB-Bilanz auch steuerlich zulässig, dann muss in der Steuerbilanz der gleiche Wert ausgewiesen werden (zB Sofortabschreibung geringwertiger Wirtschaftsgüter; vgl § 205 UGB iVm § 13 EStG).
- Ist der Ansatz zwar in der UGB-Bilanz zulässig, aber nicht in der Steuerbilanz, dann muss in der Steuerbilanz der steuerrechtlich maßgebliche Wert ausgewiesen werden (zB ist eine Aufwandsrückstellung zwar in der UGB-Bilanz zulässig, nicht jedoch in der Steuerbilanz).

Die Abweichungen der Steuerbilanz von der UGB-Bilanz werden in einer sogenannten **Mehr-Weniger-Rechnung** dargestellt.

Steuerbilanz und Unternehmensbilanz – unterschiedliche Zielsetzungen
Leistungsfähigkeitsprinzip und Vorsichts-(Gläubigerschutz-)prinzip

Während die Steuerbilanz sich am Leistungsfähigkeitsprinzip orientiert und damit die Ermittlung des tatsächlichen Gewinns anstrebt, ist die Unternehmensbilanz vom Vorsichtsprinzip (Gläubigerschutzprinzip) beherrscht und verlangt damit im Zweifel eher eine Unterbewertung der Vermögensgegenstände. 66

Leistungsfähigkeitsprinzip und Vorsichtsprinzip stehen damit tendenziell in einem Wertungswiderspruch. Als Folge der Maßgeblichkeit der Un-

II. Einkommensteuer

ternehmensbilanz fließt allerdings in der Praxis das Vorsichtsprinzip in die Steuerbilanz ein.

Rechtspolitisch wäre daher – im Hinblick auf die grundsätzlich unterschiedlichen Ziele der steuerlichen Gewinnermittlung einerseits und der Gewinnermittlung nach UGB andererseits – eine Trennung der steuerlichen Gewinnermittlung von der UGB-Bilanz vorzuziehen.

Grundsätze ordnungsmäßiger Buchführung

67 Für den rechnungslegungspflichtigen Gewerbetreibenden (§ 5) gelten für die Ermittlung und Bewertung des Betriebsvermögens die Rechnungslegungsvorschriften des UGB **(GoB aufgrund des UGB)**. Dagegen beschränken sich die „**allgemeinen steuerlichen GoB**" auf die Einhaltung der steuerlichen Gewinnermittlungsgrundsätze und der steuerlichen Formvorschriften (zu den Unterschieden zwischen § 5 und § 4 Abs 1 siehe oben Tz 55).

Nach den steuerlichen Formvorschriften (gelten auch für § 4 Abs 3) sind **Eintragungen** in die Bücher der Zeitfolge nach geordnet, vollständig, richtig und zeitgerecht vorzunehmen; gewerbliche Unternehmer haben ein Wareneingangsbuch zu führen, soweit sie den Gewinn nicht durch Vermögensvergleich ermitteln (§§ 127, 131 BAO); die **Aufbewahrungspflicht** für Bücher und Aufzeichnungen beträgt sieben Jahre (§ 132 BAO). Ist die Buchführung nicht ordnungsmäßig, dann ist die Behörde zur **Schätzung** berechtigt (§ 184 BAO; vgl auch Tz 122).

Registrierkassen- und Belegerteilungspflicht: Für bestimmte Betriebe bzw Unternehmen mit Barverkäufen besteht die Verpflichtung, die Barumsätze mittels elektronischer Registrierkasse zu ermitteln und über die Barverkäufe Belege auszustellen (§ 131 b und § 132 a BAO). Ausnahmen bestehen für Kleinbetriebe (Jahresumsatz bis 30.000 €) mit Barumsätzen, insbesondere an öffentlichen Orten (§ 131 Abs 4 BAO).

Bilanzberichtigung und Bilanzänderung

68 Zu einer **Bilanzberichtigung** kommt es dann, wenn die Bilanz unrichtig ist; die Bilanzberichtigung ist zwingend vorzunehmen (§ 4 Abs 2 Z 2).

Eine Bilanz ist dann unrichtig, wenn sie nicht den Grundsätzen ordnungsmäßiger Buchführung oder nicht den zwingenden steuerlichen Vorschriften entspricht.

Eine Bilanz ist insbesondere unrichtig, wenn
– Bilanzposten unrichtig bewertet sind (zB überhöhte Abschreibungen),
– Bilanzposten fehlen (zB notwendiges Betriebsvermögen),
– Bilanzposten zu Unrecht aufgenommen worden sind (zB Aktivierung von Erhaltungsaufwand).

Bilanzberichtigung und Verjährung: Ist bereits Verjährung eingetreten, dann wird bei **periodenübergreifenden Fehlern** (zB unrichtige Abschreibungen) der richtige Totalgewinn durch den Ansatz von Zu- und Abschlägen nachträglich sichergestellt. Ist dagegen der **Fehler nicht periodenübergreifend** (zB Nichtansatz einer Forderung oder einer Verbindlichkeit), ist nach der Verjährung die Bilanz zwar zu berichtigen, doch hat die Berichtigung keine steuerliche Auswirkung mehr (Nachholverbot; dazu EStR Rz 650).

Eine **Bilanzänderung** liegt dagegen dann vor, wenn ein **richtiger Bilanzansatz** durch einen anderen richtigen Bilanzansatz ersetzt werden soll (Bilanzierungswahlrechte). Nach Einreichen der Bilanz beim FA ist eine Bilanzänderung nur zulässig, wenn sie wirtschaftlich begründet ist und das FA zustimmt (§ 4 Abs 2 Z 1; wird vom FA eher einschränkend gehandhabt).

Beispiele:
1. Der Stpfl mit Gewinnermittlung nach § 4 Abs 1 hat eine Rückstellung, zu der er berechtigt gewesen wäre, nicht gebildet. Im Rahmen der Betriebsprüfung will er die Rückstellung nachholen. Es liegt eine Bilanzänderung vor, die nur bei Vorliegen wirtschaftlicher Gründe zulässig ist. Dagegen wäre bei der Gewinnermittlung nach § 5 die Rückstellung zwingend zu bilden gewesen; daher wäre in diesem Fall eine Bilanzberichtigung vorzunehmen.
2. Der Stpfl hat bei einem Betriebsgebäude eine AfA von 2% angenommen (50 Jahre Nutzungsdauer), obwohl er nach dem Gesetz eine AfA von 2,5% ansetzen hätte können (§ 8 Abs 1). Nach Einreichung der Steuererklärung will er die AfA ändern. – Es liegt eine Bilanzänderung vor, die das FA voraussichtlich nicht genehmigen wird.

9.5. Allgemeine Bewertungsvorschriften

(Doralt/Ruppe I[12], Tz 298 ff)

Grundsatz der Einzelbewertung: Die Wirtschaftsgüter sind einzeln zu bewerten; verschiedene Wirtschaftsgüter dürfen nicht für Zwecke der Bewertung zusammengefasst werden (wichtig, weil regelmäßig nur Wertverluste durch Abwertungen sofort berücksichtigt werden, dagegen Wertsteigerungen in der Regel keine Aufwertung erlauben; daher erfolgt kein Ausgleich, wenn ein Wirtschaftsgut im Wert fällt und ein anderes Wirtschaftsgut im Wert steigt). Andererseits darf ein einheitliches Wirtschaftsgut, das aus verschiedenen Teilen besteht, für die Bewertung nicht in die einzelnen Teile zerlegt werden. 69

Beispiele:
1. Die Heizungsanlage und andere technische Einrichtungen eines Gebäudes, wie zB ein Aufzug, bilden mit dem Gebäude ein einheitliches Wirtschaftsgut. Auch wenn die Nutzungsdauer der technischen Einrichtungen isoliert betrachtet kürzer ist als die Nutzungsdauer des Gebäudes, können sie daher nicht getrennt vom Gebäude abgeschrieben werden; allfällige Wertverluste können nur dann geltend gemacht werden, wenn der Wert des gesamten Gebäudes gesunken ist.
2. Bei Grundstücken gelten der Grund und Boden einerseits und das Gebäude andererseits als zwei getrennte Wirtschaftsgüter (EStR Rz 583). Daher sind zB Wertverluste im Gebäude nicht mit Wertsteigerungen des Grund und Bodens auszugleichen.

Stichtagsbewertung: Bewertungsstichtag ist der Bilanzstichtag, das ist der 31. 12. bzw der letzte Tag eines abweichenden Wirtschaftsjahres. Wertveränderungen nach dem Bilanzstichtag bleiben unberücksichtigt. Die Not- 70

II. Einkommensteuer

wendigkeit der Stichtagsbewertung ergibt sich aus der Periodenbesteuerung. Bei Umständen, die nach dem Bilanzstichtag eintreten, sind zu unterscheiden:

Wert*verändernde* Umstände, die den Wert erst nach dem Bilanzstichtag verändern, sind nicht zu berücksichtigen (wirken auf den Bilanzstichtag nicht zurück).

Wert*erhellende* Umstände nach dem Bilanzstichtag: Nachträglich bekannt gewordene Umstände über den am Bilanzstichtag bereits bestehenden Wert sind zu berücksichtigen (wirken auf den Bilanzstichtag zurück). Ist die Bilanz bereits erstellt, dann besteht eine Berichtigungspflicht nur dann, wenn es zu wesentlichen Wertveränderungen kommt.

Beispiele:
1. Wird ein Lkw bei einer Fahrt ins Ausland am 30. 12. 01 von einem Parkplatz gestohlen, bemerkt der Steuerpflichtige den Diebstahl aber erst am 2. 1. 02, ist dieser Umstand wert*erhellend* und daher bereits in der Bilanz zum 31. 12. 01 zu berücksichigen.
2. Ein Schuldner wird Ende November des Jahrs 01 zahlungsunfähig. Die Konkursanmeldung des Schuldners im Jänner 02 ist rückwirkend für den Wert der Forderung des Gläubigers zum Stichtag 31. 12. 01 wert*erhellend*. Die Forderung war bereits am 31. 12. 01 wertlos.
3. Der Totalschaden einer Maschine im Jänner bleibt für den Stichtag 31. 12. ohne Auswirkung (wert*verändernder* Umstand).

71 **Bewertungsstetigkeit:** Auch wenn bei der Bilanzierung Bewertungsspielräume und Wahlrechte bestehen, müssen die einmal gewählten Bilanzierungsprinzipien bei den nächsten Jahresbilanzen beibehalten werden bzw dürfen sie nicht willkürlich geändert werden (dient der Vergleichbarkeit der Bilanzen).

Bei gleichbleibenden Verhältnissen dürfen daher weder die Abschreibungsdauern geändert noch die Abzinsungssätze neu gewählt werden; bei der Gewinnermittlung nach § 4 Abs 1 kann nicht willkürlich von der Bildung von Rückstellungen abgegangen werden.

72 **Realisationsprinzip:** Gewinne dürfen erst dann ausgewiesen werden, wenn die Leistung erbracht worden und damit die Forderung zu aktivieren ist (unabhängig von einer späteren Fälligkeit). Ein noch nicht erfüllter Vertrag ist als **schwebendes Geschäft** in der Bilanz nicht auszuweisen, außer es drohen Verluste (**Imparitätsprinzip**, siehe unten Tz 74).

Ein **schwebendes Geschäft** liegt dann vor, wenn der Leistungsverpflichtete (!) seine Leistungspflicht noch nicht erfüllt hat. Hat dagegen der Leistungsempfänger (Käufer) eine Vorauszahlung geleistet, dann muss der Leistungsverpflichtete in Höhe der Vorauszahlung eine Verbindlichkeit ausweisen („erhaltene Vorauszahlungen" als Passivposten). Damit ist die Vorauszahlung nicht gewinnwirksam.

Beispiel:
Im Jahr 1 schließt der Unternehmer einen Vertrag über den Verkauf einer Maschine.
Im Jahr 2 wird die Maschine geliefert.
Im Jahr 3 bezahlt der Käufer.

9.6. Bewertungsmaßstäbe

Beurteilung:
Der Vertragsabschluss im Jahr 1 bewirkt nur ein schwebendes Geschäft (in der Bilanz daher nicht auszuweisen).
Mit der Lieferung (im Jahr 2) erwirbt der Verkäufer eine durchsetzbare Forderung; damit realisiert er den Gewinn.
Die Bezahlung im Jahr 3 ist im Rahmen der Gewinnermittlung durch Vermögensvergleich gewinnneutral (wirkt sich auf den Gewinn nicht aus): An die Stelle der Forderung tritt der Geldbetrag.

Vorsichtsprinzip: Aus Gründen des Gläubigerschutzes muss das Betriebsvermögen in der **UGB-Bilanz** vorsichtig bewertet werden, die Nutzungsdauer muss eher niedrig als zu hoch angesetzt werden, Rückstellungen sind zwingend zu bilden. Obwohl das Vorsichtsprinzip in der Steuerbilanz nicht gilt, dürfen dort die gleichen Werte wie in der UGB-Bilanz angesetzt werden, um die Gewinnermittlung nach § 4 Abs 1 gegenüber den rechnungslegungspflichtigen Gewerbetreibenden (§ 5) nicht zu benachteiligen. 73

Das **Imparitätsprinzip** ergibt sich aus dem Realisationsprinzip und dem Vorsichtsprinzip: Gewinne, die zwar zu erwarten, aber noch nicht realisiert sind, dürfen nicht ausgewiesen werden. Dagegen müssen Verluste in bestimmten Fällen auch dann ausgewiesen werden, wenn sie noch nicht realisiert sind (Wertverluste im Betriebsvermögen; Rückstellungen für ungewisse Verbindlichkeiten und für drohende Verluste aus schwebenden Geschäften). In der Steuerbilanz (Gewinnermittlung nach § 4 Abs 1) ist nur das Realisationsprinzip zwingend; der Ausweis von Wertminderungen (Teilwertabschreibung) und von Rückstellungen ist nicht zwingend (dazu unten Tz 98 ff). 74

Die Kurzformel lautet daher:
**Erwartete Gewinne dürfen nicht ausgewiesen werden,
drohende Verluste müssen dagegen ausgewiesen werden.**

9.6. Bewertungsmaßstäbe

(Doralt/Ruppe I[12], Tz 315 ff)

Bewertungsmaßstäbe sind 75
– die Anschaffungskosten (Tz 81),
– die Herstellungskosten (Tz 82),
– der Teilwert (Tz 83) und
– der gemeine Wert (Tz 84).

Der **Buchwert** ist kein Bewertungsmaßstab, sondern der Wert, mit dem das Wirtschaftsgut aufgrund der Bewertungsvorschriften in der Bilanz („in den Büchern") angesetzt ist (Anschaffungskosten vermindert um die Absetzung für Abnutzung oder Teilwertabschreibungen). 76

Der Buchwert ist vor allem beim Anlagevermögen oft niedriger als der tatsächliche Wert. Der Unterschied zwischen dem tatsächlichen Wert und dem niedrigeren Buchwert sind die **stillen Reserven**; sie scheinen in der Bilanz nicht auf. 77

II. Einkommensteuer

Stille Reserven entstehen insbesondere dann,
– wenn das Wirtschaftsgut rascher abgeschrieben worden ist, als seiner tatsächlichen Entwertung entspricht (zB es wurde eine Nutzungsdauer von 10 Jahren angenommen; danach hat das Wirtschaftsgut einen Buchwert von Null, auch wenn es noch immer im Betrieb eingesetzt wird und einen Wert besitzt),
– wenn das Wirtschaftsgut in seinem Wert gestiegen ist (vor allem bei Grundstücken und Beteiligungen).

78 **Anschaffungs-** und **Herstellungskosten** sind auf ein neues Wirtschaftsgut gerichtet und sind als Aufwand auf einen Aktivposten zu „aktivieren". Nachträgliche Herstellungskosten sind Aufwendungen, die nach einer Anschaffung oder Herstellung des Wirtschaftsgutes getätigt werden. Sie sind von den Erhaltungsaufwendungen zu unterscheiden, die grundsätzlich als Betriebsausgaben sofort abzugsfähig sind.

79 **Erhaltungsaufwendungen** sind Aufwendungen, die keine Herstellungskosten sind, sondern dazu dienen, das Wirtschaftsgut in einem ordnungsmäßigen Zustand zu erhalten oder diesen wieder herzustellen; sie sind grundsätzlich als laufende Betriebsausgaben sofort abzugsfähig.

Ein Erhaltungsaufwand bleibt auch dann Erhaltungsaufwand, wenn er über die Werterhaltung hinaus (zB Reparatur) zu einer Werterhöhung des Wirtschaftsgutes führt (zB ist ein Gebäude mit einer frisch gestrichenen Fassade mehr wert als vorher). Auch die Verwendung eines besseren Materials macht aus einem Erhaltungsaufwand keinen Herstellungsaufwand (zB Kupferdach statt Blechdach).

Abgrenzung Erhaltungsaufwand und Herstellungsaufwand:

Nachträgliche Aufwendungen werden dann zum Herstellungsaufwand (und sind deshalb zu aktivieren), wenn das vorhandene Wirtschaftsgut in seiner Funktion bzw seinem Wesen verändert wird (Funktions-/Wesensänderung; siehe unten Tz 82); ansonsten sind sie Erhaltungsaufwendungen.

Beispiele:
1. Der nachträgliche Einbau eines Badezimmers ist Herstellungsaufwand; dagegen ist die Renovierung des vorhandenen Badezimmers Erhaltungsaufwand (auch wenn die Kosten gleich hoch sind wie der nachträgliche Einbau).
2. Die Umstellung der Wärmeversorgung von Öl auf Fernwärme ist Herstellungsaufwand und nicht Erhaltungsaufwand (VwGH 2. 10. 2014, 2011/15/0195).

Instandhaltung und Instandsetzung bei Mietwohngebäuden

80 Soweit ein **Gebäude für Wohnzwecke vermietet** ist (Mietwohngebäude), ist beim Erhaltungsaufwand zu unterscheiden, ob es sich um einen **Instandhaltungsaufwand** oder um einen **Instandsetzungsaufwand** handelt (§ 4 Abs 7):
– **Instandsetzungsaufwand** ist ein Aufwand, der die **Nutzungsdauer** oder den **Nutzungswert** des Gebäudes wesentlich erhöht, zB Austausch der

9.6. Bewertungsmaßstäbe

Fenster, Erneuerung der Fassade mit Wärmeisolierung oder Erneuerung von Leitungen (siehe dazu Tz 137 f),
– ansonsten liegt ein **Instandhaltungsaufwand** vor.

Steuerliche Auswirkungen:
– **Instandhaltungsaufwand** ist grundsätzlich **sofort abzusetzen,**
– **Instandsetzungsaufwand** ist **auf fünfzehn Jahre** zu verteilen.

Wird dagegen das Gebäude bzw der Gebäudeteil nicht für Wohnzwecke, sondern für andere Zwecke verwendet (zB vermietete oder selbst genutzte Büroräume oder Geschäftsräume), ist auch der Instandsetzungsaufwand sofort abzugsfähig (schwer nachvollziehbare Differenzierung).

Bei Gebäuden, die teils für Wohnzwecke, teils für andere Zwecke vermietet sind, ist der Erhaltungsaufwand entsprechend aufzuteilen.

Anschaffungskosten

Die Anschaffungskosten (§ 203 Abs 2 UGB) bestehen aus den 81
– **unmittelbaren Aufwendungen** zum Erwerb eines Vermögensgegenstandes,
– **Nebenkosten** im Zusammenhang mit der Anschaffung (zB Transportkosten, Montagekosten, Vertragserrichtungskosten, GrESt),
– Aufwendungen, um den Gegenstand in einen **betriebsbereiten Zustand zu versetzen** (zB Montagekosten; Reparaturkosten einer im Zeitpunkt der Anschaffung nicht funktionsfähigen Maschine).

Bei **anschaffungsnahem Erhaltungsaufwand** (zB Erwerb eines sanierungsbedürftigen Gebäudes) ist zu unterscheiden:
– Ist das angeschaffte Wirtschaftsgut betriebsbereit, dann sind Erhaltungsaufwendungen sofort abzugsfähig, auch wenn sie im zeitlichen Nahebereich der Anschaffung anfallen (zB Erneuerung einer an sich funktionsfähigen Installation; Neustreichen der Fassade).
– Sind dagegen die Aufwendungen notwendig zur Erlangung der Betriebsbereitschaft, dann sind sie als (nachträgliche) Anschaffungskosten zu aktivieren (zB Erwerb eines havarierten Fahrzeuges).

Fremdkapitalzinsen im Zusammenhang mit einem Kredit zur Anschaffung eines Wirtschaftsgutes gehören nicht zu den Anschaffungskosten des Wirtschaftsgutes; sie sind laufende Betriebsausgaben und nicht zu aktivieren (anders bei Herstellungskosten, siehe Tz 82).

Beim **Tausch** ergeben sich die Anschaffungskosten des neuen Wirtschaftsgutes aus dem gemeinen Wert des hingegebenen Wirtschaftsgutes (§ 6 Z 14 lit a): Um das neue Wirtschaftsgut zu erlangen, muss das alte Wirtschaftsgut hingegeben werden; daher gilt der Wert des hingegebenen alten Wirtschaftsgutes als Anschaffungswert des neuen Wirtschaftsgutes.

Beispiel:
Der Bauunternehmer tauscht seinen gebrauchten Lkw (Wert 55.000 €) gegen einen neuen Pkw (Listenpreis 60.000 €). Der Anschaffungswert des Pkw ergibt sich aus dem Wert des gebrauchten Lkw und beträgt daher 55.000 €.

II. Einkommensteuer

Herstellungskosten

82 Herstellungskosten liegen dann vor (§ 203 Abs 3 UGB), wenn
- ein neues Wirtschaftsgut geschaffen wird,
- ein bestehendes Wirtschaftsgut erweitert wird (zB Gebäudeanbau) oder
- ein bestehendes Wirtschaftsgut wesentlich verbessert wird (die Funktion bzw Wesensart geändert wird; zB Umbau des Gebäudes oder auch nur eines Gebäudeteiles wie der Ausbau eines Dachbodens; siehe auch oben zur Abgrenzung von Erhaltungsaufwendungen, Tz 79).

Herstellungskosten bestehen insbesondere aus
- Materialkosten,
- Fertigungskosten (zB Personalkosten),
- Gemeinkosten (zB Miete oder Heizung für die Produktionshalle).

Fremdkapitalzinsen dürfen aktiviert werden, soweit sie auf den Herstellungszeitraum entfallen.

Unterbeschäftigungskosten dürfen hingegen nicht angesetzt werden; es handelt sich dabei um Kosten, die deshalb entstehen, weil bei schlechter Auftragslage in der gleichen Zeit weniger Produkte hergestellt werden als bei Arbeitsauslastung.

Auch Kosten der allgemeinen **Verwaltung** und des **Vertriebs** dürfen in die Herstellungskosten nicht einbezogen werden.

Teilwert

83 *Vorbemerkung:* Abgesehen von den Anschaffungs- oder Herstellungskosten werden als weitere Bewertungsmaßstäbe der „Teilwert" und der „gemeine Wert" unterschieden. Der Teilwert ist der Wert, den das Wirtschaftsgut für den lebenden Betrieb hat (Fortführungswert; § 6 Z 1 EStG und § 12 BewG, dazu auch Tz 404). Dagegen ist der gemeine Wert der Wert, den das Wirtschaftsgut im Fall der Einzelveräußerung, also zB auch im Fall der Liquidation, hat (§ 10 Abs 2 BewG, dazu noch Tz 83 und 403).

Steht ein Wirtschaftsgut in einem lebenden Betrieb in Verwendung, wird also das Wirtschaftsgut im Betrieb laufend eingesetzt, dann entspricht der Wert des Wirtschaftsguts dem Wert, der ihm **als Teil des gesamten Betriebsvermögens** zukommt (daher als „Teilwert" bezeichnet, zum Unterschied vom gemeinen Wert, der sich nicht aus der Zugehörigkeit eines Wirtschaftsguts zu einem Betrieb ergibt, sondern als Einzelveräußerungspreis, dazu unten).

Der **Teilwert** ist danach der Wert, der dem einzelnen Wirtschaftsgut
- als Teil des Gesamtbetriebes
- bei Fortführung des Unternehmens zukommt.

Die Definition im Gesetz lautet: „Teilwert ist der Betrag, den der Erwerber des ganzen Betriebs im Rahmen des Gesamtkaufpreises für das einzelne Wirtschaftsgut ansetzen würde; dabei ist davon auszugehen, dass der Erwerber den Betrieb fortführt" (§ 6 Z 1 und § 12 BewG).

Der Teilwert in der Steuerbilanz entspricht in der **Unternehmensbilanz** dem am Bilanzstichtag **„beizulegenden Wert":** Die Definition ist weitgehend wortgleich und inhaltlich ident (§ 189a Z 3 UGB). Sowohl in der Steuerbilanz wie auch in der Unterneh-

9.6. Bewertungsmaßstäbe

mensbilanz ist danach idR von der Fortführung des Unternehmens auszugehen (**„Going concern Prinzip"**, siehe auch § 201 Z 2 UGB).

Beim Teilwert (ebenso beim „beizulegenden Wert") steht idR der Wiederbeschaffungswert im Vordergrund. Bei nichtabnutzbaren Wirtschaftsgütern wird daher vermutet, dass der Teilwert zumindest den Anschaffungskosten entspricht, bei abnutzbaren Wirtschaftsgütern, dass er den Anschaffungskosten abzüglich der AfA entspricht (Teilwertvermutung).

Für den Teilwert gilt somit:
– Bei Wirtschaftsgütern, die in betrieblicher Verwendung stehen, entspricht der Teilwert idR den Wiederbeschaffungskosten.
– Bei Wirtschaftsgütern, die im Betrieb nicht mehr gebraucht werden, entspricht der Teilwert dem gemeinen Wert (Einzelverkaufswert, Liquidationswert).

Der Teilwert ist im Bilanzrecht vor allem dann von Bedeutung, wenn er niedriger ist als der Buchwert („Abschreiben" des Buchwertes auf den niedrigeren Teilwert; siehe dazu unten, Tz 86 ff).

Gemeiner Wert

Der gemeine Wert wird durch den Preis bestimmt, der im **gewöhnlichen Geschäftsverkehr** bei einer Veräußerung für das Wirtschaftsgut zu erzielen wäre (§ 10 Abs 2 BewG). Damit ist der gemeine Wert ein Wert **ohne Zusammenhang mit dem Betrieb,** wird also durch den Preis bestimmt, den jeder, also auch ein Privater erzielen kann („gewöhnlicher Geschäftsverkehr" meint den Geschäftsverkehr, der jedermann offensteht; zB Flohmarkt, öffentliche Versteigerung nach Abzug der Spesen, siehe unten Anmerkung).

84

Der gemeine Wert ergibt sich aus dem **Einzelveräußerungspreis** (§ 10 Abs 2 BewG) und entspricht zugleich dem **Liquidationswert** bei der Betriebsaufgabe (§ 24 Abs 3). Naturgemäß ist der gemeine Wert in hohem Maß unbestimmt. Gelegentlich werden der gemeine Wert und der Verkehrswert unterschieden, ohne dass allerdings der Unterschied erläutert wird.

Kurz gefasst ist
– der gemeine Wert der Einzelveräußerungswert (Liquidationswert),
– der Teilwert der Fortführungswert im Betrieb.

Gemeiner Wert und Teilwert am Beispiel eines gebrauchten Pkw:
– der gemeine Wert entspricht dem bei einer Veräußerung erzielbaren Preis (Verkauf an einen Gebrauchtwagenhändler),
– der Teilwert entspricht dem Wiederbeschaffungspreis (Kauf bei einem Gebrauchtwagenhändler).

Der Teilwert zB einer neuen Maschine wird danach unterschiedlich sein, ob es um den Wert im Produktionsunternehmen geht (Herstellerbetrieb) oder beim Maschinenhändler (Händleranschaffungspreis) oder beim Unternehmer, in dessen Unternehmen die Maschine eingesetzt ist (Händlerverkaufspreis).

Dagegen ist der gemeine Wert als Einzelveräußerungswert bzw Liquidationswert unabhängig davon, ob sich das Wirtschaftsgut in einem Unternehmen befinden und welche Funktion es dort hat, oder ob das Wirtschaftsgut etwa in einem privaten Haushalt eingesetzt ist.

Anmerkung: Nach Auffassung des VwGH entspricht der gemeine Wert nicht – wie hier dargestellt – dem Einzelverkaufspreis bzw dem Liquidationswert, sondern dem Händlerverkaufspreis (E 11. 7. 2000, 97/16/0222). Entgegen dem VwGH ist jedoch der gemeine Wert der im „gewöhnlichen", unter Privaten üblichen Geschäftsverkehr erzielbare Preis („gemeingewöhnlicher" Wert). Das EStG verwendet den gemeinen Wert sogar ausdrücklich bei der Betriebsaufgabe, also bei der Liquidation des Unternehmens (§ 24 Abs 3); notwendigerweise kann daher der gemeine Wert nur der Liquidationswert bzw Einzelverkaufspreis sein (siehe auch EStR Rz 2591). Der wichtigste Anwendungsfall des gemeinen Wertes war die frühere Vermögenssteuer. Auch dort konnte mit dem gemeinen Wert nur der Einzelveräußerungswert unter Privaten („Versilberungswert") gemeint gewesen sein und nicht der Händlerverkaufspreis. Inzwischen hat auch der Gesetzgeber mit dem „Endpreis" als neue Sachbezugsbewertung den VwGH widerlegt (§ 15 Abs 2 Z 1). Da der Händlerverkaufspreis dem Endpreis entspricht, kann er nicht gleichzeitig der gemeine Wert sein (ausführlich dazu *Doralt*, Wertersatzstrafe und gemeiner Wert, ÖJZ 2019, 61; kritisch zum VwGH auch *Twaroch/Wittmann/Frühwald*, BewG § 10 Anm 7). Inzwischen hat auch das BFG die Kritik am VwGH bestätigt (E 6. 6. 2019, RV/5300005/2016, keine Amtsrevision).

Der gemeine Wert im Steuerrecht (§ 10 BewG) hat seine Wurzel im reichsdeutschen Steuerrecht und ist mit dem gemeinen Wert im ABGB (§ 305) nicht gleichzusetzen.

9.7. Bewertung des Betriebsvermögens (§ 6)

(Doralt/Ruppe I[12], Tz 347 ff)

85 Bei der Bewertung von Betriebsvermögen sind zu unterscheiden
– das abnutzbare Anlagevermögen,
– das nichtabnutzbare Anlagevermögen,
– das Umlaufvermögen.

Besondere Bewertungsvorschriften bestehen außerdem für
– Entnahmen und Einlagen und den
– unentgeltlichen Erwerb des Betriebes und einzelner Wirtschaftsgüter.

1. Anlagevermögen

86 **Zum Anlagevermögen** gehören jene Wirtschaftsgüter, die dazu bestimmt sind, dauernd dem Betrieb zu dienen (vgl § 198 Abs 2 UGB), im Unterschied zum Umlaufvermögen, das nicht dazu bestimmt ist, dem Betrieb dauernd zu dienen (siehe unten).

Zu unterscheiden ist das abnutzbare und das nicht abnutzbare Anlagevermögen:

Abnutzbares Anlagevermögen (Gebäude, Maschinen usw) ist mit den
– **Anschaffungs- oder Herstellungskosten,**
– vermindert um die **Absetzung für Abnutzung** (AfA) zu bewerten (§ 6 Z 1).

9.7. Bewertung des Betriebsvermögens (§ 6) EStG

Nicht abnutzbares Anlagevermögen (Grund und Boden, Beteiligungen) ist naturgemäß nur mit den
- **Anschaffungskosten** zu bewerten (§ 6 Z 2).

Ist der **Teilwert niedriger** als der Buchwert und liegt eine **voraussichtlich dauernde Wertminderung** vor, dann muss der rechnungslegungspflichtige Gewerbetreibende den niedrigeren Teilwert ansetzen (§ 6 Z 1 und 2 iVm § 204 Abs 2 UGB; „Teilwertabschreibung"; mit Wahlrecht bei der Gewinnermittlung nach § 4 Abs 1).

Wertaufholung (Zuschreibung): Sind die Gründe für die Teilwertabschreibung in einer späteren Periode weggefallen, dann ist bei der Gewinnermittlung nach § 5 der entsprechende Betrag in der Unternehmensbilanz und damit auch in der Steuerbilanz wieder zuzuschreiben (§ 208 UGB, § 6 Z 13 EStG). Eine Zuschreibung über die seinerzeitigen Anschaffungs- oder Herstellungskosten kommt allerdings nicht in Betracht **(Zuschreibungsobergrenze).**

Zusammenfassend gilt für die Bewertung des abnutzbaren und des nicht abnutzbaren Anlagevermögens:

Anschaffungs- oder Herstellungskosten

vermindert um die AfA (bei abnutzbaren Anlagevermögen)

vermindert um eine Teilwertabschreibung bei dauernder Wertminderung

erhöht um eine allfällige Zuschreibung.

Aktivierungsverbot für selbst hergestellte unkörperliche Wirtschaftsgüter: Unkörperliche Wirtschaftsgüter des Anlagevermögens (zB Patente, Rezepte) dürfen nur dann ausgewiesen werden, wenn sie entgeltlich erworben wurden. Selbst hergestellte unkörperliche Wirtschaftsgüter dürfen daher nicht aktiviert werden (§ 4 Abs 1 letzter Satz; ebenso § 197 Abs 2 UGB). Begründet wird dies damit, dass selbst hergestellte immaterielle Wirtschaftsgüter nur schwer bewertet werden können und besonders unsicher sind.

Beispiel:
> Ein Pharmabetrieb entwickelt ein neues Medikament. Die Forschungskosten für das Medikament betragen 10 Mio €, der Wert des Rezepts beträgt 20 Mio €. In der Bilanz ist der Wert des Rezepts trotz der hohen Forschungskosten mit Null anzusetzen. Die Forschungskosten werden als Aufwand (Betriebsausgaben) verbucht. Verkauft der Pharmabetrieb das Rezept um 20 Mio € realisiert der Betrieb einen Gewinn iHv 20 Mio € und der Käufer hat das Rezept in seiner Bilanz mit den Anschaffungskosten von 20 Mio € anzusetzen.

Bei **Grundstücken** stellen Grund und Boden einerseits und das Gebäude andererseits zwei getrennte selbständige Wirtschaftsgüter dar. Sinkt zB der Teilwert des Gebäudes, dann ist eine Teilwertabschreibung vom Gebäude

II. Einkommensteuer

vorzunehmen, unabhängig von der Wertentwickung des Grund und Bodens (EStR Rz 2633).

Für Teilwertabschreibungen und Verluste aus der Veräußerung von Grundstücken gilt aufgrund des besonderen Steuersatzes für Veräußerungsgewinne eine besondere Behandlung. Sie sind:
– vorrangig mit Gewinnen aus Grundstücksveräußerungen oder Wertzuschreibungen zu verrechnen,
– ein verbleibender Überhang darf nur zu 60% mit dem übrigen Betriebsergebnis verrechnet werden; ein solcher Gesamtverlust aus Grundstücksgeschäften ist daher um 40% zu reduzieren (§ 6 Z 2 lit d).

Eine ähnliche Behandlung ist für **Kapitalvermögen** (Anlage- und Umlaufvermögen) vorgesehen. Es gilt Folgendes:
– Teilwertabschreibungen und Verluste aus der Veräußerung von Kapitalvermögen sind vorrangig mit Wertsteigerungen aus gleichartigem Kapitalvermögen zu verrechnen (dazu § 6 Z 2 lit c).
– Ein verbleibender Verlustüberhang darf nur zu 55% mit anderen betrieblichen Einkünften verrechnet werden (§ 6 Z 2 lit c, Kürzung um 45%). Damit wird die Verlustverrechnung im betrieblichen Kapitalvermögen der Verlustverrechnung im außerbetrieblichen Bereich angeglichen (zur Verlustverrechnung im außerbetrieblichen Bereich siehe oben Tz 24/4).

Ein Vorteil im betrieblichen Bereich bleibt, weil der „Verlustüberhang" – wenn auch nur zu 55% – mit anderen betrieblichen Einkünften verrechnet werden kann; daher kann es vorteilhaft sein, Kapitalvermögen aus dem Privatvermögen in das (gewillkürte) Betriebsvermögen zu verlagern.

In der **Land- und Forstwirtschaft** kann bei Pflanzen und Tieren der Teilwert auch dann angesetzt werden, wenn er höher ist als die Anschaffungs- oder Herstellungskosten (§ 6 Z 2 lit b EStG).

2. Umlaufvermögen (§ 6 Z 2)

88 **Umlaufvermögen** (dazu gehören insbesondere Waren, Hilfsstoffe und die meisten Forderungen) ist mit den **Anschaffungs- oder Herstellungskosten** zu bewerten (§ 6 Z 2). Ist der **Teilwert niedriger,** so gilt beim rechnungslegungspflichtigen Gewerbetreibenden das strenge **Niederstwertprinzip** (unabhängig von der Dauer der Wertminderung ist der niedrigere Wert zwingend anzusetzen, § 207 UGB). Bei der Gewinnermittlung nach § 4 Abs 1 kann der niedrigere Teilwert angesetzt werden.

Als Ausnahme vom Grundsatz der Einzelbewertung sind auch **pauschale Wertberichtigungen von Forderungen** zulässig; dies jedoch nur dann, wenn sie auch nach UGB zulässig sind (§ 6 Z 2 lit a).

Ist der Teilwert in einer späteren Periode wieder gestiegen, dann ist eine **Zuschreibung** bis zu den Anschaffungskosten in der Unternehmensbilanz

9.7. Bewertung des Betriebsvermögens (§ 6)   **EStG**

zwingend vorzunehmen (§ 208 Abs 1 UGB). Die Aufwertung in der Steuerbilanz bei rechnungslegungspflichtigen Unternehmen ergibt sich aus dem Maßgeblichkeitsprinzip (vgl auch § 6 Z 13; bei der Gewinnermittlung nach § 4 Abs 1 ist die Zuschreibung zulässig, aber nicht zwingend).

3. Verbindlichkeiten

Verbindlichkeiten sind mit dem Erfüllungsbetrag anzusetzen; ein **Disagio** (Unterschiedsbetrag zwischen dem zugezahlten Betrag und dem Rückzahlungsbetrag) ist zu aktivieren und auf die Laufzeit zu verteilen (§ 6 Z 3). **Geldbeschaffungskosten** sind ebenfalls auf die Laufzeit der Verbindlichkeit aufzuteilen (§ 6 Z 3). 89

Steigt die Höhe der Verbindlichkeit aufgrund einer **Wertsicherung,** ist der Wertsicherungsbetrag bei der Gewinnermittlung nach § 5 zwingend zu passivieren.

4. Entnahme, Einlage

Entnahmen und **Einlagen** sind grundsätzlich jeweils mit dem Teilwert anzusetzen (§ 6 Z 4 und Z 5). 90

Wird **Kapitalvermögen** (insbesondere Gesellschaftsanteile) oder **Immobilienvermögen** in das Betriebsvermögen **eingelegt,** so ist es nach der allgemeinen Regel mit dem Teilwert anzusetzen. Sind allerdings die seinerzeitigen (historischen) Anschaffungskosten niedriger als der Teilwert im Zeitpunkt der Einlage, dann sind die seinerzeitigen Anschaffungskosten anzusetzen (§ 6 Z 5 lit a und b). Damit werden die stillen Reserven, die vor der Einlage im außerbetrieblichen Bereich entstanden sind, in den betrieblichen Bereich transferiert. Dagegen sind Gebäude und grundstücksgleiche Rechte des Altvermögens (zur Altvermögenseigenschaft bereits Tz 28 und 28/4) immer mit dem Teilwert anzusetzen (§ 6 Z 5 lit c); damit bleiben – systemkonform – Wertzuwächse aus der früheren privaten Sphäre steuerfrei.

Beispiele:
1. Die Anteile an einer Kapitalgesellschaft wurden seinerzeit um 100 € angeschafft; im Zeitpunkt der Einlage sind sie 130 € wert (Teilwert). Daher sind bei der Einlage die Anteile mit 100 € anzusetzen (Anschaffungskosten). Wäre der Teilwert im Zeitpunkt der Einlage 50 €, dann wäre dieser anzusetzen.
2. Ein unbebautes Grundstück wurde vor 10 Jahren als Privatvermögen angeschafft und wird heute in den Betrieb eingelegt. Vor 10 Jahren betrugen die Anschaffungskosten 100.000 €, der Teilwert im Zeitpunkt der Einlage beträgt 150.000 €. Daher ist das Grundstück mit den niedrigeren Anschaffungskosten, also mit 100.000 € einzulegen.
3. Ein unbebautes Grundstück des Altvermögens (Anschaffung vor dem 31. 3. 2002), das um 100.000 € angeschafft wurde, wird heute in den Betrieb eingelegt. Der Teilwert im Zeitpunkt der Einlage beträgt 150.000 €. Da das Grundstück am 31. 3. 2012 nicht mehr steuerverfangen war, ist das Grundstück jedenfalls mit dem Teilwert im Zeitpunkt der Einlage, also 150.000 €, einzulegen.

Bei der **Entnahme eines Grundstücks** sind zu trennen:
- **Grund und Boden:** Entnahme zum Buchwert, weil die stillen Reserven auch im Privatvermögen unverändert steuerverfangen bleiben.

II. Einkommensteuer

Die Besteuerung erfolgt im Betriebsvermögen und im Privatvermögen nach den gleichen Grundsätzen, weshalb auf eine Aufdeckung und Erfassung der stillen Reserven anlässlich der Entnahme verzichtet werden kann.

– **Gebäude:** Entnahme zum Teilwert, weil es in der Vergangenheit im Wege der AfA zum Normalsteuersatz abgeschrieben worden ist und insoweit stille Reserven aus überhöhten Abschreibungen entstanden sein können. Die spätere Veräußerung im Privatvermögen würde dagegen zum idR günstigeren Steuersatz von 30% erfolgen, weshalb der Unterschied zwischen Buchwert und dem (meist höheren) Teilwert aus Anlass der Entnahme zu versteuern ist (zur allfälligen Hauptwohnsitzbefreiung im Rahmen einer Betriebsaufgabe siehe Tz 129).

Überführung von Wirtschaftsgütern in eine ausländische Betriebsstätte („Wegzugbesteuerung", § 6 Z 6)

90/1 Wenn Wirtschaftsgüter eines im Inland gelegenen Betriebes (Betriebsstätte) in einen ausländischen Betrieb (Betriebsstätte) überführt werden oder wenn ein Betrieb (Betriebsstätte) ins Ausland verlegt wird, ist sicherzustellen, dass die stillen Reserven aus der Zeit im Inland entsprechend versteuert werden. Dazu sind die betroffenen Wirtschaftsgüter im Zeitpunkt der Überführung oder Betriebs(stätten)verlegung mit dem Fremdvergleichswert (fiktiver Veräußerungserlös) anzusetzen; und nicht mit dem Entnahmewert (Teilwert). Zur „Wegzugsbesteuerung" kommt es darüber hinaus auch dann, wenn unabhängig von der Überführung von Wirtschaftsgütern oder der Verlegung von Betrieben (Betriebsstätten) eine Einschränkung des österreichischen Besteuerungsrechts im Verhältnis zu anderen Staaten eintreten würde (zB durch Änderung eines DBA).

Im Verhältnis zu EU/EWR-Staaten kann jedoch die durch den Ansatz der Fremdvergleichswerte entstehende Steuerschuld auf Antrag in Raten gezahlt werden (**Ratenzahlungskonzept, § 6 Z 6 lit c**); bei Anlagevermögen erfolgt eine gleichmäßige Verteilung der Steuerschuld auf 5 Jahre, bei Umlaufvermögen auf 2 Jahre (§ 6 Z 6 lit d und e). In bestimmten Fällen (zB bei Säumnis oder Insolvenz des Steuerpflichtigen oder bei Weiterübertragung der Wirtschaftsgüter in einen Staat außerhalb der EU oder des EWR) sieht das Gesetz ein sofortiges Fälligstellen noch offener Raten vor.

Bei einem Wechsel von Wirtschaftsgütern, Betrieben oder Betriebsstätten aus dem Ausland in das Inland, also im umgekehrten Fall, sind die betroffenen Wirtschaftsgüter ebenso mit den Fremdvergleichswerten anzusetzen (step-up). Dies gilt gleichermaßen bei Entstehen des Besteuerungsrechts aufgrund von sonstigen Umständen (§ 6 Z 6 lit f und g).

9.7. Bewertung des Betriebsvermögens (§ 6) EStG

Zusammenfassung zur Bewertung von Betriebsvermögen 91

Das Betriebsvermögen ist mit den Anschaffungs- bzw Herstellungskosten, gegebenenfalls unter Berücksichtigung der AfA, anzusetzen.

Der niedrigere Teilwert kann oder muss je nach Vermögensart und Gewinnermittlung angesetzt werden.

Steigt in der Folge der Teilwert, dann ist bei rechnungslegungspflichtigen Unternehmen eine Zuschreibung zwingend, jedoch höchstens bis zu den Anschaffungs- bzw Herstellungskosten.

Bewertungsgrundsätze – Übersicht

Vermögenswert			Teilwert < Buchwert Teilwertabschreibung		Teilwert > Buchwert Zuschreibung	
			§ 4/1	§ 5	§ 4/1	§ 5
AV	abnutzbar	AK oder HK, vermindert um AfA	bei dauernder Wertminderung: Wahlrecht	bei dauernder Wertminderung: Zwang	Zuschreibungsverbot; uneingeschränkter Wertzusammenhang	Zuschreibungsgebot
AV	nicht abnutzbar	AK	bei dauernder Wertminderung: Wahlrecht	bei dauernder Wertminderung: Zwang	Zuschreibungswahlrecht bis AK	Zuschreibungsgebot
AV UV	Finanzanlagen		nur bei dauernder Wertminderung: Wahlrecht	bei dauernder Wertminderung: Zwang	Eingeschränkter Wertzusammenhang	Zuschreibungsgebot
UV		AK oder HK	bei dauernder Wertminderung: Wahlrecht	auch bei nicht dauernder Wertminderung: Zwang	Zuschreibungswahlrecht bis AK	Zuschreibungsgebot
Verbindlichkeiten		Erfüllungsbetrag	darf grundsätzlich nicht berücksichtigt werden	wie bei § 4 Abs 1	Zuschreibungswahlrecht	Zuschreibungsgebot

AV = Anlagevermögen
UV = Umlaufvermögen
AK = Anschaffungskosten
HK = Herstellungskosten

II. Einkommensteuer

5. Unentgeltlicher (Betriebs-)Erwerb

92 **Wird ein Betrieb unentgeltlich erworben** (Erbschaft, Schenkung), dann hat der Rechtsnachfolger die Buchwerte des bisherigen Betriebsinhabers fortzuführen (§ 6 Z 9 lit a „**Buchwertfortführung**"). Damit unterbleibt beim unentgeltlichen Betriebsübergang die Besteuerung der stillen Reserven; die stillen Reserven hat erst der Erwerber zu versteuern, wenn er den Betrieb oder einzelne Wirtschaftsgüter veräußert.

Aus betrieblichem Anlass **unentgeltlich erworbene einzelne Wirtschaftsgüter** sind mit den fiktiven Anschaffungskosten zu bewerten. Damit kommt es beim Empfänger zu einer sofortigen Gewinnrealisierung (§ 6 Z 9 lit b erster Satz; dem Vermögenszugang stehen keine neutralisierenden Aufwendungen gegenüber). Anwendungsfälle sind selten (zB ein Erzeugungsbetrieb richtet einem Händler unentgeltlich das Lokal ein).

6. Entgeltlicher Betriebserwerb

93 Beim entgeltlichen Betriebserwerb (entgeltliche Unternehmensnachfolge) sind die einzelnen übernommenen Wirtschaftsgüter mit dem Teilwert anzusetzen (das Gesetz spricht von „Anschaffungskosten", obwohl der Teilwert gemeint ist; § 6 Z 8 lit b). Die Differenz zwischen dem Wert der einzelnen Wirtschaftsgüter und dem Kaufpreis für das gesamte Unternehmen ergibt den **Firmenwert** (§ 203 Abs 5 UGB).

Beispiel:
Ein Unternehmen wird um 10 Mio € erworben. Die einzelnen übernommenen Wirtschaftsgüter ergeben einen Wert von insgesamt nur 6 Mio €. Die Differenz von 4 Mio € entfällt auf den Firmenwert.

9.8. Betriebsausgaben – Betriebseinnahmen
(Doralt/Ruppe I[12], Tz 257 ff)

94 **Betriebsausgaben** sind Aufwendungen oder Ausgaben, die durch den Betrieb veranlasst sind (§ 4 Abs 4); sie vermindern den steuerpflichtigen Gewinn. Notwendigkeit, Zweckmäßigkeit oder Angemessenheit der Aufwendungen sind grundsätzlich keine Voraussetzung für die Abzugsfähigkeit (zu nichtabzugsfähigen Aufwendungen siehe Tz 95).

Zu den Betriebsausgaben gehören ua
– **Löhne,**
– **Erhaltungsaufwendungen** im Zusammenhang mit Betriebsvermögen,
– **Zinsen** im Zusammenhang mit der Anschaffung oder Herstellung von Betriebsvermögen,
– **Pflichtversicherungsbeiträge,**
– **Reisekosten** (Tagesgelder für den Verpflegungsmehraufwand, Nächtigungskosten),

9.8. Betriebsausgaben – Betriebseinnahmen **EStG**

- **"Öffi-Tickets"** (Wochen-, Monats- und Jahreskarten) soweit die Fahrten betrieblich veranlasst sind; werden die Tickets auch privat genutzt, dürfen anstelle einer genauen Aufteilung pauschal 50% der Kosten abgezogen werden (§ 4 Abs 4 Z 5; AbgÄG 2022),
- **Mitgliedsbeiträge** an Berufs- und Wirtschaftsverbände,
- **Aus- oder Fortbildungsmaßnahmen** und **Umschulungsmaßnahmen.**
- das **Arbeitsplatzpauschale** für Aufwendungen aus der betrieblichen Nutzung der Privatwohnung (§ 4 Abs 4 Z 8): 1.200 €, wenn der Steuerpflichtige keine signifikanten Einkünfte von mehr als 11.693 € aus einer anderen aktiven Erwerbstätigkeit erzielt, für die ihm außerhalb der Wohnung ein Arbeitsplatz zur Verfügung steht („großes" Pauschale), sonst 300 € („kleines" Pauschale). Neben dem kleinen Arbeitsplatzpauschale können zusätzlich noch Aufwendungen oder Ausgaben für ergonomisch geeignetes Mobiliar von jährlich bis zu 300 € abgesetzt werden (nach Maßgabe von § 16 Abs 1 Z 7a lit a; dazu Tz 134). Kein Arbeitsplatzpauschale steht zu, wenn der Stpfl Aufwendungen für ein häusliches Arbeitszimmer nach § 20 Abs 1 Z 2 lit d geltend macht, oder ihm für die Ausübung der jeweiligen Tätigkeit ohnehin ein Raum außerhalb der Wohnung zur Verfügung steht.

Beispiele (aus den Gesetzesmaterialien, 2080/A XXVII. GP):
1. W ist nichtselbständig tätig. Ihre Einkünfte aus dem Dienstverhältnis betragen 10.000 €. Daneben entwickelt sie auf selbständiger Basis ein Softwareprogramm für Anwaltskanzleien. Diese Tätigkeit übt sie in ihrer Wohnung außerhalb eines Arbeitszimmers aus. – W steht ein großes Arbeitsplatzpauschale von 1.200 € zu, weil ihre anderen Einkünfte 11.693 € nicht übersteigen.
2. M arbeitet im Rahmen ihres Dienstverhältnisses auch in ihrer Wohnung und hat sich dafür einen neuen ergonomischen Drehstuhl um 250 € angeschafft. Daneben ist sie selbständige Fachschriftstellerin. Für diese Tätigkeit steht ihr außerhalb der Wohnung kein Raum zur Verfügung. Ihre Einkünfte aus nichtselbständiger Arbeit betragen 40.000 €. – M steht das kleine Arbeitsplatzpauschale iHv 300 € zu. Zusätzlich kann sie die Aufwendungen für den Drehstuhl abziehen (wahlweise bei ihren Einkünften aus selbständiger Arbeit oder nichtselbständiger Arbeit).

Zuwendungen **(Spenden)** an Universitäten, Museen und ähnliche Einrichtungen gelten als Betriebsausgaben, ebenso insbesondere Zuwendungen an mildtätige Einrichtungen (§ 4a ff). Davon abgesehen sind Spenden nicht betrieblich veranlasst und daher in der Regel nicht abzugsfähig.

Mitgliedsbeiträge an Berufs- und Wirtschaftsverbände sind hingegen abzugsfähig. Leisten allerdings solche Berufs- und Wirtschaftsverbände in weiterer Folge an politische Parteien Zuwendungen, dann würden auf diesem Weg an sich nicht abzugsfähige Aufwendungen abzugsfähig. Aus diesen Überlegungen unterliegen Berufs- und Wirtschaftsverbände insbesondere mit ihren Zuwendungen an politische Parteien einer gesonderten Abgabe iHv 15% **(„Abgabe von Zuwendungen")**.

II. Einkommensteuer

Nachweispflicht für Betriebsausgaben: Auf Verlangen der Abgabenbehörde hat der Steuerpflichtige den **Empfänger** einer als Betriebsausgabe geltend gemachten Zahlung zu nennen; kommt er diesem Verlangen nicht nach, dann ist diese Betriebsausgabe nicht anzuerkennen (§ 162 BAO, **Empfängerbenennung**).

Betriebseinnahmen sind alle Zugänge in Geld oder Geldeswert, die durch den Betrieb veranlasst sind, soweit den Zugängen auch eine Gewinnrealisierung zugrunde liegt; auch Subventionen führen daher grundsätzlich zu Betriebseinnahmen.

Ausnahme: Subventionen aus öffentlichen Mitteln zur Anschaffung oder Herstellung von Anlagevermögen sind steuerfrei (§ 3 Abs 1 Z 6), kürzen dafür aber in gleicher Höhe die Anschaffungs- und Herstellungskosten (§ 6 Z 10).

Verrechnung von Verlusten (Verlustausgleich und Verlustabzug): Ergibt sich bei einem Betrieb in einem bestimmten Wirtschaftsjahr kein Gewinn, sondern ein Verlust, dann ist dieser Verlust grundsätzlich mit Einkünften aus anderen Einkunftsarten auszugleichen („Verlustausgleich"). Verbleibt auch dann noch ein Verlust, dann kann dieser Verlust unter bestimmten Voraussetzungen in den Folgejahren als Sonderausgabe geltend gemacht werden (Verlustabzug, auch als „Verlustvortrag" bezeichnet; siehe Tz 153).

Verlustrücktrag für Verluste im Jahr 2020: Ausnahmsweise durften betriebliche Verluste, die im Jahr 2020 entstanden sind und nicht mit anderen Einkünften ausgeglichen werden konnten, mit den Einkünften aus den Jahren 2019 und 2018 verrechnet werden („Verlustrücktrag", höchstens 5 Mio €, § 124b Z 355; Maßnahme aus Anlass der COVID-19-Krise, die nicht verlängert wurde).

Exkurs: Aufwand, Ausgaben, Kosten

In der **Betriebswirtschaftslehre** versteht man unter **Aufwand** den Verbrauch von Waren und Dienstleistungen. Aufwendungen können, müssen aber nicht gleichzeitig Ausgaben und Kosten sein.

Aufwand ist jede Minderung von Betriebsvermögen (AfA, Verlust eines Wirtschaftsguts durch Zerstörung).

Ausgaben sind Zahlungsvorgänge; sie führen nur dann zu Aufwendungen, wenn sie vermögensmindernd sind; sind sie zu aktivieren, dann liegen zwar Ausgaben vor, aber keine Aufwendungen (Aktivierung von Anschaffungskosten).

Kosten können Ausgaben oder Aufwendungen sein; Herstellungskosten bestehen zB aus Ausgaben für Löhne und aus Aufwendungen für Materialverzehr.

Nichtabzugsfähige Aufwendungen (§ 20)

95   Aufwendungen der privaten Lebensführung sind weder als Betriebsausgaben noch als Werbungskosten abzugsfähig, und zwar auch dann nicht, wenn sie beruflich *mit*veranlasst sind.

Ausnahmsweise ist ein beruflich mitveranlasster Aufwand (sog „**Mischaufwand**") mit dem beruflichen Anteil dann abzugsfähig, wenn eine eindeutige Trennung zwischen der beruflichen und der privaten Veranlassung mög-

9.8. Betriebsausgaben – Betriebseinnahmen   **EStG**

lich ist (VwGH 21. 1. 2011, 2010/15/0197 zu Studienreisen mit einem beruflichen und einem privaten Anteil).

Nichtabzugsfähig sind insbesondere:
- Aufwendungen für den **Haushalt** und den **Unterhalt der Familie** (Z 1),
- Aufwendungen für die **Lebensführung** in Zusammenhang mit der wirtschaftlichen und gesellschaftlichen Stellung des Stpfl, auch wenn sie der Förderung des Berufs dienen (zB Sprachkurse; Z 2 lit a),
- **betrieblich oder beruflich veranlasste Aufwendungen,** die auch die Lebensführung des Stpfl berühren und unangemessen hoch sind; sie sind nur mit dem angemessenen Teil abzugsfähig (Z 2 lit b).

  Das Gesetz zählt dazu Aufwendungen zB für Pkw, Flugzeuge, Perserteppiche, Antiquitäten. Für Pkw gelten derzeit höchstens 40.000 € Anschaffungskosten als angemessen (Verordnung zu § 20).

- **Reisekosten**, soweit sie nicht als Betriebsausgaben oder Werbungskosten ausdrücklich abzugsfähig sind (Z 2 lit c),
- **Familienheimfahrten** von mehr als 3.672 € jährlich (höchstes Pendlerpauschale; Z 2 lit e),
- **Arbeitszimmer im Wohnungsverband:** Die Aufwendungen sind nur dann abzugsfähig, wenn das Arbeitszimmer den „Mittelpunkt der *gesamten* beruflichen Tätigkeit" des Stpfl bildet (Z 2 lit d). Dagegen genügt es nach der Judikatur, wenn das Arbeitszimmer den *Mittelpunkt der einzelnen Einkunftsquelle* bildet (VwGH 27. 5. 1999, 98/15/0100; verfassungskonforme Auslegung gegen den Gesetzeswortlaut).

  Beispiele:
  1. Das Arbeitszimmer eines Lehrers in seiner Wohnung ist nicht abzugsfähig; Mittelpunkt der beruflichen Tätigkeit ist hier die Schule.
  2. Ein Finanzbeamter ist auch als Kfz-Sachverständiger tätig und benötigt dafür ein Arbeitszimmer. In diesem Fall sind die Aufwendungen für das Arbeitszimmer im Wohnungsverband abzugsfähig (Mittelpunkt der einzelnen Einkunftsquelle).

Abzugsfähig ist jedoch das **Arbeitsplatzpauschale** für die betriebliche Nutzung der Wohnung (§ 4 Abs 4 Z 8; vgl Tz 94) und derzeit auch das Homeoffice-Pauschale für nicht selbständige Einkünfte (§ 16 Abs 1 Z 7 und 7 a).

- **Repräsentationsaufwendungen**, dazu gehören insbesondere die Bewirtungsspesen für Geschäftsfreunde. Die Aufwendungen sind zu 50% abzugsfähig, wenn die Bewirtung nachweislich der Werbung dient (Z 3). Dagegen ist für die USt der Vorsteuerabzug in voller Höhe möglich.
- **freiwillige** (richtig: freigebige) **Zuwendungen** und gesetzliche **Unterhaltszahlungen** (Z 4),
- **Bestechungsgelder** bzw Geld- und Sachzuwendungen, deren Gewährung oder Annahme mit einer gerichtlichen Strafe bedroht ist (Z 5 lit a),

II. Einkommensteuer

– **Geldstrafen** und Geldbußen nach dem Verbandsverantwortlichkeitsgesetz, ebenso Abgabenerhöhungen nach dem FinStrG (insbesondere Verkürzungszuschlag) und Zahlungen aufgrund einer Diversion (Z 5 lit b bis e),
– **Personensteuern** (ESt) und die USt, soweit sie auf Entnahmen (Eigenverbrauch) und auf nichtabziehbare Aufwendungen entfällt, ebenso die GrESt und andere Nebenkosten bei einem unentgeltlichen Erwerb von Miet- und Betriebsgrundstücken (Z 6),
– **Managerbezüge von mehr als 500.000 €** pro Person jährlich; das Gesetz spricht allgemein von Gehältern und Ausgaben für Werkleistungen, soweit sie pro Person den Betrag von 500.000 € übersteigen (Z 7; widerspricht zwar dem Nettoprinzip, ist aber – als Lenkungsmaßnahme – dennoch nicht verfassungswidrig; VfGH 9. 12. 2014, G 136/2014).
– **Freiwillige Abfertigungen,** soweit sie beim Empfänger nicht mit dem Steuersatz von 6% zu versteuern sind. Ausgenommen davon sind Leistungen im Rahmen von Sozialplänen. Diese unterliegen unabhängig von ihrer Höhe niemals dem Abzugsverbot (Z 8; ab 2023; als Reaktion auf VfGH 16. 3. 2022, G 228/2021).
– **in bar ausgezahlte Löhne im Baugewerbe** von mehr als 500 € (Z 9; dient der Pfuscherbekämpfung im Baugewerbe; siehe auch das Verbot im Baugewerbe, Arbeitslohn in bar auszuzahlen, § 48).
– **Ausgaben im Zusammenhang mit steuerfreien Einnahmen** (Abs 2 Z 1; ergibt sich bereits aus der Gesetzessystematik),
– **Ausgaben im Zusammenhang mit Kapitalerträgen, Einkünften aus Kryptowährungen und Grundstücksveräußerungen, auf die ein besonderer Steuersatz angewendet wird** (Abs 2 Z 2 und 3 lit a und b; gilt für Kapitalerträge auch, wenn die Regelbesteuerung beantragt wird).

Beispiele:
1. Der Stpfl erwirbt Anteile an einer Kapitalgesellschaft und finanziert den Erwerb mithilfe eines Darlehens. Da die Dividenden dem besonderen Steuersatz von 27,5% unterliegen, sind die Darlehenszinsen nicht abzugsfähig. Dies gilt selbst dann, wenn der Steuerpflichtige die Besteuerung zum allgemeinen Steuertarif (§ 27a Abs 5) beantragt.
2. Der Stpfl veräußert ein Grundstück. Soweit dabei Kosten zB für die Schätzung und Maklerspesen anfallen, sind diese Ausgaben nicht abzugsfähig. Wird jedoch die Regelbesteuerung nach § 30a Abs 2 beantragt, sind sie abzugsfähig.

Vorauszahlungen und Anzahlungen

96 Hat der Leistungsempfänger **Vorauszahlungen** für noch nicht empfangene Leistungen gezahlt (zB vorausbezahlte Reparaturen), dann hat er in gleicher Höhe einen Aktivposten auszuweisen („geleistete Vorauszahlun-

gen"). Damit wird verhindert, dass die Vorauszahlungen und Anzahlungen bereits im Jahr der Zahlung ausgabenwirksam werden, zu dem sie wirtschaftlich nicht gehören. Der Leistungsverpflichtete (Empfänger der Vorauszahlung) hat die erhaltene Vorauszahlung durch eine Verbindlichkeit in gleicher Höhe auszugleichen („erhaltene Vorauszahlungen"). Damit wird spiegelbildlich verhindert, dass er den Gewinn in einer Periode ausweist, zu der er wirtschaftlich nicht gehört.

Bei der Einnahmen-Ausgabenrechnung sind Vorauszahlungen und Anzahlungen auf Waren nach dem Zu- und Abflussprinzip sofort gewinnwirksam (Einnahmen bzw Ausgaben; vgl Tz 43).

Rechnungsabgrenzungsposten
(für zeitraumbezogene Leistungsverpflichtungen)

Rechnungsabgrenzungsposten dienen dazu, Ausgaben und Einnahmen aus **zeitraumbezogenen Leistungsverpflichtungen,** insbesondere aus Dauerschuldverhältnissen, der Periode zuzuordnen, zu der sie wirtschaftlich gehören (vgl § 198 Abs 5 und 6 UGB). Daher ist zB für eine mehrjährig bezahlte Versicherungsprämie oder vorausgezahlte Miete auf der Seite des Vorauszahlenden ein aktiver Rechnungsabgrenzungsposten und auf der Seite des Zahlungsempfängers (Versicherungsunternehmers bzw Vermieters) ein passiver Rechnungsabgrenzungsposten zu bilden. Weitere Beispiele für Rechnungsabgrenzungsposten sind Lizenzzahlungen udgl. **Rechnungslegungspflichtige Gewerbetreibende** müssen Rechnungsabgrenzungsposten ausweisen; bei der **Gewinnermittlung nach § 4 Abs 1** besteht ein Wahlrecht.

97

Das Wahlrecht zur Bildung von Rechnungsabgrenzungsposten bei der Gewinnermittlung nach § 4 Abs 1 ist allerdings durch die allgemeine Verteilungspflicht für bestimmte Vorauszahlungen (zB Miete, Zinsen, Beratung usw) eingeschränkt (§ 4 Abs 6, vgl auch § 19 Abs 3).

Bei der Gewinnermittlung nach § 4 Abs 3 kommen Rechnungsabgrenzungsposten mangels Vermögensaufstellung (Bilanz) nicht in Betracht.

Für die **Bildung von Rechnungsabgrenzungsposten** ergeben sich danach je nach Gewinnermittlungsart folgende Grundsätze:

– Bei der **Gewinnermittlung nach § 5** sind Rechnungsabgrenzungsposten zwingend auszuweisen.
– Bei der **Gewinnermittlung nach § 4 Abs 1** ist der Steuerpflichtige berechtigt, Rechnungsabgrenzungsposten auszuweisen; für bestimmte Vorauszahlungen, die über das laufende und das folgende Wirtschaftsjahr hinausgehen, besteht allerdings eine Verteilungspflicht (zB für voraus gezahlte Mieten, Zinsen, Beratungskosten; „Verteilungsregel", Tz 43; § 4 Abs 6).
– Bei der **Gewinnermittlung nach § 4 Abs 3** gibt es keine Rechnungsabgrenzungsposten, doch bestehen hier für Vorauszahlungen die gleichen Verteilungspflichten wie bei der Gewinnermittlung nach § 4 Abs 1 („Verteilungsregel", Tz 43). Dagegen sind erhaltene Vorauszahlungen sofort gewinnwirksam (eine Verteilungspflicht besteht nur in Form von Rechnungsabgrenzungsposten bei der Gewinnermittlung nach § 5).

II. Einkommensteuer

9.9. Rückstellungen (§ 9)

(Doralt/Ruppe I[12], Tz 396 ff)

Allgemeines

98 Drohen dem Unternehmer Verbindlichkeiten, die ihre wirtschaftliche Ursache in der vergangenen Periode hatten, dann muss der Unternehmer diese drohenden Verbindlichkeiten in seiner Bilanz ausweisen. Ansonsten würde die Bilanz den Gläubigern keinen verlässlichen Einblick in die Vermögenssituation des Unternehmens geben.

Typische Beispiele für derartige Verpflichtungen sind künftig drohende Gewährleistungsansprüche aus bereits abgewickelten Geschäften, künftige Prozesskosten aus einem laufenden Prozess oder künftige Abfertigungs- oder Pensionszahlungen. Dazu gehören aber auch Verpflichtungen aufgrund öffentlich-rechtlicher Vorschriften, wie die künftige Entsorgung von Altfahrzeugen, von Schadstoffen einer bestehenden Anlage oder Wiederaufforstungskosten. In der Bilanz wird solchen künftigen Verpflichtungen durch Rückstellungen Rechnung getragen. Daraus ergibt sich auch die Begriffsbestimmung für Rückstellungen.

Rückstellungen zeigen unsichere Verbindlichkeiten in der Zukunft, die in einem abgelaufenen Wirtschaftsjahr verursacht wurden (siehe auch § 198 Abs 8 UGB). Rückstellungen sind in der Unternehmensbilanz zwingend auszuweisen, damit auch bei der Gewinnermittlung nach § 5; bei der Gewinnermittlung nach § 4 Abs 1 sind sie zulässig.

Rückstellungen sind in der Unternehmensbilanz Ausdruck des Vorsichtsprinzips; dadurch wird vor allem auch verhindert, dass Kapitalgesellschaften Gewinne ausschütten, für die noch künftige Belastungen zu erwarten sind.

Rückstellungen werden gebildet (sind Passivposten) für
– ungewisse Verbindlichkeiten,
– die am Abschlussstichtag wahrscheinlich oder sicher sind,
– aber hinsichtlich ihrer Höhe oder des Zeitpunkts ihres Eintritts unbestimmt sind und
– deren wirtschaftliche Ursache in einer abgelaufenen Periode liegt.

Kurz zusammengefasst lautet die Definition: Rückstellungen sind Passivposten für Verbindlichkeiten, die dem Grunde und/oder der Höhe nach ungewiss sind und ihre wirtschaftliche Ursache in einer abgelaufenen Periode haben. Rückstellungen sind daher **„verbindlichkeitsähnlich"**.

Einer Rückstellung muss immer eine drohende **Verpflichtung gegenüber einem Dritten** zugrunde liegen. Besteht zwar ein drohender Aufwand, gibt es aber noch keine Verpflichtung gegenüber einem Dritten (zB eine erst bevorstehende Reparatur), kommt insoweit eine Rückstellung nicht in Betracht (allenfalls eine Aufwandsrückstellung in der Unternehmensbilanz; siehe dazu Tz 106).

9.9. Rückstellungen (§ 9)

Unter den gleichen Voraussetzungen sind auch **Rückstellungen für drohende Verluste aus schwebenden Geschäften** zu bilden (zum Begriff Tz 72).

Beispiel:
> Der Maschinenhändler A verpflichtet sich gegenüber dem Bauunternehmer B, eine bestimmte Baumaschine zum Fixpreis von 100.000 € zu liefern. A hatte allerdings übersehen, dass die Baumaschine bereits im Einkauf 120.000 € kostet und er das Geschäft voraussichtlich mit einem Verlust abschließen wird müssen. – Am Bilanzstichtag war daher ein Verlust von 20.000 € sicher.

Nach dem rechtlichen Entstehungsgrund lassen sich Rückstellungen folgendermaßen einteilen:
– Rückstellungen aufgrund **privatrechtlicher Verpflichtungen** (zB Gewährleistungsverpflichtungen),
– Rückstellungen aufgrund **öffentlich-rechtlicher Verpflichtungen** (zB Entsorgungspflichten; in diesem Zusammenhang ausdrücklich § 124 b Z 86 zur Entsorgung von Altfahrzeugen),
– Rückstellungen aufgrund **wirtschaftlicher Verpflichtungen** (zB Kulanzleistungen).

Von den Rückstellungen sind **Rücklagen** zu unterscheiden: **Rücklagen** sind Vorsorgen für das Unternehmen ohne drohende Verbindlichkeit gegenüber einem Dritten. Rücklagen stärken das Eigenkapital und dienen etwa dazu, Geschäftsrisiken auszugleichen und Investitionsvorhaben aus Eigenmitteln finanzieren zu können. Rücklagen werden aus dem Gewinn oder aus Kapitaleinlagen gebildet (Gewinnrücklage, Kapitalrücklage) und gehören zum **Eigenkapital**.

Unter „Rücklagen" versteht man idR die in der Bilanz offen ausgewiesenen Rücklagen (offene Rücklagen); dagegen entspricht die Bezeichnung „stille Rücklagen" den „stillen Reserven", die aus der Unterbewertung von Aktivposten und der Überbewertung von Passivposten resultieren und in der Bilanz nicht sichtbar sind (siehe dazu oben Tz 77 ff).

Eventualverbindlichkeiten sind mögliche Belastungen für das Unternehmen, mit denen aber nicht gerechnet wird, zB aus der Begebung oder Übertragung von Wechseln, Bürgschaften oder Garantien (Haftungsverhältnisse nach § 199 UGB); sie werden in der UGB-Bilanz unterhalb der Bilanzsumme ausgewiesen. Ist dagegen mit der Inanspruchnahme zu rechnen, ist dafür eine Rückstellung oder eine Verbindlichkeit auszuweisen. Eventualverbindlichkeiten sind daher nicht Gegenstand der Steuerbilanz.

Rückstellungen in der Steuerbilanz

In der **Steuerbilanz** sind Rückstellungen aufgrund des Maßgeblichkeitsprinzips dann zu bilden, wenn sie sich aus den Rechnungslegungsvorschriften für die UGB-Bilanz ergeben (Maßgeblichkeit der Rechnungslegungsvorschriften für die Steuerbilanz). Die Verbindlichkeit muss allerdings „ernst-

II. Einkommensteuer

haft" drohen (§ 9 Abs 3). Bei der Gewinnermittlung nach § 4 Abs 1 hat der Steuerpflichtige ein Wahlrecht, ob er Rückstellungen bildet.

102 Rückstellungen in der Steuerbilanz unterliegen gegenüber der UGB-Bilanz zudem gewissen Einschränkungen (§ 9 Abs 1); danach sind Rückstellungen nur vorgesehen für
1. Abfertigungen (Z 1),
2. laufende Pensionen, Pensionsanwartschaften und Jubiläumsgelder (Z 2),
3. sonstige ungewisse Verbindlichkeiten (Z 3),
4. drohende Verluste aus schwebenden Geschäften (Z 4).

1. Rückstellungen für Abfertigungen:
Für Abfertigungen aus Dienstverhältnissen und sonstigen Anstellungsverhältnissen (zB Vorstandsmitglieder) sind Rückstellungen zu bilden (§ 14 Abs 1). Für Dienstverhältnisse, die nach 2002 neu begründet worden sind, besteht jedoch kein gesetzlicher Abfertigungsanspruch mehr; an dessen Stelle treten laufende Einzahlungen des Arbeitgebers an eine Mitarbeitervorsorgekasse.

2. Rückstellungen für laufende Pensionen, Pensionsanwartschaften und für Jubiläumsgelder:
Eine **Pensionsrückstellung** ist für **rechtsverbindlich zugesicherte Pensionen** in Höhe von höchstens **80% des letzten laufenden Aktivbezuges** zulässig. Die endgültige Höhe der zu leistenden Pensionszahlungen ist jedoch ungewiss; daher sind die erwarteten Pensionszahlungen anhand von versicherungsmathematischen Methoden zu schätzen und mit einem Zinssatz von 6% abzuzinsen (§ 14 Abs 7 bis 11).

Eine **Jubiläumsgeldrückstellung** für Dienstjubiläen ist ebenfalls nach versicherungsmathematischen Methoden zu ermitteln und mit einem Zinssatz von 6% abzuzinsen. Hingegen ist eine Rückstellung für Zuwendungen anlässlich eines Firmenjubiläums gar nicht zulässig (§ 9 Abs 4; wohl gleichheitswidrige Differenzierung).

3. Rückstellungen für sonstige ungewisse Verbindlichkeiten (§ 9):
Als „Verbindlichkeitsrückstellung" werden ua Gewährleistungsansprüche, Prozesskosten etc erfasst.

4. Rückstellungen für drohende Verluste aus schwebenden Geschäften (§ 9):
Solche „Drohverlustrückstellungen" sind dann zu bilden, wenn ein Vertrag abgeschlossen wurde, aus dem ein Verlust droht (Imparitätsprinzip; dazu auch Tz 74).

Beispiel:
Der Unternehmer verpflichtet sich im September zur Lieferung einer Maschine. Vereinbarter Liefertermin ist März des Folgejahres; vereinbarter

9.9. Rückstellungen (§ 9)   **EStG**

Kaufpreis 150.000 €. Zum Bilanzstichtag ist jedoch der Einstandspreis für die Maschine von vorher 100.000 € auf 180.000 € gestiegen, daher muss der Unternehmer am Bilanzstichtag mit einem Verlust von 30.000 € aus dem Geschäft rechnen.

Zeitpunkt der Rückstellung: Die Rückstellung ist erst dann auszuweisen, wenn „konkrete Umstände" nachgewiesen werden können, dass eine Verbindlichkeit (ein Verlust) „ernsthaft" droht (§ 9 Abs 3; zur pauschalen Rückstellung siehe unten). 103

Ernsthaft droht eine Verbindlichkeit idR erst dann, wenn der Geschädigte (Anspruchsberechtigte) den Schaden (Anspruch) bereits geltend gemacht hat.

Beispiel:
Der Unternehmer verletzt ein Markenrecht. Die mögliche Schadenersatzforderung alleine rechtfertigt in der Steuerbilanz noch keine Rückstellung. Eine Rückstellung in der Steuerbilanz ist erst dann zu bilden, wenn der Geschädigte einen Schadenersatz geltend macht; erst dann droht der Schadenersatz „ernsthaft" (VwGH 25. 4. 2013, 2010/15/0157; 23. 2. 2017, Ra 2015/15/0023).

Unterlassene Rückstellungen: Rückstellungen können nur in dem Jahr gebildet werden, in das der wirtschaftliche Entstehungsgrund fällt. Eine unterlassene Rückstellung kann daher in einem späteren Jahr nicht nachgeholt werden (EStR Rz 3308). Gegebenenfalls hat eine Bilanzberichtigung zu erfolgen (oben Tz 68).

Einzelrückstellung: Die Bildung von Rückstellungen ist in der Steuerbilanz grundsätzlich nur dann zulässig, wenn konkrete Umstände nachgewiesen werden, nach denen im jeweiligen Einzelfall mit dem Vorliegen oder dem Entstehen einer Verbindlichkeit oder eines Verlustes ernsthaft zu rechnen ist (§ 9 Abs 3 Satz 1). 104

Beispiel:
Der bilanzierende Einzelunternehmer A verkauft Elektrogeräte, für die eine gesetzliche Entsorgungspflicht (Rücknahmepflicht) besteht. Da bereits im Zeitpunkt des Verkaufs für den jeweiligen Einzelfall eine Verpflichtung zur späteren Rücknahme des entsprechenden Altgeräts besteht, ist schon in diesem Zeitpunkt eine Rückstellung zu bilden („Entsorgungsrückstellung").

Pauschale Rückstellungen: Pauschale Rückstellungen dürfen in der Steuerbilanz grundsätzlich nicht gebildet werden; ausnahmsweise sind sie jedoch nach Maßgabe der unternehmensrechtlichen GoB (§ 9 Abs 3 Satz 2 iVm § 201 Abs 2 Z 7 UGB) zulässig. Danach hat die Wertbestimmung „umsichtig" zu erfolgen und muss bei Vorliegen von statistisch ermittelbaren Erfahrungswerten aus gleich gelagerten Sachverhalten auf diese gestützt werden. Der konkrete Umstand, dass mit einer Verbindlichkeit ernsthaft zu rechnen ist, muss daher gerade nicht mehr für den jeweiligen Einzelfall vorliegen (*Schlager/Titz*, RWZ 2021, 7).

Beispiel:
Der bilanzierende Einzelunternehmer A produziert seit vielen Jahren Dachziegel (Massenproduktion). Aufgrund von statistischem Datenmaterial, das auf Erfah-

II. Einkommensteuer

rungswerten vergangener Wirtschaftsjahre beruht, kann der Unternehmer davon ausgehen, dass rund 2% der von ihm im aktuellen Wirtschaftsjahr produzierten und veräußerten Dachziegel mangelhaft sind und dafür mit Gewährleistungsansprüchen durch Kunden iHv 100.000 € zu rechnen ist. Daher darf er sowohl in der Unternehmensbilanz als auch in der Steuerbilanz eine pauschale Rückstellung bilden (vgl EStR Rz 3319).

105 **Abzinsung:** Rückstellungen, die am Bilanzstichtag eine Laufzeit von mehr als 12 Monaten haben, sind mit 3,5% abzuzinsen. Ausgenommen davon sind die Rückstellungen für Abfertigungen und Pensionszusagen, für die eigene Regelungen bestehen (siehe oben Tz 102).

106 **Steuerstundungseffekt aus Rückstellungen:** Rückstellungen in der Steuerbilanz führen – je nach ihrer Laufzeit – zu uU erheblichen Steuerstundungseffekten. Die drohende Verbindlichkeit bewirkt sehr viel früher eine Reduzierung der Steuer als die Verbindlichkeit tatsächlich zu bezahlen ist; insoweit finanziert sich die Verbindlichkeit aus dem Steuerstundungseffekt. Daher sind Rückstellungen in der Steuerbilanz in den meisten Ländern nur eingeschränkt zulässig; in den USA sind Rückstellungen in der Steuerbilanz grundsätzlich unzulässig (siehe auch *Varro*, RdW 2010, 602; *Doralt*, Finanz-Rundschau 2017, 377).

Aufwandsrückstellungen für drohende Aufwendungen ohne Verpflichtung gegenüber Dritten sind nur in der UGB-Bilanz zulässig, nicht aber in der Steuerbilanz; es fehlt ein nach außen verpflichtender Umstand (sog „Innenverpflichtung"; keine Verpflichtung gegenüber Dritten).

Beispiel:
Für einen Maschinenschaden im Dezember, der im Jänner behoben wird, kann zum 31. 12. in der Steuerbilanz keine Rückstellung gebildet werden, und zwar auch dann nicht, wenn bereits ein Auftrag zur Schadensbehebung erteilt worden ist (schwebendes Geschäft). Es liegt zwar ein drohender Aufwand vor, aber keine drohende Verbindlichkeit gegenüber einem Dritten (daher allenfalls nur „Aufwandsrückstellung" in der UGB-Bilanz).

Auch eine Teilwertabschreibung der noch nicht reparierten Maschine ist ausgeschlossen, weil im Hinblick auf die geplante Reparatur keine dauernde Wertminderung vorliegt.

9.10. Absetzung für Abnutzung (§§ 7, 8)

(Doralt/Ruppe I[12], Tz 419 ff)

107 **Lineare Absetzung für Abnutzung (§ 7 Abs 1)**

Wird ein **abnutzbares Anlagevermögen** (zB eine in der Produktion eingesetzte Maschine) angeschafft, dann sind die Anschaffungskosten nicht etwa sofort gewinnmindernd anzusetzen, vielmehr ist die Maschine mit den Anschaffungskosten als aktives Wirtschaftsgut in der Bilanz auszuweisen und gleichmäßig auf die Dauer der voraussichtlichen Nutzung verteilt abzuschreiben. Beträgt die Nutzungsdauer zB 10 Jahre, dann sind auch die Anschaffungskosten auf 10 Jahre zu verteilen (**Absetzung für Abnutzung,** § 7 Abs 1). Mit der Verteilung auf die Nutzungsdauer werden die Anschaffungs- und Herstellungskosten den Veranlagungsperioden zugerechnet, in denen sie wirtschaftlich verursacht und verbraucht werden.

Die AfA ist für alle Gewinnermittlungsarten anzuwenden; sie gilt auch für die außerbetrieblichen Einkunftsarten (§ 16 Abs 1 Z 8).

Soweit die Betriebsausgaben pauschaliert sind, kann eine AfA daneben nur geltend gemacht werden, wenn dies ausdrücklich vorgesehen ist.

Zur AfA berechtigt ist nur der (wirtschaftliche) Eigentümer.

Beginn der AfA: grundsätzlich mit der **Inbetriebnahme** des Wirtschaftsgutes. Bei Gebäuden und bei im Freien abgestellten Maschinen beginnt die AfA bereits mit der Anschaffung oder Herstellung (altersbedingte Abnutzung).

Halbjahres- und Ganzjahres-AfA: Die Berechnung der AfA erfolgt nicht nach Tagen, Wochen oder Monaten, sondern wird auf eine Ganzjahres- bzw Halbjahres-AfA aufgerundet.

Wird das Wirtschaftsgut im Wirtschaftsjahr mehr als sechs Monate genutzt, dann ist der gesamte auf ein Jahr entfallende Betrag abzusetzen, sonst die Hälfte dieses Betrages (§ 7 Abs 2):
– Inbetriebnahme im ersten Halbjahr: volle Jahres-AfA,
– Inbetriebnahme im zweiten Halbjahr: halbe Jahres-AfA.

Das Umgekehrte gilt für die **Veräußerung** des Wirtschaftgutes:
– Veräußerung im ersten Halbjahr: halbe Jahres-AfA,
– Veräußerung im zweiten Halbjahr: volle Jahres-AfA.

Wird allerdings ein Wirtschaftsgut zB am 2. 1. veräußert, dann kann davon ausgegangen werden, dass das Wirtschaftsgut im angefangenen Halbjahr nicht mehr genutzt worden ist und deshalb im Jahr der Veräußerung gar keine AfA vorgenommen werden darf.

Die AfA-Berechnung richtet sich nach der **betriebsgewöhnlichen Nutzungsdauer;** sie muss geschätzt werden, doch gibt es für die erworbenen Wirtschaftsgüter Erfahrungssätze, die nach dem Vorsichtsprinzip tendenziell eine eher kurze Nutzungsdauer unterstellen:
– Bei **Maschinen** und **Einrichtungsgegenständen** wird die Nutzungsdauer idR zwischen 5 und 10 Jahren angenommen.
– Bei **Gebäuden** bestehen gesetzliche Regelungen (widerlegbare Vermutungen; § 8 Abs 1): allgemein 40 Jahre (2,5% AfA); Mietwohngebäude 66 Jahre (1,5% AfA; allenfalls 2%, siehe unten; zur beschleunigten Gebäudeabschreibung nach Anschaffung oder Herstellung siehe Tz 108/2).

Im **außerbetrieblichen Bereich** gilt ein einheitlicher AfA-Satz von 1,5%, unabhängig von der Art der Nutzung (§ 16 Abs 1 Z 8 lit d; vgl Tz 136). Für vor 1915 errichtete Gebäude kann eine AfA von 2% geltend gemacht werden (EStR Rz 6444).

II. Einkommensteuer

- **Mietrechte,** für die Ablösezahlungen geleistet worden sind: 10 Jahre
- **Pkw** (gesetzlich geregelt; § 8 Abs 6): 8 Jahre
- **Firmenwert** (gesetzlich geregelt; § 8 Abs 3): 15 Jahre
- **Praxiswert** (bei freien Berufen): 5 Jahre

Der **Firmenwert** oder „good will" eines Unternehmers (Ruf des Unternehmers, Kundenbeziehungen) ist nur auszuweisen, wenn er entgeltlich erworben worden ist, also im Rahmen eines Unternehmenserwerbs („derivativer" Firmenwert). Die Höhe ergibt sich aus der Differenz zwischen dem Unternehmenskaufpreis und dem zum Teilwert bewerteten Wert der einzelnen übernommenen Wirtschaftsgüter (vgl § 203 Abs 5 UGB). Der entgeltlich erworbene Firmenwert ist in der **Steuerbilanz** auf 15 Jahre verteilt abzuschreiben (§ 8 Abs 3). Bei den freien Berufen spricht man von „Praxiswert"; er ist zu aktivieren und kann idR auf fünf Jahre verteilt abgeschrieben werden (im Gesetz nicht ausdrücklich geregelt). In der **UGB-Bilanz** ist der übernommene Firmenwert idR auf zehn Jahre verteilt abzuschreiben (§ 203 Abs 5 UGB).

108 Eine **Änderung der Nutzungsdauer** ist nur zulässig, wenn die Nutzungsdauer von Anfang an unrichtig geschätzt worden ist oder wenn sich die Verhältnisse geändert haben.

Bemessungsgrundlage für die AfA sind die Anschaffungs- oder Herstellungskosten. Achtung: bei Grundstücken kann die AfA nur vom Gebäude vorgenommen werden; der auf den Grund und Boden entfallende Wertanteil ist nicht abnutzbar. Daher sind die Anschaffungskosten für ein bebautes Grundstück auf das abnutzbare Gebäude und den nicht abnutzbaren Grund und Boden aufzuteilen. Der auf den Grund und Boden entfallende Anteil ist allenfalls im Wege der Schätzung zu ermitteln (im außerbetrieblichen Bereich unterstellt das Gesetz einen – widerlegbaren – Anteil von 40%; § 16 Abs 1 Z 8 lit d, dazu Tz 136).

Beispiel:
Die Anschaffungskosten für ein Mietwohngrundstück betragen 200.000 €. Unterstellt man für den Grund und Boden einen Anteil von 40%, ergibt sich für das Gebäude eine AfA-Bemessungsgrundlage von 120.000 €; die Jahres-AfA beträgt dann 1.800 € (1,5%).

108/1 **Degressive Absetzung für Abnutzung (§ 7 Abs 1a):**

Alternativ zur linearen AfA (siehe oben) kann auch eine **degressive AfA** (AfA in fallenden Jahresbeträgen) von höchstens 30% in Anspruch genommen werden. Der Prozentsatz ist dann unverändert auf den jeweiligen Buchwert (Restbuchwert) des Wirtschaftsguts anzuwenden und ergibt so den jeweiligen Jahres-AfA-Betrag.

Beispiel:
Die Anschaffungskosten eines Wirtschaftsgutes mit einer betriebsgewöhnlichen Nutzungsdauer von 10 Jahren betragen 10.000 €. Bei einer degressiven AfA von 30% ergeben sich daher folgende jährliche Absetzbeträge:

1. Jahr 30% .... 3.000 € (Restbuchwert 7.000 €)
2. Jahr 30% von 7.000 € .... 2.100 € (Restbuchwert 4.900 €)
3. Jahr 30% von 4.900 € .... 1.470 € (Restbuchwert 3.430 €)
usw ...

9.10. Absetzung für Abnutzung (§§ 7, 8) EStG

Danach sind die Anschaffungskosten bereits im 2. Jahr zu rund der Hälfte abgeschrieben, dagegen wäre bei der linearen AfA erst im 5. Jahr die Hälfte abgeschrieben. Die degressive AfA zählt damit zu den investitionsfördernden Maßnahmen; sie gilt sowohl im betrieblichen als auch im außerbetrieblichen Bereich.

Keine degressive AfA (Z 1) steht insbesondere zu für
– Gebäude und Mieterinvestitionen (daher *de facto* kein Anwendungsbereich bei VuV),
– Kraftfahrzeuge (ausgenommen Kfz mit einem CO_2-Emissionswert von 0 Gramm pro Kilometer – „E-Fahrzeuge" –, Kfz für die Personenbeförderung und Fahrschul-Kfz),
– unkörperliche Wirtschaftsgüter,
– gebrauchte Wirtschaftsgüter,
– Anlagen iZm fossilen Energieträgern.

Ein Wechsel von der degressiven AfA zur linearen AfA ist mit Beginn eines Wirtschaftsjahres zulässig. Die weitere AfA bemisst sich in dem Fall nach dem Restbuchwert verteilt auf die Restnutzungsdauer des einzelnen Wirtschaftsgutes. Dagegen ist ein Wechsel von der linearen AfA zur degressiven AfA ausdrücklich ausgeschlossen (Z 2).

Erhöhte (beschleunigte) Gebäudeabschreibung (§ 8 Abs 1 a): 108/2

Grundsätzlich beträgt die Gebäude-AfA 2,5 % der Anschaffungs- oder Herstellungskosten, bei Mietwohngebäuden 1,5 % (allenfalls 2 % bei bestimmten Altbauten, siehe oben). In den ersten beiden Jahren der Anschaffung oder Herstellung besteht jedoch eine **erhöhte Gebäudeabschreibung:** im ersten Jahr das Dreifache (7,5 % bzw 4,5 %) und im zweiten Jahr das Zweifache der Normalabschreibung (5 % bzw 3 %).

Da Gebäude hochpreisige Wirtschaftsgüter sind, hat die erhöhte Gebäudeabschreibung auch entsprechende Steuereffekte:

Beispiel:
Die Anschaffungskosten eines Mietwohngebäudes betragen 1,5 Mio €, davon entfallen auf das Gebäude 1 Mio €. Die normale AfA beträgt im Jahr der Anschaffung 15.000 € (1,5 %), die zusätzliche erhöhte Abschreibung beträgt 30.000 €, daher insgesamt 45.000 € (4,5 %). Im zweiten Jahr erhöht sich die Jahres-AfA um 15.000 € auf ingesamt 30.000 € (3 %). In Summe beträgt die erhöhte Abschreibung daher 45.000 €.

Die erhöhte (beschleunigte) Gebäudeabschreibung gilt auch im außerbetrieblichen Bereich, wobei hier unabhängig von der Art der Nutzung der einheitliche AfA-Satz von 1,5 % greift (§ 16 Abs 1 Z 8 lit e).

Außergewöhnliche technische oder wirtschaftliche Abnutzung: Ist das 109 Wirtschaftsgut zerstört worden, dann kann eine außergewöhnliche **technische Abnutzung** geltend gemacht werden („außerplanmäßige Abschreibung"); ist das Wirtschaftsgut zB durch eine Neuerfindung in seiner Verwendbarkeit ein-

II. Einkommensteuer

geschränkt, dann kann eine außergewöhnliche **wirtschaftliche** Abnutzung geltend gemacht werden.

Gesunkene Wiederbeschaffungskosten allein begründen keine außergewöhnliche Abnutzung, würden jedoch eine Teilwertabschreibung rechtfertigen.

Die außergewöhnliche Abnutzung ist für die Gewinnermittlung nach § 4 Abs 3 und für die außerbetrieblichen Einkünfte von Bedeutung, weil es dort mangels Vermögensvergleich keine Teilwertabschreibung gibt. Ihr Anwendungsbereich ist enger als die Teilwertabschreibung: Reine Wertminderungen rechtfertigen zwar eine Teilwertabschreibung, aber keine außergewöhnliche AfA.

Beim **Umlaufvermögen** gibt es keine AfA und daher auch keine Absetzung für außergewöhnliche Abnutzung. Hier kommt nur eine Teilwertabschreibung in Betracht. Bei der Gewinnermittlung nach § 4 Abs 3 ergibt sich daraus kein Problem, weil Umlaufvermögen bei der Gewinnermittlung nach § 4 Abs 3 bereits mit der Zahlung als Betriebsausgabe gewinnwirksam ist. Der Wertverlust wird dann dadurch gewinnwirksam, dass das Wirtschaftsgut nicht mehr oder nicht mehr zum entsprechenden Preis veräußert werden kann.

Investitionsfreibetrag (§ 11)

109/1 Bei der Anschaffung oder Herstellung von Wirtschaftsgütern des abnutzbaren Anlagevermögens kann zusätzlich zur AfA ein Investitionsfreibetrag geltend gemacht werden. Grundsätzlich beträgt der Investitionsfreibetrag 10%, für Wirtschaftsgüter im Bereich der Ökologisierung 15% der jeweiligen Anschaffungs- oder Herstellungskosten; insgesamt aber höchstens von Anschaffungs- und Herstellungskosten iHv 1.000.000 € pro Wirtschaftsjahr (Abs 1). Voraussetzung ist eine Nutzungsdauer der Wirtschaftsgüter von mindestens 4 Jahren (Abs 2). Sollten die Wirtschaftsgüter davor aus dem Betriebsvermögen ausscheiden, sieht § 11 Abs 5 eine Nachversteuerung vor (ÖkoStRefG 2022 I, ab 2023).

Kein Investititonsfreibetrag (Abs 3) steht insbesondere zu für
– Gebäude,
– Kraftfahrzeuge (ausgenommen für Kfz mit einem CO_2-Emissionswert von 0 Gramm pro Kilometer – „E-Fahrzeuge" –, Kfz für die Personenbeförderung und Fahrschul-Kfz),
– unkörperliche Wirtschaftsgüter,
– gebrauchte Wirtschaftsgüter,
– geringwertige Wirtschaftsgüter,
– Anlagen iZm fossilen Energieträgern, und
– Wirtschaftsgüter, die zur Deckung eines investitionsbedingten Gewinnfreibetrages herangezogen werden (vgl Tz 115; keine Doppelförderung).

Ausgeschlossen ist der Invesititonsfreibetrag auch bei einer Gewinnermittlung durch Pauschalierung (Basispauschalierung oder Pauschalierung aufgrund einer Verordnung; Abs 1 Z 4).

10. Investitionsbegünstigungen **EStG**

Vom Investitionsfreibetrag (zusätzliche Betriebsausgabe) ist der Gewinnfreibetrag zu unterscheiden (dazu unten Tz 114).

Geringwertige Wirtschaftsgüter – Sofortabschreibung (§ 13)

Geringwertige Wirtschaftsgüter mit Anschaffungs- oder Herstellungskosten bis zu 800 € können im Jahr der Anschaffung sofort abgeschrieben werden (ab 2023 auf 1.000 € erhöht, ÖkoStRefG 2022 I). Mehrere Wirtschaftsgüter sind als Einheit aufzufassen, wenn sie wirtschaftlich oder nach der Verkehrsauffassung eine Einheit bilden (Sachgesamtheit).

110

Vermietung geringwertiger Wirtschaftsgüter: Werden geringwertige Wirtschaftsgüter vermietet, kommt eine Sofortabschreibung nicht in Betracht (§ 13 letzter Satz).

Beispiele:
1. Für ein Theater wird eine neue Bestuhlung angeschafft, der einzelne Theaterstuhl kostet 200 €; die Bestuhlung insgesamt stellt jedoch eine wirtschaftliche Einheit dar, daher kann der einzelne Theaterstuhl nicht sofort als geringwertiges Wirtschaftsgut abgesetzt werden.
2. Die Bretter und Leitern eines Baugerüstes sind Teile einer Sachgesamtheit und daher nicht einzeln als geringwertige Wirtschaftsgüter abzuschreiben (VwGH 31. 1. 2014, 2011/15/0084; zu einem Gerüstbauer).
3. Der Stpfl kauft einen Schreibtischsessel um 350 € und eine Sitzgruppe für das Besprechungszimmer, bestehend aus 4 Sitzmöbeln zu je 300 €. Der Schreibtischsessel ist sofort abzugsfähig, die Sitzgruppe gilt als wirtschaftliche Einheit mit Anschaffungskosten von insgesamt 1.200 €; daher nicht sofort abzugsfähig.
4. EDV-Geräte wie PC (mit Monitor) einerseits und Drucker oder Maus andererseits gelten nicht als Einheit (VwGH 5. 10. 1993, 91/14/0191).
5. Gasflaschen zur Lieferung von Gas an verschiedene Kunden sind einzeln zu bewerten. Werden allerdings die Gasflaschen angeschafft, um sie dann zu vermieten, kommt eine Sofortabschreibung nicht in Betracht.

Die wirtschaftliche „Einheit" (§ 13 vorletzter Satz) ist nicht mit der Frage des einheitlichen Wirtschaftsgutes gleichzusetzen (dazu oben Tz 69).

10. Investitionsbegünstigungen

Zu den steuerlichen Investitionsbegünstigungen gehören
– die Übertragung stiller Reserven (nur im betrieblichen Bereich; siehe unten),
– die Forschungsprämie (siehe unten Tz 113),
– der Gewinnfreibetrag (nur im betrieblichen Bereich; siehe unten Tz 114),
– die degressive AfA (siehe oben Tz 108/1),
– die erhöhte Gebäudeabschreibung (siehe oben Tz 108/2),
– Investitionsfreibetrag (ab 2023, siehe oben Tz 109/1).

111

Bei den Einkünften aus Vermietung und Verpachtung können bestimmte Herstellungsaufwendungen (Sanierungsaufwendungen) beschleunigt abgeschrieben werden.

II. Einkommensteuer

10.1. Übertragung stiller Reserven (§ 12)

(Doralt/Ruppe I[12], Tz 445 ff)

Allgemeines

112   Wird Anlagevermögen veräußert und werden dabei stille Reserven aufgedeckt, dann müssen die stillen Reserven grundsätzlich versteuert werden. Als Investitionsbegünstigung bietet § 12 die Möglichkeit, aufgedeckte stille Reserven auf neu erworbenes Anlagevermögen zu übertragen und damit die sofortige Versteuerung der stillen Reserven zu vermeiden.

Die Übertragung der stillen Reserven auf ein neu angeschafftes Wirtschaftsgut erfolgt, indem die Anschaffungskosten des neu angeschafften Wirtschaftsgutes um die stillen Reserven gekürzt werden (§ 12 Abs 1; siehe das Beispiel unten).

Voraussetzungen

Die Übertragung stiller Reserven setzt voraus (§ 12 Abs 3):
– **Veräußerung von Anlagevermögen** (Entnahme ist keine Veräußerung),
– **Übertragung auf Anlagevermögen,** das in einer inländischen Betriebsstätte verwendet wird (europarechtlich problematisch),
– **7 Jahre Mindestzugehörigkeitsdauer zum Betriebsvermögen** vor der Veräußerung (15 Jahre bei Grundstücken, wenn auf sie bereits einmal stille Reserven übertragen worden sind).

Die Mindestzugehörigkeitsdauer gilt ua nicht, wenn Anlagevermögen durch höhere Gewalt aus dem Betriebsvermögen ausscheidet (§ 12 Abs 5).

Nach der Herkunft der stillen Reserven ist die Übertragung auf gleichartiges Anlagevermögen eingeschränkt (§ 12 Abs 4):
– Übertragung auf **Grund und Boden,** wenn auch die stillen Reserven aus der Veräußerung von Grund und Boden stammen,
– Übertragung auf **Gebäude,** wenn die stillen Reserven aus der Veräußerung von Gebäuden oder Grund und Boden stammen,
– Übertragung auf **sonstige körperliche Wirtschaftsgüter,** wenn auch die stillen Reserven aus der Veräußerung von sonstigen körperlichen Wirtschaftsgütern stammen,
– Übertragung auf **unkörperliche Wirtschaftsgüter,** wenn auch die stillen Reserven aus der Veräußerung von unkörperlichen Wirtschaftsgütern stammen.

Beispiel:

Der Stpfl veräußert eine vor 10 Jahren angeschaffte Maschine mit Buchwert Null (voll abgeschrieben) um 10.000 €. Im selben Jahr erwirbt er eine Maschine um 100.000 €. Die stillen Reserven in Höhe von 10.000 € kann er auf die Anschaffungskosten der neuen Maschine übertragen, indem er sie von den Anschaffungskosten in Abzug bringt. Damit sind die stillen Reserven der alten Maschine auf die neue Maschine übergegangen (und sind daher auch nicht zu versteuern). Als Anschaffungskosten der neuen Maschine gilt dann der um die stillen Reserven verminderte Betrag, also 90.000 €.

Ausschluss der Übertragung stiller Reserven

Stille Reserven können **nicht übertragen werden** (§ 12 Abs 4)
– *auf* die **Anschaffungskosten eines Betriebes** oder Teilbetriebes oder Anteils an einer Personengesellschaft,
– *auf* **Finanzanlagen** (Gesellschaftsanteile, Forderungswertpapiere), oder wenn sie
– *aus* der **Veräußerung eines Betriebes** oder Teilbetriebes oder Anteils an einer Personengesellschaft stammen.

Übertragungsrücklage (§ 12 Abs 8)

Stille Reserven müssen nicht bereits in dem Jahr, in dem sie realisiert worden sind, auf ein anderes Anlagevermögen übertragen werden, sie können auch zunächst auf eine Übertragungsrücklage übertragen werden („Zwischenparken" der stillen Reserven); die Übertragungsrücklage muss **innerhalb von 12 Monaten** ab Ausscheiden des Wirtschaftsgutes aus dem Betriebsvermögen übertragen werden. Bei Übertragung von stillen Reserven auf die Herstellungskosten eines Gebäudes und bei Ausscheiden aufgrund höherer Gewalt (gemeint: gegen den Willen des Steuerpflichtigen) beträgt die Frist 24 Monate.

Die Übertragung stiller Reserven ist auf die ESt (natürliche Personen) eingeschränkt und gilt nicht im Rahmen der Körperschaftsteuer (§ 12 Abs 1).

10.2. Forschungsprämie (§ 108 c)

(Doralt/Ruppe I[12], Tz 460 ff/)

Für Forschungsaufwendungen steht eine **Forschungsprämie** iHv 14% der Forschungsaufwendungen zu. Die Forschungsprämie wird als Steuergutschrift gewährt (§ 108c Abs 4).

113

Das Gesetz unterscheidet die eigenbetriebliche Forschung und die Auftragsforschung. Als Auftragsforschung gilt eine Forschung, bei der ein anderes Unternehmen mit der Forschung beauftragt wird (zur Überprüfung, ob eine „Forschung" vorliegt, siehe § 108c Abs 7 und 8).

Bei der Auftragsforschung ist die Begünstigung auf Aufwendungen von höchstens 1 Mio € pro Wirtschaftsjahr beschränkt; sie kann vom Auftraggeber und Auftragnehmer insgesamt nur einmal geltend gemacht werden (§ 108c Abs 2 Z 2).

Bei der eigenbetrieblichen Forschung kann die Forschungsprämie auch von einem kalkulatorischen Unternehmerlohn geltend gemacht werden (geändert durch AbgÄG 2022; näher dazu § 1 Abs 2 Z 5 Forschungsprämienverordnung).

II. Einkommensteuer

10.3. Gewinnfreibetrag (§ 10)

(Doralt/Ruppe I[12], Tz 462/1 ff)

114 Natürliche Personen können einen **Gewinnfreibetrag** geltend machen. Der Gewinnfreibetrag bemisst sich im Wesentlichen nach der Höhe des Gewinns und beträgt 15% fallend (bis 4,5%), höchstens 45.950 €; er ist auf die betrieblichen Einkunftsarten eingeschränkt und vermindert – als fiktive Betriebsausgabe – den steuerpflichtigen Gewinn (geändert mit dem ÖkoStRefG 2022 I).

Der Gewinnfreibetrag beträgt 15% für die ersten 30.000 € und schleift mit 13%, 7% und 4,5% bei einem Gewinn von 580.000 € aus.

Der Gewinnfreibetrag für die betrieblichen Einkünfte soll einen Ausgleich gegenüber dem begünstigt besteuerten Jahressechstel bei den nichtselbständigen Einkünften bewirken, ebenso aber auch gegenüber der niedrig besteuerten Kapitalgesellschaft.

Zu unterscheiden ist der **Grundfreibetrag** (allgemeiner Gewinnfreibetrag) und der **investitionsbedingte Freibetrag:**

– Der **Grundfreibetrag** steht bis zu einem Gewinn von 30.000 € ohne weitere Voraussetzung zu und wird **von Amts wegen berücksichtigt;** daraus ergibt sich ein gewinnmindernder Freibetrag bis zu 4.500 € (15% von 30.000 €).

– Soweit der Gewinn 30.000 € übersteigt, kann ein **investitionsbedingter Freibetrag** (ib Freibetrag) geltend gemacht werden, höchstens bis zu einem Gewinn von 580.000 €; ergibt einen Gewinnfreibetrag von höchstens 45.950 €.

Beispiel:
Der Steuerpflichtige erzielt einen Jahresgewinn von .... 130.000 €
Grundfreibetrag 15% von 30.000 € .... 4.500 €
Investitionsbedingter Freibetrag 13% von 100.000 € .... 13.000 €
Gewinnfreibetrag insgesamt .... 17.500 €

115 In Höhe des investitionsbedingten Freibetrages müssen entsprechende Investitionen getätigt werden; in Betracht kommen

– bestimmte **Wertpapiere,** die mindestens 4 Jahre dem Betriebsvermögen gewidmet sind, oder

– **abnutzbare körperliche Wirtschaftsgüter** mit einer Mindestnutzungsdauer von 4 Jahren (ausgenommen ua Pkw, geringwertige Wirtschaftsgüter und gebrauchte Wirtschaftsgüter; für Gebäude steht der Gewinnfreibetrag dagegen zu).

Nachversteuerung: Scheidet ein Wirtschaftsgut, für das der investitionsbedingte Freibetrag geltend gemacht worden ist, vor Ablauf der Behaltedauer von 4 Jahren aus, ist der Gewinnfreibetrag gewinnerhöhend aufzulösen und damit nachzuversteuern (§ 10 Abs 5).

11. Einnahmen-Ausgabenrechnung (§ 4 Abs 3) **EStG**

Der Gewinnfreibetrag steht **unabhängig von der Gewinnermittlungsart** zu. Wird allerdings eine **Pauschalierung** in Anspruch genommen, dann kann nur der Grundfreibetrag geltend gemacht werden (§ 10 Abs 1 Z 6; Basispauschalierung oder Pauschalierung aufgrund einer Verordnung; siehe dazu unten Tz 120 f).

Bei **Personengesellschaften** (Mitunternehmerschaften) steht der Gewinnfreibetrag nur insgesamt bis zu 45.950 € zu und ist auf die Mitunternehmer entsprechend ihrer Gewinnbeteiligung aufzuteilen (§ 10 Abs 2). 116

Bei **mehreren Betrieben** desselben Stpfl steht der Gewinnfreibetrag insgesamt nur ein Mal zu (zur Aufteilung siehe § 10 Abs 1 Z 7).

11. Einnahmen-Ausgabenrechnung (§ 4 Abs 3)

(Doralt/Ruppe I[12], Tz 228 ff)

Beim **Vermögensvergleich** (§ 4 Abs 1 oder § 5) führt die Anschaffung von Wirtschaftsgütern zu einer Aktivierung und ist daher gewinnneutral. Veräußerungen eines Wirtschaftsgutes führen zu einer Forderung, sind also idR gewinnwirksam, auch wenn die Zahlung noch nicht erfolgt ist. 117

Dagegen folgt die Gewinnermittlung durch **Einnahmen-Ausgabenrechnung** grundsätzlich dem Zu- und Abflussprinzip. Sie ist eine gegenüber der Gewinnermittlung nach § 4 Abs 1 vereinfachte Gewinnermittlung und führt zwar in der einzelnen Periode zu abweichenden Ergebnissen, über die Perioden hinweg ist das Ergebnis jedoch ident.

Eine Einnahmen-Ausgabenrechnung ist zulässig (siehe oben Tz 50):
– bei freiberuflicher Arbeit generell (unabhängig von Vermögen und Umsatz),
– bei gewerblichen Einkünften und sonstigen selbständigen Einkünften bis zu einem Umsatz von 700.000 € (daher keine Buchführungspflicht; zur Pauschalierung siehe unten),
– bei Land- und Forstwirtschaft bis zu einem Umsatz von 700.000 € (zur Pauschalierung siehe unten).

Gegenüber dem Vermögensvergleich nach § 4 Abs 1 bestehen bei der Einnahmen-Ausgabenrechnung folgende Besonderheiten:
– Der **Einkauf** von **Waren** wird im Zeitpunkt der Bezahlung als gewinnmindernde **Betriebsausgabe** behandelt (Abflussprinzip; dagegen beim Vermögensvergleich durch Aktivierung gewinnneutral).
– Der **Verkauf der Ware** wird (erst) im **Zeitpunkt der Bezahlung** gewinnwirksam (Zuflussprinzip; dagegen beim Vermögensvergleich bereits im Zeitpunkt der Veräußerung mit Entstehen der Forderung gewinnwirksam).
– Für **Einnahmen** und **Ausgaben** (zB Dienstleistungen) gilt – wie im außerbetrieblichen Bereich – das **Zu-** und **Abflussprinzip** (§ 19 Abs 1 und 2).

II. Einkommensteuer

- **Vorauszahlungen** insbesondere von **Zinsen, Mieten, Beratungskosten** sind auf den Zeitraum der Vorauszahlung zu verteilen, außer sie betreffen das laufende und das folgende Jahr (Ausnahme vom Abflussprinzip wie im außerbetrieblichen Bereich; siehe oben Tz 43).
- **Anlagevermögen** wird nur mit der **Absetzung für Abnutzung** (AfA; § 7) gewinnwirksam, allenfalls auch mit der außergewöhnlichen Abnutzung (statt einer Teilwertabschreibung). Hier gilt also das Abflussprinzip nicht.

Anlagevermögen wird daher bei der Einnahmen-Ausgabenrechnung im Wesentlichen gleich behandelt wie beim Vermögensvergleich. Die Anschaffung hat keine Auswirkung auf den Gewinn; steuerlich wirksam ist nur die AfA. Ein späterer Veräußerungsgewinn ist zu versteuern.

Die Einnahmen-Ausgabenrechnung beschränkt sich damit im Ergebnis auf das Umlaufvermögen. Hier bestehen auch die wesentlichen Gestaltungsmöglichkeiten gegenüber dem Vermögensvergleich, wenn zB Zahlungen aus steuerlichen Gründen noch im alten Jahr, oder aber erst im Folgejahr geleistet werden.

Zum Wechsel zwischen Einnahmen-Ausgabenrechnung und Vermögensvergleich siehe Tz 118 f.

Beispiel (Gegenüberstellung Einnahmen-Ausgabenrechnung und Vermögensvergleich):
Der Stpfl erwirbt im Dezember des Jahres 01 gegen Barzahlung Waren im Wert von 10.000 € und verkauft sie im Jahr 02 um 13.000 €.

Lösung bei Einnahmen-Ausgabenrechnung:
Die Bezahlung von 10.000 € im Jahr 01 wirkt in diesem Jahr in voller Höhe gewinnmindernd als Betriebsausgabe; der Verkauf in Höhe von 13.000 € wird in voller Höhe im Jahr 02 als Gewinn wirksam.

Vermögensvergleich:
Der Wareneinkauf in Höhe von 10.000 € bleibt im Jahr 01 gewinnneutral („Aktivtausch"); im Jahr 02 wird der Gewinn von 3.000 € (Kassaeingang 13.000 €, Warenbestand-Abgang 10.000 €) realisiert.

Nachteile der Einnahmen-Ausgabenrechnung gegenüber dem Vermögensvergleich:
- keine Teilwertabschreibung, nur außergewöhnliche technische oder wirtschaftliche Abnutzung,
- keine Rückstellungen.

12. Wechsel der Gewinnermittlungsart (§ 4 Abs 10)

(Doralt/Ruppe I[12], Tz 251 ff)

118 Wird die Gewinnermittlungsart gewechselt, dann ist durch Zu- und Abschläge sicherzustellen, dass gewinnwirksame Vorgänge erfasst bleiben (Verbot der Nicht- bzw Doppelerfassung). Am Stichtag ergibt sich ein Übergangsgewinn oder ein Übergangsverlust. Der Übergangsgewinn bzw Übergangs-

verlust ist der Periode zuzurechnen, in der die Gewinnermittlungsart gewechselt wird.

Beispiele:
> Ein Gewerbetreibender, der bisher den Gewinn nach § 4 Abs 3 ermittelt hat, wechselt mit Jahresbeginn auf die Gewinnermittlung nach § 4 Abs 1.
> 1. Im Dezember wurden Waren um 100.000 € bezogen und bezahlt; zum Jahresende waren die Waren noch auf Lager.
> Die Bezahlung der Ware war nach § 4 Abs 3 als Betriebsausgabe in voller Höhe gewinnmindernd (Abflussprinzip). Bei der Gewinnermittlung nach § 4 Abs 1 sind Waren zu aktivieren. Daher sind die im Zeitpunkt des Wechsels vorhandenen Waren mit ihren Anschaffungskosten von 100.000 € gewinnerhöhend zu aktivieren (Übergangsgewinn).
> 2. Im Dezember hat der Gewerbetreibende Vorauszahlungen iHv 5.000 € für Waren geleistet, die erst im nächsten Jahr geliefert werden.
> Die Vorauszahlungen von 5.000 € sind bei der Gewinnermittlung nach § 4 Abs 3 bereits abgeflossen; bei der Gewinnermittlung nach § 4 Abs 1 sind geleistete Vorauszahlungen zu aktivieren. Daher sind sie beim Wechsel auf die Gewinnermittlung nach § 4 Abs 1 gewinnerhöhend zu aktivieren (Übergangsgewinn).
> 3. Der Gewerbetreibende hat im Dezember Vorauszahlungen über 7.000 € für Waren erhalten, die er erst im nächsten Jahr liefern wird.
> Die erhaltenen Vorauszahlungen waren bei der Gewinnermittlung nach § 4 Abs 3 Betriebseinnahmen. Bei der Gewinnermittlung nach § 4 Abs 1 sind die erhaltenen Vorauszahlungen zu passivieren, um einen Gewinnausweis zu verhindern. Daher sind sie beim Wechsel auf die Gewinnermittlung nach § 4 Abs 1 gewinnmindernd zu passivieren (Übergangsverlust).
> Der Wechsel der Gewinnermittlung führt insgesamt zu einem Übergangsgewinn von 98.000 € (100.000 € + 5.000 € – 7.000 €).

Gewillkürtes Betriebsvermögen bei Wechsel zwischen § 4 und § 5

Beim Wechsel von § 5 auf § 4 gilt gewillkürtes Betriebsvermögen als entnommen (Bewertung mit dem Teilwert § 6 Z 4 Satz 1). **119**

Bei Grundvermögen ergibt sich keine Änderung, weil Grundvermögen bei den verschiedenen Gewinnermittlungsarten gleich behandelt wird (Entnahme zum Buchwert § 6 Z 4 Satz 2).

13. Durchschnittssätze (§ 17)

(Doralt/Ruppe I[12], Tz 235 ff)

Eine Besteuerung nach **Durchschnittssätzen (Pauschalierung)** ist vorgesehen **120**
– unmittelbar **aufgrund des Gesetzes** (Kleinunternehmerpauschalierung, Betriebsausgabenpauschalierung),
– **aufgrund von Verordnungen** (idR branchenspezifisch).

II. Einkommensteuer

Werden nur Betriebsausgaben pauschaliert, spricht man von einer **Teilpauschalierung**. Wird dagegen der gesamte Gewinn pauschaliert, spricht man von einer **Vollpauschalierung**.

Die Pauschalierung mit Verordnung muss den „Erfahrungen über die wirtschaftlichen Verhältnisse" bei der jeweiligen Berufsgruppe entsprechen; sie darf den Erfahrungen des täglichen Lebens nicht widersprechen (VfGH 29. 9. 2008, G 19/2008).

Die Pauschalierung ist zwar als Vereinfachung gedacht, wird aber von den Stpfl regelmäßig nur in Anspruch genommen, wenn sich aufgrund der Pauschalierung eine niedrigere Steuerbelastung ergibt. Die Unterschiede zwischen Normalbesteuerung und Pauschalierung sind oft gravierend. Der VwGH sieht daher in der Pauschalierung eine „bewusst in Kauf genommene Unterbesteuerung" (28. 4. 1967, 89/67, ÖStZB 1967, 134), es sei geradezu Zweck einer Pauschalierung, dem Steuerpflichtigen die Möglichkeit zu bieten, „die jeweils steuerlich günstigere Variante zu wählen" (VwGH 21. 9. 2006, 2006/15/0041). Nicht die – behauptete – Vereinfachung der Besteuerung ist der eigentliche Hintergrund der Pauschalierung, sondern eine – letztlich politisch gewollte – Steuerbegünstigung ist das Motiv der Pauschalierung. Damit führt allerdings die Pauschalierung direkt in die Verfassungswidrigkeit, wenn der pauschalierte Steuerpflichtige eine erheblich geringere Steuerlast zu tragen hat, als der Nichtpauschalierte.

Eine **Anfechtung beim VfGH** scheitert allerdings idR an der „Präjudizialität": Die begünstigende Norm (Gesetz, Verordnung) ist auf den Nichtbegünstigten nicht anwendbar. Daher – so der VfGH – könne er eine begünstigende Ausnahmeregelung nicht als verfassungswidrig aufheben. Aufheben kann der VfGH eine Norm nur dann, wenn sie im anhängigen Verfahren unmittelbar anwendbar („präjudiziell") ist. Aufgrund dieser – formalen – Rechtfertigung lassen sich Ausnahmebestimmungen idR beim VfGH nicht bekämpfen. Daher scheiterte zB auch ein Steuerberater, der beim VfGH die Landwirtepauschalierung wegen gleichheitswidriger Begünstigung der Landwirte bekämpfen wollte (VfGH 9. 10. 2012, B 539/12; Abweisung mangels Präjudizialität). Allerdings könnte das BFG eine Prüfung durch den VfGH beantragen (Normprüfungsantrag).

Werden Pauschalierungsverordnungen gezielt als Steuerbegünstigung eingesetzt, dann kann **Amtsmissbrauch** vorliegen (dazu *Schwaighofer*, ÖJZ 2014, 160).

Kleinunternehmerpauschalierung

120/1 Kleinunternehmer mit einem Umsatz bis zu 40.000 € (35.000 € + 5.000 € ESt-Zuschlag) jährlich (netto, ohne USt) können im Rahmen der Einnahmen-Ausgabenrechnung den Gewinn pauschal ermitteln (§ 17 Abs 3 a; grundsätzliche Anknüpfung an die Kleinunternehmerregelung in der USt, dazu Tz 337, jedoch unabhängig von der Geltendmachung in der USt).

Voraussetzungen sind insbesondere
– Einkünfte aus gewerblicher oder selbständiger Arbeit (ausgenommen von der Pauschalierung sind insbesondere Gesellschafter-Geschäftsführer und Aufsichtsräte)
– Umsätze bis zu 40.000 € jährlich (weil anders als in der USt ein jährliches Überschreiten der Umsatzgrenze von 35.000 € um bis zu 5.000 € zulässig ist; dh die 35.000-Euro-Grenze der USt wird so zu einer 40.000-Euro-Grenze in der ESt; § 17 Abs 3 a Z 2 TS 2).

13. Durchschnittssätze (§ 17)

Als Gewinn gilt der Unterschiedsbetrag zwischen den Betriebseinnahmen und den Betriebsausgaben, die jedoch mit 45% der Einnahmen pauschal angesetzt werden (höchstens 18.900 €).

Daraus ergibt sich ein pauschalierter Gewinn von 55% der Betriebseinnahmen. Daneben können als weitere Betriebsausgaben nur Beiträge zu gesetzlichen Sozialversicherungen udgl, das Arbeitsplatzpauschale (§ 4 Abs 4 Z 8) und Reisekosten (vgl Tz 94) als Betriebsausgaben geltend gemacht werden.

Beispiel:
>
> Jahreseinnahmen . . . . 30.000 €
> Betriebsausgabenpauschale (45%) . . . . 13.500 €
> pauschalierter Gewinn . . . . 16.500 €

Bei einem **„Dienstleistungsbetrieb"** beträgt das Betriebsausgabenpauschale 20% (höchstens 8.400 €); der pauschalierte Gewinn beträgt dann 80% der Betriebseinnahmen.

Als „Dienstleistungsbetrieb" gelten insbesondere Beratungstätigkeiten (wird in einer Verordnung festgelegt).

Bei **Mitunternehmerschaften** (Personengesellschaften) ist eine Gewinnpauschalierung ebenfalls möglich (§ 17 Abs 3 a Z 7).

Verzichtet der Stpfl auf die Kleinunternehmerpauschalierung, dann kann er die Pauschalierung erst nach Ablauf von drei Wirtschaftsjahren wieder in Anspruch nehmen (§ 17 Abs 3 a Z 9).

Vorteilsvergleich mit der „Basispauschalierung": Alternativ zur Kleinunternehmerpauschalierung besteht die Möglichkeit der „Basispauschalierung" (Betriebsausgabenpauschalierung; Umsatzgrenze 220.000 €, siehe Tz 120/2).

Da bei der Basispauschalierung neben der Betriebsausgabenpauschale noch weitere bestimmte Betriebsausgaben geltend gemacht werden können, wird im Einzelfall zu prüfen sein, ob die Kleinunternehmerpauschalierung oder aber die Basispauschalierung günstiger ist.

Verfassungsrechtliche Bedenken: Wie das Beispiel (oben) zeigt, kann der Steuervorteil aus der Kleinunternehmerregelung im Einzelfall nahezu zu einer Halbierung des steuerlichen Gewinns führen, insbesondere dann, wenn die tatsächlichen Betriebsausgaben sehr niedrig sind. Die bereits erwähnten grundsätzlichen verfassungsrechtlichen Bedenken bestehen daher für die Kleinunternehmerpauschalierung in einem besonderen Ausmaß. Hinzu kommt die Differenzierung hinsichtlich der „Dienstleistungsbetriebe". Der Begriff des „Dienstleistungsbetriebes" ist unbestimmt und auch im Gesetz nicht definiert (siehe auch *Wild*, RdW 2020/187, 200).

Betriebsausgabenpauschalierung aufgrund des Gesetzes
(„Basispauschalierung"; 220.000-Euro-Grenze)

Das Betriebsausgabenpauschale aufgrund des Gesetzes setzt voraus (§ 17 Abs 1 bis 3):   120/2
– Einkünfte aus selbständiger Arbeit oder aus Gewerbebetrieb,

II. Einkommensteuer

– Gewinnermittlung nach § 4 Abs 3,
– Umsatz des Vorjahres von höchstens 220.000 €.

Das Betriebsausgabenpauschale beträgt **12% vom Umsatz,** höchstens 26.400 € (6% bei kaufmännischer oder technischer Beratung und bei vermögensverwaltender, schriftstellerischer, wissenschaftlicher, vortragender, unterrichtender oder erzieherischer Tätigkeit; höchstens 13.200 €). Insbesondere bei Künstlern und Schriftstellern besteht außerdem aufgrund einer eigenen Verordnung eine Teilpauschalierung (siehe Tz 121).

Mit dem Betriebsausgabenpauschale sind ua die AfA, Mieten, Versicherungen und Zinsen abgegolten.

Neben dem Betriebsausgabenpauschale können insbesondere Wareneinkäufe, Löhne, Subhonorare und Sozialversicherungsbeiträge als Betriebsausgaben geltend gemacht werden. Unabhängig vom Pauschale steht der Gewinnfreibetrag in Höhe des Grundfreibetrags zu (§ 10 Abs 1 Z 6; siehe oben Tz 114).

Die Basispauschalierung ist aus mehreren Gründen zu hinterfragen:
– Die Pauschalierung wird regelmäßig nur von Stpfl in Anspruch genommen, die idR keine oder nur geringe Betriebsausgaben haben.
– Der Pauschalsatz ist relativ hoch und beruht auf keinen Erfahrungssätzen.
– Durch die Abzugsfähigkeit von Subhonoraren, für die der Empfänger das Betriebsausgabenpauschale ebenfalls geltend machen kann, ergibt sich ein Multiplikatoreffekt.

Beispiel:

Ein Sachverständiger erhält für ein Gutachten ein Honorar von 100.000 €. Davon gibt er 60.000 € einem anderen Sachverständigen (Subgutachter) weiter, der ihn bei der Erstellung des Gutachtens unterstützt; es verbleiben ihm also nur 40.000 €. Trotzdem bemisst er sein Betriebsausgabenpauschale mit 12% von 100.000 €; er versteuert also 40.000 € abzüglich 12.000 €, das sind nur 28.000 €. Der Subgutachter macht von den an ihn weitergeleiteten 60.000 € das Betriebsausgabenpauschale ebenfalls geltend.

Durchschnittssätze aufgrund von Verordnungen

121   Aufgrund von Verordnungen bestehen Durchschnittssätze für
– **Vollpauschalierungen** (Gewinnpauschalierungen): Insbesondere kleine Land- und Forstwirte, nicht buchführende Lebensmittelhändler,
– **Teilpauschalierungen** (Betriebsausgabenpauschalierungen) nach Maßgabe der jeweiligen Verordnung: Insbesondere Gastgewerbe, nicht buchführende Gewerbetreibende, Drogisten, Handelsvertreter, Künstler und Schriftsteller,
– **Werbungskostenpauschalierungen** für Einkünfte aus nichtselbständiger Arbeit. Für unterschiedliche Gruppen von Stpfl gibt es Pauschalsätze von 5% bis 15% der Bruttobezüge.

Außerdem gibt es eine Verordnung mit einer **Pauschalbesteuerung für Sportler**, die überwiegend bei Sportveranstaltungen im Ausland auftreten. Nach der Verordnung werden nur 33% des im Inland und im Ausland insgesamt als Sportler erzielten Einkommens (einschließlich Werbetätigkeit) besteuert; eine Anrechnung ausländischer

Steuern unterbleibt jedoch. Die Verordnung ist allerdings im Gesetz nicht gedeckt. Da nur ein Drittel der Einkünfte besteuert wird, bedeutet die Pauschalierung im Ergebnis eine Besteuerung mit höchstens 17% (statt bis zu 50%). Nach den EStR erfasst die Pauschalierung auch die Werbeeinnahmen des Sportlers im Inland (Rz 4376); dies verschärft die verfassungsrechtlichen Bedenken gegen die Sportlerpauschalierung.

Auch für die Pauschalierung durch Verordnung gelten ähnliche grundsätzliche Bedenken wie gegen die Basispauschalierung: Sie führen zu gelegentlich erheblichen Abweichungen gegenüber dem im Einzelfall tatsächlichen Gewinn bzw den tatsächlichen Ausgaben (siehe oben).

14. Schätzung (§ 184 BAO)

(Doralt/Ruppe I[12], Tz 245 ff)

Sind Aufzeichnungen über die Ermittlung der Einkünfte nicht vorhanden oder formell oder sachlich unrichtig, dann kann die Behörde den Gewinn oder die fehlenden Besteuerungsgrundlagen schätzen (Vollschätzung oder Teilschätzung; § 184 BAO).

Als **Schätzungsmethoden** kommen in Betracht:
- äußerer Betriebsvergleich (Vergleich mit fremden Betrieben; problematisch wegen des Steuergeheimnisses),
- innerer Betriebsvergleich (Vergleich mit anderen Jahren desselben Betriebes),
- kalkulatorische Schätzung insbesondere nach dem Wareneinkauf,

Beispiel:
Ein Kaffeehaus deklariert einen Kaffeeverkauf, der gemessen an den Kaffee-Einkäufen als zu niedrig erscheint.

- Schätzung nach dem Lebensaufwand,

Beispiel:
Der Stpfl fährt einen Porsche, obwohl er der Abgabenbehörde gegenüber nur ein Einkommen von 2.000 € deklariert.

- Schätzung nach dem Vermögenszuwachs.

Beispiel:
Der Stpfl hat sich eine Liegenschaft gekauft, deren Kaufpreis aus dem deklarierten Einkommen nicht finanziert worden sein konnte.

Die vorsätzliche Verletzung von Aufzeichnungspflichten begründet eine **Finanzordnungswidrigkeit** nach § 51 Abs 1 lit c FinStrG, soweit kein anderes Finanzdelikt (fahrlässige oder vorsätzliche Abgabenverkürzung) vorliegt.

15. Einkünfte von Personenvereinigungen

(Doralt/Ruppe I[12], Tz 525 ff)

Personengesellschaften unterliegen als solche nicht dem EStG (kein Steuersubjekt); der Gewinn und ebenso der Verlust wird vielmehr den Ge-

II. Einkommensteuer

sellschaftern direkt zugerechnet (**„Durchgriffsprinzip"**, vgl insbesondere § 23 Z 2). Deshalb unterliegt die Personengesellschaft auch nicht der Körperschaftsteuer (§ 3 KStG).

Darin liegt auch ein wichtiger steuerlicher Vorteil der Personengesellschaft gegenüber der Kapitalgesellschaft: Erwirtschaftet die Personengesellschaft Verluste, dann werden diese Verluste – anteilsmäßig – dem einzelnen Gesellschafter direkt zugerechnet; dieser kann daher idR den auf ihn entfallenden Verlust im selben Jahr mit seinem übrigen Einkommen verrechnen. Dagegen kann die Kapitalgesellschaft ihre Verluste idR nur mit ihren eigenen späteren Gewinnen verrechnen (anders nur im Rahmen der Gruppenbesteuerung in der KSt, vgl Tz 212 ff).

Mitunternehmerschaft

Personenvereinigungen mit betrieblichen Einkünften sind solche, bei denen die Gesellschafter als „Mitunternehmer" anzusehen sind.

Der Begriff „Mitunternehmerschaft" bringt zum Ausdruck, dass die Gesellschafter wie (Einzel-)Unternehmer behandelt werden; da es sich aber um eine Gesellschaft handelt, sind die Gesellschafter nicht Einzelunternehmer, sondern „Mitunternehmer".

Als **Mitunternehmer** nennt das Gesetz ausdrücklich die Gesellschafter einer **OG** oder **KG** (§ 23 Z 2); weiters kommen insbesondere die **atypische stille Gesellschaft,** die **Gesellschaft bürgerlichen Rechts** und die **Europäische wirtschaftliche Interessenvereinigung (EWIV)** in Betracht.

Die **Mitunternehmer** tragen **Unternehmerrisiko** und können **Unternehmerinitiative** ausüben. Das Unternehmerrisiko besteht in der **Beteiligung am Gewinn und Verlust,** an den **stillen Reserven** und am **Firmenwert,** allenfalls auch in der **Haftung** für die Schulden der Gesellschaft. Unternehmerinitiative entfaltet, wer betriebliche Abläufe mitgestalten kann, indem er an der **Geschäftsführung** teilnimmt oder **Stimm-, Kontroll-** und **Widerspruchsrechte** wahrnimmt.

Bei der **stillen Gesellschaft** sind zu unterscheiden:

Der **echte stille Gesellschafter** ist nur am laufenden Gewinn und Verlust beteiligt und bezieht daher grundsätzlich **Einkünfte aus Kapitalvermögen;** Verluste sind nicht sofort steuerwirksam, sondern nur mit späteren Gewinnen aus derselben stillen Beteiligung zu verrechnen („Wartetastenregelung" nach § 27 Abs 2 Z 4 und Abs 8 Z 2; vgl auch § 182 UGB).

Der **unechte stille Gesellschafter** ist auch an den stillen Reserven und am Firmenwert beteiligt; er ist dem Kommanditisten ähnlich und wird daher als Mitunternehmer behandelt. Der unechte stille Gesellschafter hat daher **betriebliche Einkünfte.**

Bezieht die **Personengesellschaft ausschließlich außerbetriebliche Einkünfte** (insbesondere Vermietung und Verpachtung), dann liegt keine Mitunternehmerschaft vor; die Gesellschafter werden vielmehr als Miteigentümer mit außerbetrieblicher Einkunftsquelle behandelt (zu Mietgebäuden im Miteigentum siehe unten Tz 141).

Kapitalistische Mitunternehmer iSd § 23 a EStG (keine unbeschränkte Haftung gegenüber Dritten und keine „ausgeprägte Mitunternehmerinitiative") können Verluste nur eingeschränkt bzw nur mit künftigen

15. Einkünfte von Personenvereinigungen **EStG**

Gewinnen aus derselben Beteiligung verrechnen („Wartetasteregelung"; dazu § 23 a Abs 1 iVm 4). Damit sollen steuerliche Verlustmodelle verhindert werden.

Gewinnermittlung

Die Personengesellschaft ist zwar nicht Steuersubjekt, sie ist aber Gewinnermittlungssubjekt (VwGH 27. 1. 2011, 2008/15/0218; früher galt für die Gewinnermittlung die „Bilanzbündeltheorie"; danach ergab sich der Gewinn der Personengesellschaft aus der Summe der Teilbilanzen der Mitunternehmer (daher „Bilanzbündeltheorie"; sie ist inzwischen überholt, vgl *Doralt/Ruppe* I^{12} Tz 539). 124

Die Gewinnermittlung der Mitunternehmerschaft (Personengesellschaft) erfolgt in zwei Stufen (EStR Rz 5853 ff):
– **Gesellschaftsebene** (1. Stufe): Zunächst wird auf der Ebene der Gesellschaft nach einheitlichen Grundsätzen der Gesamtgewinn ermittelt und dieser Gewinn auf die Gesellschafter aufgeteilt.
– **Gesellschafterebene** (2. Stufe): Danach werden auf der Ebene der **Gesellschafter** die Besonderheiten der einzelnen Gesellschafter im Rahmen einer **Ergänzungs- und Sonderbilanz** berücksichtigt.

Sonderbetriebsvermögen der Gesellschafter ist jenes Vermögen, das im Alleineigentum eines Gesellschafters steht und das er der Gesellschaft zur Nutzung überlässt. Das Sonderbetriebsvermögen ist Betriebsvermögen des Gesellschafters und wird in einer **Sonderbilanz** des Gesellschafters ausgewiesen. Die auf das Sonderbetriebsvermögen entfallenden Betriebsausgaben werden **Sonderbetriebsausgaben** genannt und beim Gesellschafter erfasst.

Die Bewertung des Sonderbetriebsvermögens des Gesellschafters richtet sich nach der Gewinnermittlung, die für die Gesellschaft gilt (daher ist zB bei einer rechnungslegungspflichtigen Personengesellschaft auch das Sonderbetriebsvermögen nach § 5 zu beurteilen).

Veräußert ein Gesellschafter seinen Anteil an der Personengesellschaft, dann werden die auf die einzelnen Wirtschaftsgüter entfallenden anteiligen Anschaffungskosten des neuen Gesellschafters von den Anschaffungskosten der übrigen Gesellschafter idR abweichen. Derartige Abweichungen werden in einer **Ergänzungsbilanz** erfasst.

Sonderbilanz und Ergänzungsbilanz werden auch zusammengefasst und einheitlich als Ergänzungsbilanz bezeichnet.

Durchgriffsprinzip: Gewinne und Verluste werden den Gesellschaftern **direkt** zugerechnet (Unterschied zum Trennungsprinzip bei der Kapitalgesellschaft). Übersteigen die Verluste die Einlage des Gesellschafters, so entsteht steuerlich ein **negatives Kapitalkonto.**

Beispiel:
Die Personengesellschaft hat ein Eigenkapital von 100.000 €. Durch Verluste wird das gesamte Eigenkapital aufgebraucht. Daher betragen die Kapitalkonten der Gesellschafter in der Summe Null.

II. Einkommensteuer

Hat die Personengesellschaft zusätzlich zum Eigenkapital auch noch Fremdkapital von 50.000 € aufgenommen und hat sie auch das Fremdkapital durch Verluste aufgebraucht, betragen die Kapitalkonten der Gesellschafter in der Summe minus 50.000 € (negatives Kapitalkonto).

Einem negativen Kapitalkonto müssen keineswegs wirtschaftliche Verluste zugrunde liegen; oft bestehen entsprechende stille Reserven.

Das negative Kapitalkonto muss der Gesellschafter im Fall des Ausscheidens aus der Gesellschaft nachversteuern, wenn er das negative Kapitalkonto nicht durch eine Einlage auffüllt.

Leistungsbeziehungen zwischen Gesellschaft und Gesellschafter

125 Bei Leistungsbeziehungen zwischen Gesellschaft und Gesellschafter sind drei Bereiche zu unterscheiden:

1. **Leistungen der Gesellschafter an die Gesellschaft,** und zwar
   – Dienstleistungen (zB Geschäftsführer)
   – Darlehensgewährung an die Gesellschaft
   – Überlassung von Wirtschaftsgütern an die Gesellschaft zur Nutzung

Die Vergütungen an die Gesellschafter sind Teil ihres Gewinnes aus der Gesellschaft („Gewinnvoraus") und daher keine außerbetrieblichen Einkünfte (§ 23 Z 2; entspricht der Gleichbehandlung mit dem Einzelunternehmer). Beim Gesellschafter liegen insoweit **Sonderbetriebseinnahmen** vor. Damit im Zusammenhang stehende Ausgaben sind als **Sonderbetriebsausgaben** auszuweisen (zu berücksichtigen auf der zweiten Ebene der Gewinnermittlung; siehe oben Tz 124).

Beispiele:
1. Der Gesellschafter ist als Geschäftsführer für die Gesellschaft tätig. Die Vergütungen dafür sind Teil seines Gewinnes aus der Gesellschaft (anders bei einem Gesellschafter-Geschäftsführer einer Kapitalgesellschaft; dazu Tz 19).
2. Ein Gesellschafter vermietet an die Gesellschaft ein Bürogebäude. Die Mieteinnahmen begründen beim Gesellschafter nicht etwa außerbetriebliche Einkünfte aus Vermietung und Verpachtung, sondern gehören zu seinem Gewinn aus der Gesellschaft (Sonderbetriebseinnahmen). Mit dem Gebäude im Zusammenhang stehende Aufwendungen sind als Sonderbetriebsausgaben auszuweisen.

2. **Zwischenbetriebliche Leistungen** zwischen der Personengesellschaft und dem Betrieb des Gesellschafters werden wie **Fremdgeschäfte** behandelt, wenn sie zu fremdüblichen Bedingungen abgewickelt werden (ansonsten liegen Entnahmen bzw Einlagen vor; im Gesetz nicht ausdrücklich geregelt).

Beispiel:
Ein Lebensmittelgroßhändler ist Gesellschafter einer Hotel-OG und beliefert die OG mit Lebensmitteln zu Marktpreisen. Die Geschäftsbeziehung wird wie bei Fremdgeschäften anerkannt.

3. Andere Leistungen – Leistungsbeziehungen zwischen der Gesellschaft und dem privaten Bereich des Gesellschafters: Leistungsbeziehungen zwischen der Gesellschaft und dem privaten Bereich des Gesellschafters werden anteilsmäßig wie **Einlagen** und **Entnahmen** behandelt, darüber hinaus liegt eine Anschaffung bzw Veräußerung vor (EStR Rz 5927; im Gesetz nicht ausdrücklich geregelt).

Beispiel:
Der Gesellschafter verkauft an die OG ein Grundstück aus seinem Privatvermögen. Der seinem Gesellschaftsanteil entsprechende Anteil des Grundstücks ist als Einlage zu behandeln; darüber hinaus liegt eine Anschaffung durch die anderen Gesellschafter vor.

Veräußerung und Realteilung

Die **Veräußerung von Anteilen an einer Personengesellschaft** (Mitunternehmerschaft) wird wie eine Betriebsveräußerung behandelt (§ 24; siehe unten Tz 128 ff). 126

Erwerben die übrigen Gesellschafter den Anteil eines ausscheidenden Gesellschafters, dann haben sie die Anschaffungskosten auf das erworbene Betriebsvermögen zu aktivieren. War der ausscheidende Gesellschafter ein **lästiger Gesellschafter** und wurde deshalb sein Anteil überhöht abgefunden, um ihn loszuwerden, dann kann die Abfindung im Ausmaß der Überhöhung sofort abgeschrieben werden.

Wird das **Vermögen der Gesellschaft** in **Einzelbetriebe aufgeteilt** und von den Gesellschaftern als solche weitergeführt **(Realteilung),** dann erfolgt die Teilung nach Maßgabe des UmgrStG (Art V) zu Buchwerten.

Gesonderte Feststellung der Einkünfte (§ 188 BAO)

Einkünfte von Mitunternehmerschaften mit betrieblichen Einkünften und von Miteigentümergemeinschaften bei Vermietung und Verpachtung werden in einem einheitlichen Verfahren für alle Beteiligte gesondert festgestellt. „Gesondert" bedeutet getrennt von der ESt-Veranlagung. 127

Die **gesonderte Gewinnfeststellung** (Einkünftefeststellung) wird daher in einem eigenen Verfahren durchgeführt, das mit einem Feststellungsbescheid endet. Der Feststellungsbescheid wird dann den ESt-Bescheiden der Mitunternehmer und Miteigentümer zugrunde gelegt.

Ist die gesonderte Gewinnfeststellung fehlerhaft, dann muss bereits gegen die gesonderte Gewinnfeststellung Beschwerde erhoben werden; es genügt nicht, erst gegen den ESt-Bescheid Beschwerde zu erheben (§ 252 BAO).

16. Betriebsveräußerung

(Doralt/Ruppe I[12], Tz 567 ff)

Bei den betrieblichen Einkunftsarten wird die Veräußerung von Betriebsvermögen und ebenso die Veräußerung des gesamten Betriebes der ESt 128

II. Einkommensteuer

unterworfen. Die Veräußerung des gesamten Betriebes kann jedoch begünstigt sein, daher ist der Gewinn aus der Betriebsveräußerung von den laufenden Gewinnen abzugrenzen.

Die Betriebsveräußerung (Betriebsaufgabe) ist mit der schlagartigen **Aufdeckung der stillen Reserven** verbunden, die sich in den Jahren der betrieblichen Tätigkeit gebildet haben; deshalb ist die Betriebsveräußerung (Betriebsaufgabe) unter bestimmten Voraussetzungen begünstigt.

Unter die **Betriebsveräußerung** (§ 24) fallen
– die Veräußerung oder Aufgabe des ganzen Betriebes,
– die Veräußerung oder Aufgabe eines Teilbetriebes,
– die Veräußerung eines Mitunternehmeranteils.

Veräußerung eines ganzen Betriebes liegt vor, wenn der Betrieb als Ganzes in einem einheitlichen Vorgang veräußert wird.

Veräußerung eines Teilbetriebes liegt vor, wenn ein organisatorisch in sich geschlossener mit einer gewissen Selbständigkeit ausgestatteter Teil eines Betriebes veräußert wird (zB Produktion einerseits und Handel andererseits als zwei Teilbetriebe eines einheitlichen Unternehmens).

Aufgabe eines Betriebes (Teilbetriebes) liegt vor, wenn der Betrieb eingestellt wird und das Betriebsvermögen in einem wirtschaftlich einheitlichen Vorgang entweder einzeln an mehrere Erwerber veräußert oder ins Privatvermögen übernommen wird. Die Bewertung der in das Privatvermögen übernommenen Wirtschaftsgüter erfolgt mit dem gemeinen Wert (§ 24 Abs 3; entspricht dem Teilwert im Fall der Liquidation). Zur unentgeltlichen Betriebs*übertragung* (keine Einstellung des Betriebes) siehe oben Tz 92.

Grund und Boden wird bei der Betriebsaufgabe grundsätzlich mit dem Buchwert entnommen (§ 24 Abs 3 iVm § 6 Z 4).

Die **Verpachtung eines Betriebes** ist dann als **Betriebsaufgabe** zu beurteilen, wenn nach objektiven Kriterien mit einer Wiederaufnahme der betrieblichen Tätigkeit nicht mehr zu rechnen ist (insbesondere bei Pensionierung des Betriebsinhabers).

Die **Höhe des Veräußerungsgewinnes** ergibt sich aus dem Unterschiedsbetrag des **Betriebsvermögens zu Buchwerten** gegenüber dem **Veräußerungserlös** (zuzüglich der vom Käufer übernommenen Schulden).

129 Für die Betriebsveräußerung (Betriebsaufgabe) gibt es folgende **Steuerbegünstigungen:**

1. Verteilung des Veräußerungsgewinnes auf drei Jahre (§ 37 Abs 2),
2. Hälftesteuersatz für den Veräußerungsgewinn (§ 37 Abs 5),
3. Steuerfreibetrag von 7.300 € (§ 24 Abs 4),
4. Anrechnung der Grunderwerbsteuer (§ 24 Abs 5),
5. Hauptwohnsitzbefreiung (§ 24 Abs 6).

Soweit der Veräußerungsgewinn auf **Grundstücke** entfällt, kommt jedenfalls der besondere Steuersatz (30%) zur Anwendung.

1. Verteilungsbegünstigung (§ 37 Abs 2 Z 1): Der Veräußerungsgewinn kann auf Antrag auf drei Jahre verteilt werden, wenn der Betrieb seit der Eröffnung oder dem letzten entgeltlichen Erwerb mindestens sieben Jahre bestanden hat.

2. **Hälftesteuersatz** (§ 37 Abs 5; Sozialbegünstigung): Der Steuersatz für den Veräußerungsgewinn ermäßigt sich aus sozialen Erwägungen auf Antrag auf die Hälfte des Durchschnittssteuersatzes bemessen vom gesamten Einkommen, wenn der Betrieb mindestens sieben Jahre bestanden hat und deshalb veräußert wird, weil der Steuerpflichtige
   – gestorben ist,
   – erwerbsunfähig ist (den Betrieb nicht mehr fortführen kann) oder
   – das 60. Lebensjahr vollendet hat und seine Erwerbstätigkeit einstellt (Einkunftsgrenze 730 €; Umsatzgrenze 22.000 €; kritisch dazu unten Tz 131).

   Nach Auffassung des VwGH ist der Hälftesteuersatz auf Kommanditisten nicht anwendbar; der Kommanditist sei nicht „erwerbstätig" und könne daher seine Erwerbstätigkeit nicht einstellen (VwGH 4. 6. 2008, 2003/13/0077; E 20. 10. 2016, Ro 2014/13/0032).

3. **Steuerfreibetrag** von 7.300 € (§ 24 Abs 4): Der Freibetrag steht dann zu, wenn weder der Hälftesteuersatz noch die Verteilungsbegünstigung beantragt wird. Der Veräußerungsgewinn ist dann nur insoweit steuerpflichtig, als er den Freibetrag übersteigt.

4. **Anrechnung der Grunderwerbsteuer** (§ 24 Abs 5): Wurde der Betrieb unentgeltlich erworben und ist dabei GrESt angefallen, dann kann bei der späteren Veräußerung die auf die stillen Reserven entfallende GrESt unter bestimmten Voraussetzungen auf die ESt angerechnet werden (Vermeidung einer Doppelbelastung der stillen Reserven zuerst mit GrESt und dann mit ESt).

5. **Hauptwohnsitzbefreiung** (§ 24 Abs 6): Hat der Steuerpflichtige seinen Hauptwohnsitz im Betriebsgebäude, dann bleiben im Falle der Betriebsaufgabe (Entnahme) die stillen Reserven unter bestimmten Voraussetzungen steuerfrei (von Bedeutung nur für stille Reserven aus dem Gebäude; siehe Tz 90).

Veräußerung gegen Rente: Wird das Unternehmen gegen Rente veräußert, dann gibt es keine Veräußerungsbegünstigung. Die Renten werden nach dem Zufluss besteuert, sobald sie den Buchwert des veräußerten Betriebes übersteigen (siehe auch den Exkurs zur Rentenbesteuerung, Tz 156 ff). Die Besteuerung nach dem Zufluss der Rente ist idR günstiger als eine Sofortbesteuerung in Höhe des Rentenbarwerts unter Anwendung der Veräußerungsbegünstigungen.

Wird der Betrieb gegen **Versorgungsrente veräußert** (keine angemessene Gegenleistung, daher idR nur zwischen nahen Angehörigen), ist die Rente von der ersten Rente an beim Empfänger steuerpflichtig und beim Verpflichteten als Betriebsausgabe abzugsfähig (dazu Tz 159). Da die Gegenleistung nicht angemessen ist, wird die Versorgungsrente dem privaten Bereich zugeordnet (beim Empfänger sonstige Einkünfte nach § 29 Z 1, beim Zahlungspflichtigen: Sonderausgaben nach § 18 Abs 1 Z 1).

II. Einkommensteuer

Gebührenpflicht der Unternehmensveräußerung gegen Rente: Die Veräußerung eines Unternehmens gegen Rente unterliegt außerdem der Gebühr für Glücksverträge nach § 33 TP 17 GebG (BFG 22. 6. 2016, RV/2100133/2014; siehe dazu Tz 511).

131 Die **Einschränkungen für die Begünstigungen der Betriebsveräußerung** sind rechtspolitisch und wohl auch verfassungsrechtlich problematisch: So ist etwa nicht einsichtig, warum die Begünstigung bei Erwerbsunfähigkeit nur bei der eigenen Krankheit besteht, nicht aber zB bei Pflegebedürftigkeit eines Angehörigen. Dagegen kann der Erbe die Steuerbegünstigung in Anspruch nehmen, auch wenn bei ihm keine Sozialbedürftigkeit vorliegt. Bei der altersbedingten Betriebsveräußerung kommt die Einkunftsgrenze von 730 € einem Berufsverbot gleich („Verdummungsgebot"), dem auch die sachliche Rechtfertigung fehlt. Nach den EStR ist es allerdings unschädlich, wenn nach einem Zeitraum von einem Jahr die Erwerbstätigkeit wieder aufgenommen wird (Rz 7322). Damit wird die gesetzliche Regelung für die Praxis zwar entschärft; richtig wäre allerdings, die Materie sachgerecht im Gesetz neu zu regeln. Der VwGH hat mit der geltenden Regelung kein Problem (E 21. 4. 2021, Ra 2019/15/0156).

Schließlich können die Einschränkungen umgangen werden, indem der Stpfl den Betrieb in eine Kapitalgesellschaft einbringt und die Anteile ebenfalls zum begünstigten Steuersatz, aber ohne die geringsten Einschränkungen veräußert (§ 27 iVm § 27a).

17. Überschuss der Einnahmen über die Werbungskosten

(Doralt/Ruppe I[12], Tz 481 ff)

132 Bei den **außerbetrieblichen Einkunftsarten** ergeben sich die Einkünfte aus dem „Überschuss der Einnahmen über die Werbungskosten" (§ 2 Abs 4 Z 2).

Verluste ergeben sich, wenn die Werbungskosten höher sind als die Einnahmen; Verluste aus außerbetrieblichen Einkunftsarten sind mit anderen Einkünften im selben Jahr idR zwar **ausgleichsfähig,** aber **auf das Folgejahr nicht vortragsfähig.**

Dagegen sind bei den betrieblichen Einkünften Verluste mit anderen Gewinnen nicht nur im Veranlagungsjahr ausgleichsfähig, sondern können (unter bestimmten Voraussetzungen) auch mit Gewinnen in den Folgejahren verrechnet werden (Verlustabzug; nach § 18 Abs 6 und 7; Tz 153).

Einnahmen liegen vor, wenn dem Steuerpflichtigen Geld oder geldwerte Vorteile im Rahmen der jeweiligen Einkunftsart zufließen (§ 15 Abs 1).

Geldwerte Vorteile sind zB bei nichtselbständigen Einkünften Sachbezüge. Beispiele sind Wohnung, freie Kost, Dienstfahrzeug für Privatfahrten etc; ihre Höhe ist in einer Sachbezugswerteverordnung (vgl bereits Tz 23) pauschal festgelegt.

17.1. Werbungskosten (§ 16)

(Doralt/Ruppe I[12], Tz 489 ff)

Allgemeines

133 **Werbungskosten** sind „Aufwendungen oder Ausgaben zur Erwerbung, Sicherung oder Erhaltung der Einnahmen" (§ 16 Abs 1).

17. Überschuss der Einnahmen über die Werbungskosten EStG

Während **Werbungskosten final** definiert sind („zur Erwerbung ... der Einnahmen"), sind **Betriebsausgaben kausal** definiert (Aufwendungen, „die durch den Betrieb veranlasst sind"; § 4 Abs 4). Auch Werbungskosten werden aber heute im Wesentlichen kausal gesehen. Werbungskosten und Betriebsausgaben werden daher grundsätzlich gleich behandelt.

Ausgaben und Aufwendungen für den Erwerb der außerbetrieblichen Einkunftsquelle oder Wertminderungen sind als Werbungskosten nicht oder nur insoweit abzugsfähig, als dies ausdrücklich vorgesehen ist (§ 16 Abs 1 zweiter Satz).

Im Gesetz aufgezählte Werbungskosten (§ 16 Abs 1)

– **Schuldzinsen, Renten** und **dauernde Lasten,** die mit der Einkunftsart im wirtschaftlichen Zusammenhang stehen (zB Schuldzinsen für ein Darlehen zum Erwerb eines Mietgebäudes, Renten in Zusammenhang mit dem Erwerb eines Mietgebäudes, soweit sie den Wert des erworbenen Gebäudes übersteigen).

Zu Renten siehe Tz 27 und 156 ff.

– **Abgaben** (zB Grundsteuer, Kanalisationsabgabe) **und Versicherungsbeiträge** im Zusammenhang mit einer Einkunftsquelle,
– **Pflichtbeiträge** zu Interessensvertretungen,
– **Pflichtversicherungsbeiträge** zu gesetzlichen Versicherungen und Vermögenseinrichtungen der Kammern,
– **Arbeitsmittel** (zB Werkzeug, Berufskleidung) **einschließlich** Ausgaben für **digitale Arbeitsmittel,**

Beträgt die Nutzungsdauer mehr als ein Jahr, dann sind die Anschaffungskosten nur im Wege der AfA abzugsfähig; geringwertige Wirtschaftsgüter (§ 13) können sofort abgeschrieben werden (§ 16 Abs 1 Z 7 und 8).

Die Aufwendung für digitale Arbeitsmittel sind darüber hinaus um ein Homeoffice-Pauschale und Werbungskosten iSd § 16 Z 7a lit b (dazu unten in Tz 134) zu kürzen.

– **Fahrten zwischen Wohnung und Arbeitsstätte** (siehe unten Pendlerpauschale),
– **Reisekosten** bei beruflich veranlassten Reisen (dazu gehört der Verpflegungsmehraufwand in Höhe des Tagesgeldes und die Fahrtkosten in Höhe des Kilometergeldes).

Verpflegungsmehraufwendungen (Tagesgelder) und Fahrtkosten (Kilometergelder), die der Dienstgeber ersetzt, gehören nicht zu den Einkünften (§ 26). Werden sie vom Dienstgeber nicht ersetzt, dann sind sie als Werbungskosten abzugsfähig.

Sind Reisekosten teils beruflich, teils privat veranlasst (zB Fachkongress im Ausland mit Urlaubsverlängerung), ist der berufsbedingte Anteil abzugsfähig (VwGH 27. 1. 2011, 2010/15/0197); ansonsten ist sogenannter Mischaufwand nicht abzugsfähig.

– **Aus- und Fortbildungsmaßnahmen** sowie Umschulungsmaßnahmen.

II. Einkommensteuer

Nicht abzugsfähig sind Ausgaben der privaten Lebensführung, auch wenn sie beruflich mitveranlasst sind (§ 20; Repräsentationsaufwendungen und ähnliche Ausgaben; siehe dazu oben Tz 95).

Werbungskosten aus nichtselbständiger Arbeit

134 **Werbungskostenpauschale:** 132 € jährlich (§ 16 Abs 3). Wenn **höhere Werbungskosten** geltend gemacht werden, sind sie in voller Höhe nachzuweisen (zB für Arbeitsmittel wie etwa Werkzeug, Bücher, Schreibmaterial usw).

Für bestimmte Berufsgruppen gibt es aufgrund einer Verordnung zu § 17 höhere Pauschalbeträge (zB Artisten, Journalisten, Heimarbeiter, Vertreter, Gemeindepolitiker).

Homeoffice: bis zu 300 € jährlich für ergonomisch geeignetes Mobiliar und bis zu 3 € pro Tag im Homeoffice für höchstens 100 Tage; dh maximal 300 € (derzeit noch befristet bis Ende 2023, § 16 Abs 1 Z 7 und 7 a).

Ausgaben für ergonomisch geeignetes Mobiliar (zB Schreibtische, Drehstühle und Beleuchtungskörper) können bis zu 300 € im Jahr abzogen werden, vorausgesetzt der Arbeitnehmer arbeitet zumindest 26 Tage pro Jahr ausschließlich im Homeoffice. Überschreiten die Ausgaben in einem Jahr den Höchstbetrag von 300 € kann der Überschreitungsbetrag in die Folgejahre vorgetragen werden. Die Regelungen zur Abschreibung (§ 16 Abs 1 Z 8) sind auf diese Wirtschaftsgüter nicht anzuwenden (§ 16 Abs 1 Z 7 a lit a).

Zahlt der Arbeitgeber dem Arbeitnehmer kein oder ein niedrigeres **Homeoffice-Pauschale** (§ 26 Z 9 lit a, siehe Tz 23), kann der Arbeitnehmer die Differenz als Werbungskosten geltend machen (§ 16 Abs 1 Z 7 a lit b)

Beispiel:

Ein Arbeitgeber zahlt einem Arbeitnehmer ein Homeoffice-Pauschale in Höhe von 2 € pro Tag. Der Arbeitnehmer verbringt 60 Tage im Homeoffice. Der vom Arbeitgeber bezahlte Betrag iHv 120 € ist beim Arbeitnehmer steuerfrei nach § 26 Z 9 lit a. Da der Arbeitgeber den Höchstbetrag für das Homeoffice-Pauschale von 3 € pro Tag nicht ausgeschöpft hat, kann der Arbeitnehmer die Differenz dazu, also 1 € pro Tag, als Werbungskosten abziehen. Für 60 Tage im Homeoffice sind das daher 60 €.

Pendlerpauschale für Fahrten zwischen Wohnung und Arbeitsstätte, wenn die einfache Fahrtstrecke mindestens 20 km beträgt. Ist außerdem die Verwendung von Massenbeförderungsmitteln unzumutbar (zeitlich ungünstig), dann steht ein erhöhtes Pendlerpauschale zu (bereits ab 2 km; § 16 Abs 1 Z 6). Neben dem Pendlerpauschale kann zusätzlich ein „**Pendlereuro**" (abhängig von der Entfernung) als Steuerabsetzbetrag geltend gemacht werden (§ 33 Abs 5 Z 4).

Für kürzere Entfernungen steht ein **Verkehrsabsetzbetrag** zu (kürzt nicht die Bemessungsgrundlage, sondern – wie der „Pendlereuro" – den Steuerbetrag; § 33 Abs 5 Z 1).

„**Öffi-Ticket**" („Klima-Ticket", früher „Job-Ticket"), das der Arbeitgeber dem Arbeitnehmer finanziert und jedenfalls am Wohnort oder am Arbeitsplatz gültig ist, ist steuerfreier Sachbezug (§ 26 Z 5; anders geregelt bei den Betriebsausgaben, siehe Tz 94).

17. Überschuss der Einnahmen über die Werbungskosten **EStG**

Werbungskosten bei Einkünften aus Kapitalvermögen und Grundstücksveräußerungen

Zu den Werbungskosten bei Einkünften aus Kapitalvermögen gehören zB Depotkosten und Finanzierungskosten aus der Anschaffung der Wertpapiere. Allerdings sind Aufwendungen iZm Kapitalvermögen nicht abzugsfähig, soweit ein besonderer Steuersatz anwendbar ist (insbesondere idR endbesteuertes Kapitalvermögen). Daher sind auch Aufwendungen im Zusammenhang mit der Veräußerung von Kapitalvermögen idR nicht abzugsfähig. Ebenso sind Aufwendungen im Zusammenhang mit der Veräußerung von Grundstücken idR nicht abzugsfähig (§ 20 Abs 2; siehe auch Tz 95). 135

17.2. Werbungskosten aus Vermietung und Verpachtung
(Doralt/Ruppe I[12], Tz 512 ff)

Zu den Werbungskosten aus Vermietung und Verpachtung gehören die laufenden Aufwendungen für das Mietobjekt (Erhaltungsaufwand, Betriebskosten, Grundsteuer, Zinsen im Zusammenhang mit der Anschaffung) und die **Absetzung für Abnutzung** (§ 16 Abs 1 Z 8). 136

Für die Bemessungsgrundlage der AfA eines Mietgebäudes gilt Folgendes:

– Beim **entgeltlichen Erwerb** und bei der Herstellung sind die Anschaffungs- oder Herstellungskosten maßgeblich (§ 16 Abs 1 Z 8 lit a).

Die AfA bezieht sich nur auf das Gebäude; daher ist bei einem einheitlichen Kaufpreis der auf den Grund und Boden entfallende Anteil auszuscheiden (dazu unten).

– Beim **unentgeltlichen Erwerb** (Schenkung, Erwerb von Todes wegen) wird die Bemessungsgrundlage des Voreigentümers fortgeführt (§ 16 Abs 1 Z 8 lit b).

Bei unentgeltlichen Erwerben vor dem 1. 8. 2008 konnten auf Antrag die fiktiven Anschaffungskosten angesetzt werden (abgeschafft aus Anlass des Auslaufens der Erbschafts-Schenkungssteuer).

Wurde das **Gebäude zunächst privat genutzt** und wird es später vermietet („Quasieinlage"), dann sind für die AfA die historischen Anschaffungskosten anzusetzen (bei „Altgrundstücken", die am 31. 3. 2012 nicht steuerverfangen waren, sind bei erstmaliger Vermietung die fiktiven Anschaffungskosten anzusetzen; § 16 Abs 1 Z 8 lit c).

Die **Höhe der AfA** beträgt 1,5% vom Gebäudewert (ohne Grund und Boden), unabhängig von der Nutzung, also einheitlich für Wohngebäude und anders genutzte Mietgebäude (§ 16 Abs 1 Z 8 lit d; anders bei Gebäuden im Betriebsvermögen, Tz 107). Ist das Gebäude vor 1915 errichtet worden, kann eine AfA von 2% geltend gemacht werden (EStR Rz 6444).

II. Einkommensteuer

Beschleunigte (erhöhte) Abschreibung: Im Jahr der erstmaligen Geltendmachung der AfA ist die AfA in dreifacher Höhe und im zweiten Jahr in zweifacher Höhe anzusetzen (§ 16 Abs 1 Z 8 lit e; dazu Tz 108).

Grund- und Bodenanteil: Wurde ein bebautes Grundstück erworben, dann muss der auf den (nicht abnutzbaren) Grund und Boden entfallende Teil aus dem Gesamtkaufpreis herausgerechnet werden (gesetzliche Vermutung 40%; § 16 Abs 1 Z 8 lit d). Nach der **Grundanteilverordnung 2016** kann sich der Anteil auf 30% bzw 20% reduzieren (§ 2 Abs 2 und 3 GrundanteilVO); ein niedrigerer Anteil kann mit einem SV-Gutachten nachgewiesen werden (§ 3 Abs 1 GrundanteilVO).

Nicht regelmäßig anfallende Aufwendungen können auf Antrag gleichmäßig auf fünfzehn Jahre verteilt werden; dies gilt insbesondere für Großreparaturen und für eine außergewöhnliche technische oder wirtschaftliche Abnutzung (§ 28 Abs 2).

Eine Aufteilung auf fünfzehn Jahre (statt Sofortabsetzung) ist dann vorteilhaft, wenn die Aufwendungen zu einem Verlust aus VuV führen und keine anderen Einkünfte erzielt worden sind, mit denen die Verluste verrechnet werden können und daher steuerlich verloren wären. Verluste aus VuV können mit den Einkünften nachfolgender Jahre nicht verrechnet werden (dazu Tz 153).

Erhaltungsaufwand bei (Miet-)Wohngebäuden (Fünfzehntelabsetzung)

137 Bei vermieteten Gebäuden (Gebäudeteilen), die **Wohnzwecken** dienen, wird der **Erhaltungsaufwand** getrennt in (§ 28 Abs 2):
– **Instandhaltungsaufwand:** sofort absetzbar, kann bei nicht regelmäßig jährlich anfallenden Instandhaltungsarbeiten (zB Reparaturen) auf Antrag über fünfzehn Jahre verteilt werden,
– **Instandsetzungsaufwand:** zwingend auf fünfzehn Jahre zu verteilen.

Instandsetzungsaufwand ist Erhaltungsaufwand, der den **Nutzwert** oder die **Nutzungsdauer** des Gebäudes **wesentlich erhöht** bzw verlängert.

Instandhaltungsaufwand ist Erhaltungsaufwand, der kein Instandsetzungsaufwand ist.

Zum **Instandsetzungsaufwand** gehört der **Austausch wesentlicher Gebäudeteile**, zB Austausch von Türen und Fenstern, Erneuerung von Installationen, Fassadenerneuerung mit Wärmedämmung oder die **Gesamtrenovierung** abgewirtschafteter Gebäude. Eine wesentliche Erhöhung des Nutzwerts liegt erst dann vor, wenn Gebäudeteile (Türen, Fenster, Neudeckung des Dachs etc) zu mehr als 25% ausgetauscht werden. Daher ist zB die Sanierung einzelner Wohnungen in einem Mietwohnhaus mit mehreren Wohnungen für den Eigentümer des Mietwohnhauses idR Instandhaltung und damit sofort abzugsfähig (vgl VwGH 25. 5. 2015, 2012/14/0024), während die Sanierung einer einzelnen vermieteten Eigentumswohnung für den Vermieter dieser einzelnen Wohnung als Instandsetzungsaufwand auf 15 Jahre zu verteilen ist.

Beispiel:
Erneuert der Vermieter einer Eigentumswohnung das Badezimmer, dann liegt idR verteilungspflichtiger Instandsetzungsaufwand vor (wesentliche Erhöhung

des Nutzungswertes). Erneuert dagegen der Eigentümer eines Miethauses mit mehreren Wohnungen in einer Wohnung das Badezimmer, dann fällt die Renovierung idR unter den sofort abzugsfähigen Instandhaltungsaufwand (keine wesentliche Erhöhung des Nutzungswertes, bezogen auf das Gesamtgebäude). – Insoweit sind Mietwohngebäude mit einer Mehrzahl von Wohnungen gegenüber der einzelnen Eigentumswohnung begünstigt.

Zum sofort abzugsfähigen **Instandhaltungsaufwand** gehört zB die Reparatur schadhaft gewordener Gebäudeteile, das Ausmalen des Stiegenhauses oder die Erneuerung der Fassade (idR keine Erhöhung der Nutzungsdauer bzw des Nutzungswertes. Dagegen sind die Kosten für Wärmeisolierung oder Schallschutz als Instandsetzungsaufwand verteilungspflichtig, BFG 27. 6. 2019, RV/7100083/2019; nicht nachvollziehbare Benachteiligung von Umweltschutzmaßnahmen).

Bei Gebäuden, die nicht für Wohnzwecke, sondern als Geschäfts- oder Büroräume genutzt werden, ist der Erhaltungsaufwand sofort abzugsfähig (keine Unterscheidung zwischen Instandhaltung und Instandsetzung). Das gilt auch für Gebäudeteile (zB Geschäftslokal in einem Mietwohnhaus).

Damit wird die Vermietung von Wohnungen gegenüber der Vermietung von Büro- und Geschäftsräumen steuerlich benachteiligt. Eine rechtspolitische Erklärung oder sachliche Rechtfertigung dafür ist nicht erkennbar.

Instandsetzungsaufwand (Fünfzehntelabsetzung) bei
Übertragung und Eigennutzung des Gebäudes

Bei einer **Veräußerung** des Gebäudes gehen die nicht verbrauchten Fünfzehntelabsetzungen verloren. Als werterhöhende Aufwendungen sind sie im Kaufpreis enthalten und werden vom Erwerber im Rahmen der Normal-AfA abgeschrieben. 138

Der Verlust der nicht verbrauchten Fünfzehntelabsetzungen im Fall der Veräußerung gilt auch für nicht regelmäßig anfallende Aufwendungen, die auf Antrag auf fünfzehn Jahre verteilt werden können (Tz 137). In diesen Fällen liegen allerdings keine werterhöhenden Aufwendungen vor, die der Erwerber im Rahmen der AfA geltend machen könnte.

Bei **unentgeltlicher Übertragung** (Erbschaft, Schenkung) kann der Erwerber die restlichen Fünfzehntelbeträge ab dem Folgejahr nach der Übertragung weiter geltend machen; außerdem setzt er die AfA des Voreigentümers fort.

Stellt der Vermieter die Vermietung ein und nutzt er das Gebäude selbst, dann kann er nach den EStR die noch nicht verbrauchten Fünfzehntelabsetzungen als nachträgliche Werbungskosten geltend machen (Rz 6487).

Verbesserungs- und Sanierungsaufwendungen (Fünfzehntelabsetzung)

Verbesserungs- und Sanierungsaufwendungen (insbesondere nach dem MRG, WohnhaussanierungsG und DenkmalschutzG) können, auch wenn sie Herstellungsaufwand sind, auf 15 Jahre verteilt werden (§ 28 Abs 3; Fünfzehntelabsetzung; eventuell auch Zehntelabsetzung, anstelle der AfA von nur 1,5%). 139

II. Einkommensteuer

Wird das Gebäude während der Fünfzehntelabsetzung unentgeltlich übertragen, kann der Erwerber die Fünfzehntelabsetzung fortsetzen.

Dagegen bewirkt die entgeltliche Übertragung des Gebäudes während bzw nach der Fünfzehntelabsetzung:
- den **Verlust der restlichen Fünfzehntelabsetzung** (§ 28 Abs 3) und
- bei „Altgrundstücken" eine **Erhöhung des Veräußerungsgewinnes** (im Detail dazu § 30 Abs 4 Z 2).

Bauherrenmodelle sind Zusammenschlüsse von Miteigentümern, die eine sanierungsbedürftige Wohnimmobilie erwerben, um sie steuerbegünstigt (Fünfzehntelabsetzung) zu sanieren und dann zu vermieten (siehe EStR Rz 6489).

Ablösezahlungen für Wohnungsverbesserungen

140   **Ablösezahlungen für Wohnungsverbesserungen** nach § 10 MRG, die der Vermieter an den Mieter bezahlt, kann der Vermieter auf zehn Jahre verteilt absetzen (§ 28 Abs 4).

Ansonsten sind Ablösezahlungen des Vermieters an den Mieter zur Freimachung der Wohnung nachträgliche Anschaffungskosten des Gebäudes und mit der Gebäude-AfA (1,5%) abzuschreiben.

18. Miteigentümergemeinschaften bei Vermietung und Verpachtung

141   Steht das Mietgebäude im Miteigentum mehrerer Miteigentümer, die alle Einkünfte aus Vermietung und Verpachtung erzielen, dann werden die Einkünfte der Miteigentümergemeinschaft für alle Miteigentümer einheitlich festgestellt und den Miteigentümern quotenmäßig zugerechnet (gesonderte Einkünftefeststellung nach § 188 BAO, wie bei Personengesellschaften mit betrieblichen Einkünften; siehe dazu oben Tz 123).

Das Ergebnis der gesonderten Einkünftefeststellung (Feststellungsbescheid) wird dann der Einkommensteuerbemessung beim einzelnen Miteigentümer zugrunde gelegt (ESt-Bescheid als abgeleiteter Bescheid).

19. Ermittlung des Einkommens

(Doralt/Ruppe I[12], Tz 589 ff)

142   Der ESt ist das Einkommen eines Kalenderjahres zugrunde zu legen.

Einkommen ist der
- Gesamtbetrag der Einkünfte aus den einzelnen Einkunftsarten,
- nach Ausgleich mit Verlusten aus den einzelnen Einkunftsarten,
- nach Abzug der Sonderausgaben (siehe unten Tz 144 ff),
- nach Abzug der außergewöhnlichen Belastung (siehe unten Tz 154 f),
- nach Abzug verschiedener Freibeträge (§§ 104 ff).

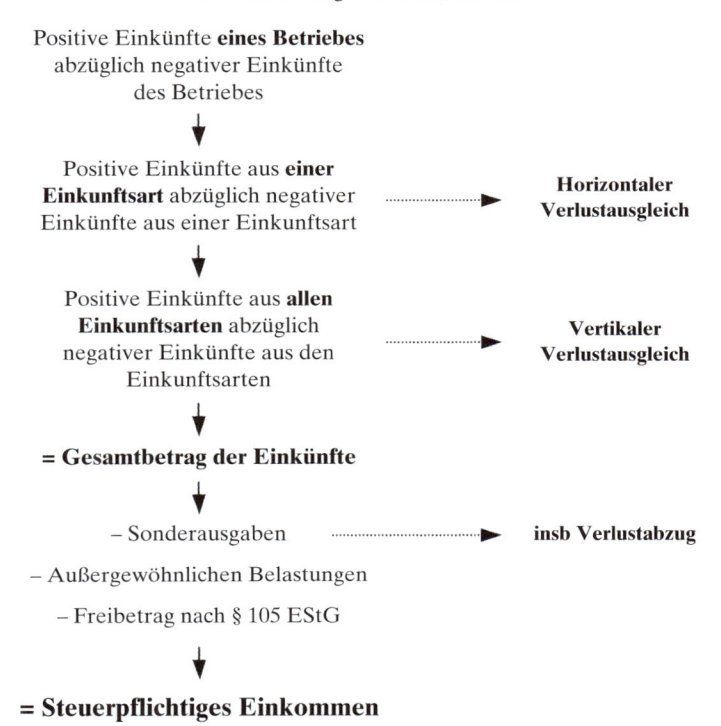

19. Ermittlung des Einkommens **EStG**

Positive Einkünfte **eines Betriebes** abzüglich negativer Einkünfte des Betriebes

↓

Positive Einkünfte aus **einer Einkunftsart** abzüglich negativer Einkünfte aus einer Einkunftsart ·······▶ **Horizontaler Verlustausgleich**

↓

Positive Einkünfte aus **allen Einkunftsarten** abzüglich negativer Einkünfte aus den Einkunftsarten ·······▶ **Vertikaler Verlustausgleich**

↓

= Gesamtbetrag der Einkünfte

↓

– Sonderausgaben ·······▶ **insb Verlustabzug**

– Außergewöhnlichen Belastungen

– Freibetrag nach § 105 EStG

↓

= Steuerpflichtiges Einkommen

Verlustausgleich

Wurden in einzelnen Einkunftsarten Verluste erwirtschaftet, dann können sie mit anderen positiven Einkünften ausgeglichen werden.

Dabei sind Verluste zunächst mit Gewinnen innerhalb derselben Einkunftsart auszugleichen *(horizontaler Verlustausgleich)*. Der verbleibende Verlust ist mit Einkünften aus den anderen Einkunftsarten zu verrechnen *(vertikaler Verlustausgleich)*.

Einschränkungen für den Verlustausgleich bestehen insbesondere in folgenden Fällen:
– Verluste aus **Leistungen** (§ 29 Z 3); sie sind nur mit positiven Leistungseinkünften ausgleichsfähig,
– Verluste aus der **privaten Grundstücksveräußerung** sind mit Gewinnen aus Grundstücksveräußerungen und allenfalls mit Überschüssen aus Vermietung und Verpachtung ausgleichsfähig (§ 30 Abs 7),
– Verluste aus der Veräußerung von **Kapitalvermögen** sind nur innerhalb der Einkunftsart und nur eingeschränkt ausgleichsfähig (vgl § 27 Abs 8 Z 1),

143

II. Einkommensteuer

- Verluste aus einer echten **stillen Beteiligung** sind in den Folgejahren mit Gewinnen aus derselben Beteiligung zu verrechnen (§ 27 Abs 8 Z 2; siehe auch oben Tz 24/5),
- Verluste aus einer **kapitalistischen Mitunternehmerschaft** sind nur nach Maßgabe des § 23a verrechenbar (dazu oben Tz 123).

Außerdem bestehen Einschränkungen bei Verlusten aus Beteiligungen an „Steuersparmodellen", bei denen das Erzielen von steuerlichen Vorteilen im Vordergrund steht, und ebenso bei Verlusten aus der Verwaltung unkörperlicher Wirtschaftsgüter und der Vermietung von Wirtschaftsgütern; sie sind nur mit späteren positiven Einkünften aus dieser Tätigkeit zu verrechnen (§ 2 Abs 2a).

Auslandsverluste: Verluste, die im Ausland erwirtschaftet werden, aber dort nicht berücksichtigt werden können, sind im Inland anzusetzen; sie erhöhen aber in den Folgejahren das Einkommen im Inland, sobald sie im Ausland berücksichtigt werden (dazu § 2 Abs 8 Z 6 und 7).

Vom Verlustausgleich ist der **Verlustabzug** zu unterscheiden; er ermöglicht es, die Verluste eines Jahres in das Folgejahr vorzutragen (Verlustvortrag) und im Folgejahr als Sonderausgaben abzuziehen (siehe unten Tz 153).

19.1. Sonderausgaben (§ 18)

(Doralt/Ruppe I^{12}, Tz 603 ff)

144   Sonderausgaben sind idR Ausgaben der privaten Lebensführung, die das Gesetz ausdrücklich einkommensmindernd zum Abzug zulässt; zum Teil folgen die Sonderausgaben dem Leistungsfähigkeitsprinzip (insbesondere Abzugsfähigkeit von Renten), zum Teil handelt es sich um Lenkungsmaßnahmen. Im Rahmen der Sonderausgaben ist auch der Verlustabzug geregelt, mit dem die betrieblichen Verluste auf das folgende Veranlagungsjahr vorgetragen werden können.

1. Renten und dauernde Lasten

145   **Renten** (einschließlich dauernde Lasten) können als Sonderausgaben abgezogen werden, wenn sie weder zu den Betriebsausgaben noch zu den Werbungskosten gehören (§ 18 Abs 1 Z 1). Die Rente muss auf einem besonderen **Verpflichtungsgrund** beruhen (zB Unfallrente).

146   Unterhaltsrenten und freiwillig übernomme Rentenverpflichtungen sind nicht abzugsfähig (§ 20 Abs 3). Dagegen gelten Renten aufgrund eines Vermächtnisses nicht als freiwillig übernommen und sind daher abzugsfähig (und beim Rentenempfänger nach § 29 Z 1 steuerpflichtig). Die Differenzierung ist kasuistisch und überzeugt nicht: Auch ein Vermächtnis wird freiwillig übernommen; denn niemand ist verpflichtet, eine Erbschaft, die dem Vermächtnis zugrunde liegt, zu übernehmen.

Beispiel:

Die geschiedene Ehefrau erhält aus dem Anlass der Scheidung von ihrem geschiedenen Ehegatten eine Unterhaltsrente von 20.000 € jährlich. Außerdem erhält sie als Witwe von ihrem verstorbenen Ehegatten ein Rentenlegat von 30.000 € jährlich.

19. Ermittlung des Einkommens **EStG**

Die Unterhaltsrente ist beim Verpflichteten (geschiedenen Ehegatten) nicht abzugsfähig (er hat den Scheidungsgrund „freiwillig" gesetzt) und bei der Empfängerin (geschiedenen Ehefrau) steuerfrei. Dagegen ist die Rente aufgrund des Legats beim Verpflichteten als Sonderausgabe abzugsfähig und bei der Empfängerin steuerpflichtig.

Private Gegenleistungsrenten, die als angemessene Gegenleistung für ein privates Wirtschaftsgut gezahlt werden, sind als Sonderausgaben abzugsfähig, sobald sie den Wert des übertragenen Wirtschaftsgutes übersteigen („Wert der Gegenleistung"; § 18 Abs 1 Z 1, § 29 Z 1). 147

Der Wert der Gegenleistung ist von Fall zu Fall unterschiedlich zu ermitteln.

Beispiele:
1. Wird die Rente gegen Zahlung eines Barbetrages geleistet, dann besteht der Sonderausgabenabzug nach Überschreiten des gezahlten Barbetrages.
2. Wird die Rente gegen Übergabe eines anderen Wirtschaftsgutes geleistet (nicht gegen Geld), dann besteht der Sonderausgabenabzug ab Überschreiten des Rentenbarwertes (ermittelt nach § 16 BewG; korrespondiert bei Grundstücken nicht mit der Steuerpflicht des Rentenempfängers, siehe Tz 28/2).

Zur Steuerpflicht von Renten beim Rentenempfänger siehe oben Tz 27; außerdem unten die Zusammenfassung Tz 156 ff.

2. Weiterversicherung in der gesetzlichen Pensionsversicherung

Als Sonderausgaben abzugsfähig sind Beiträge zu einer freiwilligen Weiterversicherung, der Nachkauf von Versicherungszeiten in der gesetzlichen Pensionsversicherung und vergleichbare Beiträge zu ähnlichen Einrichtungen (§ 18 Abs 1 Z 1 a). 148

Die früheren Sonderausgaben für freiwillige Personenversicherungen und für Wohnraumschaffung sind mit 2020 ausgelaufen.

3. Maßnahmen zur thermisch-energetischen Sanierung und „Heizkesseltausch"

Als Sonderausgabe in Form eines Pauschales abzugsfähig sind auch Maßnahmen zur thermisch-energetischen Sanierung und der Austausch von fossilen Heizungssystemen durch ein klimafreundliches Heizungssystem. Voraussetzung für den Sonderausgabenabzug ist insbesondere eine ausgezahlte Förderung des Bundes gemäß Umweltförderungsgesetz. Abzugsfähig sind 800 € pro Jahr für thermisch-energetische Sanierungen und 400 € pro Jahr für den Heizkesselatusch (jeweils für insgesamt fünf Jahre, also in Summe 4.000 € bzw 2.000 €; dazu § 18 Abs 1 Z 10; ÖkoStRefG 2022 I). 149

4. Kirchenbeiträge

Als Sonderausgaben abzugsfähig sind Beiträge an gesetzlich anerkannte Kirchen und Religionsgesellschaften bis höchstens 400 € jährlich (§ 18 Abs 1 Z 5; erfolgt von Amts wegen aufgrund eines Datenaustausches). 150

II. Einkommensteuer

5. Steuerberatungskosten

151 Als Sonderausgaben abzugsfähig sind Steuerberatungskosten, soweit nicht Betriebsausgaben bzw Werbungskosten vorliegen (§ 18 Abs 1 Z 6).

Abzugsfähig sind danach auch Beratungskosten für Verkehrsteuern aus Anlass von Schenkungen oder privaten Grundstücksverkäufen zB auch durch Rechtsanwälte oder Notare.

6. Spenden

152 Als Sonderausgabe abzugsfähig sind insbesondere Zuwendungen an Universitäten und an andere Forschungseinrichtungen, an die Nationalbibliothek und an Museen, weiters Spenden an bestimmte mildtätige Einrichtungen (§ 18 Abs 1 Z 7; betragsmäßig begrenzt; erfolgt durch Datenaustausch von Amts wegen [ohne Antrag]).

7. Verlustabzug

153 Verluste aus einer betrieblichen Tätigkeit, die nicht mit anderen Einkünften ausgeglichen werden können (sie ergeben im Jahr des Verlustes den Verlustvortrag), können in den Folgejahren als Sonderausgaben abgezogen werden. Die Sonderausgabe, mit der der Verlustvortrag geltend gemacht werden kann, ist der „Verlustabzug" (§ 18 Abs 6). Der Verlust muss jedoch formal aufgrund einer **ordnungsmäßigen Buchführung** (Gewinnermittlung nach § 4 Abs 1 oder § 5) bzw **ordnungsmäßigen Einnahmen-Ausgabenrechnung** (§ 4 Abs 3) ermittelt worden sein.

Außerdem muss die Buchführung auch inhaltlich so weit ordnungsmäßig sein, dass der Verlust der Höhe nach errechnet werden kann und das Ergebnis auch überprüft werden kann („ordnungsmäßig" im doppelten Sinn, formell und materiell).

Wird der **Betrieb unentgeltlich übertragen,** dann ist nach den EStR hinsichtlich des Verlustabzuges zu unterscheiden (EStR Rz 4537 a):
– bei der Schenkung des Betriebes verbleibt der Verlust beim bisherigen Betriebsinhaber,
– beim Erwerb von Todes wegen geht der Verlust auf denjenigen über, der den Betrieb zu Buchwerten übernimmt.

Einschränkung des Verlustabzuges auf betriebliche Einkünfte verfassungswidrig?

Die Einschränkung des Verlustabzuges auf betriebliche Einkünfte hat in der Vergangenheit bereits in Teilen zu Aufhebungen durch den VfGH geführt (E 30. 9. 2010, G 35/10). Der Anlassfall betraf Verluste aus Vermietung und Verpachtung. Der Gesetzgeber hat die Verfassungswidrigkeit damals durch eine Verteilungsmöglichkeit der Aufwendungen auf fünfzehn Jahre beseitigt (§ 28 Abs 2). Dagegen hat der VfGH bei den Einkünften aus nichtselbständiger Arbeit eine Prüfung der Einschränkung des Verlustabzuges mit einem Beschluss im vereinfachten Verfahren abgelehnt (E 22. 9. 2016, 1701/2016); und bei den Einkünften aus Kapitalvermögen hat der VfGH die Einschränkung des Verlustabzuges als verfassungskonform eingestuft (E 2. 3. 2021, 1722/2020). Dennoch erscheint es problematisch, wenn zB ein Dienstnehmer, der zu einer Konventionalstrafe verurteilt wird (§ 27 Abs 4 AngG) oder Schadenersatz leisten muss, die Beträge nicht mit seinem Einkommen in den Folgejahren ausgleichen darf.

19. Ermittlung des Einkommens **EStG**

19.2. Außergewöhnliche Belastung (§§ 34, 35)

(Doralt/Ruppe I[12], Tz 647 ff)

Die außergewöhnliche Belastung berücksichtigt Kosten der Lebensführung, denen sich der Stpfl nicht entziehen kann und die daher seine Leistungsfähigkeit beeinträchtigen, wie insbesondere Krankheitskosten.

154

Die Belastung muss folgende Voraussetzungen erfüllen (§ 34 Abs 1):
1. Sie muss **außergewöhnlich** sein,
2. sie muss **zwangsläufig** erwachsen,
3. sie muss **die wirtschaftliche Leistungsfähigkeit wesentlich beeinträchtigen.**

Außergewöhnlich ist eine Belastung, soweit sie **höher** ist als jene, die der Mehrzahl der Stpfl gleicher Einkommensverhältnisse und gleicher Vermögensverhältnisse erwächst (§ 34 Abs 2).

Zwangsläufig erwächst eine Belastung dann, wenn der Stpfl sich der Belastung
– aus **tatsächlichen,**
– aus **rechtlichen** oder
– **sittlichen Gründen** nicht entziehen kann (§ 34 Abs 3).

Die **wirtschaftliche Leistungsfähigkeit** ist dann wesentlich beeinträchtigt, wenn die Belastung den im Gesetz festgelegten **Selbstbehalt** übersteigt (§ 34 Abs 4).

Der **Selbstbehalt** beträgt zwischen 6% und 12%, bemessen nach der Einkommenshöhe und kürzt sich nach der familiären Situation (Kinder, Alleinverdiener ua); zB 10% des Einkommens bei einem Jahreseinkommen von 20.000 €. Zum Einkommen gehören hier auch endbesteuerte Kapitaleinkünfte (wird nicht administriert und ist weitgehend auch nicht kontrollierbar).

Beispiel:

Der Steuerpflichtige bezieht ein Jahreseinkommen von 55.000 € (Selbstbehalt 12%); außerdem hat er Sonderausgaben von 5.000 € und Krankheitskosten von 10.000 €.

Die außergewöhnliche Belastung errechnet sich folgendermaßen:

Jahreseinkommen	55.000 €
– Sonderausgaben	5.000 €
Einkommen	50.000 €
Selbstbehalt (12% von 50.000 €)	6.000 €
verrechenbare Belastung	4.000 €

Kein Selbstbehalt besteht bei **Behinderten** und bei **Katastrophenschäden** (§ 34 Abs 6).

Behinderte können nach dem Ausmaß ihrer geminderten Erwerbsfähigkeit pauschalierte Freibeträge geltend machen (§ 35); alternativ können sie die tatsächlichen Kosten geltend machen (ohne Selbstbehalt).

II. Einkommensteuer

Die außergewöhnliche Belastung muss **endgültig** sein; ein Anspruch auf Ersatz, zB durch eine Versicherung, schließt eine außergewöhnliche Belastung auch dann aus, wenn der Ersatz in einem späteren Jahr gezahlt wird.

Die außergewöhnliche Belastung muss **vermögensmindernd** sein; Aufwendungen, die nur eine **Vermögensumschichtung** bewirken, begründen keine außergewöhnliche Belastung (**„Gegenwertlehre"**; zB vorbeugender Katastrophenschutz; Lärmschutzfenster).

Typische außergewöhnliche Belastungen sind zB Krankheitskosten, im Nachlass nicht gedeckte Begräbniskosten, Katastrophenschäden.

Sonderklassegebühren und Kosten für eine Operation in einem Privatspital sind nur dann eine außergewöhnliche Belastung, wenn dafür triftige medizinische Gründe nachgewiesen werden (BFG 3. 12. 2018, RV/2100925/2016).

Eine Krankenversicherung ist als vorbeugende Maßnahme keine außergewöhnliche Belastung. Auch eine Schutzimpfung gilt nicht als außergewöhnliche Belastung (UFS 21. 4. 2010, RV/3125-W/09, wohl zu weit gehend; auch eine medizinische Behandlung, die einer Krankheit vorbeugt, wäre dann keine außergewöhnliche Belastung).

Die **Berufsausbildung von Kindern** außerhalb des Einzugsbereichs des Wohnortes ist mit einem Pauschbetrag von 110 € pro Monat und Kind abgegolten (§ 34 Abs 8).

155 **Unterhaltsleistungen** an Angehörige aufgrund gesetzlicher Unterhaltspflichten sind zwar zwangsläufig, doch sind sie nur dann abzugsfähig, wenn es sich um Aufwendungen handelt, die beim Empfänger eine außergewöhnliche Belastung wären (§ 34 Abs 7 Z 4; Einschränkung der grundsätzlichen Abzugsfähigkeit zwangsläufiger Aufwendungen).

Danach sind Unterhaltsleistungen selbst dann keine außergewöhnliche Belastung, wenn der Stpfl zur Unterhaltsleistung gesetzlich verpflichtet ist; denn der Unterhalt (Essen, Wohnen usw) begründet auch beim Empfänger keine außergewöhnliche Belastung (zB Unterhaltsleistungen an die in Not geratenen Eltern). Dagegen sind Krankheitskosten für unterhaltsberechtigte nahe Angehörige zu berücksichtigen, weil Krankheitskosten auch beim Unterhaltsberechtigten abzugsfähig wären.

Außergewöhnliche Belastungen aus **Unterhaltsleistungen an Kinder** sind mit der Familienbeihilfe bzw dem Kinderabsetzbetrag oder Unterhaltsabsetzbetrag abgegolten. Unterhaltsleistungen an volljährige Kinder sind nicht als außergewöhnliche Belastung zu berücksichtigen (§ 34 Abs 7 Z 5; Verfassungsbestimmung).

Unterhaltsleistungen an die **geschiedene Ehegattin** sind **keine außergewöhnliche Belastung**, weil nicht zwangsläufig erwachsen, sondern aus einem freiwilligen Verhalten des geschiedenen Ehegatten entstanden sind (VwGH; möglicherweise anders, wenn ausnahmsweise der an der Ehescheidung unschuldige Ehegatte an den schuldigen Ehegatten Unterhaltszahlungen zu leisten hat).

20. Exkurs: Rentenbesteuerung

(Doralt/Ruppe I^{12}, Tz 672 ff)

156 Bei den Renten sind zu unterscheiden:
– Unterhaltsrenten und freigebige Renten,
– Kaufpreisrenten (Gegenleistungsrenten),

20. Exkurs: Rentenbesteuerung **EStG**

– Versorgungsrenten (nur bei Betriebsveräußerung),
– sonstige Renten aus besonderen Verpflichtungsgründen.

Bei Rentenvereinbarungen ist grundsätzlich auch die Gebührenpflicht für Glücksverträge (Leibrentenverträge) nach § 33 TP 17 zu prüfen; das gilt insbesondere auch für die Veräußerung von Betrieben, auch in Form von Versorgungsrenten (dazu Tz 511).

Unterhaltsrenten

Unterhaltsrenten und freiwillig (gemeint freigebig) übernommene Rentenverpflichtungen sind steuerlich unbeachtlich; sie sind beim Rentenverpflichteten nicht abzugsfähig und beim Rentenempfänger nicht steuerpflichtig (§ 20 Abs 1 Z 4; § 29 Z 1). 157

Kaufpreisrenten (unten) sind zwar freiwillig übernommen, aber nicht freigebig; sie sind daher steuerwirksam.

Kaufpreisrenten (Gegenleistungsrenten)

Als **Kaufpreisrenten** werden Renten bezeichnet, die aus Anlass der Übertragung eines Wirtschaftsgutes vereinbart werden (Gegenleistungsrenten). 158

Kaufpreisrenten können sein:
– **betriebliche** Kaufpreisrenten,
– **außerbetriebliche** Kaufpreisrenten.

Betriebliche Kaufpreisrenten (Veräußerung des Betriebes gegen Rente) sind beim **Rentenempfänger** (Verkäufer) nachträgliche Betriebseinnahmen, sobald sie den Buchwert des übertragenen Betriebes übersteigen (§ 24 iVm § 32 Abs 1 Z 2). Beim **Rentenverpflichteten** sind die Rentenzahlungen Betriebsausgaben; allerdings wird gleichzeitig der als Verbindlichkeit angesetzte Barwert der Rentenverpflichtung jedes Jahr geringer. Daher ist die Rentenzahlung zwar laufend gewinnmindernd, aber nicht in voller Höhe (anders bei der Versorgungsrente, siehe Tz 159).

Außerbetriebliche Kaufpreisrenten (Veräußerung von vermietetem oder auch selbstgenutztem Privatvermögen) sind beim **Rentenverpflichteten** eingeschränkt Werbungskosten bzw Sonderausgaben (§ 18 Abs 1 Z 1, vgl Tz 27). Beim **Rentenempfänger** (Verkäufer) liegen dann wiederkehrende Bezüge vor (§ 29 Z 1). Zur Grundstücksveräußerung gegen Rente siehe Tz 27.

Versorgungsrente bei der Betriebsveräußerung

Wird ein **Betrieb** gegen eine Rente veräußert, dient aber die **Rente nur der Versorgung des Rentenempfängers** (keine angemessene Gegenleistung; daher idR nur zwischen nahen Angehörigen), dann ist die Rente beim **Empfänger** von der ersten Rente an steuerpflichtig und beim **Rentenverpflichteten** von der ersten Rente an abzugsfähig. Aufgrund ihres privaten Charakters wird eine solche Versorgungsrente dem außerbetrieblichen Bereich zugerechnet; der Rentenempfänger bezieht sonstige Einkünfte, der Rentenverpflichtete hat Sonderausgaben (vgl § 18 Abs 1 Z 1 und § 29 Z 1). 159

II. Einkommensteuer

Die Versorgungsrente ermöglicht im Ergebnis ein **Steuersplitting zwischen nahen Angehörigen:** Die Rente lässt sich in der Höhe festlegen, die zu einer steuergünstigen Aufteilung zwischen Rentenberechtigtem (Verkäufer; zB Eltern) und Rentenverpflichtetem (Käufer; zB Kinder) führt; die Steuerprogression des Rentenempfängers einerseits und des Rentenverpflichteten andererseits wird steuerlich optimiert.

Ein typisches Beispiel für eine Versorgungsrente ist das **Ausgedinge in der Land- und Forstwirtschaft:** Beim „Altbauern" (Übergeber) wird das Ausgedinge wegen der geringen Höhe nicht steuerwirksam, der „Jungbauer" (Übernehmer) kann den Wert des Ausgedinges als Sonderausgabe steuermindernd geltend machen.

Sonstige Renten aus besonderen Verpflichtungsgründen

160 Zu den sonstigen Renten aus besonderen Verpflichtungsgründen gehören vor allem **Schadenersatzrenten, Unfallrenten** und das **Rentenlegat.**
Besteuerung beim **Verpflichteten:**
– Berufliche Verursachung führt beim Verpflichteten zu Betriebsausgaben oder Werbungskosten (zB Pensionen an Dienstnehmer, Unfallrenten im Zusammenhang mit einem Betrieb oder einem Mietobjekt).
– Private Verursachung führt beim Verpflichteten zu Sonderausgaben (zB Unfallrente wegen eines Unfalls auf einer Privatfahrt, Rentenlegat).

Beim **Empfänger** liegen wiederkehrende Bezüge vor, soweit keine nachträglichen Erwerbseinkünfte anzunehmen sind (§ 29 Z 1).

21. Berechnung der Einkommensteuer (§ 33)

(Doralt/Ruppe I[12], Tz 694 ff)

161 Auf das Einkommen ist der ESt-Tarif anzuwenden. Der ESt-Tarif ist progressiv mit steigenden Grenzsteuersätzen in den jeweiligen Tarifstufen (zuletzt geändert mit dem ÖkoStRefG 2022 I und dem Teuerungs-Entlastungspaket Teil II)

von 0 – 11.693 € .... 0 %,
über 11.693 € – 19.134 € .... Grenzsteuersatz 20 %,
über 19.134 € – 32.075 € .... Grenzsteuersatz 30 %,
über 32.075 € – 62.080 € .... Grenzsteuersatz ab Juli 2023 40 %,
über 62.080 € – 93.120 € .... Grenzsteuersatz 48 %,
über 93.120 € .... Grenzsteuersatz 50 %,
über 1 Mio € (bis 2025; befristet) .... Grenzsteuersatz 55 %.

Die Grenzbeträge (maßgebliche Einkommenshöhe) unterliegen einer Inflationsanpassung (Beseitigung der kalten Progression; siehe dazu unten).

Die vom Einkommen nach dem Tarif ermittelte ESt ist um bestimmte Absetzbeträge zu kürzen. In Betracht kommen insbesondere ein
– Familienbonus Plus (§ 33 Abs 3 a),
– Alleinverdienerabsetzbetrag (§ 33 Abs 4 Z 1),
– Alleinerzieherabsetzbetrag (§ 33 Abs 4 Z 2),

21. Berechnung der Einkommensteuer (§ 33)   **EStG**

– Unterhaltsabsetzbetrag (§ 33 Abs 4 Z 3),
– Verkehrsabsetzbetrag (§ 33 Abs 5),
– Pensionistenabsetzbetrag (§ 33 Abs 6).

Als Kind im Sinne des EStG gilt grundsätzlich ein Kind, für das mindestens 6 Monate im Kalenderjahr Familienbeihilfe gewährt wird (§ 106 Abs 1).

Negativsteuer: Ist die **ESt unter Null,** dann kommt es zu einer Erstattung von Absetzbeträgen und Sozialversicherungsbeiträgen (dazu § 33 Abs 7 und 8).

Absetzbeträge kürzen die **Steuerschuld.** Dagegen kürzen **Freibeträge** die **Bemessungsgrundlage** (zB Gewinnfreibetrag). Werden **Freigrenzen** überschritten, dann ist der gesamte Betrag steuerlich zu erfassen.

Inflationsanpassung (Beseitigung der kalten Progression; § 33a)

Steigt das Einkommen inflationsbedingt, dann ergab sich bisher als Folge des starren Steuertarifs eine steigende Steuerbelastung, ohne dass der Steuerpflichtige – gemessen an der Kaufkraft – über ein höheres Einkommen verfügt hat („kalte Progression"). Mit der Inflationsanpassung des Steuertarifs (Grenzbeträge und Abesetzbeträge) soll dieser Effekt in Zukunft vermieden werden (§ 33a, eingeführt mit dem „Teuerungs-Entlastungspaket Teil II", BGBl I 2022/163; ausführlich dazu *Mayr*, RdW 10/2022, 590 ff).

Grundlage für die Inflationsanpassung sind die von der Statistik Austria veröffentlichten Jahresinflationsraten des Verbraucherpreisindexes. Dabei wird der für die Monate Juli des vorangegangenen Kalenderjahres bis Juni des laufenden Kalenderjahres ermittelte Wert (arithmetisches Mittel) für die Inflationsanpassung herangezogen und im Rahmen einer Verordnung veröffentlicht. Umgesetzt wird die Inflationsanpassung durch zwei einander ergänzende Maßnahmen:

– **Automatische Tarifanpassung:** jährliche Anpassung der Grenzbeträge für die Anwendung der Steuersätze in § 33 Abs 1 (ausgenommen der Grenzbetrag von 1 Mio €) und bestimmter Absätzebeträge (Alleinverdiener-/Alleinerzieherabsetzbetrag, Unterhaltsabsetzbetrag, Verkehrsabsetzbetrag, Pensionistenabsetzbetrag sowie die Erstattungsbeträge nach Maßgabe des § 33 Abs 8) im Ausmaß von zwei Dritteln der positiven Inflationsrate.

  Beträgt die ermittelte Inflationsrate zB 6%, sind die Tarifbeträge daher automatisch um 4% anzupassen.

– **Diskretionäre Entlastungsmaßnahmen:** im Ausmaß des restlichen Drittels der Inflationswirkungen (dh des noch nicht durch die Tarifanpassung erfassten Volumens der kalten Progression). Auf Grundlage eines Progressionsberichts von zwei wissenschaftlichen Forschungsinstituten hat der Ministerrat bis zum 15. 9. eines jeweiligen Jahres Maßnahmen für Bezieher von Einkünften, insbesondere im Bereich der Einkommensteuer, zu beschließen.

II. Einkommensteuer

Da das Gesetz mit 2023 in Kraft tritt, ergibt sich die erstmalige Inflationsanpassung ab 2024.

21.1. Sanierungsgewinn (§ 36)

Steuerermäßigung für den Schulderlass im Insolvenzverfahren

162 Verzichtet ein Gläubiger gegenüber dem Schuldner auf seine Forderung und betrifft dieser Schulderlass eine Betriebsschuld, dann ergibt sich beim Schuldner in der Höhe des Schulderlasses ein Gewinn (Wegfall einer Betriebsschuld). Die auf diesen Gewinn entfallende ESt wird beim Schuldner ermäßigt, wenn der Schulderlass im Rahmen eines Insolvenzverfahrens oder im Rahmen einer vergleichbaren außergerichtlichen Sanierung erfolgt.

Die Begünstigung besteht somit in einem **Steuernachlass.** Dabei ermäßigt sich die ESt um die Quote, mit der auch die übrigen Gläubiger im Rahmen des Insolvenzverfahrens auf ihre Forderung verzichten: Verzichten zB die Gläubiger auf 60% ihrer Forderung, dann wird auch die auf den Schulderlass entfallende ESt um 60% ermäßigt.

Hintergrund der Steuerermäßigung im Insolvenzverfahren: Bei einer Vollbesteuerung würde der Schulderlass durch die Gläubiger zu einem erheblichen Teil dem Fiskus zugute kommen.

Ursprünglich setzte die Begünstigung die Sanierung des Unternehmens voraus (daher auch begünstigter *„Sanierungsgewinn"*). Heute ist die Sanierung nicht mehr Voraussetzung, die Begünstigung steht auch dann zu, wenn der Betrieb eingestellt bzw aufgegeben wird. Dagegen setzt im Rahmen der Körperschaftsteuer die Begünstigung den Weiterbestand des Unternehmens voraus (§ 23 a KStG).

21.2. Ermäßigung der Progression

(Doralt/Ruppe I[12], Tz 708 ff)

163 Zur Ermäßigung der Progression bestehen folgende Möglichkeiten:
– **besonderer Steuersatz** für Kapitaleinkünfte und für Grundstücksveräußerungen (§ 27 a und § 30 a; siehe Tz 24 und Tz 28),
– **Tarifbegünstigung:** halber Durchschnittssteuersatz („Hälftesteuersatz"),
– **Verteilungsbegünstigung:** Verteilung der Einkünfte auf drei bzw fünf Jahre,
– **Gewinn-Rücktrag:** für Künstler und Schriftsteller.

Tarifbegünstigung („Hälftesteuersatz")

164 Die Tarifbegünstigung (halber Durchschnittssteuersatz) besteht für
– die Betriebsveräußerung (§ 37 Abs 5; siehe oben Tz 129),
– besondere Waldnutzungen (§ 37 Abs 6),
– Verwertung patentrechtlich geschützter Erfindungen (§ 38).

Besondere Waldnutzung: Tarifbegünstigt sind außerordentliche Waldnutzungen aus wirtschaftlichen Gründen („Überhieb") und Waldnutzungen infolge höherer Gewalt.

Verwertung von Patentrechten: Tarifbegünstigt sind Einkünfte des Erfinders aus der Verwertung von Patenten, wenn er die Erfindung nicht selbst nutzt, sondern die Patente durch Dritte nutzen lässt (Hälftesteuersatz für Lizenzeinkünfte des Erfinders; § 38).

Verteilungsbegünstigungen

165 **Betriebsveräußerung:** Gewinne aus einer Betriebsveräußerung (§ 24) können auf **drei Jahre verteilt** werden (ausführlich siehe Tz 128 ff).

Entschädigungen, insbesondere für entgangene Einnahmen oder für die Aufgabe einer Tätigkeit, wenn der Entschädigungszeitraum mindestens sieben Jahre betragen hat, sind auf drei Jahre zu verteilen (§ 37 Abs 2 Z 2).

Gewinne aus (drohenden) **behördlichen Eingriffen,** insbesondere aus Enteignungen, sind auf fünf Jahre zu verteilen (§ 37 Abs 3; bei Grundstücken steuerfrei, § 4 Abs 3a Z 1).

Einkünfte aus Land- und Forstwirtschaft können auf drei Jahre verteilt werden (§ 37 Abs 4).

Gewinn-Rücktrag für Künstler und Schriftsteller (Verteilungsbegünstigung)

166 **Künstler** und **Schriftsteller** können auf Antrag ihren Gewinn gleichmäßig auf drei Jahre (das laufende und die zwei vorangegangenen) verteilen (Gewinn-Rücktrag § 37 Abs 9).

Mit dem Gewinn-Rücktrag wird berücksichtigt, dass Künstler und Schriftsteller oft unregelmäßig anfallende Einkünfte haben, wenn sie zB längere Zeit an einem Werk arbeiten. Allerdings haben nicht nur Künstler und Schriftsteller stark schwankende Einkünfte; insoweit ist die Einschränkung der Begünstigung auf Künstler und Schriftsteller sachlich nicht gerechtfertigt.

22. Veranlagung zur Einkommensteuer

167 **Die grundsätzliche Erhebungsform der ESt ist die „Veranlagung"** (§ 39). Zum Zweck der Veranlagung hat der Stpfl eine **Einkommensteuererklärung** abzugeben (§ 42).

Der unbeschränkt Stpfl hat eine ESt-Erklärung abzugeben, wenn
– das Finanzamt ihn dazu auffordert (§ 42 Abs 1 Z 1) oder
– betriebliche Einkünfte aufgrund eines Vermögensvergleichs zu ermitteln waren oder ermittelt wurden (§ 42 Abs 1 Z 2) oder
– das Einkommen ohne lohnsteuerpflichtige Einkünfte mehr als 11.693 € betragen hat (§ 42 Abs 1 Z 3, erster Fall, mit Inflationsanpassung) oder

II. Einkommensteuer

– das Einkommen mit lohnsteuerpflichtigen Einkünften mehr als 12.756 € betragen hat und zB andere Einkünfte von mehr als 730 € bezogen wurden (§ 42 Abs 1 Z 3, zweiter Fall, mit Inflationsanpassung) oder
– Kapitaleinkünfte gemäß § 27a bezogen wurden, für die keine KESt abgezogen worden ist (§ 42 Abs 1 Z 4) oder
– Einkünfte aus privaten Grundstücksveräußerungen iSd § 30 erzielt werden, für die keine Immobilien-Ertragsteuer entrichtet wurde.

Zur Arbeitnehmerveranlagung siehe unten Tz 171.

Die **Erklärungsfrist** endet bei elektronischer Übermittlung der Erklärung am 30. Juni, sonst am 30. April des Folgejahres; generelle Fristerstreckungen gelten für Stpfl, die durch einen Steuerberater vertreten sind; außerdem ist eine Fristerstreckung auf Antrag möglich (§ 134 BAO).

Vorauszahlungen: Zum 15. Februar, 15. Mai, 15. August und 15. November sind vierteljährliche Vorauszahlungen zu entrichten (§ 45).

Die Vorauszahlungsbeträge beruhen auf der zuletzt festgesetzten Einkommensteuer; sie sind zu kürzen, wenn der Stpfl ein niedrigeres Einkommen in den Folgejahren darlegen kann (Antrag auf Herabsetzung der Vorauszahlungen).

168 **Anspruchszinsen** (Verzinsung von Nachforderungen oder Gutschriften; § 205 BAO): Da die ESt immer erst nach dem zu veranlagenden Kalenderjahr festgesetzt werden kann, wäre es bei gestiegenem Einkommen für den Stpfl vorteilhaft, die Abgabe der Steuererklärung und damit die Festsetzung der ESt hinauszuzögern (Stundungseffekt).

Die entsprechenden Zinsenvorteile und Zinsennachteile werden durch sogenannte **Anspruchszinsen** ausgeglichen (ebenso in der KSt).

Anspruchszinsen sind für das vergangene Veranlagungsjahr für den Zeitraum ab 1. Oktober des Folgejahres bis zum Zeitpunkt der Bekanntgabe des Veranlagungsbescheids in Form von **Nachforderungszinsen** oder als **Gutschriftzinsen** festzusetzen. Maßgeblich für die Höhe der Anspruchszinsen ist der Differenzbetrag zwischen dem festgesetzten Abgabenbetrag (nach Abzug der durch Steuerabzug einbehaltenen Beträge) einerseits und der Summe der Vorauszahlungen und Anzahlungen andererseits.

Nachforderungszinsen entstehen ua, wenn die Vorauszahlungen und Anzahlungen niedriger waren als die bei der Veranlagung festgesetzte Abgabenschuld und sich daraus eine Nachforderung ergibt.

Gutschriftszinsen entstehen, wenn die Vorauszahlungen höher waren als die bei der Veranlagung festgesetzte Abgabenschuld oder bei Minderung der Abgabenschuld etwa durch eine Beschwerdevorentscheidung.

Die **Höhe** der Anspruchszinsen beträgt pro Jahr 2% über dem Basiszinssatz. Anspruchszinsen sind höchstens für einen Zeitraum von 48 Monaten (4 Jahre) festzusetzen (§ 205 Abs 2 BAO).

Zuständigkeit für die ESt-Veranlagung

169 Zuständig für die Einhebung der ESt ist das FA Österreich, für Großbetriebe (gewerbliche Einkünfte ab 10 Mio € Umsatz) das FA für Großbetriebe (§§ 60, 61 BAO).

23. Lohnsteuer (§§ 47 ff)

(Doralt/Ruppe I[12], Tz 727 ff)

Bei den Einkünften aus nichtselbständiger Arbeit wird die ESt grundsätzlich durch **Abzug vom Arbeitslohn** erhoben (Lohnsteuer, § 47). Der Arbeitgeber haftet für die richtige Einbehaltung und für die Abfuhr der Lohnsteuer (§ 82). Im Baugewerbe haftet der Auftraggeber für die lohnabhängigen Abgaben des beauftragten Unternehmens (§ 82 a). 170

Bei Antritt des Dienstverhältnisses hat der Arbeitnehmer dem Arbeitgeber seine Identität bekannt zu geben (**„Anmeldung des Arbeitnehmers"**); bekannt zu geben ist der Name, die Sozialversicherungsnummer (Geburtsdatum) und der Wohnsitz (§ 128).

Freibetragsbescheid: Auf Antrag des Arbeitnehmers oder im Rahmen einer Veranlagung hat das Finanzamt dem Arbeitnehmer über Werbungskosten, über Sonderausgaben oder über eine außergewöhnliche Belastung einen Freibetragsbescheid auszustellen. Mit dem Freibetragsbescheid erhält der Arbeitnehmer gleichzeitig eine **„Mitteilung zur Vorlage beim Arbeitgeber"**, auf der der Freibetrag ausgewiesen ist und die der Arbeitgeber der Berechnung der Lohnsteuer des kommenden Jahres zugrunde zu legen hat (§§ 63, 64).

Macht der Stpfl zusätzliche Werbungskosten in Höhe von mindestens 900 € glaubhaft, so hat das Finanzamt auf Antrag einen Freibetragsbescheid für das laufende Jahr zu erlassen.

Sonstige Bezüge, Jahressechstel

Sonstige Bezüge: Sonstige Bezüge sind Bezüge, die der Arbeitnehmer tatsächlich und rechtlich **neben dem laufenden Arbeitslohn** vom selben Arbeitgeber bezieht, wie insbesondere einmalige Bezüge (zB Urlaubs- und Weihnachtsgeld). 170/1

Sonstige Bezüge sind folgendermaßen zu besteuern:
– bis **620 €** (Freibetrag) steuerfrei,
– darüber **bis zu einem Jahressechstel** mit einem **festen Steuersatz von 6%**, wobei die Besteuerung unterbleibt, wenn das Jahressechstel höchstens 2.100 € beträgt. Beträgt das Jahressechstel mehr als 25.000 €, dann erhöht sich für den übersteigenden Betrag der Steuersatz je nach Höhe der Bezüge bis zum Normalsteuersatz (§ 67).

Abfertigungen, Zulagen, Überstunden

Abfertigungen insbesondere aufgrund gesetzlicher und kollektivvertraglicher Vorschriften sowie Abfertigungen, die von **Mitarbeitervorsorgekassen** ausbezahlt werden, werden unabhängig von ihrer Höhe idR mit 6% versteuert (§ 67 Abs 3). 170/2

II. Einkommensteuer

Freiwillige Abfertigungen werden eingeschränkt ebenfalls mit 6% versteuert (§ 67 Abs 6).

Sonderregelungen bestehen ua für **Pensionsabfindungen** und Nachzahlungen (§ 67 Abs 8).

Schmutz-, Erschwernis-, Gefahrenzulagen und Überstundenzuschläge im Zusammenhang mit Sonntags-, Feiertags- und Nachtarbeit sind monatlich bis zu 360 € nach Maßgabe des § 68 steuerfrei.

Nettolohnvereinbarungen

170/3   **Nettolohnvereinbarungen** sind auf einen Bruttobezug umzurechnen (vgl § 62a und LStR Rz 1200).

Bei einer Nettolohnvereinbarung hat der Arbeitnehmer nur einen Anspruch auf den vereinbarten Nettolohn. Daher gehen Steuererhöhungen oder der Wegfall von Begünstigungen zu Lasten des Arbeitgebers, andererseits muss der Arbeitgeber neu gewährte Steuervorteile nicht an den Arbeitnehmer weitergeben („echte" Nettolohnvereinbarung; VwGH 18 5. 2020, Ro 2018/15/0007).

Arbeitnehmerveranlagung (§ 41)

171   Der Arbeitnehmer wird zur ESt insbesondere dann veranlagt, wenn er
- **andere Einkünfte von mehr als 730 €** bezogen hat (Freigrenze mit Einschleifregelung bis 1.460 €; darüber sind die anderen Einkünfte voll zu erfassen),
- in **mehreren Dienstverhältnissen** zumindest zeitweise gleichzeitig beschäftigt war,
- einen **Familienbonus Plus zu Unrecht bezogen** hat,
- von mehreren Arbeitgebern ein **zu hohes steuerfreies Homeoffice-Pauschale bezogen** hat,
- das **Pendlerpauschale zu Unrecht** geltend gemacht hat (AbgÄG 2022),
- **eine Veranlagung beantragt** (insbesondere, wenn das Dienstverhältnis nur während eines Teiles des Jahres bestand; bis 5 Jahre nach dem Veranlagungszeitraum möglich).

172   **Antragslose Arbeitnehmerveranlagung:** Hat der Arbeitnehmer nur lohnsteuerpflichtige Einkünfte, dann erfolgt eine Arbeitnehmerveranlagung grundsätzlich auch ohne Antrag des Stpfl von Amts wegen, wenn aufgrund der Aktenunterlagen anzunehmen ist, dass die Veranlagung zu einer Steuergutschrift führt (dazu § 41 Abs 2 Z 2).

Lohnbescheinigung: Der Arbeitgeber hat bis Ende Jänner bzw Februar des Folgejahres dem FA eine Lohnbescheinigung zu übermitteln (§ 84a).

Zuständigkeit: Für die Veranlagung von Lohnsteuerpflichtigen ist das FA Österreich zuständig (§ 60 BAO), in Angelegenheiten des Lohnsteuerabzuges ist das FA des Arbeitgebers zuständig (§ 86 Abs 1 EStG).

24. Beschränkte Steuerpflicht (§§ 98 ff)

(Doralt/Ruppe I[12], Tz 771 ff)

Beschränkt steuerpflichtig sind natürliche Personen, die im Inland weder einen Wohnsitz noch ihren gewöhnlichen Aufenthalt haben. Sie sind mit ihren **Einkünften aus dem Inland** steuerpflichtig (§ 1 Abs 3; Territorialitätsprinzip gegenüber dem Universalitätsprinzip bei der unbeschränkten Steuerpflicht; § 98). Für die beschränkte Steuerpflicht muss daher immer ein bestimmter Inlandsbezug bestehen (zB Betriebsstätte im Inland oder KESt-Abzug im Inland).

173

Das Gesetz knüpft in § 98 Abs 1 zur Definition der inländischen Einkünfte an die sieben Einkunftsarten an und erfasst:

1. Land- und Forstwirtschaft, die im Inland betrieben wird (Z 1).
2. Selbständige Arbeit, die im Inland ausgeübt oder verwertet wird (Z 2; nur mit geringer praktischer Bedeutung, weil aufgrund der DBA die Einkünfte regelmäßig dem Ansässigkeitsstaat zur Besteuerung zugewiesen sind, es sei denn, es besteht eine feste Einrichtung im Inland; vgl Tz 176).
3. Gewerbliche Einkünfte mit einer Betriebsstätte oder einem ständigen Vertreter im Inland (Z 3 TS 1 und 2; dazu Tz 546) sowie mit inländischem unbeweglichem Vermögen (Z 3 TS 3; insbesondere Vermietung einer Betriebsliegenschaft im Inland durch den beschränkt steuerpflichtigen Gewerbetreibenden). Bestimmte gewerbliche Einkünfte (zB aus der Mitwirkung an Unterhaltungsdarbietungen im Inland) unterliegen auch ohne Betriebsstätte oder ständigen Vertreter im Inland der Steuerpflicht (Z 3 TS 4 bis 6).
4. Nichtselbständige Arbeit, die im Inland ausgeübt wird, sowie Einkünfte aus einer inländischen öffentlichen Kasse (Z 4). Nach dem Gesetz sind auch Einkünfte aus der Verwertung im Inland erfasst; dem kommt jedoch aufgrund der Doppelbesteuerungsabkommen kaum praktische Bedeutung zu (vgl Tz 176).
5. Kapitaleinkünfte (Z 5), insbesondere
   – KESt-pflichtige Inlandseinkünfte (lit a und b),
   – stille Beteiligungen an einem Unternehmen im Inland (lit c),
   – Beteiligungsveräußerungen, sofern der Veräußerer innerhalb der letzten 5 Jahre vor der Veräußerung zu mindestens 1% an der inländischen Gesellschaft beteiligt war (lit e).

Dividenden unterliegen zwar der beschränkten Steuerpflicht, doch wird nach DBA-Recht die Besteuerung idR dem Wohnsitzstaat des Empfängers zugewiesen; im Inland darf meist nur eine reduzierte Quellensteuer eingehoben werden (zB der Stpfl mit Wohnsitz in Deutschland bezieht aus Österreich Dividenden: Nach Art 10 des DBA Österreich – Deutschland hebt Österreich eine Quellensteuer von 15% der Dividende ein).

Zinsen aus Österreich an einen Empfänger im Ausland kommen für eine beschränkte Steuerpflicht in Österreich nur insoweit in Betracht, als sie auch

II. Einkommensteuer

KESt-pflichtig sind (Anknüpfung der beschränkten Steuerpflicht an die KESt-Pflicht im Inland); daher unterliegen Zinsen, die ein im Ausland Ansässiger von einer natürlichen Person im Inland bezieht, im Inland nicht der beschränkten Steuerpflicht (zB ein im Ausland Ansässiger bezieht von einem Freund im Inland Zinsen aus einem Darlehen).

6. Einkünfte aus Vermietung und Verpachtung aus einem im Inland gelegenen Vermögen und aus im Inland verwerteten Rechten (Z 6).
7. Einkünfte aus privaten Grundstücksveräußerungen, soweit es sich um Grundstücke im Inland handelt (Z 7).

Eine **außergewöhnliche Belastung** ist bei beschränkt Stpfl nicht zu berücksichtigen; **Sonderausgaben** sind abzugsfähig, soweit sie sich auf das Inland beziehen (§ 102 Abs 2).

Ein **Verlustabzug** (Sonderausgabe nach § 18 Abs 6 und 7) steht nur für Verluste zu, die in einer inländischen Betriebsstätte entstanden sind, und nach dem Gesetzeswortlaut nur insoweit, als der Verlust die Auslandseinkünfte überstiegen hat (§ 102 Abs 2 Z 2). Die zuletzt genannte Beschränkung wird im Verhältnis zu EU- und EWR-Staaten allerdings nicht angewendet und bei Bestehen eines DBA-Betriebsstättendiskriminierungsverbotes nur insoweit, als die inländischen Verluste im Ausland tatsächlich verwertet wurden (EStR Rz 8059; Vermeidung einer doppelten Verlustverwertung).

174 Die **Erhebung der ESt** bei beschränkt Stpfl erfolgt
– grundsätzlich im Wege der **Veranlagung** (§ 102),
– im Wege der **Lohnsteuer** bei nichtselbständigen Einkünften (§ 70),
– im Wege der **Selbstberechnung** bei Grundstücken (ImmoESt, § 98 Abs 4),
– im Wege einer **Abzugsteuer** in besonderen Fällen (§§ 99 bis 101).

Die **Abzugsteuer** dient der Sicherung und der Vereinfachung der Steuererhebung und beträgt idR **20% von den Einnahmen** (§ 100 Abs 1); sie kommt insbesondere zur Anwendung bei
– Einkünften aus einer im Inland ausgeübten selbständigen Tätigkeit als Schriftsteller, Vortragender, Künstler, Architekt, Sportler, Artist oder aus Unterhaltungsdarbietungen (§ 99 Abs 1 Z 1),
– Einkünften aus im Inland ausgewerteten Rechten (Lizenzen; § 99 Abs 1 Z 3),
– Aufsichtsratsvergütungen (§ 99 Abs 1 Z 4),
– Einkünften aus kaufmännischer oder technischer Beratung (§ 99 Abs 1 Z 5),
– Einkünften aus einer stillen Beteiligung an einem inländischen Unternehmen (§ 99 Abs 1 Z 7; hier ausnahmsweise 27,5%).

Ausnahme vom Steuerabzug innerhalb der EU: Zinsen und Lizenzzahlungen, die an verbundene Unternehmen in einem Mitgliedstaat geleistet werden, unterliegen nicht der Abzugsteuer und beim Empfänger auch nicht der beschränkten Steuerpflicht (§ 98 Abs 2 iVm § 99a).

Die Abzugsteuer berechnet sich im Regelfall von den Einnahmen, ohne Berücksichtigung von Betriebsausgaben oder Werbungskosten (§ 99 Abs 2

Z 1; **Bruttoabzugsteuer**). Auf Antrag des Stpfl ist jedoch eine Veranlagung durchzuführen (§ 102 Abs 1 Z 3).

Für beschränkt Steuerpflichtige aus EU/EWR-Staaten besteht darüber hinaus zur Vermeidung von Diskriminierungen die Möglichkeit einer **Nettoabzugsteuer** (§ 99 Abs 2 Z 2). Danach kann der beschränkt Steuerpflichtige dem Schulder vor Auszahlung der Einkünfte die unmittelbar damit zusammenhängenden Betriebsausgaben oder Werbungskosten schriftlich mitteilen. Die Abzugssteuer wird dann auf Nettobasis berechnet (Einnahmen abzüglich mitgeteilter Ausgaben); allerdings mit einem **Steuersatz von 25%** (§ 100 Abs 1 letzter Satz) besteuert.

Die Abzugsteuer kann außerdem insoweit unterbleiben, als nach dem anzuwendenden DBA eine Steuerpflicht im Inland nicht besteht (DBA-Entlastungsverordnung).

Beispiel:
Ein in Österreich ansässiger Lizenznehmer nutzt die Lizenz eines in Deutschland ansässigen Erfinders. Grundsätzlich wäre der österreichische Lizenznehmer verpflichtet, die Abzugsteuer einzubehalten (§ 99 Abs 1 Z 3). Da allerdings nach dem DBA mit Deutschland Lizenzeinkünfte nur im Ansässigkeitsstaat des Lizenzgebers besteuert werden dürfen (Art 12), unterbleibt aufgrund der DBA-Entlastungsverordnung der Steuerabzug.

Bei **Grundstücken** ist die Besteuerung im Wege der Selbstberechnung mit dem besonderen Steuersatz (30%) vorzunehmen (ImmoESt; siehe Tz 28/3; entsprechende Anwendung der §§ 30 a bis 30 c; § 98 Abs 4).

Die **Lohnsteuer** für beschränkt steuerpflichtige Arbeitnehmer erfolgt nach dem Lohnsteuertarif; bei nichtselbständig tätigen Schriftstellern, Vortragenden, Künstlern etc beträgt die Lohnsteuer wie die Abzugsteuer 20% vom vollen Betrag bzw 25%, wenn die Werbungskosten abgezogen werden (§ 70 Abs 2 Z 2).

Isolationstheorie: Auch im Bereich der beschränkten Steuerpflicht gilt das Subsidiaritätsprinzip, Einkünfte sind vorrangig den Haupteinkunftsarten zuzurechnen und nur subsidiär den Nebeneinkunftsarten. Daher liegen beispielsweise Einkünfte aus **Kapitalvermögen** nur dann vor, wenn die Einkünfte nicht zu den betrieblichen Einkünften gehören. Gehören die Kapitaleinkünfte (zB aus einer stillen Beteiligung) zu einem ausländischen Betrieb ohne inländischer Betriebsstätte, würden sie daher im Inland (mangels inländischer Betriebsstätte) steuerlich nicht erfasst werden (§ 98 Abs 1 Z 3). Nach der Isolationstheorie werden allerdings inländische Einkünfte isoliert und ohne Berücksichtigung der ausländischen Gegebenheiten beurteilt. Das Vorliegen des ausländischen Gewerbebetriebs wird für die Beurteilung der inländischen Einkünfe gewissermaßen ausgeblendet. Daher liegen dann in einem solchen Fall Einkünfte aus Kapitalvermögen vor.

Ein weiteres Beispiel für die Isolationstheorie sind **Lizenzeinkünfte:** Überlässt ein ausländischer Unternehmer einem inländischen Unternehmer ein Patent zur Nutzung,

II. Einkommensteuer

dann handelt es sich dabei grundsätzlich um betriebliche Einkünfte des ausländischen Unternehmers, die jedoch im Inland mangels Betriebsstätte nicht steuerpflichtig wären. Aufgrund der Isolationstheorie bezieht der ausländische Unternehmer jedoch Einkünfte aus Vermietung und Verpachtung (§ 98 Abs 1 Z 3 iVm § 28 Abs 1 Z 3). Besteht zwischen Österreich und dem Ansässigkeitsstaat des Unternehmers ein DBA, darf Österreich diese Einkünfte aber idR nicht besteuern, weil Lizenzeinkünfte nur im Ansässigkeitsstaat des Lizenzgebers besteuert werden dürfen (Art 12 OECD-MA).

174/1 **Zuständigkeit:** Zuständig ist:
- für die Veranlagung beschränkt Steuerpflichtiger idR das FAÖ,
- für die Abzugsteuer das Finanzamt des Schuldners der Abzugsteuer (§ 101 EStG),
- für die Lohnsteuer, soweit der Arbeitgeber in Österreich über keine Betriebsstätte verfügt, das FAÖ (§ 60 Abs 2 Z 6 BAO).

25. Zuzugsbegünstigung (§ 103)

175 Bei Personen, deren Zuzug aus dem Ausland der Förderung von Wissenschaft, Forschung, Kunst oder Sport dient und aus diesem Grund im öffentlichen Interesse gelegen ist, kann das FA nach Maßgabe des § 103 steuerliche Erleichterungen gewähren (Zuzugsbegünstigungsverordnung 2016).

26. Vermeidung der Doppelbesteuerung

(Doralt/Ruppe I[12], Tz 1300 ff)

176 Hat ein Stpfl in mehreren Staaten einen Wohnsitz oder in einem Staat einen Wohnsitz und in einem anderen Staat eine Einkunftsquelle, dann kann es zu einer Doppelbesteuerung (eventuell auch Mehrfachbesteuerung) derselben Einkünfte kommen.

Diese Überschneidung der Besteuerungsansprüche mehrerer Staaten wird idR durch Doppelbesteuerungsabkommen (DBA) zwischen den Staaten vermieden; fehlt ein DBA, kann der BMF für diese Fälle nach § 48 BAO im Rahmen einer Verordnung (BGBl II 2002/474) oder im Einzelfall Erleichterungen gewähren (§ 48 Abs 5 BAO).

Doppelbesteuerungsabkommen vermeiden die Doppelbesteuerung, indem sie zunächst die Besteuerungsbefugnisse an bestimmten Einkünften zwischen den beiden Staaten aufteilen. In einem zweiten Schritt unterscheiden die DBA (orientiert am OECD-Musterabkommen) folgende Methoden zur Vermeidung der Doppelbesteuerung:
- Die dem anderen Staat zur Besteuerung überlassenen Einkünfte bleiben im Wohnsitzstaat („Ansässigkeitsstaat") steuerfrei **(Befreiungsmethode).**
- Der Wohnsitzstaat besteuert das gesamte (aus beiden Staaten bezogene) Einkommen, der andere Staat (Quellenstaat) besteuert nur die

ihm überlassenen Einkunftsquellen, und der Ansässigkeitsstaat rechnet die im anderen Staat entrichteten Steuern an **(Anrechnungsverfahren).**

Dabei enthalten die DBA eigene Begriffsbestimmungen, die zwar den Begriffen im innerstaatlichen Recht oft ähnlich, aber nicht unbedingt mit ihnen ident sind (zB „Ansässigkeitsstaat", „Betriebsstätte"). Als „Ansässigkeitsstaat" gilt der Staat, in dem der Stpfl einen Wohnsitz hat; bei Wohnsitzen in mehreren Staaten enthalten die DBA Zusatzkriterien wie etwa den Mittelpunkt der Lebensinteressen, stärkere wirtschaftliche Beziehungen, Staatsbürgerschaft (Art 4 OECD-MA). Vom Ansässigkeitsstaat ist der „andere Staat" zu unterscheiden.

Aufteilung der Besteuerungsbefugnisse (Verteilungsnormen)

Die Verteilungsnormen bestimmen für die einzelnen Einkünfte, welchem Staat das Besteuerungsrecht an den jeweiligen Einkünften zusteht. Grundsätzlich steht dem Ansässigkeitsstaat das Besteuerungsrecht zu. Davon abweichend darf der „andere" Staat insbesondere in folgenden Fällen besteuern:

– **Einkünfte aus unbeweglichem Vermögen:** Liegt das unbewegliche Vermögen oder eine Land- und Forstwirtschaft nicht im Ansässigkeitsstaat, dann kann der andere Vertragsstaat die Einkünfte besteuern (Art 6 OECD-MA); das gilt auch für einen allfälligen Veräußerungsgewinn (Art 13 OECD-MA),
– **Unternehmensgewinne:** Gewinne aus einer im anderen Vertragsstaat gelegenen Betriebsstätte dürfen im anderen Staat besteuert werden, soweit sie der Betriebsstätte zuzurechnen sind (Art 7 OECD-MA; Betriebsstättenprinzip),
– **selbständige Arbeit:** Einkünfte aus selbständiger Arbeit (freie Berufe) sind ähnlich wie die Unternehmensgewinne im Ansässigkeitsstaat zu versteuern, es sei denn, im anderen Staat besteht eine feste Einrichtung (die entsprechende Regelung des Art 14 wurde mittlerweile im MA gestrichen und die Einkünfte aus selbständiger Arbeit werden zu den Unternehmensgewinnen gezählt),
– **Dividenden und Zinsen** werden im Ansässigkeitsstaat besteuert, jedoch kann der andere Staat eine der Höhe nach beschränkte Quellensteuer (idR zwischen 5% und 15%) einheben, die der Ansässigkeitsstaat anzurechnen hat (Art 10 und 11 OECD-MA),
– **Einkünfte aus nichtselbständiger Tätigkeit** werden in dem Staat besteuert, in dem die Tätigkeit ausgeübt wird (Art 15 Abs 1 OECD-MA, Arbeitsortprinzip), es sei denn der Arbeitnehmer wird nur kurzfristig im anderen Staat tätig (Art 15 Abs 2 OECD-MA; sogenannte 183-Tage-Regel),
– **Künstler und Sportler** (unabhängig davon, ob selbständig oder unselbständig) können mit ihren entsprechenden Einkünften in dem

II. Einkommensteuer

Staat besteuert werden, in dem sie die Tätigkeit ausüben (auch ohne Betriebsstätte und unabhängig von der Tätigkeitsdauer; Art 17 OECD-MA),
– **öffentlicher Dienst:** Bezüge aus dem öffentlichen Dienst und Ruhebezüge aus einem früheren öffentlichen Dienstverhältnis werden in dem Staat besteuert, der die Vergütungen zahlt (Kassenstaatsprinzip, Art 19 OECD-MA).

Für **verbundene Unternehmen** (Konzernunternehmen) gilt der **Fremdvergleichsgrundsatz** (Art 9 OECD-MA). Leistungsbeziehungen zwischen verbundenen Unternehmen haben demnach zu Preisen zu erfolgen, die auch unabhängige Unternehmen miteinander vereinbaren würden (vgl dazu auch die umfassenden OECD-Empfehlungen für Verrechnungspreise). Wird dem Fremdvergleichsgrundsatz nicht entsprochen, sind die Gewinne zu korrigieren (Primär- und Sekundärberichtigung). Nach dem OECD-MA gilt der Fremdvergleichsgrundsatz mittlerweile uneingeschränkt auch für Betriebsstätten (Art 7 Abs 2 und 3 OECD-MA). Die meisten österreichischen DBA weichen davon allerdings noch ab (ausführlich dazu *Kirchmayr/Hohenwarter* in *Doralt/Ruppe* I[12], Tz 1346 ff).

Befreiungsmethode mit Progressionsvorbehalt

177   Bei der Befreiungsmethode werden die einzelnen Einkunftsquellen einem der beiden Vertragsstaaten zur alleinigen Besteuerung überlassen; der andere Staat (idR der Ansässigkeitsstaat) hat die Einkunftsquelle von der Steuer zu befreien (Art 23 A OECD-MA). Durch die Aufteilung der Einkünfte auf zwei oder mehrere Staaten würden in jedem Staat die Progressionsstufen ausgenützt werden; deshalb wird die Befreiungsmethode regelmäßig mit einem **Progressionsvorbehalt** verbunden (Art 23 A Abs 3 OECD-MA): Der Ansässigkeitsstaat berücksichtigt die ausländischen Einkünfte bei der Ermittlung der Höhe des anzuwendenden Steuersatzes. Dabei muss der Progressionsvorbehalt auch nicht ausdrücklich im DBA angeordnet sein, damit der Ansässigkeitsstaat die ausländischen Einkünfte für die Ermittlung des anwendbaren Steuersatzes im Inland berücksichtigen darf (VwGH 29. 7. 2010, 2010/15/0021). Denn Rechtsgrundlage für die Berechnung des progressiven Steuersatzes ist nicht das Abkommensrecht, sondern die Anordnung des EStG, den Steuersatz nach dem gesamten Welteinkommen des unbeschränkt Steuerpflichtigen zu bemessen (§§ 1 und 2 iVm § 33 EStG) und der Grundsatz der Gleichmäßigkeit der Besteuerung. Der Progressionsvorbehalt kann deshalb auch gegenüber Steuerpflichtigen zum Tragen kommen, die im Inland unbeschränkt steuerpflichtig sind (weil ein Wohnsitz besteht), ohne gleichzeitig nach DBA-Recht ansässig zu sein (weil der Mittelpunkt der Lebensinteressen im Ausland liegt). In diesem Fall wäre Österreich als Quellenstaat berechtigt, den Progressionsvorbehalt anzuwenden (BFG 14. 5. 2020, RV/7100310/2020; anders EStR Rz 7595).

26. Vermeidung der Doppelbesteuerung — EStG

Beispiele:
1. Ein Stpfl mit Wohnsitz in Österreich bezieht aus einem Gewerbebetrieb in Österreich 50.000 € Gewinn und aus einem Betrieb in Deutschland 40.000 €. Im Inland ist nur der im Inland erzielte Gewinn steuerpflichtig; doch wird der Gewinn von 50.000 € mit dem Prozentsatz besteuert, der sich bei einem Inlandseinkommen von 90.000 € ergeben würde.
2. Ein Steuerpflichtiger mit Wohnsitz in Österreich veräußert ein in Deutschland belegendes Grundstück. Nach dem DBA mit Deutschland darf Deutschland den Veräußerungsgewinn besteuern; Österreich hat die Einkünfte freizustellen. Da Veräußerungsgewinne aber nach § 30a Abs 1 EStG weder beim Gesamtbetrag der Einkünfte noch beim Einkommen berücksichtigt werden, sondern einem linearen Steuersatz unterliegen, läuft auch der im DBA verankerte Progressionsvorbehalt leer und kommt nicht zur Anwendung.

Anrechnungsmethode

Der Ansässigkeitsstaat besteuert alle Einkünfte des Steuerpflichtigen aus beiden Staaten, doch rechnet er die im anderen Staat entrichtete Steuer an. Ist im anderen Staat die Steuer niedriger als im Ansässigkeitsstaat, kommt es daher zu einer Nachholwirkung im Ansässigkeitsstaat (Hochschleuseffekt). Die Auslagerung einer Tätigkeit in ein Niedrigsteuerland bringt beim Anrechnungsverfahren dem Stpfl daher keinen nachhaltigen steuerlichen Vorteil. 178

Problem: Wird im Ausland eine höhere Steuer erhoben als im Inland, dann müsste der Ansässigkeitsstaat mehr Steuern anrechnen, als dort für die Einkünfte aus dem Ausland anfallen würden. Daher rechnen Staaten wie Österreich, die dem OECD-MA folgen (Art 23 B Abs 1 OECD-MA), nicht mehr Steuern an, als auf die ausländischen Einkünfte im Inland anfallen würden (Anrechnungshöchstbetrag). Die Anrechnungsmethode findet sich ua in den DBA mit Großbritannien, USA, Kanada und Italien.

Das Anrechnungsverfahren kommt auch bei der Befreiungsmethode zur Anwendung, wenn die Verteilungsnormen dem Quellenstaat wie bei den Passiveinkünften (Dividenden und Zinsen iSd Art 10 und 11 OECD-MA) ein der Höhe nach beschränktes Besteuerungsrecht einräumen (Art 23 A Abs 2 OECD-MA).

Unterschiedliche steuerpolitische Ziele der Befreiungsmethode und der Anrechnungsmethode

Die Befreiungsmethode und die Anrechnungsmethode unterscheiden sich in ihren Wirkungen bei unterschiedlichen Steuerniveaus in den Vertragsstaaten: Unterschiedliche Steuerniveaus führen dazu, dass wirtschaftliche Aktivitäten in Länder mit niedrigen Steuern verlagert werden. Das Anrechnungsverfahren verhindert solche Tendenzen, weil im Ergebnis auch für Auslandseinkünfte das Steuerniveau im Ansässigkeitsstaat zum Tragen kommt (Hochschleuseffekt). 179

II. Einkommensteuer

Dagegen bleibt bei der Befreiungsmethode das unterschiedliche Steuerniveau im Wesentlichen wirksam, wodurch Wettbewerbsgleichheit unter den Investoren verschiedener Länder im Quellenstaat erzielt wird. Mit dem Progressionsvorbehalt wird allerdings verhindert, dass das Einkommen zur Progressionsminderung auf mehrere Länder aufgeteilt wird.

Österreich bevorzugt die Befreiungsmethode.

180–200	frei

III. Körperschaftsteuer

1. Allgemeines
(Doralt/Ruppe I[12], Tz 901 ff)

Die Körperschaftsteuer (KSt) ist die Ertragsteuer (Einkommensteuer) der **Körperschaften;** sie ist eine **Personensteuer** und eine **direkte Steuer.** Ebenso wie die ESt ist auch die KSt eine gemeinschaftliche Bundesabgabe (§ 9 Abs 1 FAG 2017). 201

Unterschiedliches Besteuerungsergebnis zwischen Einkommensteuer und Körperschaftsteuer

Während der Einzelunternehmer ab einem Einkommen von etwa 93.000 € einem Spitzensteuersatz von 50% unterliegt (Tz 161), beträgt bei einer Kapitalgesellschaft bei Vollausschüttung der Gewinne die Steuerbelastung insgesamt 44,9% (KSt und KESt). Besonders vorteilhaft ist die Kapitalgesellschaft, soweit die Gewinne nicht ausgeschüttet, sondern in der Kapitalgesellschaft thesauriert werden; dann fällt nur die Körperschaftsteuer mit 24% (ab 2024 auf 23% reduziert; ÖkoStRefG 2022 I).

Gewinn der Kapitalgesellschaft:	100.000 €
–24% KSt	–24.000 €
	76.000 €
–27,5% KESt bei voller Gewinnausschüttung	–20.900 €
von 100.000 € – verbleiben daher	55.100 €
Gesamtsteuerbelastung voll ausgeschütteter Gewinne:	24.000 € KSt
	+20.900 € KESt
Gesamte Ertragsteuerbelastung des ursprünglichen Gewinns von 100.000 €	44.900 €
in Prozenten vom Gewinn	44,9%

Nach dem Steuertarif ist danach die Kapitalgesellschaft bei entsprechenden Gewinnen gegenüber dem Einzelunternehmen bzw der Personengesellschaft die günstigere Unternehmensform. Dagegen ist im Fall von Verlusten die Kapitalgesellschaft ungünstiger: Die Verluste der Gesellschaft bleiben in der Kapitalgesellschaft „eingesperrt" und können nur mit späteren Gewinnen der Gesellschaft verrechnet werden. Der Gesellschafter als natürliche Person kann die Verluste der Gesellschaft nicht verwerten. Dagegen werden Verluste der Personengesellschaft dem Gesellschafter direkt zugerechnet und bei ihm mit anderen Einkünften sofort verrechnet (Unterschied Trennungsprinzip und Durchgriffsprinzip, vgl Tz 124).

III. Körperschaftsteuer

2. Persönliche Steuerpflicht (§ 1)

(Doralt/Ruppe I[12], Tz 919 ff)

202 Der Körperschaftsteuer unterliegen
- **juristische Personen des privaten Rechts** (insbesondere AG, GmbH, Genossenschaften, Vereine, Privatstiftungen),
- **Betriebe gewerblicher Art** von Körperschaften öffentlichen Rechts (siehe unten Tz 206),
- **nichtrechtsfähige Personenvereinigungen,** Anstalten, Stiftungen und andere Zweckvermögen.

Personengesellschaften (OG, KG ua) unterliegen nicht der KSt, weil ihr Einkommen den Gesellschaftern direkt zuzurechnen ist und von ihnen zu versteuern ist (ergibt sich aus § 3 KStG).

Befreiungen (§§ 5 ff)

1. Befreiungen für gemeinnützige und ähnliche Einrichtungen

203 Von der KSt sind insbesondere **gemeinnützige, mildtätige und kirchliche Einrichtungen** befreit (§ 5 Z 6 iVm §§ 34 bis 47 BAO). In Betracht kommen vor allem Vereine, GmbH, Stiftungen, Betriebe gewerblicher Art von Körperschaften öffentlichen Rechts (dazu unten). Zur Verwaltungspraxis gibt es ausführliche Vereinsrichtlinien.

Gemeinnützige Einrichtungen sind auch im Bereich anderer Abgaben befreit bzw begünstigt (zB UStG, StiftEG, KommStG).

Gemeinnützig sind Maßnahmen zur Förderung der Allgemeinheit auf geistigem, kulturellem, sittlichem oder materiellem Gebiet (§ 35 f BAO). **Mildtätig** ist die Unterstützung hilfsbedürftiger Menschen (§ 37 BAO). **Kirchliche Zwecke** dienen der Förderung gesetzlich anerkannter Kirchen (§ 38 BAO).

Die Einrichtung muss
- tatsächlich *und* nach der Satzung,
- ausschließlich und unmittelbar

den begünstigten Zwecken dienen (§ 42 BAO) und darf ua keinen Gewinn erstreben (§ 39 BAO).

Vereinsgesetz und Gemeinnützigkeit (nicht jeder Verein ist gemeinnützig):

Vereine müssen zwar „ideelle Zwecke" verfolgen und dürfen nicht „auf Gewinn gerichtet" sein (§ 1 VereinsG), sind aber deshalb nicht automatisch gemeinnützig. Dient zB der Verein der wirtschaftlichen Stärkung der Vereinsmitglieder, dann dient er damit zwar ideellen Zwecken, doch ist die wirtschaftliche Stärkung der Vereinsmitglieder kein gemeinnütziger Zweck iSd BAO (zB Berufsvereinigung). Daher ist ein solcher Verein körperschaftsteuerpflichtig (die üblichen Mustersatzungen für Vereine genügen zwar dem Vereinsgesetz, oft jedoch nicht der Gemeinnützigkeit iSd §§ 34 ff BAO).

Für den Fall der **Liquidation der gemeinnützigen Einrichtung** muss in der Satzung festgeschrieben sein, dass das Vermögen für gemeinnützige Zwecke verwendet wird. Eine Satzungsbestimmung, nach der im Fall der Liquidation der Vorstand über die Verwendung des Vermögens bestimmt, wäre daher gemeinnützigkeitsschädlich.

2. Persönliche Steuerpflicht (§ 1) — KSt

Die **gemeinnützige Einrichtung** muss der Förderung der **Allgemeinheit** dienen (gilt nicht für mildtätige Einrichtungen). Das Gesetz grenzt den Begriff der Allgemeinheit negativ ab: Ein Personenkreis ist nicht als Allgemeinheit aufzufassen, wenn er durch ein enges Band, wie Zugehörigkeit zu einer Familie, durch Anstellung an einer bestimmten Anstalt und dergleichen fest abgeschlossen ist, oder wenn die Zahl der geförderten Personen infolge einer Abgrenzung nach örtlichen, beruflichen oder sonstigen Merkmalen dauernd nur klein sein kann (§ 36 BAO).

Betreibt eine begünstigte Einrichtung einen **wirtschaftlichen Geschäftsbetrieb,** so sind drei Fälle zu unterscheiden (§ 45 BAO):
- unentbehrliche Hilfsbetriebe (volle Befreiung, siehe unten),
- entbehrliche Hilfsbetriebe (mit dem Betrieb steuerpflichtig; siehe unten),
- sonstige wirtschaftliche (begünstigungsschädliche) Geschäftsbetriebe.

Ein **unentbehrlicher Hilfsbetrieb** liegt vor, wenn der Zweck der Einrichtung nur durch den Geschäftsbetrieb verwirklicht werden kann. Er ist grundsätzlich unschädlich für die Begünstigung und außerdem auch selbst von der KSt befreit (§ 45 Abs 2 BAO; „Zweckverwirklichungsbetrieb"; Unterschied zum entbehrlichen Hilfsbetrieb).

Beispiele:
Obdachlosenheim, Behindertenwohnheim, Theateraufführungen eines Kulturvereins mit Eintrittsentgelt.

Entbehrliche Hilfsbetriebe dienen den begünstigten Zwecken, ohne vom ideellen Zweck miterfasst zu sein; sie sind nicht begünstigungsschädlich, wenn die Einkünfte dem begünstigten Zweck zugeführt werden (§ 45 Abs 1 und Abs 1a). Der Betrieb selbst ist körperschaftsteuerpflichtig (isolierte Steuerpflicht).

Beispiele:
Jahressportfest eines Sportvereins, Vereinsfeste.

Sonstiger wirtschaftlicher (begünstigungsschädlicher) Geschäftsbetrieb: Wirtschaftliche Geschäftsbetriebe, die keine unentbehrliche oder entbehrliche Hilfsbetriebe sind, sind grundsätzlich begünstigungsschädlich (§ 44 BAO).

Beispiel:
Buffet eines Sportvereins.

Das zuständige FA kann jedoch für begünstigungsschädliche Geschäftsbetriebe eine Ausnahmegenehmigung erteilen, wenn andernfalls die Erreichung der begünstigten Zwecke vereitelt oder wesentlich gefährdet wäre (§ 44 Abs 2 BAO). Bis zu einem Umsatz von 40.000 € gilt die Bewilligung generell als erteilt (§ 45a BAO). Die Einkünfte müssen dem begünstigten Zweck zugeführt werden (insoweit dem entbehrlichen Hilfsbetrieb gleichgestellt). Steuerpflichtig ist dann nur der Geschäftsbetrieb.

Freibetrag: Gemeinnützige Einrichtungen können von ihrem Einkommen einen Freibetrag bis zu 10.000 € geltend machen (dazu § 23 KStG).

2. Befreiung für gemeinnützige Bauvereinigungen

203/1 Befreit sind auch **gemeinnützige Bauvereinigungen** nach dem Wohnungsgemeinnützigkeitsgesetz (§ 5 Z 10 iVm § 6a).

Entgegen dem klaren Begriffsinhalt lässt jedoch das Wohnungsgemeinnützigkeitsgesetz Gewinnerzielungsabsicht zu; die Gewinne dürfen bis zu 3,5% vom Grund- oder Stammkapital ausgeschüttet werden (§ 10 Abs 1 iVm § 14 Abs 1 Z 3 WGG).

III. Körperschaftsteuer

3. Andere Befreiungen

203/2   Andere Befreiungen von der KSt betreffen ua Garantiegesellschaften (Z 3), Pensions- und Unterstützungskassen (Z 7), Agrargenossenschaften (Z 9), Mittelstandsfinanzierungsgesellschaften (Z 14).

3. Unbeschränkte und beschränkte Steuerpflicht (§ 1 Abs 2 und 3)

204   Wie bei anderen Personensteuern (insbesondere ESt) ist auch bei der KSt zwischen unbeschränkter und beschränkter Steuerpflicht zu unterscheiden:
– **Unbeschränkte Steuerpflicht** (§ 1 Abs 2): Körperschaften *mit* Geschäftsleitung oder Sitz im Inland (vgl § 27 BAO).
– **Beschränkte Steuerpflicht:** Körperschaften *ohne* Geschäftsleitung und ohne Sitz im Inland, die einer inländischen juristischen Person vergleichbar sind (§ 1 Abs 3 Z 1 iVm § 21 Abs 1).

Eine Körperschaft hat ihren **Sitz** an dem Ort, der durch Gesetz, Vertrag, Satzung, Stiftungsbrief udgl bestimmt ist (§ 27 Abs 1 BAO).

Als **Ort der Geschäftsleitung** ist der Ort anzunehmen, an dem sich der Mittelpunkt der geschäftlichen Oberleitung befindet (§ 27 Abs 2 BAO), wo also die Willensbildung für die Leitung des Unternehmens erfolgt.

Briefkastenfirmen in Niedrigsteuerländer („Steueroasen") haben ihre Geschäftsleitung regelmäßig nicht im Niedrigsteuerland, sondern dort, wo der Gesellschafter den Mittelpunkt seiner Lebensinteressen hat bzw von wo aus er tatsächlich die Gesellschaft leitet; daher ist die Briefkastenfirma kein taugliches Instrument, um die Einkünfte in die Steueroase zu verlagern.

Beispiel:

Eine österreichische Kapitalgesellschaft unterhält in einer „Steueroase" eine Tochtergesellschaft. Handelt es sich bei der Tochtergesellschaft um eine Briefkastenfirma, die ihre Anweisungen von der Muttergesellschaft erhält, dann liegt die Geschäftsleitung nicht im Ausland, sondern am Ort der Geschäftsleitung der Muttergesellschaft, also in Österreich. Daher ist die Tochtergesellschaft in Österreich unbeschränkt steuerpflichtig.

Beschränkte Steuerpflicht der zweiten Art:
Kapitalerträge und Grundstücksveräußerungen (§ 21 Abs 2 und 3)

205   Bei der KSt gibt es außerdem noch eine **zweite Form der beschränkten Steuerpflicht** („beschränkte Steuerpflicht der zweiten Art"; § 1 Abs 3 Z 2 und 3); sie erfasst **Körperschaften öffentlichen Rechts** und **steuerbefreite Körperschaften** (insbesondere gemeinnützige Körperschaften) mit Einkünften, bei denen die Steuer im Regelfall durch Steuerabzug erhoben wird, und zwar
– mit bestimmten Kapitaleinkünften (KESt) und
– mit Grundstücksveräußerungen (ImmoESt).

Gesetzeszweck: Auch soweit Körperschaften nicht steuerpflichtig sind, sollen sie zumindest der KESt, ImmoESt oder einer vergleichbaren Steuer unterliegen.

1. Kapitaleinkünfte:

Darunter fallen allgemein Kapitaleinkünfte, die der KESt unterliegen, vergleichbare ausländische Kapitalerträge, Einkünfte aus realisierten Wertsteigerungen und Einkünfte aus Kryptowährungen. Außerdem fallen darunter auch Zinsen aus Privatdarlehen, letztere jedoch nur aus Darlehensverträgen, die nach dem 31. 3. 2012 abgeschlossen worden sind (§ 21 Abs 2 und 3).

Dagegen werden **Dividendeneinkünfte** von der besonderen beschränkten Steuerpflicht nicht erfasst; sie sind aufgrund der allgemeinen Befreiung für Beteiligungserträge nach § 10 steuerfrei (§ 21 Abs 2 Z 1; siehe unten Tz 211 f).

Beispiel:
Ein gemeinnütziger Verein hat folgende Einkünfte:
– Zinsen aus einer Bankeinlage: steuerpflichtig (KESt),
– Zinsen aus einer ausländischen Anleihe: steuerpflichtig nach § 21 Abs 3 Z 1,
– Dividendeneinkünfte: steuerfrei (Beteiligungserträge, siehe unten Tz 211),
– Mieteinkünfte: steuerfrei (wegen Gemeinnützigkeit).

2. Grundstücksveräußerungen:

Gewinne aus Grundstücksveräußerungen sind analog zur Besteuerung im Privatvermögen natürlicher Personen auch bei Körperschaften öffentlichen Rechts und steuerbefreiten Körperschaften steuerpflichtig. Die Vorschriften aus dem EStG gelten sinngemäß (§ 21 Abs 3 Z 4).

4. Betriebe gewerblicher Art (§ 2)

(Doralt/Ruppe I[12], Tz 921 ff)

Körperschaften öffentlichen Rechts (zB Gebietskörperschaften, Kammern, Kirchen) unterliegen grundsätzlich nicht der KSt, und zwar auch dann nicht, wenn sie privatwirtschaftlich tätig sind. Um allerdings Wettbewerbsvorteile zu vermeiden sind sie dann steuerpflichtig, wenn ihre privatwirtschaftliche Tätigkeit den Umfang eines **Betriebes gewerblicher Art (BgA)** erfüllt.

Hoheitsbetriebe (die überwiegend der Ausübung öffentlicher Gewalt dienen) unterliegen keinesfalls der KSt. Als Hoheitsbetriebe gelten nach dem Gesetz allerdings ausdrücklich auch Wasserwerke, Forschungsanstalten, Müllbeseitigung, Friedhöfe udgl (§ 2 Abs 5).

Davon abgesehen unterliegen Körperschaften öffentlichen Rechts jedenfalls der beschränkten Steuerpflicht der „zweiten Art" (siehe oben Tz 205).

Betriebe gewerblicher Art (§ 2 Abs 1) sind Einrichtungen, die
– **wirtschaftlich selbständig** sind (sich aus der Gesamttätigkeit der Körperschaft öffentlichen Rechts herausheben; zB eigene Buchführung, eigenes Personal),
– einer zumindest überwiegend **nachhaltigen privatwirtschaftlichen Tätigkeit** nachgehen,

206

III. Körperschaftsteuer

- von **wirtschaftlichem Gewicht** sind (im Gesetz nicht ausdrücklich bestimmt, bei einem Umsatz ab rund 3.000 € gegeben) und
- der **Erzielung von Einnahmen** oder anderen wirtschaftlichen Vorteilen dienen.

Beispiele:

Rathauskeller, Friedhofsgärtnerei, Schwimmbad, Verkehrsbetriebe, Versorgungsbetriebe, weiters zB der Bauhof einer Gemeinde für Reparaturen gemeindeeigener Gebäude (zwar nicht auf Einnahmen gerichtet, dient aber „wirtschaftlichen Vorteilen").

Land- und Forstwirtschaft ist ausdrücklich ausgenommen (§ 2 Abs 1 TS 4). Die Vorschriften über die Besteuerung der Grundstücksveräußerung gelten allerdings auch hier (siehe Tz 205).

Als Betrieb gewerblicher Art gelten auch (§ 2 Abs 2)
- die Beteiligung einer Körperschaft öffentlichen Rechts an einer **Mitunternehmerschaft,**
- die **Verpachtung** eines Betriebes gewerblicher Art.

In diesen Fällen spricht man auch von „fiktiven Betrieben gewerblicher Art".

Vermietung (Vermögensverwaltung) begründet keinen Betrieb und daher auch keinen Betrieb gewerblicher Art. Daher unterliegt die Vermietung von Liegenschaften oder von Wohnungen durch Körperschaften öffentlichen Rechts nicht der KSt (dagegen ist ihre Veräußerung steuerpflichtig; besondere beschränkte Steuerpflicht, siehe Tz 205), sie unterliegt aber der USt.

Beispiele:
1. Vermietung von Gemeindewohnungen: kein Betrieb gewerblicher Art (aber umsatzsteuerpflichtig; siehe unten Tz 306).
2. Überlassung von öffentlichem Grund, zB für Weihnachtsmärkte: kein Betrieb gewerblicher Art (anders allenfalls, wenn die Gemeinde den Weihnachtsmarkt organisiert oder zusätzliche Leistungen erbringt, um den Weihnachtsmarkt attraktiver zu machen).
3. Verpachtung des Rathauskellers: Betrieb gewerblicher Art, weil der Rathauskeller ein Betrieb gewerblicher Art wäre, wenn ihn die Gemeinde selbst führt.

Steuersubjekt ist der einzelne Betrieb gewerblicher Art und nicht die Körperschaft. Daher erfolgt grundsätzlich kein Ausgleich von Verlusten und Gewinnen zwischen mehreren Betrieben gewerblicher Art einer Körperschaft. Ausnahmen bestehen jedoch für bestimmte Versorgungsbetriebe, insbesondere Gas-, Wasser-, E-Werke und Verkehrsbetriebe; sie können Verluste mit Gewinnen untereinander ausgleichen, wenn sie unter gemeinsamer Leitung geführt werden (§ 2 Abs 3).

Beispiel:

Eine Gemeinde betreibt ein Schwimmbad, einen Verkehrsbetrieb und ein E-Werk. Das Schwimmbad und der Verkehrsbetrieb haben Verluste, das E-Werk hat Gewinne.

Die Verluste des Verkehrsbetriebes können unter bestimmten Voraussetzungen mit den Gewinnen des E-Werkes verrechnet werden, die Verluste des Schwimmbades nicht (kein begünstigter Versorgungsbetrieb iSd § 2 Abs 3).

Beteiligung an einer Kapitalgesellschaft: Die Körperschaft öffentlichen Rechts kann wie eine natürliche Person ihre privatwirtschaftliche Tätigkeit statt in Form eines Betriebes gewerblicher Art auch im Rahmen einer Kapitalgesellschaft führen. In diesem Fall unterliegt dann nicht die Körperschaft öffentlichen Rechts mit dem Betrieb gewerblicher Art der KSt, sondern die Kapitalgesellschaft mit dieser Tätigkeit (§ 2 Abs 4 zweiter Satz).

Steuerbefreiung für gesellige Veranstaltungen: Gesellige Veranstaltungen von Betrieben gewerblicher Art sind unter vergleichbaren Bedingungen wie bei den gemeinnützigen Einrichtungen von der KSt befreit. Darunter fallen zB auch diverse Feiern, Feuerwehrfeste, Vergnügungs- und Sportveranstaltungen (dazu § 5 Abs 12).

5. Beginn und Ende der Steuerpflicht (§ 4)

Die Steuerpflicht **beginnt,** wenn die Satzung festgestellt ist und die **Gesellschaft nach außen in Erscheinung** tritt (kann vor der Eintragung im Firmenbuch sein, zB Eröffnung eines Bankkontos; sogenannte Vorgesellschaft) und **endet** mit Beendigung der **Verteilung des Gesellschaftsvermögens.**

207

6. Sachliche Steuerpflicht (§ 7)

(Doralt/Ruppe I[12], Tz 956 ff)

Einkommen und Einkommensermittlung

Die **Einkünfteermittlung** für Körperschaften richtet sich grundsätzlich nach dem **EStG** (§ 7 Abs 2).

208

Das Einkommen einer Körperschaft ergibt sich danach aus dem
– Gesamtbetrag der Einkünfte iSd § 2 Abs 3 EStG,
– abzüglich Sonderausgaben (insbesondere Verlustabzug).

Die **Liebhabereigrundsätze** kommen auch im Rahmen der KSt zur Anwendung (ausgenommen davon sind insbesondere Körperschaften öffentlichen Rechts bzw BgA und gemeinnützigen Einrichtungen; Liebhaberei-Verordnung § 5).

Die **Übertragung stiller Reserven** (§ 12 EStG; vgl Tz 112) kommt im Bereich des KStG nicht zur Anwendung.

Trennungsprinzip in der KSt: Die KSt ist vom „Trennungsprinzip" beherrscht; dies betrifft insbesondere Kapitalgesellschaften. Danach werden die Gewinne zunächst bei der Kapitalgesellschaft besteuert (KSt); der Gesellschafter unterliegt mit seinen Gewinnen aus der Kapitalgesellschaft erst dann der ESt, wenn die Gesellschaft die Gewinne an den Gesellschafter ausschüttet (idR KESt). Daraus ergibt sich die Trennung der Gesellschaftsebene von der Gesellschafterebene. Daher sind in weiterer Folge auch rechtsgeschäftliche Beziehungen zwischen dem Gesellschafter und der Gesellschaft anzuerkennen (Beispiele: Geschäftsführertätigkeit, Darlehensgewährung, Vermietung, Kauf zwischen Gesellschaft und Gesellschafter). Dagegen ist die Personengesellschaft vom Durchgriffsprinzip beherrscht; die Gewinne werden den Gesellschaftern direkt zugerechnet (siehe Tz 125).

III. Körperschaftsteuer

Verluste bei einer Kapitalgesellschaft im Vergleich zu einer Personengesellschaft: Aus dem Trennungsprinzip bzw Durchgriffsprinzip ergeben sich Unterschiede insbesondere auch bei Verlusten. – Eine Kapitalgesellschaft kann ihre Verluste grundsätzlich nur mit späteren Gewinnen verrechnen (keine Zurechnung der Verluste an die Gesellschafter), dagegen werden bei der Personengesellschaft die Verluste direkt den Gesellschaftern zugerechnet, die sie mit ihren anderen Einkünften sofort verrechnen können (ausgenommen kapitalistische Personengesellschaften; § 23 a EStG, dazu auch Tz 123).

Einkunftsarten/Einkünftetransformation

208/1 Eine Körperschaft kann zwar alle Einkunftsarten der ESt haben (§ 7 Abs 2 KStG iVm § 2 Abs 3 EStG), ist jedoch die Körperschaft aufgrund ihrer Rechtsform nach Unternehmensrecht rechnungslegungspflichtig, dann sind ihre gesamten Einkünfte den Einkünften aus Gewerbebetrieb zuzurechnen (§ 7 Abs 3, Einkünftetransformation). Daher hat eine Kapitalgesellschaft **nur Einkünfte aus Gewerbebetrieb,** weil sie nach UGB rechnungslegungspflichtig ist (§§ 6, 189 ff UGB iVm § 7 Abs 3 KStG).

Dagegen kann ein steuerpflichtiger Verein wie eine natürliche Person Einkünfte aus allen sieben Einkunftsarten haben. Im Bereich der betrieblichen Einkünfte kommen daher auch alle Gewinnermittlungsarten in Betracht. Mitgliedsbeiträge unterliegen nicht der KSt (zu gemeinnützigen Einrichtungen siehe oben Tz 203).

Beispiele:
1. Ein Steuerberater bezieht – als natürliche Person – aus seiner Steuerberatung Einkünfte aus selbständiger Arbeit (§ 22 EStG). Betreibt er dagegen die Steuerberatung in Form einer GmbH, dann besteht nach UGB Rechnungslegungspflicht; daher liegen Einkünfte aus Gewerbebetrieb vor.
2. Vermietet eine GmbH ein Gebäude, liegen Einkünfte aus Gewerbebetrieb vor. Dagegen gehören bei einem Verein die Mieteinkünfte zu den Einkünften aus Vermietung und Verpachtung. Ist allerdings der Verein gemeinnützig und damit steuerbefreit, dann unterliegen die Mieteinkünfte nicht der KSt.
3. Betreibt eine Aktiengesellschaft einen Forstbetrieb, dann erzielt sie auch daraus Einkünfte aus Gewerbebetrieb.

Ermittlung des Einkommens

Für die Ermittlung des Einkommens gelten die gleichen Grundsätze wie in der ESt. Daher sind die Einkünfte je nach Einkunftsart entweder im Rahmen einer Gewinnermittlung (betriebliche Einkünfte) oder im Rahmen der Überschussrechnung zu ermitteln.

Besonderheit bei Kapitalgesellschaften (Gewinnermittlung):

Da **Kapitalgesellschaften** aufgrund der Einkünftetransformation ausschließlich Einkünfte aus Gewerbebetrieb haben (siehe oben) und zugleich rechnungslegungspflichtig sind, ermitteln sie den Gewinn ausschließlich nach § 5 EStG. Dagegen kommen bei **anderen Körperschaften** mit betrieblichen Einkünften alle Gewinnermittlungsarten des EStG in Betracht (zB auch Pauschalierungen).

Betriebe gewerblicher Art haben den Gewinn jedenfalls dann nach § 5 EStG zu ermitteln, wenn sie die Umsatzschwelle von 700.000 € nach § 125 BAO in zwei aufeinanderfolgenden Wirtschaftsjahren überschreiten (§ 7 Abs 3 TS 2 KStG).

7. Einkommensverwendung, Einlagen und Einlagenrückzahlungen **KSt**

Beispiele:
1. Eine Steuerberatungs-GmbH ermittelt den Gewinn zwingend nach § 5 EStG; der Steuerberater dagegen als natürliche Person nach § 4 Abs 3 oder Abs 1.
2. Ein Kloster (Körperschaft öffentlichen Rechts) betreibt einen Kiosk. – Die Gewinnermittlung richtet sich nach den unternehmensrechtlichen Vorschriften zur Rechnungslegung; grundsätzlich kommen alle Gewinnermittlungsarten in Betracht.

7. Einkommensverwendung, Einlagen und Einlagenrückzahlungen

Einkommensverwendung (§ 8 Abs 2 und 3)

Die **Gewinne** der Gesellschaft (Körperschaft) unterliegen der KSt. Auch wenn sie an die Gesellschafter ausgeschüttet werden, gehören die Gewinnausschüttungen zur Einkommensverwendung und kürzen daher nicht den steuerlichen Gewinn (§ 8 Abs 2). Beim Gesellschafter führt die Gewinnausschüttung zu Einnahmen aus der Beteiligung (Einkünfte aus Kapitalvermögen; allenfalls betriebliche Einkünfte, wenn die Anteile zu einem Betriebsvermögen gehören).

209

Vom steuerlichen Gewinn ist der Gewinn nach dem UGB zu unterscheiden. Der unternehmensrechtliche Gewinn ist um die KSt gekürzt und steht zur Gewinnausschüttung zur Verfügung.

Zum steuerlichen Gewinn gehören auch **verdeckte (Gewinn-)Ausschüttungen** (vGA), das sind **Vorteile,** die der Gesellschafter aufgrund seiner Gesellschafterstellung **außerhalb eines ordnungsgemäßen Gewinnverteilungsbeschlusses** erhält (zB Leistungen der Gesellschaft an den Gesellschafter zu unangemessen niedrigem Entgelt oder Leistungen des Gesellschafters an die Gesellschaft zu überhöhtem Entgelt). Verdeckte Gewinnausschüttungen sind grundsätzlich gleich zu behandeln wie offene Gewinnausschüttungen: Sie mindern nicht den steuerpflichtigen Gewinn der Gesellschaft; beim Gesellschafter führt die vGA zu Einnahmen aus der Beteiligung.

Für die **Angemessenheit** eines Entgelts ist der Fremdvergleich maßgeblich (wie bei Verträgen zwischen nahen Angehörigen). Voraussetzung für eine verdeckte Gewinnausschüttung ist die **subjektive Absicht,** dem Gesellschafter einen Vorteil zuzuwenden (BFG 9. 3. 2021, RV/5101598/2016).

Beispiele:
1. Die Gesellschaft verkauft dem Gesellschafter eine Liegenschaft mit einem Verkehrswert von 200.000 € um nur 100.000 €: Die Gesellschaft hat an den Gesellschafter um 100.000 € zu billig verkauft. Bei der Gesellschaft ist ein Ertrag von 100.000 € zu fingieren, der an den Gesellschafter als ausgeschüttet gilt.
2. Die Gesellschaft kauft vom Gesellschafter eine Liegenschaft um 250.000 €, obwohl sie einen Verkehrswert von nur 100.000 € hat: Die Gesellschaft hat vom Gesellschafter zu teuer gekauft. Bei der Gesellschaft ist das Grundstück mit 100.000 € zu aktivieren. Der überhöhte Teil der Anschaffungskosten iHv 150.000 € ist unternehmensrechtlich als sonstiger Aufwand zu verbuchen und

III. Körperschaftsteuer

steuerlich dem Gewinn wieder hinzuzurechnen. Beim Gesellschafter ist neben der vGA von 150.000 € der Veräußerungsgewinn für das Grundstück steuerpflichtig. Da der überhöhte Teil des Veräußerungsgewinnes bereits als vGA erfasst wird, ist als Veräußerungserlös für das Grundstück der Verkehrswert von 100.000 € heranzuziehen (vgl auch *Doralt/Ruppe* I[12], Rz 968).

3. Der Gesellschafter-Geschäftsführer erhält für seine Geschäftsführung statt angemessenen 4.000 € einen überhöhten Bezug von 7.500 €. Bei der Gesellschaft sind lediglich 4.000 € als Betriebsausgaben abzugsfähig; 3.500 € sind als verdeckte Ausschüttung dem Gewinn wieder hinzuzurechnen. Beim Gesellschafter liegen in Höhe von 4.000 € Einkünfte aus (sonstiger) selbständiger Arbeit vor und in Höhe von 3.500 € Einkünfte aus Kapitalvermögen.

Der Begriff der „verdeckten" Gewinnausschüttung signalisiert, dass es sich um Zuwendungen an den Gesellschafter handelt, die nach außen hin nicht als Zuwendungen erkennbar sind, insbesondere auch nicht für die Abgabenbehörde. Allerdings kommt es darauf nicht an: Eine verdeckte Gewinnausschüttung liegt auch dann vor, wenn die Zuwendung zwar offengelegt wird, aber nicht im Rahmen eines ordnungsgemäßen Gewinnverteilungsbeschlusses erfolgt.

Wird die verdeckte Gewinnausschüttung gegenüber der Behörde nicht offengelegt, dann können sich daraus ua finanzstrafrechtliche Folgen ergeben.

Einlagen und Einlagenrückzahlung (§ 8 Abs 1)

210 **Einlagen** der Gesellschafter bleiben bei der Ermittlung des Einkommens der Gesellschaft außer Ansatz (§ 8 Abs 1). Einlagen erhöhen daher nicht den Gewinn, sind also gewinn- und damit steuerneutral. Umgekehrt mindert auch eine **Einlagenrückzahlung** nicht den Gewinn der Gesellschaft.

Beim **Gesellschafter** ist eine Einlage und ihre Rückzahlung grundsätzlich ebenfalls steuerneutral: **Einlagen** (Gesellschafterzuschüsse) erhöhen beim Gesellschafter als nachträgliche Anschaffungskosten nur die ursprünglichen Anschaffungskosten der Beteiligung; **Einlagenrückzahlungen** vermindern die Anschaffungskosten der Beteiligung. Bei Zahlungen an den Gesellschafter muss daher unterschieden werden, ob die Zahlungen aus dem Gewinn der Gesellschaft stammen (dann unterliegt die Zahlung beim Gesellschafter der KESt) oder ob sie rückgezahlte Einlagen sind (dann KESt-frei). Allerdings unterscheidet das Unternehmensrecht nicht, ob die Gewinnausschüttung aus dem Gewinn oder aus einer Einlage stammt. Daher müssen für steuerliche Zwecke Evidenzkonten geführt werden, in denen der jeweilige Stand der Einlagen und verfügbaren Gewinne ersichtlich ist (§ 4 Abs 12 EStG; siehe auch den Einlagenrückzahlungs- und Innenfinanzierungserlass, BMF-AV Nr 155/2017; *Doralt/Ruppe* I[12], Tz 993 ff).

Das Gesetz bezeichnet die Einlagenrückzahlung als „Veräußerung der Beteiligung": Die Einlage wird als tauschähnlicher Vorgang gesehen (Veräußerung des eingelegten Vermögens gegen Anteile); dementsprechend ist die Rückzahlung der Einlage als „Rücktausch" und insoweit als Veräußerungstatbestand zu sehen.

Beispiel:

A ist Alleingesellschafter der A-GmbH und leistet an die notleidende GmbH eine Einlage von 50.000 € (zugleich eine Kapitalrücklage nach § 229 UGB). Nach fünf Jahren erzielt die GmbH erstmals einen Gewinn von 10.000 € und schüttet den Gewinn im Rahmen eines Gewinnverteilungsbeschlusses an den Gesellschafter aus (unternehmensrechtlich eine Gewinnausschüttung). Erfolgt jedoch die Gewinnausschüttung zu Lasten der Kapitalrücklage, dann liegt – steuerlich –

beim Gesellschafter nicht eine Gewinnausschüttung vor, sondern eine Einlagenrückzahlung (KESt-frei).

Von der Einlagenrückzahlung ist die (gesellschaftsrechtlich verbotene) **Einlagenrückgewähr** zu unterscheiden (§ 52 AktG, § 82 GmbHG), insbesondere in Form verdeckter Gewinnausschüttungen (siehe dazu Tz 209).

Verdeckte Einlagen sind Einlagen, die äußerlich nicht als Einlagen in Erscheinung treten. Es liegen Vermögenszuwendungen des Gesellschafters an die Gesellschaft vor, die alleine durch das Gesellschaftsverhältnis veranlasst sind (Spiegelbild der verdeckten Gewinnausschüttung; zB Forderungsverzicht des Gesellschafters). Auch sie erhöhen den Gewinn der Gesellschaft nicht; sie sind vielmehr nachträgliche Anschaffungskosten der Beteiligung. **Nutzungseinlagen** gelten im KStG nicht als Einlagen (dazu *Doralt/Ruppe* I^{12}, Tz 968).

Gewährt der Gesellschafter der Gesellschaft ein zinsenfreies Darlehen oder überlässt er der Gesellschaft ein Gebäude unentgeltlich zur Nutzung, dann gelten die ersparten Aufwendungen der Gesellschaft nicht als Einlage.

Auch das **verdeckte Eigenkapital** (nach außen Fremdkapital) hat seine Ursache im Gesellschaftsverhältnis: Gewährt zB ein Gesellschafter persönlich der Gesellschaft ein Darlehen, weil sie nicht mehr kreditwürdig ist, aber entsprechendes Kapital benötigt, dann wird ein solches Darlehen wie Eigenkapital behandelt („eigenkapitalersetzendes Darlehen"); als Folge sind die Darlehenszinsen bei der Gesellschaft nicht Betriebsausgaben, sondern Teil des Gewinns (§ 8 Abs 2 erster Teilstrich); die ausgezahlten Zinsen stellen eine verdeckte Gewinnausschüttung dar (siehe dazu oben Tz 209).

Das Problem der eigenkapitalersetzenden Gesellschafterleistungen stellt sich auch im Gesellschaftsrecht und im Insolvenzrecht. Nach dem Eigenkapitalersatz-Gesetz gilt ein Kredit, den ein Gesellschafter in der Krise gewährt, als eigenkapitalersetzend.

8. Befreiung für Beteiligungserträge (§ 10)

Vorbemerkungen: 211

Würde jede Gewinnausschüttung einer Kapitalgesellschaft (Tochtergesellschaft) an eine beteiligte Kapitalgesellschaft (Muttergesellschaft) eine Steuerpflicht auslösen, dann würden Gewinnausschüttungen im Konzern zu einer Mehrfachbesteuerung führen (zuerst in der Tochtergesellschaft und dann als ausgeschütteter Gewinn nochmals bei der Muttergesellschaft). Auf diese Weise würde der Gewinn, der mehrere Kapitalgesellschaften durchläuft, zu einem großen Teil „wegbesteuert" werden; die Bildung von Konzernen wäre aus steuerlichen Gründen nicht möglich, selbst wenn die Ausgliederung einzelner Unternehmensteile in eigene Kapitalgesellschaften aus organisatorischen und strukturellen Überlegungen geboten wäre. Aus diesem Grund werden Beteiligungserträge bei der Muttergesellschaft steuerfrei gestellt. Damit wird erreicht, dass Gewinne im Konzern nur einmal mit Körperschaftsteuer belastet werden, und zwar bei der Tochtergesellschaft, die den Gewinn auch erwirtschaftet hat. Einschränkungen bestehen nur bei Gewinnanteilen von Tochtergesellschaften in Drittstaaten.

Das KStG spricht von **„Beteiligungen"**, meint damit aber ganz allgemein Anteile an Körperschaften, insbesondere an Kapitalgesellschaften. Dagegen liegt nach dem

III. Körperschaftsteuer

UGB eine Beteiligung erst dann vor, wenn die Anteile an dem Unternehmen „dem eigenen Geschäftsbetrieb durch eine dauernde Verbindung zu diesem Unternehmen dienen" (§ 189a Z 2 UGB; im Zweifel ab einer Anteilsgröße von 20%).

Als **„Schachtelbeteiligung"** bezeichnet man eine qualifizierte Beteiligung (im KStG ab 10%; vgl Tz 211/2).

Als **„Portfolio"** (begrifflich: Sammlung von Objekten eines bestimmten Typs) wird bei Wertpapieren eine Veranlagung verstanden, die einer bestimmten Anlagestrategie folgt. Als „qualifizierte Portfoliobeteiligungen" versteht das KStG Beteiligungen von mindestens 5% (§ 10a Abs 7).

Bei der Befreiung von Beteiligungserträgen im weiteren Sinn sind zu unterscheiden (§ 10):
– Gewinnanteile,
– Veräußerungsgewinne.

1. Allgemeine Beteiligungsertragsbefreiung (§ 10 Abs 1 Z 1 bis 6)

211/1 **Unabhängig von der Beteiligungshöhe und der Beteiligungsdauer** sind insbesondere steuerfrei

– Gewinnanteile aus inländischen Körperschaften (Z 1 bis 4),
– Gewinnanteile aus vergleichbaren ausländischen Körperschaften, wenn mit dem Staat eine „umfassende Amtshilfe" besteht. Das ergibt sich bei
  – EU/EWR Gesellschaften jedenfalls (Z 5), und bei
  – Drittlandgesellschaften, wenn ein entsprechendes Abkommen besteht (Z 6).

Als **„umfassende Amtshilfe"** gilt eine Amtshilfe dann, wenn sie nicht bloß zur Durchführung eines DBA dient, sondern darüber hinaus auch zur Durchführung (Sicherung) der innerstaatlichen Besteuerung („große Auskunftsklausel", Art 26 Abs 1 OECD-Musterabkommen).

Dagegen sind **Veräußerungsgewinne** aus der Veräußerung einer Beteiligung iSd Abs 10 Abs 1 Z 1 bis 6 steuerpflichtig.

Teilwertabschreibungen und **Veräußerungsverluste** sind verteilt auf sieben Jahre abzuschreiben (§ 12 Abs 3 Z 2).

Kapitalertragsteuer: Gewinnausschüttungen aus einer inländischen Tochtergesellschaft unterliegen grundsätzlich der KESt, auch wenn sie bei der empfangenden Gesellschaft (Muttergesellschaft) steuerfrei sind und die KESt rückerstattet wird. Bei einer Beteiligung von mindestens 10% unterbleibt der KESt-Abzug (dazu Tz 223).

2. Internationales Schachtelprivileg (§ 10 Abs 2) (Qualifizierte Beteiligungsertragsbefreiung)

211/2 **Ohne umfassende Amtshilfe** bleiben Beteiligungserträge aus Drittlandgesellschaften (siehe oben Tz 211/1) nur steuerfrei, wenn eine internationale Schachtelbeteiligung iSd § 10 Abs 2 vorliegt.

8. Befreiung für Beteiligungserträge (§ 10)   KSt

Eine **internationale Schachtelbeteiligung** liegt vor, wenn die Beteiligung
- mindestens 10% beträgt und
- mindestens ein Jahr besteht.

Auf eine Amtshilfe kommt es hier nicht an, weil ansonsten die Gründung von Tochtergesellschaften im Ausland behindert wäre.

Anders als bei Beteiligungen an inländischen Körperschaften ist auch der **Veräußerungsgewinn** aus der Veräußerung einer internationalen Schachtelbeteiligung ist steuerfrei (§ 10 Abs 3 erster Satz), doch kann auf die Befreiung verzichtet werden.

Option auf Steuerpflicht bei internationaler Schachtelbeteiligung (§ 10 Abs 3 vierter Satz): Die Steuerbefreiung für den Veräußerungsgewinn einer internationalen Schachtelbeteiligung ist nicht unbedingt vorteilhaft, weil spiegelbildlich auch Wertverluste nicht geltend gemacht werden können (keine Teilwertabschreibung der Beteiligung, wenn der Veräußerungsgewinn steuerfrei ist). Aus diesem Grund kann auf die Steuerpflicht optiert werden. Die Option ist mit der Anschaffung der Beteiligung auszuüben und ist auf Veräußerungsgewinne beschränkt. Laufende Gewinnanteile (Dividenden) sind auch bei Ausübung der Option steuerfrei.

Beispiel:
Die inländische Muttergesellschaft ist an folgenden Gesellschaften beteiligt:
1. an einer inländischen Gesellschaft mit 20%: Veräußerungsgewinn ist steuerpflichtig (unabhängig von der Beteiligungshöhe),
2. an einer Gesellschaft in einem anderen Mitgliedstaat zu 5%: Veräußerungsgewinn ist steuerpflichtig,
3. an einer Gesellschaft in einem anderen Mitgliedstaat zu 10%: Veräußerungsgewinn ist steuerfrei, außer die Option auf Steuerpflicht wurde im Jahr der Anschaffung der Beteiligung ausgeübt (Internationales Schachtelprivileg),
4. an einer Gesellschaft in Japan zu 10%: Veräußerungsgewinn ist steuerfrei, außer die Option auf Steuerpflicht wurde ausgeübt (Internationales Schachtelprivileg).

3. Maßnahmen gegen Gewinnverschiebungen (§ 10a) *(Passiveinkünfte niedrig besteuerter Körperschaften)*

Unterhält eine inländische Körperschaft eine Tochtergesellschaft in einem Niedrigsteuerland, und werden in dieser Tochtergesellschaft passive Einkünfte (wie Lizenzgebühren oder Zinsen) „geparkt", sieht das KStG als Maßnahme gegen die Niedrigbesteuerung die Hinzurechnungsbesteuerung und den Methodenwechsel vor.   211/3

1. Hinzurechnungsbesteuerung (§ 10a Abs 1 Z 1 iVm Abs 4 und 5):

Danach werden Gewinne der im Ausland niedrig besteuerten Tochtergesellschaft der Muttergesellschaft zugerechnet, wenn diese Gewinne aus Passiveinkünften (Zinsen, Lizenzen, ua) stammen.

Voraussetzungen für die Hinzurechnungsbesteuerung sind insbesondere:
- beherrschende Stellung an der Tochtergesellschaft (mehr als 50% alleine oder zusammen mit verbundenen Unternehmen),

III. Körperschaftsteuer

– Steuerbelastung der Tochtergesellschaft im Ausland mit nicht mehr als 12,5% (Abs 3),
– Einkünfte der Tochtergesellschaft zu mehr als einem Drittel aus Passiveinkünften.

Kommt es zur Hinzurechnung der Passiveinkünfte im Inland, kann eine allenfalls im Ausland erhobene (niedrigere) Steuer zur Vermeidung der Doppelbesteuerung auf die inländische KSt angerechnet werden (§ 10a Abs 9).

2. Methodenwechsel (Wechsel von der Befreiungsmethode zur Anrechnungsmethode; § 10a Abs 1 Z 2 iVm Abs 7):

Findet zwar keine Hinzurechnungsbesteuerung statt (insbesondere, weil die Muttergesellschaft nicht beherrschend beteiligt ist), liegt aber der Unternehmensschwerpunkt der niedrig besteuerten Tochtergesellschaft in der Erzielung von Passiveinkünften, dann tritt an die Stelle der Beteiligungsertragsbefreiung (§ 10) eine Besteuerung der Gewinnausschüttung. Auf Antrag kann auch hier eine Anrechnung der im Ausland erhobenen (niedrigen) Steuer auf die im Inland erhobene (höhere) Steuer vorgenommen werden (daher „Methodenwechsel"; § 10a Abs 7 iVm Abs 9 Z 4).

Betroffen davon sind
– internationale Schachtelbeteiligungen und
– Beteiligungen von mindestens 5% an einer ausländischen Tochtergesellschaft.

Die Hinzurechnungsbesteuerung und der Methodenwechsel haben zwar eine vergleichbare Stoßrichtung (Maßnahmen gegen die Gewinnverschiebung in Niedrigsteuerstaaten), unterscheiden sich aber wesentlich: Bei der Hinzurechnungsbesteuerung werden bereits die nicht ausgeschütteten Gewinne aus Passiveinkünften der inländischen Muttergesellschaft hinzugerechnet, dagegen greift der Methodenwechsel erst im Zeitpunkt der Ausschüttung. Die Gewinne können daher weiterhin auf Ebene der Gesellschaft steuergünstig im Ausland thesauriert werden. Erfolgt bereits eine Hinzurechnungsbesteuerung, schließt dies einen späteren Methodenwechsel anlässlich der Ausschütung aus, weil es ansonsten zu einer Doppelbesteuerung in Österreich käme (§ 10a Abs 7 Z 2).

EU-Meldepflichtgesetz: Zur Bekämpfung der Steuervermeidung sind bestimmte grenzüberschreitende Gestaltungen den Abgabenbehörden zu melden.

9. Gruppenbesteuerung (§ 9)

(Doralt/Ruppe I[12], Tz 937 ff)

212 **Aufgrund des Trennungsprinzips** bei Körperschaften können **Gewinne** und **Verluste zwischen Mutter- und Tochtergesellschaften** grundsätzlich **nicht ausgeglichen werden.** Das Gesetz ermöglicht jedoch einen solchen

9. Gruppenbesteuerung (§ 9) **KSt**

Ausgleich zwischen **finanziell verbundenen Körperschaften** („Gruppenbesteuerung").

Die wesentlichen Merkmale der Gruppenbesteuerung sind:
- ein oder mehrere Gruppenträger (Muttergesellschaft),
- ein oder mehrere Gruppenmitglieder (Tochtergesellschaft),
- die finanzielle Verbindung,
- die Ergebniszurechnung,
- Steuerausgleich in der Gruppe,
- der Gruppenantrag.

213

Gruppenträger können insbesondere sein (§ 9 Abs 3)
- unbeschränkt steuerpflichtige Kapitalgesellschaften,
- beschränkt steuerpflichtige EU-Kapitalgesellschaften mit einer inländischen Zweigniederlassung (europarechtlich problematisch; BFG 31. 3. 2022, RV/7104573/2020).

Gruppenmitglieder können insbesondere sein (§ 9 Abs 2):
- unbeschränkt steuerpflichtige Kapitalgesellschaften sowie Erwerbs- und Wirtschaftsgenossenschaften,
- vergleichbare ausländische Körperschaften innerhalb der EU oder einem Drittstaat mit umfassender Amtshilfe; allerdings nur in der „ersten Auslandsebene".

Finanzielle Verbindung (§ 9 Abs 4): Zwischen Gruppenträger und Gruppenmitgliedern muss eine entsprechende finanzielle Verbindung **von mehr als 50%** bestehen, und zwar insbesondere durch eine
- **Unmittelbare Einzelbeteiligung,**
- **Mittelbare Beteiligung** über eine Personengesellschaft oder andere Gruppenmitglieder,
- **Kombination** von unmittelbaren und mittelbaren Beteiligungen (ausführlich dazu mit Beispielen *Doralt/Ruppe* I[12], Rz 941 ff).

Auf Ebene des Gruppenträgers kann die finanzielle Verbindung auch über eine Beteiligungsgemeinschaft („Mehrmüttergruppe") hergestellt werden. Der Gruppenträger ist in diesem Fall eine Beteiligungsgemeinschaft, wobei eine Körperschaft mindestens zu 40% (Kerngesellschafter) und eine zweite oder weitere Körperschaft mit mindestens 15% am Gruppenmitglied beteiligt sein muss.

Die finanzielle Verbindung muss während des gesamten Wirtschaftsjahres bestehen (§ 9 Abs 5).

Ergebniszurechnung (§ 9 Abs 6): Jedes inländische Gruppenmitglied hat zunächst sein eigenes steuerliches Ergebnis zu ermitteln; dieses Ergebnis wird dem jeweils nächsthöheren Gruppenmitglied in voller Höhe (!) zugerechnet, bis beim Gruppenträger alle Ergebnisse (Gewinne und Verluste) der Gruppe zusammengefasst und der Besteuerung unterworfen werden (zum Verfahren siehe unten). Ausländische Gruppenmitglieder rechnen dagegen nur Verluste im Ausmaß ihrer Beteiligung zu (dazu noch Tz 216)

214

III. Körperschaftsteuer

Steuerausgleich: Die Ergebniszurechnung erfolgt bei inländischen Gruppenmitgliedern in voller Höhe **unabhängig vom Beteiligungsausmaß** (siehe auch oben). Auch bei einer Beteiligung von nur 51% ist daher das Gesamtergebnis der Tochtergesellschaft (also 100%) dem Gruppenträger zuzurechnen und bei ihm zu versteuern. Da danach der Gruppenträger unabhängig von der Beteiligungshöhe die gesamte Steuer auch für die Gruppenmitglieder schuldet, ist eine entsprechende Vereinbarung zwischen den Gruppenmitgliedern über den **Steuerausgleich** erforderlich (**„Gruppenvertrag"**). Das Gleiche gilt, wenn das inländische Gruppenmitglied einen Verlust ausweist, der aber steuerlich vom Gruppenträger verwertet wird.

215 Beispiel:

Die Muttergesellschaft (Gruppenträgerin) ist an der Tochtergesellschaft (Gruppenmitglied) zu 70% beteiligt. Das Gruppenmitglied erzielt im laufenden Jahr einen Verlust von 100.000 €.

Obwohl die Muttergesellschaft nur zu 70% an der Tochtergesellschaft beteiligt ist, kann die Muttergesellschaft den gesamten Verlust in Höhe von 100.000 € mit dem eigenen Gewinn verrechnen; daraus erzielt die Muttergesellschaft eine entsprechende Steuerreduzierung, andererseits geht der Tochtergesellschaft der Verlust für eine Verrechnung mit späteren Gewinnen verloren.

Im Gruppenvertrag muss daher vereinbart werden, in welcher Form die Muttergesellschaft ihre Tochtergesellschaft entschädigt (Steuerausgleich).

In welcher Form der Steuerausgleich erfolgt, regelt das Gesetz nicht, bleibt also dem Gruppenträger und dem Gruppenmitglied überlassen.

Gruppenantrag (§ 9 Abs 8): Als formale Voraussetzung haben die Gruppenmitglieder gemeinsam mit dem Gruppenträger einen Gruppenantrag zu unterfertigen, der an das für den Gruppenträger zuständige Finanzamt gerichtet ist. Der Gruppenantrag muss insbesondere die Regelung über den Steuerausgleich (Gruppenvertrag) enthalten.

Mindestdauer (§ 9 Abs 10): Die Unternehmensgruppe muss für mindestens drei Jahre bestehen.

216 **Verluste von inländischen Gruppenmitgliedern** (§ 9 Abs 6 Z 4): Verluste, die beim Gruppenmitglied entstehen, sind steuerlich dem Gruppenträger zuzurechnen und werden daher mit seinen Gewinnen kompensiert. Dies gilt allerdings nur für Verluste, die die Tochtergesellschaft während ihrer Mitgliedschaft zur Gruppe erwirtschaftet hat. **Vorgruppenverluste,** also Verluste, die die Tochtergesellschaft vor ihrer Zugehörigkeit zur Gruppe erwirtschaftet hat, sind daher dem Gruppenträger nicht zuzurechnen. Dagegen kann allerdings der Gruppenträger seine eigenen früheren Verluste (Vorgruppenverluste) mit den Gewinnen der anderen Gruppenmitglieder verrechnen.

Verluste von ausländischen Gruppenmitgliedern sind dem unmittelbar beteiligten Gruppenmitglied bzw dem Gruppenträger zuzurechnen, jedoch nur im Ausmaß der unmittelbaren Beteiligung an dem ausländischen Mitglied (§ 9 Abs 6 Z 6). Die ausländischen Verluste sind auf österreichisches Steuerrecht umzurechnen; sollte sich aus dieser Umrechnung ein höherer Verlust ergeben als nach ausländischem Steuerrecht, ist die Verlustberücksichtigung mit dem nach ausländischem Steuerrecht ermittelten niedrigeren Verlust begrenzt. Außerdem können die Verluste nur im Ausmaß von 75% der Summe der eigenen Ergebnisse sämtlicher inländischer Gruppenmitglieder sowie des Gruppenträgers zugerechnet werden. Eine Zurechnung von Vorgruppenverlusten scheidet ebenso aus.

Nachversteuerung bei ausländischen Gruppenmitgliedern: Bei späterer Verlustverwertung im Ausland (insbesondere mittels ausländischem Verlustvortrag) kommt es zu einer Nachversteuerung des verwerteten Verlustbetrages in Österreich durch Hinzurechnung zum inländischen Ergebnis. Ebenfalls zu einer Nachversteuerung kommt es, wenn das ausländische Gruppenmitglied aus der Gruppe ausscheidet (und kein tatsächlicher und endgültiger Vermögensverlust vorliegt; § 9 Abs 6 Z 7).

Gewinne von ausländischen Gruppenmitgliedern werden mangels Besteuerungsrecht der Republik Österreich nicht im Rahmen der Gruppenbesteuerung erfasst.

Bei Beteiligungen an Gruppenmitgliedern kommt eine **Abschreibung auf den niedrigeren Teilwert** nicht in Betracht; ansonsten käme es zu einer Mehrfachverwertung von Verlusten, wenn der Wertverlust der Beteiligung sich aus den Verlusten in der Gesellschaft ergibt und die Verluste bereits im Rahmen der Gruppenbesteuerung erfasst werden (§ 9 Abs 7).   217

Das **Besteuerungsverfahren** erfolgt in zwei Stufen (§ 24a):
– In der ersten Stufe wird für jedes Gruppenmitglied das Einkommen in einem eigenen Feststellungsverfahren ermittelt und bescheidmäßig festgestellt.
– In der zweiten Stufe werden im Rahmen der Veranlagung des Gruppenträgers die Ergebnisse aller Gruppenmitglieder zusammengerechnet und für den Gruppenträger die Steuer festgesetzt.

10. Nichtabzugsfähige Aufwendungen (§ 12)

(Doralt/Ruppe I¹², Tz 1014 ff)

Die nichtabzugsfähigen Aufwendungen in der KSt entsprechen im Wesentlichen den nichtabzugsfähigen Aufwendungen nach § 20 EStG (insbesondere Repräsentationsaufwendungen und Managerbezüge, soweit sie 500.000 € im Jahr übersteigen). Nichtabzugsfähig sind außerdem insbesondere: 218
– Zuwendungen in Erfüllung des Satzungszweckes (Abs 1 Z 2),
– Aufsichtsratsvergütungen zur Hälfte (Abs 1 Z 7),
– Zinsen und Lizenzgebühren, die an eine Konzerngesellschaft in einer „Steueroase" gezahlt werden, wenn der Steuersatz dort weniger als 10% beträgt (siehe Abs 1 Z 10).

Schuldzinsen für ein Darlehen zum Erwerb von Kapitalanteilen (§ 10) sind abzugsfähig (im Gesetz ausdrücklich klargestellt in § 11 Abs 1 Z 4; ansonsten wäre die Abzugsfähigkeit zweifelhaft, weil auch ein Zusammenhang mit den steuerfreien Beteiligungserträgen besteht, zu den Ausnahmen insbesondere im Konzern siehe § 12 Abs 1 Z 9 und 10).

In der ESt sind dagegen die Schuldzinsen für den Erwerb von Anteilen an einer Kapitalgesellschaft nicht abzugsfähig, weil sie mit endbesteuerten Beteiligungserträgen in Zusammenhang stehen (§ 20 Abs 2 EStG).

III. Körperschaftsteuer

Zinsschranke (§ 12a)

218/1 Übersteigen die abzugsfähigen Zinsaufwendungen die steuerpflichtigen Zinseinnahmen, dann ist der sich daraus ergebende Zinsüberhang nur eingeschränkt bis zu 30% des steuerlichen EBITDA (Earnings Before Interes Tax, Depreciation and Amortization) abzugsfähig (EU-Richtlinie „ATAD").

Die Zinsschranke soll verhindern, dass Konzerne durch Fremdkapitalfinanzierung ihre Gewinne ins Ausland (Niedrigsteuerländer) transferieren.

Sondervorschriften bei „hybriden Gestaltungen" (§ 14)

218/2 Bei international tätigen Konzernen kann der Fall eintreten, dass
- dieselben Aufwendungen in mehreren Staaten abzugsfähig sind (zB doppelter Abzug bei doppelansässigen Körperschaften), oder
- Aufwendungen in einem Staat abzugsfähig sind, aber die korrespondierenden Einnahmen im andern Staat nicht versteuert werden.

Man spricht in diesen Fällen von „hybriden (Steuer-)Gestaltungen". Die sich daraus ergebenden „Steuerdiskrepanzen" neutralisiert das Gesetz zB durch die Versagung des Abzugs im Inland oder durch die Erfassung der Erträge im Inland (EU-Richtlinie, „ATAD 2", § 14).

11. Verlustabzug, Mantelkauf

(Doralt/Ruppe I[12], Tz 1026)

219 **Verluste** aus Vorjahren sind wie in der ESt im Rahmen des **Verlustabzuges als Sonderausgaben** zu berücksichtigen, grundsätzlich jedoch nur im Ausmaß von 75% der gesamten Einkünfte (Verrechnungsgrenze); der insoweit nicht verbrauchte Verlust ist auf das Folgejahr vorzutragen (§ 8 Abs 4 Z 1 und 2; zur ESt siehe Tz 153).

Bei einem **„Mantelkauf"** steht ein Verlustabzug grundsätzlich nicht zu (§ 8 Abs 4 Z 2 lit c); ein Mantelkauf liegt dann vor, wenn eine Gesellschaft entgeltlich erworben wird, aber im Zuge des Erwerbes die wirtschaftliche Identität verloren geht.

Die wirtschaftliche Identität besteht insbesondere dann nicht mehr, wenn
- der Unternehmensgegenstand geändert wird,
- gleichzeitig das Betriebsvermögen wesentlich erweitert wird,
- ein Großteil der Gesellschafter wechselt (Änderung der Gesellschafterstruktur von mehr als 75% auf entgeltlicher Grundlage) und
- die Geschäftsführer überwiegend ausgetauscht werden.

Maßgeblich ist das Gesamtbild der Verhältnisse.

Der Mantelkauf wäre steuerlich zB dann interessant, wenn eine durch Verluste wertlos gewordene Gesellschaft nur aufgrund ihrer Verlustvorträge erworben wird, um die Verlustvorträge steuerlich zu verwerten. Eine Verlustverwertung ist bei einem Mantelkauf nur ausnahmsweise zur Sanierung des Unternehmens mit dem Ziel der Arbeitsplatzsicherung zulässig.

Beispiel:
Eine Gesellschaft hat ihr Grundkapital von 1 Mio € durch Verluste verloren. Die Gesellschaft ist also vermögenslos, hat aber infolge der angesammelten Verluste einen Verlustvortrag von 1 Mio €. Ist dieser Verlustvortrag im Fall der Veräußerung der Beteiligung für das Nachfolgeunternehmen verwertbar, ergibt sich daraus aufgrund des Steuersatzes von 24% eine Steuerersparnis von 240.000 €. – Sind daher die Verluste steuerlich verwertbar, dann hat die Gesellschaft (als „Mantel") auch einen entsprechenden Wert, obwohl sie nach ihrem Vermögensstand eigentlich wertlos ist.

12. Liquidation (§ 19)

(Doralt/Ruppe I[12], Tz 1028 ff)

Für die Liquidation besteht ein **besonderer Besteuerungszeitraum bis zu 3 Jahren,** im Insolvenzverfahren bis zu 5 Jahren (verlängerbar); damit können in der Liquidationsphase Verluste mit früheren Gewinnen ausgeglichen werden (faktischer Verlustrücktrag). Eine Steuersatzbegünstigung besteht nicht (Unterschied zur ESt).

220

Bei den Gesellschaftern unterliegt der Unterschiedsbetrag zwischen dem ausgezahlten Liquidationserlös und den Anschaffungskosten der Beteiligung nach den Grundsätzen der Beteiligungsveräußerung der Einkommensteuer (vgl zB § 27 Abs 6 Z 3 EStG; unabhängig vom Beteiligungsausmaß).

13. Steuersatz und Erhebung der Steuern (§§ 22 bis 24)

(Doralt/Ruppe I[12], Tz 1042 ff)

Der **Steuersatz** beträgt **24%** (ab 2023; vorher 25%; ab 2024 reduziert auf 23%; ÖkoStRefG 2022 I).

221

Bei steuerbefreiten Körperschaften, die mit der Abzugsteuer beschränkt steuerpflichtig sind (siehe oben Tz 204 f), ist die KSt durch den Steuerabzug (insbesondere der KESt) grundsätzlich abgegolten (§ 24 Abs 2).

Bezieht eine **gemeinnützige Einrichtung** steuerpflichtige Einkünfte aus einem Geschäfts- oder Hilfsbetrieb, dann kürzt sich das Einkommen um einen **Freibetrag** von 10.000 € (§ 23; vgl auch KStR Rz 1519).

Bei Aktiengesellschaften und GmbH besteht eine **Mindestkörperschaftsteuer** in Höhe von 5% der Mindesthöhe des Grund- und Stammkapitals (§ 24 Abs 4 KStG).

Das Stammkapital bei der GmbH beträgt mindestens 35.000 € (§ 6 GmbHG); bei der Aktiengesellschaft beträgt das Grundkapital 70.000 € (§ 7 AktG). Daraus ergibt sich eine Mindestkörperschaftsteuer bei der GmbH von 1.750 € pro Jahr und bei der Aktiengesellschaft von 3.500 € pro Jahr.

Bei einer neugegründeten GmbH besteht die Möglichkeit, für die Dauer von höchstens zehn Jahren eine sogenannte „gründungsprivilegierte Stammeinlage" iHv mindestens 10.000 € festzusetzen (§ 10b GmbHG). Auch die Mindest-KSt reduziert sich (dazu § 24 Abs 4 Z 3).

III. Körperschaftsteuer

Im Rahmen der Gruppenbesteuerung ist für jedes Gruppenmitglied die Mindeststeuer zu entrichten, wenn das Gesamteinkommen der Unternehmensgruppe nicht ausreichend positiv ist (§ 24a Abs 4 Z 1).

Für die Entrichtung und Veranlagung der KSt sind die Vorschriften des EStG sinngemäß anzuwenden (§ 24); die Regeln für die Anspruchszinsen gelten ebenfalls wie in der ESt (Nachforderungszinsen und Gutschriftzinsen; § 205 BAO).

Ermäßigt besteuert werden **Sanierungsgewinne** im Zusammenhang mit einem Sanierungsplan (§ 23a). Die Begünstigung setzt den Fortbestand (Sanierung) des Unternehmens voraus (anders vergleichsweise die Ermäßigung für den Schulderlass nach § 36 EStG; siehe dazu Tz 162).

Verweigerung der Empfängernennung: Werden Betriebsausgaben geltend gemacht, wird aber trotz Aufforderung durch das FA der Empfänger nicht genannt, dann ist die Betriebsausgabe nicht anzuerkennen (§ 162 BAO). Zusätzlich hat die Körperschaft von dem nicht anerkannten Betrag einen Zuschlag von 25% KSt zu entrichten (§ 22 Abs 3). – Das ergibt in der Summe rund 50% des an den nicht genannten Empfänger gezahlten Betrages und entspricht damit der Steuer, die sich der Empfänger bei der ESt (bis zu 50%) erspart, wenn er diesen Betrag nicht versteuert (hinterzieht).

14. Zuständigkeit

222 Zuständig für die KSt ist grundsätzlich das FA Österreich, in besonderen Fällen das FA für Großbetriebe (§§ 60, 61 BAO).

15. Kapitalertragsteuer auf Gewinnausschüttungen (§§ 93 ff EStG)

223 Schüttet eine inländische Kapitalgesellschaft Gewinne an ihre Gesellschafter aus, dann hat sie von den ausgeschütteten Gewinnen Kapitalertragsteuer (KESt) einzubehalten (§ 93; Ausnahmen: §§ 94 ff): Schuldner der KESt ist zwar der Gesellschafter, doch hat die Gesellschaft die KESt einzubehalten und an das Finanzamt abzuführen. Der an den Gesellschafter ausgezahlte Gewinnanteil (Dividende) ist daher um die KESt bereits gekürzt.

Die KESt beträgt **27,5%** (§ 93 iVm § 27a Abs 1); für **natürliche Personen** ist die Einkommensteuer damit abgegolten (§ 97 Abs 1, Endbesteuerung). Ist allerdings die ESt nach dem Einkommensteuertarif des Gesellschafters niedriger als 27,5%, dann kann der Gesellschafter beantragen, mit den Gewinnanteilen zur ESt veranlagt zu werden (§ 27a Abs 5); in diesem Fall wird die KESt auf die Einkommensteuerschuld angerechnet (§ 97 Abs 2).

Eine KESt ist grundsätzlich auch dann abzuziehen und an das FA abzuführen, wenn der Empfänger eine **Kapitalgesellschaft** ist (und bei ihr steuerfreie Beteiligungserträgnisse iSd § 10 Abs 1 KStG vorliegen). Der Abzug der KESt unterbleibt, wenn die Muttergesellschaft (Empfänger der Kapitalerträge) mindestens zu 10% an der ausschüttenden Gesellschaft beteiligt ist (§ 94 Z 2 EStG); liegt die Beteiligung unter 10%, so kommt es zur Anrechnung und Erstattung der KESt.

Gewinnausschüttungen einer inländischen Tochtergesellschaft an eine **ausländische EU-Muttergesellschaft** iSd Mutter-Tochter-Richtlinie sind ebenfalls von der Einbehaltung der KESt befreit, wenn die Beteiligung mindestens 10% beträgt und mindestens ein Jahr besteht (§ 94 Z 2 EStG; weitere Ausnahmen nach DBA und der DBA-Entlastungsverordnung).

16. Vergleich: Besteuerung von Personengesellschaften und Kapitalgesellschaften

224

Personengesellschaft	**Kapitalgesellschaft**
Durchgriffsprinzip	Trennungsprinzip
Direkte Gewinnzurechnung beim Gesellschafter	Gewinnzurechnung bei der Gesellschaft; dem Gesellschafter werden nur ausgeschüttete Gewinne zugerechnet (*Ausnahme:* Gruppenbesteuerung)
Dienstleistungen an die Gesellschaft, Darlehenshingabe an die Gesellschaft, Vermietung an die Gesellschaft = betriebliche Einkünfte des Gesellschafters aus der Gesellschaft Nur zwischenbetrieblicher Leistungsaustausch zu fremdüblichen Preisen wird anerkannt	Dienstverträge, Darlehensverträge, Mietverträge = Einkünfte aus nichtselbständiger bzw selbständiger Tätigkeit, Einkünfte aus Kapitalvermögen bzw Einkünfte aus Vermietung und Verpachtung
Vermögen des Gesellschafters im Dienste der Gesellschaft: Sonderbetriebsvermögen	Vermögen des Gesellschafters im Dienste der Gesellschaft: bleibt Privatvermögen
Verluste werden dem Gesellschafter direkt zugerechnet (steuerlich beim Gesellschafter verwertbar)	Verluste bleiben in der Gesellschaft (steuerlich beim Gesellschafter nicht verwertbar; *Ausnahme:* Gruppenbesteuerung)
Veräußerung: wie Betriebsveräußerung (§§ 24, 37 EStG)	Veräußerung: Anteilsveräußerung (§ 27 Abs 3 EStG)
Eventuell: GrESt (insb Anteilsvereinigung und Gesellschafterwechsel)	Eventuell: GrESt (Anteilsvereinigung)

III. Körperschaftsteuer

17. Exkurs: Besteuerung der Privatstiftung

(Doralt/Ruppe I[12], Tz 1050 ff)

225 Eine Privatstiftung ist eine juristisch selbständig Vermögensmasse ohne Eigentümer, die vom Stifter mit Vermögen ausgestattet ist, um damit einem vom Stifter bestimmten Zweck zu dienen (§ 1 PSG).

Die Stiftungen nach dem **Privatstiftungsgesetz** sollten mit Hilfe von Steuervorteilen das Abwandern von größeren Vermögensmassen ins Ausland (insbesondere Niedrigsteuerländer) verhindern. Heute sind die steuerlichen Vorteile der Stiftungen jedoch erheblich eingeschränkt.

Die Besteuerung der Stiftung erfolgt auf drei Ebenen:
– die Zuwendung an die Stiftung (Stiftungseingangssteuer, GrESt),
– die laufende Besteuerung der Stiftung (Sonderregelung in der Körperschaftsteuer),
– die Besteuerung der Zuwendungen an die Begünstigten (Kapitalertragsteuer als Ausgangssteuer).

Anmerkung: Aus Anlass der Aufhebung der Erbschafts- und Schenkungssteuer wurde die Besteuerung der Stiftung mit Wirkung ab 1. 8. 2008 zum Teil erheblich geändert: Die Stiftungseingangssteuer für Zuwendungen an die Stiftung nach dem Stiftungseingangssteuergesetz (eingeführt mit dem Schenkungsmeldegesetz 2008) tritt an die Stelle der früheren Erbschafts- und Schenkungssteuer, die auch Zuwendungen an Stiftungen erfasste; Zuwendungen der Stiftung an den Begünstigten unterliegen nur insoweit der Besteuerung, als sie aus Erträgnissen der Stiftung stammen (dazu unten).

Stiftungseingangssteuer, Grunderwerbsteuer

225/1 Widmung des Stiftungsvermögens: idR 2,5% vom Wert der Zuwendung (vgl § 2 StiftEG).

Der Wert der Zuwendung (Bemessungsgrundlage) ergibt sich im Wesentlichen aus dem BewG (§ 1 Abs 5 StiftEG; siehe auch Tz 405). Danach ergibt sich die Bemessungsgrundlage
– grundsätzlich aus dem gemeinen Wert,
– bei Wertpapieren aus dem Kurswert,
– bei Anteilen an Kapitalgesellschaften ebenfalls aus dem Kurswert und bei nicht börsennotierten Werten aus dem gemeinen Wert (ermittelt nach dem Wiener Verfahren).
– Zuwendungen von Grundstücken unterliegen nicht der Stiftungseingangssteuer, sondern der GrESt vom Grundstückswert iSd § 4 GrEStG. Eine über den Grundstückswert hinausgehende Gegenleistung (gemischte Schenkung) unterliegt einem Stiftungseingangssteueräquivalent von 2,5% (dazu § 7 Abs 2 GrEStG).
– Zuwendungen von Todes wegen sind steuerfrei, soweit es sich dabei um endbesteuertes Kapitalvermögen handelt; Anteile an Kapitalgesellschaften sind dagegen immer steuerpflichtig.

Laufende Besteuerung der Stiftung

225/2 Das Einkommen einer Stiftung ergibt sich grundsätzlich wie in der ESt aus den sieben Einkunftsarten (§ 13 iVm § 7 KStG; anders zB bei

17. Exkurs: Besteuerung der Privatstiftung **KSt**

Kapitalgesellschaften, die nur gewerbliche Einkünfte haben, siehe oben Tz 208).

Im Wesentlichen beschränkt sich die Steuerpflicht der Privatstiftung auf
– Einkünfte aus Land- und Forstwirtschaft,
– Einkünfte aus Kapitalvermögen (einschließlich der Veräußerung von Kapitalvermögen, Einkünften aus Derivaten und Kryptowährungen),
– Einkünfte aus Vermietung und Verpachtung,
– Einkünfte aus der Veräußerung von Grundstücken.

Der Steuersatz beträgt 24% bzw 23% ab 2024 (wie auch sonst in der Körperschaftsteuer).

Bei den **Einkünften aus Kapitalvermögen** gilt Folgendes:
– Beteiligungserträge (Dividenden) der Stiftung sind aufgrund der allgemeinen Befreiung für Beteiligungserträgnisse steuerfrei (§§ 10 und 13 Abs 2),
– Zinsen aus Darlehen, die die Stiftung gewährt, unterliegen dem KSt-Satz,
– Zinsen aus Bankeinlagen und Forderungswertpapieren unterliegen einer „Zwischenbesteuerung" zum KSt-Satz,
– Gewinne aus der Veräußerung von Kapitalvermögen unterliegen im Regelfall der „Zwischenbesteuerung" (Ausnahme: Übertragung stiller Reserven bei Veräußerung einer Beteiligung; siehe unten Tz 225/3).

Auf **Einkünfte aus privaten Grundstücksveräußerungen** gem § 30 EStG sind die einkommensteuerrechtlichen Grundsätze sinngemäß anzuwenden. Sie unterliegen ebenfalls der „Zwischenbesteuerung".

Zwischenbesteuerung:

Grundsätzlich kommt es auch bei der Stiftung wie bei der Kapitalgesellschaft zu einer Doppelbesteuerung der Einkünfte: zuerst in der Stiftung und dann bei der späteren Zuwendung an die Begünstigten (siehe unten). Erzielt die Stiftung zB Mieteinnahmen, werden diese Einnahmen zuerst in der Stiftung besteuert und anlässlich der Zuwendung an die Begünstigten mit KESt (KSt plus KESt). 225/3

Bei bestimmten Kapitaleinkünften und bei Grundstücksveräußerungen ist jedoch eine solche Doppelbesteuerung unerwünscht; denn diese Einkünfte sollen wie in der ESt grundsätzlich nur einmal besteuert werden.

Dies wird mit der sogenannten Zwischenbesteuerung erreicht: Wendet die Stiftung ihre Kapitaleinkünfte dem Begünstigten zu, dann unterliegt diese Zuwendung zwar der KESt, doch wird der Stiftung die früher bezahlte KSt rückerstattet, soweit die KSt auf diese Kapitaleinkünfte enfallen ist. Zu diesem Zweck muss die Stiftung entsprechende Aufzeichnungen führen (Evidenzkonten). Das Gleiche gilt für Gewinne aus der Veräußerung von Grundvermögen.

III. Körperschaftsteuer

Beispiel:

> In den Jahren 01 und 02 erzielt die Stiftung jeweils 100.000 € Dividendeneinkünfte und jeweils 100.000 € Zinsen aus Bankeinlagen (in Summe also 400.000 €). Es erfolgt keine Zuwendung an den Begünstigten. Im Jahr 03 werden die Dividenden und die Zinsen dem Begünstigten zugewendet.
> Die Dividenden sind in der Stiftung steuerfrei, die Zinsen werden in den beiden Jahren mit der Zwischenbesteuerung in Höhe des KSt-Satzes besteuert.
> Anlässlich der Zuwendung der insgesamt 400.000 € an den Begünstigten im dritten Jahr wird die Zwischensteuer der Stiftung rückerstattet. Die Zuwendung an den Begünstigten unterliegt der KESt (27,5%; siehe unten).

Veräußerung von Beteiligungen – Übertragung stiller Reserven

Veräußert die Stiftung eine Beteiligung an einer Körperschaft, an der sie mindestens mit 1% beteiligt ist, kann die Besteuerung des Veräußerungsgewinns mit der Zwischensteuer vermieden werden, wenn die Stiftung die Gewinne aus der Beteiligungsveräußerung in eine neue Beteiligung von mehr als 10% reinvestiert (Übertragung der stillen Reserven auf die neue Beteiligung; § 13 Abs 4).

Beispiel:

> Die Stiftung erzielt aus der Veräußerung einer Beteiligung einen Gewinn von 100.000 €. Wendet sie diesen Gewinn nicht im selben Jahr dem Begünstigten zu, dann unterliegt sie mit dem Veräußerungsgewinn der Zwischensteuer zum KSt-Satz. Die Zwischensteuer kann die Stiftung vermeiden, soweit sie die stillen Reserven auf eine mehr als 10%ige Beteiligung an einer Kapitalgesellschaft überträgt.

Besteuerung der Begünstigten

226   Für Zuwendungen der Privatstiftungen an Begünstigte ist zu unterscheiden, ob die Zuwendung aus Erträgnissen der Stiftung stammen oder aber aus den Zuwendungen an die Stiftung:
– Stammen die Zuwendungen aus den Erträgnissen der Stiftung, dann unterliegen die Zuwendungen an den Begünstigten der KESt (27,5%).
– Stammen dagegen die Zuwendungen an die Begünstigten aus den Zuwendungen an die Stiftung (Zuwendungen aus der Substanz der Stiftung), dann sind die Zuwendungen beim Begünstigten steuerfrei.

Dabei gilt der Grundsatz: zuerst steuerpflichtiger Ertrag, und dann steuerfreie Substanz (ausführlich *Doralt/Ruppe* I[12] Tz 1063).

Zuwendungen an die Stiftung vor dem 1. 8. 2008: Stammen die Zuwendungen an den Begünstigten aus Stiftungsvermögen, das der Stiftung vor dem 1. 8. 2008 zugewendet worden ist, dann unterliegen auch diese Zuwendungen der KESt iHv 27,5% („Mausefalle-Effekt").

Mit dem sogenannten „Mausefalle-Effekt" umschreibt man den Nachteil von Zuwendungen an die Stiftung vor dem 1. 8. 2008: Damit das der Stiftung gewidmete Vermögen nicht ohne Weiteres aus der Stiftung wieder entnommen werden kann, ist für diesen Fall ebenfalls eine Besteuerung in Höhe der KESt vorgesehen. Der „Mausefalle-

17. Exkurs: Besteuerung der Privatstiftung **KSt**

Effekt" sichert also den Zweck der Stiftung ab, Vermögen langfristig zu binden. Dieser Mausefalle-Effekt ist allerdings auf Stiftungsvermögen eingeschränkt, das der Stiftung vor dem 1. 8. 2008 zugewendet worden ist. Für Zuwendungen an Stiftungen nach diesem Stichtag besteht der Mausefalle-Effekt nicht mehr; daher gibt es für dieses Vermögen auch keine Sanktionen mehr, wenn es nur auf vergleichsweise kurze Zeit in der Stiftung gebunden wird.

Zusammenfassung der Vorteile der Privatstiftung

Die Privatstiftung genießt im Vergleich insbesondere zu Kapitalgesellschaften idR folgende Vorteile: **227**
- Zinsen aus Wertpapieren und Bankeinlagen unterliegen nur einer Zwischenbesteuerung (dagegen bei Kapitalgesellschaften KSt plus KESt),
- der Gewinn aus der Veräußerung von Beteiligungen kann steuerfrei gestellt werden (Übertragung stiller Reserven) oder wird nur mit der Zwischenbesteuerung erfasst,
- die Veräußerung von Grundstücken unterliegt einer Zwischenbesteuerung.

Gegenüberstellung der Besteuerungssysteme (reduzierte KSt 24% ab 2023 und 23% ab 2024): **228**

	Stiftung	Kapitalgesellschaft	natürliche Person
1. Forderungswertpapiere			
Zinsen	Zwischenbesteuerung 24% (23% ab 2024)	24% KSt (23% ab 2024)	27,5% KESt, Endbesteuerung
Veräußerung	Zwischenbesteuerung 24% (23% ab 2024)	24% KSt (23% ab 2024)	27,5% KESt, Endbesteuerung
2. Beteiligung			
Erträge	steuerfrei (§ 10)	steuerfrei (§ 10)	27,5% KESt, Endbesteuerung
Veräußerung	Zwischenbesteuerung; Übertragung stiller Reserven	steuerpflichtig, ausgenommen internat Schachtelbeteiligung	27,5% KESt, Endbesteuerung
3. Mietobjekt			
Erträge	24% KSt (23% ab 2024)	24% KSt (23% ab 2024)	bis zu 50% ESt
Veräußerung	Zwischenbesteuerung 24% (23% ab 2024)	24% KSt (23% ab 2024)	30% ImmoESt

frei **229–250**

IV. Umgründungssteuergesetz

1. Allgemeines
(Doralt/Ruppe I[12], Tz 1101 ff)

251 Änderungen der Rechtsform eines Unternehmens (Umgründungen) würden ohne gesetzliche Sondervorschriften wie eine Unternehmensliquidation oder ein Tauschvorgang besteuert werden. Das Umgründungssteuergesetz (UmgrStG) sieht daher für bestimmte Umgründungsmaßnahmen Sonderregelungen vor, die nachteilige Steuerfolgen, insbesondere die Aufdeckung stiller Reserven, vermeiden sollen. Auch grenzüberschreitende Umgründungen sind begünstigt, doch ist das Besteuerungsrecht in Österreich sicherzustellen.

Im Vordergrund stehen die Übertragung der stillen Reserven und die Übertragung des Verlustabzugs auf das Nachfolgeunternehmen (objektbezogener Übergang des Verlustabzugs).

2. Übersicht über die einzelnen Tatbestände

252
- **Verschmelzung** (Art I): Vereinigung von zwei oder mehreren Körperschaften zu einer Körperschaft mit Buchwertfortführung.
- **Umwandlung** (Art II): Eine Kapitalgesellschaft wird in eine Personengesellschaft („errichtende Umwandlung") oder auf deren Hauptgesellschafter (mindestens 90%ige Beteiligung, „verschmelzende Umwandlung") umgewandelt. Zum Unterschied zu diesen Formen der „übertragenden Umwandlung" stellen bloß „formwechselnde Umwandlungen" (zB von einer AG in eine GmbH) keinen Realisationsvorgang dar und lösen daher von vornherein keine Besteuerung aus.
- **Einbringung** (Art III): Ein Betrieb, Teilbetrieb oder Mitunternehmeranteil wird in eine Kapitalgesellschaft als Sacheinlage eingebracht; Beteiligungen an Kapitalgesellschaften können ebenfalls eingebracht werden, wenn es sich um qualifizierte Beteiligungen handelt.
- **Zusammenschluss** (Art IV): Übertragung von einzelnen Betrieben, Teilbetrieben oder Mitunternehmeranteilen auf eine Personengesellschaft.
- **Realteilung** (Art V): Insbesondere Teilung des Vermögens einer Personengesellschaft in Einzelbetriebe der Gesellschafter.
- **Spaltung** (Art VI): Insbesondere Spaltung des Vermögens einer Körperschaft in mehrere Körperschaften.

3. Verschmelzung (Art I)

(Doralt/Ruppe I[12], Tz 1123 ff)

253 Sollen *zwei* oder *mehrere* Kapitalgesellschaften (Körperschaften) zu *einer* Gesellschaft (Körperschaft) verschmolzen werden, wäre es zunächst denkbar, beide Kapitalgesellschaften zu liquidieren und ihr Vermögen im Wege der Einzelrechtsnachfolge auf eine neue Kapitalgesellschaft zu übertragen. Dabei müssten die Gesellschaften die stillen Reserven aufdecken und den Gewinn aus der Liquidation versteuern (§ 19 KStG), ebenso müssten die Gesellschafter die Einkünfte – unabhängig vom Ausmaß der Beteiligung – wie eine Beteiligungsveräußerung versteuern (vgl § 27 Abs 6 Z 3 EStG).

Gesellschaftsrechtlich sehen einzelne Vorschriften, insbesondere das AktG und das GmbHG, Verschmelzungen ohne Abwicklung vor (§§ 219 ff AktG; §§ 96 ff GmbHG):

Die Verschmelzung kann erfolgen

– **durch Aufnahme:** Das Vermögen der übertragenden Gesellschaft wird im Wege der Gesamtrechtsnachfolge auf eine andere bestehende Gesellschaft (aufnehmende Gesellschaft) übertragen; die Gesellschafter der übertragenden (untergehenden) Gesellschaft erhalten dafür idR Anteile an der aufnehmenden Gesellschaft,

– **durch Neugründung:** Das Vermögen zweier (oder mehrerer) Gesellschaften (übertragenden Gesellschaften) wird im Wege der Gesamtrechtsnachfolge auf eine neu gegründete Gesellschaft (übernehmende Gesellschaft) übertragen; die Gesellschafter der übertragenden Gesellschaften erhalten Anteile an der neu gegründeten Gesellschaft.

Steuerlich müssten ohne Sondervorschriften auch in diesen Fällen die stillen Reserven aufgedeckt werden, und es müsste eine Liquidationsbesteuerung erfolgen, bei der auch allfällige Verlustvorträge zu verrechnen wären. Damit würden wirtschaftlich sinnvolle Unternehmenszusammenschlüsse idR an den steuerlichen Folgen scheitern.

Das Umgründungssteuergesetz ermöglicht daher

– das **Unterbleiben der Liquidationsbesteuerung** sowohl auf der Ebene der Gesellschaft wie auf der Ebene der Gesellschafter

– und die **Erhaltung eines** allfälligen **Verlustabzuges.**

Das Umgründungssteuergesetz ermöglicht eine solche steuerneutrale Verschmelzung in Art I, soweit die Besteuerung der stillen Reserven aus der übertragenden Gesellschaft bei der aufnehmenden Gesellschaft nicht eingeschränkt wird, die stillen Reserven also bei der aufnehmenden Gesellschaft steuerhängig bleiben (§ 1 Abs 2).

Buchwertfortführung

Die **übertragende Gesellschaft** bewertet dazu das Betriebsvermögen in der Schlussbilanz zu Buchwerten (§ 2 Abs 1).

IV. Umgründungssteuergesetz

Die **übernehmende Gesellschaft** bewertet das übernommene Vermögen grundsätzlich ebenfalls zu Buchwerten (**Buchwertfortführung;** § 3 Abs 1).

Damit unterbleibt eine Liquidationsbesteuerung; die stillen Reserven werden von der aufnehmenden Gesellschaft übernommen. Grundsätzlich geht auch ein allfälliger **Verlustabzug** der übertragenden Gesellschaft auf die aufnehmende Gesellschaft über (§ 4).

Auf der **Gesellschafterebene** werden die Anteile, die der Gesellschafter an der aufnehmenden Gesellschaft erhält, mit seinen Anschaffungskosten der Anteile an der übertragenden Gesellschaft bewertet (§ 5; Wertfortführung der Beteiligung). Damit unterbleibt auch eine Besteuerung auf Gesellschafterebene.

Rückwirkungsfiktion

Der **Verschmelzungsstichtag** kann rückwirkend, jedoch höchstens neun Monate vor der Anmeldung der Verschmelzung zum Firmenbuch vereinbart werden (vgl § 220 Abs 3 AktG). Steuerlich hat die aufnehmende Gesellschaft die Buchwerte zum Verschmelzungsstichtag (also rückwirkend) zu übernehmen (§ 3 Abs 1).

Einzelne Begriffe aus der Konzernverschmelzung:

„**Up-stream-merger**": Die Tochtergesellschaft wird auf die Muttergesellschaft verschmolzen. Hat die Muttergesellschaft alle Anteile an der Tochtergesellschaft gehalten, dann darf keine Abfindung mit Anteilen der Muttergesellschaft erfolgen; soweit die Anteile an der Tochtergesellschaft zum Teil auch anderen Gesellschaftern gehört haben, sind die früheren Gesellschafter mit Anteilen an der Muttergesellschaft abzufinden (vgl § 224 Abs 1 AktG).

„**Down-stream-merger**": Die Muttergesellschaft wird auf die Tochtergesellschaft verschmolzen. Die früheren Gesellschafter der Muttergesellschaft sind mit den Anteilen der übertragenden Muttergesellschaft an der Tochtergesellschaft abzufinden (vgl § 224 Abs 3 AktG).

„**Side-stream-merger**": Zwei Tochtergesellschaften (Schwestergesellschaften) werden verschmolzen; soweit sie dieselbe Muttergesellschaft gehabt haben, kann eine Abfindung unterbleiben (vgl § 224 Abs 2 AktG).

Verlustübertragung (§ 4)

254 Verluste der übertragenden Körperschaft gelten im Rahmen der Buchwertfortführung ab dem dem Verschmelzungsstichtag folgenden Veranlagungszeitraum als abzugsfähige Verluste der übernehmenden Körperschaft, wobei das UmgrStG einige Restriktionen vorsieht (wie insbesondere den Objektbezug und die Vergleichbarkeit des verlusterzeugenden Objekts, also das Vorhandensein des verlusterzeugenden Objekts in einem Umfang, der gegenüber dem Zeitpunkt des Entstehens der Verluste nicht wesentlich vermindert ist).

Sonstige Rechtsfolgen der Verschmelzung

255 **USt:** Verschmelzungen iSd Art I gelten als nichtsteuerbare Umsätze iSd UStG (§ 6 Abs 4).

GrESt: Der Erwerb von Grundstücken im Rahmen der Verschmelzung unterliegt einer GrESt von 0,5% vom Grundstückswert (siehe Tz 468).

4. Umwandlung (Art II)

(Doralt/Ruppe I[12], Tz 1150 ff)

Soll der Betrieb einer Kapitalgesellschaft als Einzelunternehmen oder als Personengesellschaft weitergeführt werden, und würde es dafür keine Sonderregelung geben, dann müsste die Kapitalgesellschaft den Betrieb entweder an den Gesellschafter bzw an die Personengesellschaft veräußern, oder sie müsste liquidiert werden, um den Betrieb dann als Einzelunternehmen bzw Personengesellschaft im Wege der Einzelrechtsnachfolge fortführen zu können. Damit müssten die stillen Reserven versteuert werden; auf Gesellschafterebene müssten die Gesellschafter den Erlös im Falle der Liquidation wie eine Beteiligungsveräußerung versteuern. Die Situation wäre insoweit genauso wie bei der Verschmelzung von Kapitalgesellschaften ohne Sonderregelung. 256

Gesellschaftsrechtlich können unter bestimmten Voraussetzungen Kapitalgesellschaften ihr Vermögen ohne Abwicklung im Wege der Gesamtrechtsnachfolge auf einen Gesellschafter oder auf eine neu gegründete Personengesellschaft übertragen. Terminologisch spricht man von einer **Umwandlung** (geregelt im Umwandlungsgesetz).

Die Umwandlung kann erfolgen durch Übertragung des Unternehmens
– auf eine **neugegründete Personengesellschaft,** insbesondere OG oder KG (errichtende Umwandlung; § 5 UmwG),
– auf den **Hauptgesellschafter;** ist der Hauptgesellschafter eine natürliche Person, entsteht ein Einzelunternehmen (verschmelzende Umwandlung; § 2 UmwG). Dem Hauptgesellschafter muss dabei mindestens ein Anteil von 90% an der Kapitalgesellschaft gehören.

Steuerrechtlich ist die Umwandlung nach Art II des UmgrStG zu beurteilen.

Erfasst werden sowohl die errichtende als auch die verschmelzende Umwandlung (§ 7); das UmgrStG ist grundsätzlich nur anzuwenden,
– wenn am Umwandlungsstichtag und am Tag des Umwandlungsbeschlusses ein Betrieb vorhanden ist und
– soweit die stillen Reserven steuerhängig bleiben.

Buchwertfortführung

Die **übertragende Kapitalgesellschaft** (untergehende Körperschaft) hat zum Umwandlungsstichtag das Betriebsvermögen grundsätzlich mit den Buchwerten anzusetzen; damit unterbleibt bei der Kapitalgesellschaft eine Liquidationsbesteuerung (§ 8 UmgrStG).

IV. Umgründungssteuergesetz

Der **Rechtsnachfolger** (der frühere Hauptgesellschafter bzw die Gesellschafter der Personengesellschaft) hat die zum Umwandlungsstichtg maßgebenden Buchwerte grundsätzlich fortzuführen (sog **„Buchwertfortführung"**; § 9).

Verlustübertragung (§ 10)

257   Verluste der übertragenden Gesellschaft gehen grundsätzlich (ähnlich wie bei der Verschmelzung) auf die Rechtsnachfolger (Hauptgesellschafter oder Gesellschafter der Personengesellschaft) über und sind von diesen als Sonderausgaben abzugsfähig.

Sonstige Rechtsfolgen der Umwandlung (§ 11)

258   Wie bei der Verschmelzung.

5. Einbringung (Art III)

(Doralt/Ruppe I[12], Tz 1170 ff)

259   Eine **Einbringung** liegt vor, wenn Vermögen, zB ein Betrieb oder Teilbetrieb, als Sacheinlage auf eine übernehmende Kapitalgesellschaft (Körperschaft) übertragen wird (§ 12 Abs 1).

Nach **allgemeinem Steuerrecht** gilt die Sacheinlage beim Gesellschafter als Tausch (§ 6 Z 14 lit b EStG): Der Einbringende überträgt der Kapitalgesellschaft zB einen Betrieb und erhält dafür Anteile an der Kapitalgesellschaft; ist er bereits Gesellschafter, dann werden seine Anteile durch die Sacheinlage höherwertig.

Da ein Tausch vorliegt, wäre dieser Vorgang wie eine Unternehmensveräußerung zu behandeln; es wären die stillen Reserven aufzulösen und zu versteuern.

Beispiel:

Ein Einzelunternehmer hat einen Betrieb, der 4 Mio € wert ist. Die Buchwerte betragen 2,5 Mio €, die stillen Reserven daher 1,5 Mio €. Außerdem ist der Einzelunternehmer Alleingesellschafter einer GmbH im Wert von 1 Mio €. Bringt der Einzelunternehmer seinen Betrieb ein, dann sind seine Anteile an der GmbH statt 1 Mio € nunmehr 5 Mio € wert. – Es liegt ein Tausch des Einzelunternehmens gegen höherwertige Gesellschaftsrechte vor. Die stillen Reserven von 1,5 Mio € im Einzelunternehmen wären aufzulösen und zu versteuern.

Ohne steuerliche Sondervorschriften würden daher solche unternehmenspolitisch oft zweckmäßigen Umstrukturierungen an der Steuerbelastung scheitern oder wären zumindest erschwert.

Das **Umgründungssteuergesetz** ermöglicht daher Einbringungen
– unter Verzicht auf die **Tauschbesteuerung,**
– mit **Übergang des Verlustabzuges auf die übernehmende Gesellschaft.**

5. Einbringung (Art III) UmgrStG

Zum **einbringungsfähigen Vermögen** gehören nur (§ 12 Abs 2)
– Betriebe und Teilbetriebe,
– Mitunternehmeranteile,
– qualifizierte Kapitalanteile, nämlich Anteile an inländischen oder ausländischen Kapitalgesellschaften, wenn die Anteile mindestens ein Viertel des Nennkapitals umfassen oder die Anteile der übernehmenden Körperschaft die Mehrheit der Stimmrechte vermitteln oder erhöhen.

Als **übernehmende Körperschaften** kommen vor allem **Kapitalgesellschaften** in Betracht (unter bestimmten Voraussetzungen auch ausländische Kapitalgesellschaften; § 12 Abs 3).

Als **Einbringende** kommen sowohl natürliche als auch juristische Personen in Betracht, also auch eine Kapitalgesellschaft selbst.

Einbringungsstichtag ist der Tag, zu dem das Vermögen mit steuerlicher Wirkung übergehen soll. Der Einbringungsstichtag kann höchstens neun Monate zurückbezogen werden (§ 13).

Buchwertfortführung

260 Das einzubringende Vermögen ist grundsätzlich mit den Buchwerten (bzw Anschaffungskosten) zu bewerten (§§ 14 ff). Damit werden die stillen Reserven auf die übernehmende Körperschaft übertragen (§ 18).

Ein **Aufwertungszwang** besteht ausnahmsweise dann, wenn durch die Einbringung das Besteuerungsrecht der Republik Österreich an den Anteilen der übernehmenden Körperschaft oder am eingebrachten Vermögen im Verhältnis zu anderen Staaten eingeschränkt wird (§ 16 Abs 2 iVm Abs 1 und 1 a). Damit wird sichergestellt, dass die vor der Einbringung steuerhängigen stillen Reserven in Österreich auch versteuert werden. Im Verhältnis zu EU/EWR-Staaten sind allerdings Erleichterungen vorgesehen, um die Nachteile einer sofortigen Besteuerung abzufedern.

Ein **Aufwertungswahlrecht** besteht dann, wenn die Buchwertfortführung für den Stpfl im Verhältnis zum Ausland nachteilig wäre (§ 16 Abs 3). Das ist zB dann der Fall, wenn die Einbringung im Ausland zu einer Gewinnrealisierung führt und mit dem Staat zur Vermeidung der Doppelbesteuerung die Anrechnungsmethode vereinbart ist (vgl Tz 178). Um in Österreich eine Anrechnung der im Ausland erhobenen Steuern zu ermöglichen, ist eine Aufwertung des Betriebsvermögens erforderlich.

Passivposten für vorbehaltene Entnahmen (§ 16 Abs 5 Z 2)

261 Anlässlich der Einbringung eines Betriebes, Teilbetriebes oder Mitunternehmeranteils kann ein „Passivposten für vorbehaltene Entnahmen" (= Entnahme, die erst nach der Einbringung getätigt werden soll) gebildet werden. Dabei handelt es sich um eine fiktive Verbindlichkeit der Gesellschaft gegenüber dem (einbringenden) Gesellschafter. Ein derartiger Passivposten ist bis zu höchstens 50% des Unternehmenswertes (Verkehrswert) zu-

IV. Umgründungssteuergesetz

lässig (§ 16 Abs 5 Z 2). Soweit sich daraus ein negativer Buchwert ergibt, der Passivposten also den Buchwert des eingebrachten Unternehmens übersteigt, gilt die spätere Tilgung als Ausschüttung, die der KESt unterliegt (§ 18 Abs 2).

Beispiel:
> Der Unternehmenswert beträgt 100.000 €, der Buchwert 10.000 €. Eine vorbehaltene Entnahme ist in Höhe von 50.000 € zulässig, davon können 10.000 € an den Gesellschafter als Schuldtilgung ohne KESt gezahlt werden; die darüber hinausgehende Schuldtilgung unterliegt der KESt.

Die Möglichkeit der vorbehaltenen Entnahme ist systemwidrig, weil damit betriebliches Eigenkapital willkürlich in Fremdkapital umgewandelt werden kann. Allerdings handelt es sich um eine Einschränkung gegenüber der früheren weitaus großzügigeren „unbaren Entnahme".

Verlustübergang

262 Verluste, die dem übertragenen Vermögen zuzurechnen sind, gehen wie bei der Verschmelzung (vgl Tz 254) grundsätzlich auf die übernehmende Gesellschaft über (§ 21).

Sonstige Rechtsfolgen der Einbringung (§ 22)

263 **USt:** Einbringungen gelten nicht als steuerbare Umsätze iSd UStG.
GrESt: Eine allfällige GrESt aus Anlass der Einbringung beträgt 0,5% vom Wert des Grundstücks (Tz 468).
GebG: Keine Zessionsgebühr nach Maßgabe des § 22 Abs 4.

6. Zusammenschluss (Art IV)

(Doralt/Ruppe I[12], Tz 1200 ff)

264 Ein Zusammenschluss iSd Art IV liegt dann vor, wenn mehrere Personen sich unter Übertragung von Vermögen zu einer Personengesellschaft zusammenschließen. Zumindest ein Gesellschafter muss einen Betrieb, Teilbetrieb oder Mitunternehmeranteil (zusammenschlussfähiges Vermögen) der Personengesellschaft übertragen (§ 23).

Zusammenschlüsse zu Personengesellschaften sind auch mit Kapitalgesellschaften möglich, zB wenn mehrere Kapitalgesellschaften ihre Betriebe oder Teilbetriebe in eine Personengesellschaft übertragen, oder wenn sich am Vermögen einer Kapitalgesellschaft jemand als atypisch stiller Gesellschafter beteiligt.

Buchwertfortführung

Beim Übertragenden ist das übertragene Vermögen grundsätzlich mit den **Buchwerten** anzusetzen (§ 24 Abs 1 mit weitergehenden Verweisungen auf die Vorschriften der Einbringung). Ebenso hat die **übernehmende Personengesellschaft** das übertragene Vermögen grundsätzlich mit den Buchwerten anzusetzen (§ 25 Abs 1).

Beim Ansatz mit den Buchwerten ist allerdings sicherzustellen, dass es zu keinen Verschiebungen der stillen Reserven unter den Gesellschaftern kommt, weil es damit zu einer Verschiebung von Steuerlasten kommen würde; gegebenenfalls sind die übertragenen Wirtschaftsgüter dann mit dem Teilwert anzusetzen (§ 24 Abs 2).

Verluste

Eine Übertragung von Verlusten auf die Personengesellschaft kommt steuerlich nicht in Betracht und ergibt auch keinen Sinn, weil die Verluste (wie die Gewinne) bei der Personengesellschaft den Gesellschaftern direkt zugerechnet werden; insoweit ergibt sich durch den Zusammenschluss keine Veränderung in der Zurechnung bestehender Verlustabzüge.

Sonstige Rechtsfolgen des Zusammenschlusses (§ 26)

Hinsichtlich der USt, der Zessionsgebühr und der GrESt gelten die gleichen Ausführungen wie zur Einbringung.

7. Realteilung (Art V)

(Doralt/Ruppe I[12], Tz 1220 ff)

Eine **Realteilung** liegt vor, wenn eine Personengesellschaft das Gesellschaftsvermögen (Betriebe, Teilbetriebe oder Mitunternehmeranteile) auf ihre Gesellschafter aufteilt (§ 27). 265

Wird das Gesellschaftsvermögen auf die Gesellschafter aufgeteilt und geht die Gesellschaft unter, spricht man von einer „Aufteilung"; wird nur ein Teil des Vermögens auf einzelne Gesellschafter übertragen, spricht man von einer „Abteilung".

Buchwertfortführung

Bei der **teilenden Personengesellschaft** wird das Betriebsvermögen grundsätzlich mit den **Buchwerten** angesetzt (§ 30). Die Teilung zu Buchwerten darf zu keiner Verschiebung der stillen Reserven bzw zu keiner Verschiebung der endgültigen Steuerbelastung führen (§ 29).

Ausgleichsposten

Da die stillen Reserven nicht gleichmäßig auf das Betriebsvermögen verteilt sind, kommt es bei der Realteilung regelmäßig zu einer Verschie-

IV. Umgründungssteuergesetz

bung stiller Reserven. Dabei entfallen auf den einen Gesellschafter mehr stille Reserven, als seinem Gesellschaftsanteil entsprechen, auf einen anderen Gesellschafter zu wenig. Dementsprechend sind bei den einzelnen Gesellschaftern aktive oder passive **Ausgleichsposten** zu bilden, die auf 15 Jahre verteilt steuerwirksam abgeschrieben oder aufgelöst werden (§ 29 Abs 1).

Ausgleichszahlungen

Da die Vermögenswerte nach der Realteilung wertmäßig regelmäßig nicht genau den Beteiligungsverhältnissen entsprechen, sind Ausgleichszahlungen erforderlich; solche Ausgleichszahlungen dürfen ein Drittel des Wertes des vom Ausgleichszahlungsempfänger empfangenen Vermögens nicht übersteigen (§ 29 Abs 2). Die Ausgleichszahlungen sind steuerneutral (weder Betriebsausgaben noch Betriebseinnahmen).

Beispiel:
Eine Personengesellschaft mit zwei zu je 50% beteiligten Gesellschaftern betreibt ein Produktions- und Handelsunternehmen. Die Gesellschaft wird real geteilt; ein Gesellschafter erhält den Produktionsbetrieb, der andere Gesellschafter den Handelsbetrieb. Soweit ein Betrieb mehr wert ist als der andere Betrieb, wird ein Gesellschafter dem anderen Gesellschafter eine Ausgleichszahlung leisten müssen. Außerdem werden auch die stillen Reserven nicht gleichmäßig auf das gesamte Betriebsvermögen verteilt sein, ein Gesellschafter wird anteilsmäßig mehr stille Reserven übernehmen, der andere weniger; insoweit kommt es zu Ausgleichsposten, die gewinnmindernd abgeschrieben bzw gewinnerhöhend aufgelöst werden.

Der **Nachfolgeunternehmer** hat das übertragene Vermögen mit den Werten anzusetzen, die die teilende Personengesellschaft in der Teilungsbilanz angesetzt hat (Buchwertfortführung).

Verluste

Da die Verluste wie die Gewinne bei der Personengesellschaft den Gesellschaftern unmittelbar zugerechnet werden, sind die Verluste der Gesellschaft bereits vor der Realteilung den Gesellschaftern zugerechnet worden (gleiche Situation wie beim Zusammenschluss; keine Übertragung von Verlusten).

Sonstige Rechtsfolgen der Realteilung

Hinsichtlich der USt und der Zessionsgebühr gelten die gleichen Ausführungen wie zur Einbringung und dem Zusammenschluss. Wird durch die Realteilung GrESt ausgelöst, beträgt die GrESt 0,5% vom Wert des Grundstücks, sofern die Gesellschaft nicht innerhalb der letzten drei Jahre bereits einmal nach dem UmgrStG begünstigt erworben worden ist.

8. Spaltung (Art VI)

(Doralt/Ruppe I[12], Tz 1235 ff)

Eine Spaltung liegt vor, wenn eine bestehende Körperschaft in mehrere Körperschaften aufgespalten wird oder sie einen Teil des Vermögens abspaltet. Die Gesellschafter der **spaltenden Körperschaft** erhalten dafür Anteile an der **übernehmenden Körperschaft**.

266

Ohne Sondervorschrift müsste dazu die spaltende Gesellschaft der Liquidations- bzw Tauschbesteuerung unterzogen werden (ebenso auf Gesellschafterebene).

Unternehmensrechtlich sind im **Spaltungsgesetz** Spaltungen nur für Kapitalgesellschaften geregelt; danach sind folgende Spaltungsvorgänge zu unterscheiden:

- „**Aufspaltung**" liegt vor, wenn die spaltende Gesellschaft ihr gesamtes Vermögen auf zwei oder mehrere Körperschaften aufteilt und dabei selbst untergeht.
- „**Abspaltung**" liegt vor, wenn die spaltende Gesellschaft nur einen Teil ihres Vermögens abspaltet und einer anderen Gesellschaft überträgt und sie selbst weiter besteht.
- „**Spaltung zur Aufnahme**" liegt vor, wenn die übernehmende Gesellschaft bereits besteht.
- „**Spaltung zur Neugründung**" liegt vor, wenn das gespaltene Vermögen einer neu gegründeten Gesellschaft übertragen wird.

Nach **allgemeinem Steuerrecht** ohne Sondervorschriften würden Spaltungen entweder zu einer Liquidationsbesteuerung oder zu einer Tauschbesteuerung führen. Das UmgrStG ermöglicht es, Spaltungen iSd SpaltG (sog Handelsspaltungen, §§ 32 bis 38) steuerneutral zu behandeln. Die Möglichkeit, unternehmensrechtlich nicht geregelte Spaltungen (§§ 38a ff; betrifft insbesondere Genossenschaften) steuerneutral zu behandeln, steht für Spaltungen mit einem Stichtag nach dem 31. 12. 2022 nicht mehr zu.

Zu unterscheiden ist die verhältniswahrende und nichtverhältniswahrende Spaltung.

Spaltungen nach dem UmgrStG liegen dann vor, wenn auf die neue oder übernehmende Körperschaft

- Betriebe, Teilbetriebe, Mitunternehmeranteile oder qualifizierte Kapitalanteile übertragen werden *und*
- soweit die stillen Reserven des übertragenen Vermögens bei der übernehmenden Gesellschaft steuerhängig bleiben.

Buchwertfortführung

Die **spaltende Körperschaft** hat das Betriebsvermögen grundsätzlich mit den **Buchwerten** anzusetzen; die neue bzw **übernehmende Körperschaft** hat die Buchwerte fortzuführen (§ 33 Abs 1 und § 34 Abs 1).

IV. Umgründungssteuergesetz

Verlustübergang

Verlustabzüge gehen wie bei Einbringungen auf die übernehmende Körperschaft grundsätzlich über (§ 35 iVm § 21).

Sonstige Rechtsfolgen der Spaltung

267   Hinsichtlich der USt und der GrESt gelten vergleichbare Bestimmungen wie bei der Verschmelzung (§ 38).

268–300   frei

V. Umsatzsteuer

1. Allgemeines
(Doralt/Ruppe II[8], Tz 200 ff)

Die USt ist eine Objektsteuer (auf persönliche Verhältnisse wird nicht Rücksicht genommen); sie ist eine **Verkehrsteuer** (Anknüpfung an den wirtschaftlichen Verkehr) und eine **Verbrauchsteuer** (sie belastet den Verbrauch). Die USt ist eine **indirekte Steuer** (Steuerträger und Steuerschuldner sind nicht ident).

301

Die USt ist finanzverfassungsrechtlich eine **gemeinschaftliche Bundesabgabe** (§ 9 Abs 1 FAG, zwischen Bund, Ländern und Gemeinden geteilt). Die USt ist auf dem Gebiet der Europäischen Union weitgehend harmonisiert, zuletzt durch die Mehrwertsteuersystem-Richtlinie (MwStSystRL).

2. Das System der „Mehrwertsteuer"
(Doralt/Ruppe II[8], Tz 203 ff)

Die USt wird als „Mehrwertsteuer" erhoben:

302

Die Steuer erfasst den im Unternehmen geschaffenen Mehrwert einer Leistung. Der Unternehmer ermittelt von seinen Umsätzen die USt und zieht davon als **„Vorsteuer"** die USt-Beträge ab, die ihm für die an ihn erbrachten Leistungen in Rechnung gestellt worden sind. Dem FA wird nur der Saldo zwischen den USt-Beträgen und den anrechenbaren Vorsteuern geschuldet.

Die tatsächliche Umsatzsteuerschuld hängt somit von der Wertschöpfung ab, die im Unternehmen erzielt wird: je höher die Wertschöpfung, desto höher die Umsatzsteuerschuld. Hat dagegen das Unternehmen mehr Leistungen erhalten, als es Leistungen an Kunden erbracht hat, dann übersteigt der Betrag der Vorsteuer den Betrag der USt; in diesem Fall kommt es zu einem Vorsteuerüberhang, den das FA dem Unternehmer erstattet.

Beispiel:
Der Unternehmer A liefert Ware um 10.000 € zuzüglich USt (20%). Er selbst hat Waren a) um 5.000 € zuzüglich USt (20%), b) um 15.000 € zuzüglich USt (20%) eingekauft.

a) USt von 10.000 €	= 2.000 €	b) USt von 10.000 €		= 2.000 €
− VSt (20% von 5.000 €)	= 1.000 €	− VSt (20% von 15.000 €)		= 3.000 €
USt-Schuld (Zahllast)	1.000 €	Vorsteuerüberhang (Guthaben)		1.000 €

Erhält der Unternehmer von einem anderen Unternehmer eine Leistung, dann bezahlt er dafür einen Bruttobetrag, der die USt einschließt; die im

V. Umsatzsteuer

Bruttobetrag enthaltene USt kann der Unternehmer (Empfänger der Ware) als Vorsteuer vom FA zurückfordern (idR mit der zu entrichtenden USt verrechnen). Demzufolge ist die USt im Verkehr zwischen Unternehmen, also in der Unternehmerkette, **kostenneutral** (wirtschaftlich ein durchlaufender Posten).

Erst wenn die Ware die Unternehmerkette verlässt (an einen Nichtunternehmer verkauft wird), wird die USt zur endgültigen Steuerbelastung, weil der Nichtunternehmer (Konsument) keinen Vorsteuerabzug geltend machen kann. Damit bleibt die USt, die ihm in Rechnung gestellt worden ist, bei ihm „hängen".

303 Beispiel:

1. Vorgang:

Der Unternehmer U_1 liefert an den Unternehmer U_2 eine Ware um 1.000 € zuzüglich 200 € USt. U_1 führt die USt an das FA ab.

2. Vorgang:

Der Unternehmer U_2 bezahlt an U_1 die ihm für die Ware in Rechnung gestellte USt von 200 € und holt sich in weiterer Folge diese USt vom FA zurück („Vorsteuerabzug").

3. Vorgang:

U_2 verkauft die Ware an K (Konsument) um 1.500 € zuzüglich 300 € USt und führt die USt (300 €) an das FA ab.

4. Vorgang:

K zahlt an U_2 den Rechnungsbetrag von 1.500 € zzgl 300 € USt. K ist als Konsument (Nichtunternehmer) vom Vorsteuerabzug ausgeschlossen; die USt von 300 € bleibt bei ihm „hängen".

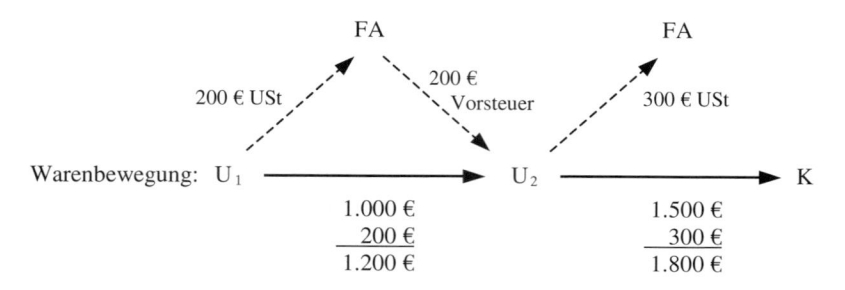

```
                    FA                          FA
                  ↗    ↘                      ↗
        200 € USt      200 €           300 € USt
                       Vorsteuer
                      ↘
Warenbewegung:  U₁ ──────────→  U₂  ──────────→  K
                   1.000 €          1.500 €
                     200 €            300 €
                   1.200 €          1.800 €
```

Das Ende der umsatzsteuerlichen Unternehmerkette und damit die tatsächliche Steuerbelastung liegt idR beim **Nichtunternehmer** (Konsument). Dagegen sind Leistungen an ein Unternehmen durch den Vorsteuerabzug idR von der USt entlastet; sowohl, wenn der Unternehmer Waren zum Wiederverkauf anschafft als auch, wenn er bezogene Leistungen im Unternehmen verbraucht (zB Dienstleistungen an das Unternehmen, die nicht direkt an den Kunden weitergeleitet werden, wie etwa Miete, Energie, Beratungsleistungen, Reparaturleistungen, die Lieferung von Produktionsanlagen oder die Errichtung von Betriebsgebäuden).

3. Bestimmungslandprinzip – Ursprungslandprinzip
(Doralt/Ruppe II[8], Tz 210 ff)

Im internationalen Waren- und Dienstleistungsverkehr gilt für die USt – wie für alle Verbrauchsteuern – grundsätzlich das **Bestimmungslandprinzip:** Die USt soll endgültig in dem Land anfallen, für das die Leistung bestimmt ist und in dem die Leistung vom Letztverbraucher konsumiert wird. Nur dann, wenn das Bestimmungslandprinzip nicht praktikabel ist, wird die USt im **Ursprungsland** erhoben; also dort, wo der leistende Unternehmer sein Unternehmen betreibt und wo die Ware erzeugt wird **(Ursprungslandprinzip).**

304

Um das Bestimmungslandprinzip sicherzustellen, ist bei grenzüberschreitenden Leistungen ein **„Grenzausgleich"** erforderlich. Daraus ergibt sich folgendes System:

Die **Ausfuhr** aus dem Ursprungsland ist steuerfrei, dafür erfolgt bei der **Einfuhr** im Bestimmungsland eine Belastung mit USt; und zwar mit
- Einfuhrumsatzsteuer bei der Einfuhr aus Drittstaaten oder
- Erwerbsteuer beim innergemeinschaftlichen Erwerb (ig Erwerb) aus EU-Mitgliedstaaten.

Der Grenzausgleich (USt-Befreiung bei der Ausfuhr, USt-Belastung bei der Einfuhr) funktioniert aber nur, wenn der grenzüberschreitende Warenverkehr kontrolliert werden kann, zB wenn Zollämter bestehen. Das ist aber nur gegenüber Drittstaaten der Fall. Dagegen gibt es innerhalb der EU keine Zollämter. Deshalb ist der Grenzausgleich innerhalb der EU (Binnenmarkt) nur zwischen Unternehmen möglich, weil sie vom Fiskus beider Länder bereits erfasst sind und bei ihnen die Kontrolle des grenzüberschreitenden Warenverkehrs auch ohne Zollämter möglich ist. Bei Lieferungen an Nichtunternehmer (Privatpersonen) im Gemeinschaftsgebiet bleibt es demgegenüber grundsätzlich beim Ursprungslandprinzip (allerdings mit wichtigen Ausnahmen; insb Versandhandel, siehe Tz 359).

Innerhalb der EU ist danach zu unterscheiden:
- **Warenverkehr zwischen Unternehmern** („B2B"): hier übernehmen die Finanzämter in den beiden Staaten die Kontrolle, ob eine Ware in das Ausland bzw in das Inland verbracht worden ist.
- **Warenverkehr von Unternehmen an Private** („B2C", Touristenexport): hier gibt es keine Kontrollmöglichkeit über die Einfuhr oder Ausfuhr. Daher verzichtet man innerhalb der EU auf die Einhaltung des Bestimmungslandprinzips: Besteuert wird daher dort, wo der Tourist die Ware kauft (Ursprungslandprinzip; das heißt: besteuert wird am Unternehmerort mit der dort geltenden USt).

Gegenüber Drittstaaten:
Kein Unterschied zwischen B2B und B2C: Da hier Zollämter bestehen, die für Unternehmer und Nichtunternehmer (Touristen) gleichermaßen die Ausfuhr bzw Einfuhr kontrollieren, werden Unternehmer und Nichtunternehmer gleichbehandelt: Die Ausfuhr von Waren ist steuerfrei, die Einfuhr unterliegt der Einfuhrumsatzsteuer (EUSt).

V. Umsatzsteuer

Die **Ausfuhr** und **Einfuhr** in der Terminologie des UStG: Das UStG verwendet die Begriffe „Ausfuhr" und „Einfuhr" abweichend vom allgemeinen Sprachgebrauch: Nach dem allgemeinen Sprachgebrauch versteht man unter Ausfuhr bzw Einfuhr die Lieferung in das Ausland bzw die Lieferung aus dem Ausland. Dagegen verwendet das UStG den Begriff „Ausfuhr" und „Einfuhr" ausschließlich im Verhältnis zu Drittstaaten. Innerhalb des Gemeinschaftsgebietes spricht man von einer

- innergemeinschaftlichen **Lieferung** bei einer Lieferung von einem Unternehmen aus einem Mitgliedstaat an einen Unternehmer in einem anderen Mitgliedstaat (im Ursprungsland steuerfrei), und von einem
- innergemeinschaftlichen **Erwerb** aus der Sicht des Erwerbers in einem Mitgliedstaat bei einer Lieferung aus einem anderen Mitgliedstaat (beim Erwerber im Bestimmungsland fällt idR Erwerbsteuer an).

Beim innergemeinschaftlichen Erwerb wird die „Erwerbsteuer" erhoben (anstelle der EUSt bei der Einfuhr aus Drittstaaten).

Beispiele:
1. Ein Unternehmer aus Wien liefert Ware an Unternehmer
   a) in die Schweiz: in Österreich steuerfrei, in der Schweiz EUSt;
   b) nach Deutschland: in Österreich steuerfrei, in Deutschland Erwerbsteuer.

   In beiden Fällen liegt eine in Österreich steuerfreie Lieferung vor (Ausfuhr bzw steuerfreie ig Lieferung).
2. Ein Unternehmer aus Zürich liefert Ware nach Wien: EUSt des Empfängers in Österreich, gleichgültig ob dieser Unternehmer oder Nichtunternehmer (Privater) ist.
3. Ein Unternehmer aus München liefert Ware an einen Unternehmer in Wien: Erwerbsteuer in Österreich.
4. Ein Tourist aus Österreich kauft in Zürich eine Uhr und nimmt sie nach Österreich mit: steuerfreie Ausfuhr aus der Schweiz, EUSt in Österreich.
5. Ein Tourist aus Österreich kauft in München eine Uhr und nimmt sie nach Österreich mit: keine Steuer in Österreich, sondern nach Ursprungslandprinzip in Deutschland besteuert.

Synonyme Begriffe:

Bestimmungsland = Empfängerort (auch Zielland); bei B2C auch Verbraucherland,

Ursprungsland = Unternehmerort.

Binnenmarktregelung (Gemeinschaftsgebiet): Von der allgemeinen Regelung abweichende Sonderregelungen für den EU-Binnenmarkt finden sich im Anhang zum UStG („Binnenmarktregelung"; BMR); sie sind in „Artikel" gegliedert und ergänzen den entsprechenden Paragraphen im Gesetz (zB Art 1 BMR enthält Sonderregelungen zu § 1 UStG; fehlt in der Nummerierung ein Artikel, dann gibt es zu dem entsprechenden Paragraphen keine eigene Binnenmarktregelung und es gelten die allgemeinen Aussagen des Paragraphen auch im grenzüberschreitenden Binnenmarkt).

4. Steuertatbestand (§ 1)

(Doralt/Ruppe II[8], Tz 217)

Der USt unterliegen folgende **Umsätze** (§ 1 Abs 1): 305
- **Lieferungen** und **sonstige Leistungen,** die ein **Unternehmer** im **Inland** gegen **Entgelt** im **Rahmen seines Unternehmens** ausführt (Z 1, Haupttatbestand),
- der **Eigenverbrauch** (Z 2); betrifft ertragsteuerlich nicht abzugsfähige Aufwendungen, insbesondere Repräsentationsaufwendungen,
- die **Einfuhr** aus Drittstaaten (nicht EU-Staaten, Z 3),
- **Erwerbe aus anderen Mitgliedstaaten** („innergemeinschaftlicher Erwerb", „ig Erwerb", Art 1 BMR).

Sachverhalte, die unter den Anwendungsbereich des § 1 UStG oder Art 1 BMR fallen, sind **steuerbar.** Steuerbare Sachverhalte können entweder **steuerpflichtig** oder aufgrund der Befreiungen des § 6 UStG oder Art 6 BMR **steuerfrei** sein.

Bei der Beurteilung eines Sachverhalts ist zunächst zu prüfen, ob steuerbare Umsätze vorliegen (§ 1 UStG, Art 1 BMR); in einem zweiten Schritt wird geklärt, ob eine Steuerbefreiung, eine Steuersatzbegünstigung oder eine sonstige Sonderbestimmung besteht.

5. Der Unternehmer (§ 2)

Unternehmer ist, wer eine gewerbliche oder berufliche Tätigkeit selbständig ausübt. Das ist „jede nachhaltige Tätigkeit zur Erzielung von Einnahmen, auch wenn die Absicht, Gewinn zu erzielen fehlt". Die Unternehmereigenschaft entsteht unabhängig von der ertragsteuerlichen Einordnung der Tätigkeit. Daher können auch Tätigkeiten im außerbetrieblichen Bereich (insbesondere Vermietung und Verpachtung) die Unternehmereigenschaft begründen. 306

Unternehmer können sein:
- natürliche Personen (unabhängig von ihrer Geschäfts- oder Handlungsfähigkeit),
- Personenvereinigungen (auch wenn sie nicht rechtsfähig sind, zB GesbR, Miteigentümergemeinschaften, Arbeitsgemeinschaften, soweit sie als solche nach außen auftreten),
- juristische Personen (insbesondere Kapitalgesellschaften, Vereine).

Der Unternehmer muss **selbständig** tätig sein; daher ist ein **Dienstnehmer** kein Unternehmer. Dagegen ist der „freie Dienstnehmer" Unternehmer.

Eine **reine Holdinggesellschaft,** die sich auf die Verwaltung der eigenen Beteiligungen beschränkt, ist kein Unternehmer: anders allerdings, wenn sie an die Tochtergesellschaften Dienstleistungen erbringt (geschäftsleitende Holdinggesellschaft, BFG 29. 1. 2018, RV/7101471/2009).

V. Umsatzsteuer

Organschaft

Organschaft: Bei juristischen Personen gilt im Falle einer Organschaft die Organgesellschaft nicht als selbständig, wenn sie finanziell, wirtschaftlich und organisatorisch derart eng mit einem anderen Unternehmen (Organträger) verbunden ist, dass sie keinen eigenen Willen hat. Eine Unterordnung ist – entgegen dem Gesetzeswortlaut des § 2 Abs 2 Z 2 – nicht erforderlich (richtlinienkonforme Auslegung; VwGH 23. 11. 2016, Ro 2014/15/0031). Organgesellschaft kann auch eine Personengesellschaft sein (ua EuGH 15. 4. 2021, C-868/19, M-GmbH gegen Finanzamt für Körperschaften Berlin). Die Organschaft in der USt ist von der Unternehmensgruppe im KStG (§ 9) zu unterscheiden. Die „Unternehmensgruppe" im KStG ergibt sich alleine aus der finanziellen Beteiligung und ist daher mit der Organschaft in der USt nicht vergleichbar.

Die Organgesellschaft und der Organträger sind als **ein** Unternehmen anzusehen. Umsätze zwischen den Gesellschaften sind nicht steuerbare **Innenumsätze** (siehe unten Tz 309). Dagegen unterliegen die Umsätze der Organgesellschaft mit Dritten der USt.

Die Wirkungen der Organschaft sind auf Innenleistungen **im Inland** beschränkt.

Körperschaften öffentlichen Rechts

Die Körperschaften öffentlichen Rechts gelten mit ihren **Betrieben gewerblicher Art** als Unternehmer (§ 2 Abs 3). Damit knüpft das UStG an das KStG an (§ 2 KStG), bezieht aber zum Teil auch Betriebe in die USt ein, die von der KSt ausgenommen sind (zB Wasserwerke, Müllabfuhr, Land- und Forstwirtschaft).

Die **Vermietung und Verpachtung** von Grundstücken durch Körperschaften öffentlichen Rechts unterliegt (als bloße Vermögensverwaltung) zwar nicht der KSt, jedoch ausdrücklich der USt.

6. Einnahmenerzielung und Nachhaltigkeit

(Doralt/Ruppe II[8], Tz 231 ff)

307 **Die Unternehmereigenschaft wird durch eine nachhaltige Tätigkeit zur Erzielung von Einnahmen** begründet (§ 2 Abs 1).

Eine nachhaltige Tätigkeit kann auch in einem Dulden oder Unterlassen bestehen (zB Vermietung). Nachhaltig kann auch eine einmalige Tätigkeit sein, wenn nach objektiven Maßstäben mit einer Wiederholung zu rechnen ist.

Beispiele:
1. Ein Antiquitätenhändler verkauft seine Waren: Nachhaltigkeit liegt vor.
2. Ein Antiquitätensammler verkauft aus seiner privaten Sammlung ein einzelnes Bild: Nachhaltigkeit liegt nicht vor. Verkauft er die gesamte Sammlung an einen oder an einige wenige Käufer, liegt ebenfalls keine Nachhaltigkeit vor (VwGH 30. 6. 2021, Ro 2019/15/0180).

3. Der Erbe des Antiquitätensammlers inseriert die Antiquitätensammlung und verkauft die einzelnen Stücke in kurzer Zeit an verschiedene Käufer: Der Erbe verhält sich wie ein Antiquitätenhändler, daher liegt Nachhaltigkeit vor.

Liegt Unternehmereigenschaft vor, sind alle Geschäfte im Rahmen des Unternehmens steuerbar. Auch **Hilfs-** und **Nebengeschäfte** sind erfasst (zB der Verkauf des Anlagevermögens, etwa die Büroeinrichtung).

Die **Unternehmereigenschaft beginnt** nicht erst mit der Erzielung von Einnahmen (Umsätzen), sondern schon mit der Aufnahme der Tätigkeit. Daher steht auch für Vorbereitungshandlungen der Vorsteuerabzug zu.

Mit dem letzten Tätigwerden für das Unternehmen **endet** die Unternehmereigenschaft; auch die **Geschäftsveräußerung und die Betriebsbeendigung** unterliegen der USt (siehe Tz 327).

Aus der Tätigkeit müssen zwar **Einnahmen** erzielt werden; jedoch ist Gewinnerzielungsabsicht nicht erforderlich (§ 2 Abs 1; im Gegensatz zur betrieblichen Tätigkeit im EStG). Dies entspricht dem Charakter einer Verbrauchsteuer, für deren Besteuerungszweck die Ertragslage unbeachtlich ist (zur Liebhaberei siehe unten). Bei **Verlusten** ist es daher möglich, dass die abzugsfähigen Vorsteuern höher sind als die auf die Leistungen entfallende USt.

Liebhaberei

Bei Tätigkeiten, die nachhaltig mit Verlusten verbunden sind, würde es uU laufend zu einer Vorsteuerrückerstattung, also zu Gutschriften, kommen. Damit wären Personen begünstigt, die mit ihrem privaten Hobby auch nur geringfügige Einnahmen erzielen.

Beispiel:

Ein Jagdpächter bezahlt für die Jagdpacht 12.000 € (darin enthalten 2.000 € USt). Aus dem erlegten Wild erzielt der Jagdpächter marktkonform Einnahmen von nur 1.000 € netto, die USt davon beträgt 10%, also 100 €. Würde die Jagdpacht als unternehmerische Tätigkeit anerkannt werden, dann könnte der Jagdpächter den Vorsteuerabzug von 2.000 € vermindert um die USt von den Verkäufen (100 €) geltend machen. Der Jagdpächter wäre damit mithilfe des Vorsteuerabzuges von der Umsatzsteuer praktisch entlastet.

Liebhaberei – Unterschied zwischen USt und ESt:

In der ESt kann jeder nachhaltige Verlust Liebhaberei begründen. Dies mit der Wirkung, dass die Tätigkeit nicht als Einkunftsquelle anerkannt wird, und daher auch die Verluste steuerlich nicht geltend gemacht werden können. Dagegen gelten in der USt nur solche verlustträchtigen Tätigkeiten als Liebhaberei, die einen starken Bezug zur privaten Lebensführung haben (§ 2 Abs 1 UStG; § 1 Abs 2 und § 6 Liebhabereiverordnung).

Bei nachhaltigen Verlusten gehören danach in der USt zur Liebhaberei

– Hobbytätigkeiten (wie bei der Liebhaberei in der ESt) und
– Vermietung von Eigenheimen und einzelnen Eigentumswohnungen („kleine Vermietung").

V. Umsatzsteuer

Der Liebhabereibegriff in der USt ist daher gegenüber der ESt enger zu sehen und beschränkt sich auf Tätigkeiten, die der privaten Lebensführung zuzuordnen sind. Daher kann auch die „große Vermietung" (Mietwohnhäuser mit mehreren Wohnungen; siehe Tz 38) zwar in der ESt Liebhaberei begründen, nicht aber in der USt. Auch eine Gastwirtschaft, die wegen nachhaltiger Verluste in der ESt als Liebhaberei eingestuft wird, ist umsatzsteuerlich keine Liebhaberei (VwGH 26. 11. 2014, 2010/13/0159).

Folgen der Liebhaberei in der USt: In der Regel ist in der USt bei Liebhaberei von einer nichtunternehmerischen Tätigkeit auszugehen (§ 2 Abs 5 Z 2). Die „kleine Vermietung" ist allerdings unionsrechtlich als unecht befreite Tätigkeit zu beurteilen: Die Einnahmen unterliegen nicht der USt, und der Vorsteuerabzug ist ausgeschlossen (VwGH 16. 2. 2006, 2004/14/082, Liebhaberei-Richtlinien Tz 168).

7. Grundsatz der Unternehmenseinheit

(Doralt/Ruppe II[8], Tz 252 ff)

309 „Das Unternehmen erfasst die gesamte gewerbliche oder berufliche Tätigkeit des Unternehmers" (§ 2 Abs 1 zweiter Satz). Demnach kann der Unternehmer zwar **mehrere Betriebe,** aber immer nur **ein Unternehmen** haben. Die Betriebe können auch im Ausland liegen.

Zwischen den Betrieben desselben Unternehmers gibt es umsatzsteuerlich keinen Leistungsaustausch und daher keine steuerbaren Umsätze; das gilt auch innerhalb einer Organschaft. Es liegen nicht steuerbare **Innenumsätze** vor.

Beispiel:
Frau W betreibt eine eigene Werbeagentur und vermietet Liegenschaften. Außerdem betreibt sie mit ihrer Tochter gemeinsam eine Trafik. Die Werbeagentur und die Vermietung sind das Unternehmen der Frau W. Dagegen ist die Trafik ein getrenntes Unternehmen; Unternehmer ist nicht Frau W, sondern die Personengesellschaft zwischen W und ihrer Tochter. Umsätze zwischen der Trafik (Personengesellschaft) und der Werbeagentur sind daher steuerbar, während Umsätze zwischen der Werbeagentur und der Liegenschaftsvermietung als nicht steuerbare Innenumsätze gelten.

8. Lieferungen und sonstige Leistungen (§§ 3, 3 a)

(Doralt/Ruppe II[8], Tz 258 ff)

310 **Der USt unterliegen Leistungen,** die der Unternehmer im Inland gegen Entgelt im Rahmen seines Unternehmens ausführt (§ 1 Abs 1 Z 1).

Leistungen können sein
– **Lieferungen** von Gegenständen oder
– **sonstige Leistungen** (Dienstleistungen).

8. Lieferungen und sonstige Leistungen (§§ 3, 3 a) USt

Eine **Lieferung** besteht aus der **Verschaffung der Verfügungsmacht über einen Gegenstand.** Sie liegt vor, wenn der Unternehmer den Abnehmer befähigt, über den Gegenstand im eigenen Namen zu verfügen (§ 3 Abs 1), ihn also veräußern und belasten zu können. Der Gegenstand muss dem Abnehmer endgültig zugewendet werden. Kommt es später zur Rückgängigmachung der Lieferung, sind USt und ggf Vorsteuer zu berichtigen.

Die Verschaffung der Verfügungsmacht ist nicht immer ident mit der Verschaffung des zivilrechtlichen Eigentums. Ein Verkauf unter Eigentumsvorbehalt gilt als steuerbare Lieferung, weil dem Käufer zwar nicht das zivilrechtliche Eigentum, wohl aber die wirtschaftliche Verfügungsmacht übertragen wird. Dagegen ist die Sicherungsübereignung (Übergang nur des zivilrechtlichen Eigentums) keine Lieferung, weil das wirtschaftliche Eigentum beim Schuldner bleibt.

Die **Übertragung des wirtschaftlichen Eigentums** stellt eine Lieferung dar (im Einklang mit der ertragsteuerlichen Zurechnung, VwGH 30. 4. 2019, Ra 2017/15/0071, *Ruppe/Achatz*, UStG[5] § 3 Tz 135).

Sonstige Leistungen sind „Leistungen, die nicht in einer Lieferung bestehen" (§ 3 a); das sind insbesondere aktive Dienstleistungen, Duldungsleistungen (zB Vermietung), die Einräumung von Rechten, der Verzicht auf die Ausübung einer beruflichen Tätigkeit etc.

Der Verkauf von Software ist eine **Lieferung,** wenn es sich um Standardsoftware auf physischen Datenträgern handelt. Dagegen ist die Programmierung von Individualsoftware oder der Download von einer Website eine sonstige Leistung. Entspricht ein **Leasingvertrag** wirtschaftlich einem Verkauf (Finanzierungsleasing), dann liegt eine Lieferung vor. Entspricht dagegen das Leasing einer Miete (Operating Leasing), liegt eine sonstige Leistung vor. **Theaterkarten** oder **Fahrscheine** sind keine Lieferung, sondern berechtigen zu einer sonstigen Leistung.

Zum **Versandhandel** siehe unten Tz 359.

Schadenersatzzahlungen sind dahingehend zu prüfen, ob ein Leistungsaustausch vorliegt: Der Schadenersatz wegen Nichterfüllung eines Vertrages oder eine Stornogebühr sind „echter Schadenersatz" und unterliegen nicht der USt (siehe auch *Ehrke-Rabel* in *Doralt/Ruppe* II[8] Tz 294 ff).

311

Die Abgrenzung, ob ein echter Schadenersatz vorliegt oder eine sonstige Leistung (unechter Schadenersatz), ist oft schwierig: zB wird die entgeltliche Zustimmung zur vorzeitigen Vertragsauflösung als sonstige Leistung angesehen (EuGH 22. 11. 2018, C-295/17, MEO).

Mitgliedsbeiträge an einen Verein begründen idR keinen Leistungsaustausch, wenn damit der Vereinszweck erfüllt wird und das Mitglied daraus keinen individuellen Nutzen zieht (zB Naturschutzverein, Sportverein).

Die Abgrenzung ist zum Teil schwierig (zB Mitgliedsbeitrag an einen Schwimmverein gegenüber einer Jahrespauschale in einem Schwimmbad; siehe auch *Ruppe/ Achatz*, UStG[5] § 1 Tz 115).

Ein **Tausch** liegt vor, wenn das Entgelt für eine Lieferung in einer anderen Lieferung besteht. Der Tausch ist daher eine steuerbare Lieferung (zwischen zwei Unternehmern sind es zwei Lieferungen).

V. Umsatzsteuer

Ein **tauschähnlicher Umsatz** liegt vor, wenn das Entgelt für eine sonstige Leistung in einer Lieferung oder in einer sonstigen Leistung besteht. Der tauschähnliche Umsatz ist eine steuerbare sonstige Leistung.

9. Leistungsentnahme und Eigenverbrauch
Entnahme von Gegenständen und sonstigen Leistungen
für unternehmensfremde Zwecke (§ 3 Abs 2 und § 3a Abs 1a)

312 **Entnimmt** der Unternehmer Gegenstände des Unternehmens für Zwecke außerhalb des Unternehmens **(private Zwecke),** dann wird diese Entnahme einer Lieferung gegen Entgelt gleichgestellt **(fiktive Lieferung,** § 3 Abs 2).

Ebenso wird die **Verwendung eines Gegenstandes** für Zwecke außerhalb des Unternehmens oder einer anderen sonstigen Leistung für Zwecke außerhalb des Unternehmens einer sonstigen Leistung gegen Entgelt gleichgestellt **(fiktive sonstige Leistung;** § 3a Abs 1a).

Im Einzelnen erfasst das Gesetz folgende Fälle:
- die **Entnahme** und **Verwendung** von Gegenständen des Unternehmens für Zwecke außerhalb des Unternehmens (soweit der Unternehmer für die Gegenstände ganz oder teilweise zum Vorsteuerabzug berechtigt war; § 3 Abs 2 und § 3a Abs 1a),
- andere **sonstige Leistungen** für Zwecke außerhalb des Unternehmens (unabhängig von einem Vorsteuerabzug; § 3a Abs 1a; zB der Fahrer eines Transportunternehmers befördert die privaten Möbel des Unternehmers anlässlich dessen Umzugs),
- **Leistungen an das Personal,** die über Aufmerksamkeiten hinausgehen (§ 3 Abs 2 und § 3a Abs 1a),
- **andere unentgeltliche Zuwendungen** von Gegenständen, auch wenn sie für unternehmerische Zwecke erfolgen (zB im Zusammenhang mit Werbeaktionen, Preisausschreiben), ausgenommen bei geringem Wert (§ 3 Abs 2).

Gesetzeszweck ist in diesen Fällen im Wesentlichen die Gleichstellung des Unternehmers mit dem Verbraucher, idR durch Rückgängigmachung des Vorsteuerabzugs (insbesondere bei der Entnahme). Der Unternehmer soll nicht durch den Vorsteuerabzug einen steuerlichen Vorteil für seinen privaten Verbrauch genießen. Die Besteuerung greift allerdings uU auch dann ein, wenn ein Vorsteuerabzug nicht besteht (zB Dienstleistungen von Arbeitskräften für den privaten Bereich des Unternehmers).

Leistungen an das Personal und unentgeltliche Zuwendungen, zB im Rahmen einer Werbung, erfolgen zwar nicht aus privaten Gründen, sondern können auch unternehmerisch motiviert sein, doch ergibt sich ihre Besteuerung aus dem Verbrauchsteuercharakter der USt.

Die **Entnahme** von **Grundstücken** ist – wie grundsätzlich auch die Veräußerung – steuerfrei (§ 6 Abs 1 Z 9 lit a, vgl Tz 335; uU mit Verlust oder Korrektur des Vorsteuerabzuges, siehe Tz 343).

Eigenverbrauch (§ 1 Abs 1 Z 2)

Unter den **Eigenverbrauch** fallen insbesondere **Repräsentationsaufwendungen** (Aufwendungen, die ertragsteuerlich „nicht abzugsfähig sind"). Ihre Besteuerung ergibt sich aus dem Verbrauchsteuercharakter der USt.

Ursprünglich erfasste der Eigenverbrauch nur die Entnahme von Leistungen (Verwendung für unternehmensfremde, also „eigene" Zwecke, daher als „Eigenverbrauch" bezeichnet). Repräsentationsaufwendungen wurden später nur als ein Ergänzungstatbestand eingefügt. Nachdem aber heute die Entnahme für unternehmensfremde Zwecke als fiktive Leistung erfasst wird (§ 3 Abs 2 und § 3a Abs 1a), ist auch der Begriff des Eigenverbrauchs überholt, wird jedoch zT weiterhin für die fiktive Leistung verwendet (UStR Rz 361). Auch die Mehrwertsteuersystem-Richtlinie verwendet den Begriff „Eigenverbrauch" nicht.

10. Grundsatz der Einheitlichkeit der Leistung

(Doralt/Ruppe II[8], Tz 262 ff)

Nach dem Grundsatz der Einheitlichkeit der Leistung kann eine Leistung nicht in ihre Teile zerlegt werden.

313

Eine einheitliche Leistung liegt nur dann vor, wenn zwar mehrere Leistungen erbracht werden, die jedoch so eng miteinander verbunden sind, dass sie in wirtschaftlicher Hinsicht objektiv ein Ganzes bilden, dessen Aufspaltung wirklichkeitsfremd wäre. Um festzustellen, ob der Unternehmer dem Verbraucher mehrere selbständige Hauptleistungen oder eine einheitliche Leistung erbringt, ist das Wesen des fraglichen Umsatzes zu ermitteln, wobei auf die Sicht des Durchschnittsverbrauchers abzustellen ist (UStR Rz 346).

Daraus ergibt sich:
– Eine Leistung kann nur entweder eine **Lieferung** oder eine **sonstige Leistung** sein.
– **Unselbständige Nebenleistungen** teilen das Schicksal der Hauptleistung: Ist die Hauptleistung steuerfrei (begünstigt), dann ist auch die Nebenleistung steuerfrei (begünstigt); ist die Hauptleistung steuerpflichtig, dann ist auch die Nebenleistung steuerpflichtig. Nebenleistungen sind zB die Beförderung oder die Verpackung einer Ware durch den Lieferanten oder die Montage. Das gilt auch dann, wenn die Nebenleistung (zB Beförderung) mehr kostet als der gelieferte Gegenstand.
– **Mehrere Hauptleistungen** liegen dann vor, wenn keine der einzelnen Leistungen bloße Nebenleistungen sind.

Eine unselbständige Nebenleistung zu einer Hauptleistung ist anzunehmen, wenn die eine Leistung nach dem Willen der Parteien so eng mit der anderen verbunden ist, dass die eine nicht ohne die andere erbracht werden kann bzw die Leistung keinen eigenen Zweck, sondern das Mittel zum Zweck darstellt, um die Hauptleistung unter optimalen Bedingungen in Anspruch nehmen zu können (VwGH 21. 12. 2005, 2001/14/0123; *Ruppe/Achatz*, UStG[5] § 1 Tz 31). Die Abgrenzung ist naturgemäß schwammig; zB kann die Verpackung (Tragtaschen) sowohl Nebenleistung als auch selbständige Hauptleistung sein.

V. Umsatzsteuer

314 **Gemischte Leistungen** beinhalten Elemente einer Lieferung und einer sonstigen Leistung. Es kommt darauf an, ob die Leistung nach ihrer überwiegenden wirtschaftlichen Bedeutung als Erwerb eines Gegenstandes oder als ein Tun, Dulden oder Unterlassen anzusehen ist. Dieses Überwiegen ist anhand der Verkehrsauffassung und nach der Absicht der Parteien zu ermitteln. Auf das Wertverhältnis der einzelnen Leistungselemente kommt es dabei nicht an. Auch getrennte Rechnungen machen aus einer einheitlichen Leistung nicht zwei getrennte Leistungen.

Beispiele:
1. Der Automechaniker kontrolliert nur den Zustand des Fahrzeuges: sonstige Leistung.
2. Der Arzt verabreicht im Rahmen der Behandlung eine Injektion: sonstige Leistung, auch wenn der Wert der Injektion überwiegt.
3. Das zum Unterricht beigestellte Skriptum ist Nebenleistung zum Unterricht (VwGH 17. 12. 1996, 96/14/0016, zu einer Fahrschule). Werden dagegen die Skripten (Bücher) auch im Buchhandel und an Personen verkauft, die nicht am Unterricht teilnehmen, dann ist der Verkauf auch an die Kursteilnehmer eine Hauptleistung (VwGH 21. 12. 2005, 2001/14/0123 ebenfalls zu einer Fahrschule).
4. Befördert der Unternehmer die bei ihm gekaufte Ware zum Abnehmer, dann ist die Beförderung eine Nebenleistung; ebenso ist die Verpackung der Ware eine Nebenleistung zur Lieferung (siehe allerdings oben).
5. Der vom Werbeveranstalter organisierte Bustransfer zur Werbeveranstaltung ist Nebenleistung zur Werbeveranstaltung.
6. Erhält der Abonnent einer Zeitung als Zugabe eine Gratis-Autobahnvignette, so liegen zwei Hauptleistungen vor. Das Entgelt ist daher aufzuteilen (BFG 8. 3. 2016, RV/6100408/2011).

Werklieferung und Werkleistung (§ 3 Abs 4, § 3 a Abs 3)

315 Hat der Unternehmer die Bearbeitung oder die Verarbeitung eines vom Auftraggeber beigestellten Gegenstandes übernommen, dann liegt entweder eine Werklieferung oder eine Werkleistung vor.

Eine **Werklieferung** liegt dann vor, wenn der Werkunternehmer einen vom Auftraggeber beigestellten Gegenstand bearbeitet oder verarbeitet, und er dabei Stoffe verwendet, die
– er selbst beschafft hat und
– bei denen es sich um einen Hauptstoff handelt (§ 3 Abs 4).

Eine **Werkleistung** liegt vor, wenn der Werkunternehmer bei der Bearbeitung eines beigestellten Gegenstandes bloß Zutaten oder eine Nebensache verwendet (§ 3a Abs 3).

Bei der Unterscheidung, was unter einem Hauptstoff, einer Zutat oder sonstigen Nebensache zu verstehen ist, kommt es in erster Linie auf die Natur des Stoffes und in Zweifelsfällen auf die Verkehrsauffassung sowie auf den Vergleich der wirtschaftlichen Bedeutung der verwendeten Stoffe an.

Beispiele:
1. Der Automechaniker repariert ein Scharnier und verwendet dabei ein Schmiermittel: Werkleistung; das Schmiermittel ist ein bloßer Nebenstoff.

2. Der Automechaniker baut einen neuen Motor ein: Werklieferung, es wird ein Hauptstoff beigestellt.
3. Ein Bauunternehmer errichtet ein Gebäude: Werklieferung (der Bauunternehmer stellt den Hauptstoff, nämlich das Baumaterial, bei).
4. Der Schneider repariert einen Anzug und stellt dabei bloß seinen Zwirn bei: Werkleistung.
5. Der Schneider fertigt einen neuen Anzug an, der Kunde stellt jedoch den Stoff bei: Werkleistung; das Futter etc sind bloße Nebenleistungen.
6. Der Schneider fertigt einen neuen Anzug an und stellt den Stoff usw selbst bei: reine Lieferung, keine Werklieferung.

11. Ort der Leistung

(Doralt/Ruppe II[8], Tz 321 ff)

Allgemeines

316 Lieferungen und sonstige Leistungen unterliegen im Inland nur dann der USt, wenn sie **im Inland** ausgeführt werden (§ 1 Abs 1 Z 1). Dabei bestehen für den Ort der Leistung für Lieferungen einerseits und sonstige Leistungen andererseits unterschiedliche Regelungen.

Da innerhalb der EU ein einheitliches Mehrwertsteuersystem besteht, das den Leistungsaustausch zwischen den Mitgliedstaaten einheitlich regelt, kann es innerhalb der EU in der USt weder zu einer Doppelbesteuerung noch zu einer Nichtbesteuerung kommen. Anders gegenüber Drittstaaten: Ist der Leistungsort im Drittstaat anders geregelt als im Inland, dann ist eine Doppelbesteuerung oder aber auch eine Nichtbesteuerung denkbar.

Grundregel

Für **grenzüberschreitende Lieferungen** bestehen folgende Grundregeln:

Gemeinschaftsgebiet:

$B^{(1)}2B^{(2)}$: die innergemeinschaftliche Lieferung von $B^{(1)}$ ist steuerfrei, bei $B^{(2)}$ fällt Erwerbsteuer an (als Vorsteuer abzugsfähig).

B2C: Lieferort und damit auch Steuerpflicht im Inland (Ursprungsland; zum Versandhandel siehe Tz 359).

Drittland:

B2B: steuerfreie Lieferung im Inland, Einfuhrumsatzsteuer im Drittland,

B2C = B2B: steuerfreie Lieferung im Inland, Einfuhrumsatzsteuer im Drittland.

Für **grenzüberschreitende sonstige Leistungen** bestehen folgende Grundregeln:

Gemeinschaftsgebiet und Drittland:

B2B: Leistungsort ist der Empfängerort im anderen Mitgliedstaat bzw im Drittland,

V. Umsatzsteuer

B2C: Leistungsort ist der Unternehmerort (Steuerpflicht im Inland),

Bei den sonstigen Leistungen gibt es (vor allem B2C) zahlreiche Ausnahmen von der Grundregel.

Ort der Lieferung

Ort der Übergabe (Ruhende Lieferung)

317 Grundsätzlich wird eine Lieferung dort ausgeführt, wo sich der Gegenstand zur Zeit der Verschaffung der Verfügungsmacht befindet (idR Ort der Übergabe; § 3 Abs 7, „unbewegte" oder „ruhende Lieferung").

Vor allem im grenzüberschreitenden Verkehr ist die Abgrenzung zur „bewegten Lieferung" wichtig: eine unbewegte Lieferung liegt (nur) dann vor, wenn der Gegenstand zur Ausführung der Lieferung *weder vom Lieferer noch vom Abnehmer bewegt wird*. Unbewegte (ruhende) Lieferungen sind damit de facto die Ausnahme.

Beispiele:
1. Lieferung eines Grundstücks.
2. Werklieferung im Zusammenhang mit einem Grundstück (Einbau, Umbau usw).
3. Lieferung durch Übergabe eines Lagerscheines (zB der Unternehmer übergibt in Wien den Lagerschein für eine Ware, die sich in einem Lagerhaus in München befindet; Lieferort ist München; im Inland nicht steuerbar).
4. Verkauf eines Mietgegenstandes an den bisherigen Mieter.

Dagegen ist zB der Verkauf einer Ware mit Übergabe an den Kunden eine bewegte Lieferung.

Beginn der Beförderung oder Versendung (Bewegte Lieferung)

Wird der Gegenstand der Lieferung durch den Lieferer oder den Abnehmer befördert oder versendet (bewegt), so gilt die Lieferung dort als ausgeführt, wo die Beförderung oder Versendung an den Abnehmer oder in dessen Auftrag an einen Dritten beginnt (**Lieferort = Beginn der Beförderung** bzw der Versendung; § 3 Abs 8 „bewegte Lieferung").

– **Ruhende und bewegte Lieferung:** Wird ein Gegenstand bei der Lieferung nicht befördert und nicht versendet, dann spricht man von einer „ruhenden" Lieferung (§ 3 Abs 7; Lieferort ist der Ort der Übergabe; siehe oben), ansonsten von einer „bewegten" Lieferung (Lieferort ist am Beginn der Beförderung bzw Versendung).

Beispiele:
1. Ein österreichischer Unternehmer liefert eine Ware an einen Unternehmer nach Deutschland. Lieferort: Österreich (grundsätzlich steuerbare, aber steuerfreie ig Lieferung, § 3 Abs 8); in Deutschland fällt für den Empfänger Erwerbsteuer an.
2. Ein deutscher Unternehmer liefert eine Ware an einen österreichischen Unternehmer: Lieferort Deutschland (der österreichische Empfänger verwirklicht einen idR steuerpflichtigen ig Erwerb).

3. Ein Linzer Sportwarenverkäufer verkauft ein Fahrrad an einen privaten Käufer aus Deutschland. Der Käufer nimmt das Fahrrad aus dem Linzer Geschäft mit und bringt es nach Deutschland. Lieferort: Österreich (grundsätzlich in Österreich steuerbar und steuerpflichtig). Wäre dagegen der Abnehmer aus der Schweiz (Drittland), und nimmt er das Fahrrad in die Schweiz mit, dann würde in Österreich eine steuerfreie Ausfuhr vorliegen (§ 6 Abs 1 Z 1 iVm § 7 Abs 1 Z 3). In der Schweiz würde Einfuhrumsatzsteuer anfallen.

Zum abweichenden Lieferort im **Versandhandel** (§ 3 Abs 8a und Art 3 Abs 3) siehe Tz 359.

Montagelieferung: Wird ein Gegenstand zwar in das Ausland versendet, kommt aber der Montage eine besondere wirtschaftliche Bedeutung zu, dann ist der Lieferort nicht der Beginn der Beförderung, sondern dort, wo das fertige Werk übergeben wird (Montagelieferung; vgl Art 36 MwStSystRL).

Beispiel:
Siemens München liefert an die Tiroler Wasserkraftwerke eine Turbine einschließlich Montage für ein Kraftwerk in Tirol. Da die Montage bei einer Turbine ein wesentlicher Teil der Bestellung ist, ist der Lieferort nicht dort, wo die Beförderung beginnt, sondern dort, wo das fertige Werk (montierte Turbine) übergeben wird, also Tirol.

Reihengeschäft

Ein Reihengeschäft liegt dann vor, wenn mehrere Unternehmer Umsatzgeschäfte über denselben Gegenstand abschließen (mehrere Lieferungen in einer Reihe) und der Gegenstand vom ersten Unternehmer direkt zum letzten Abnehmer versendet oder befördert wird (ausführlich dazu § 3 Abs 15; zum Dreiecksgeschäft siehe Tz 359/1).

Beispiel:
Der Nichtunternehmer A (Wien) bestellt bei B (Händler in Salzburg) eine Ware. B bestellt die Ware bei C (Großhändler in München) und lässt sie von C direkt an A versenden.
Mit der Versendung der Ware von C (München) an A (Wien) werden zwei Umsätze realisiert: C liefert an B in Salzburg (ig Erwerb von B) und B liefert an A (im Inland, daher steuerpflichtig).

Ort der sonstigen Leistung

Für den Ort der sonstigen Leistung stellt das UStG insbesondere darauf ab, ob der **Leistungsempfänger** Unternehmer ist.

Grundregel:
B2B: Leistungsort (Steuerpflicht) am Ort des Empfängers (§ 3a Abs 6; Empfängerort, Bestimmungsland)
B2C: Leistungsort (Steuerpflicht) am Unternehmerort (§ 3a Abs 7; Ursprungsortprinzip)

Übergang der Steuerschuld bei B2B (Reverse Charge System, § 19 Abs 1): Da bei sonstigen Leistungen der Leistungsort am Empfängerort liegt,

V. Umsatzsteuer

wäre jeder inländische Unternehmer, der an einen Unternehmer im Ausland eine sonstige Leistung erbringt, dort auch umsatzsteuerpflichtig. Das wäre weder kontrollierbar noch administrierbar. Die Lösung des Problems in der EU: Bei sonstigen Leistungen im B2B Bereich geht die Steuerschuld auf den Empfänger über; an Stelle des leistenden Unternehmers schuldet der Empfänger die USt für die erhaltene Leistung. Das gilt aber nur, wenn der Empfänger Unternehmer ist. Der leistende Unternehmer haftet allerdings für die Steuer.

Beispiel:
> Der Unternehmer in Wien erbringt eine sonstige Leistung an einen Unternehmer in München. Leistungsort ist München (Empfängerort); daher fällt die USt nicht in Österreich, sondern in Deutschland an; Steuerschuldner ist der Empfänger, also der Unternehmer in München.

Das Reverse Charge System gilt in Österreich auch bei der grenzüberschreitenden Werklieferung; auch hier geht die Steuerschuld – sinnvollerweise – auf den Empfänger über (siehe das Beispiel oben: Siemens München liefert an die TIWAG eine Turbine).

Erweiterter Unternehmerbegriff: Um zu vermeiden, dass das Ursprungslandprinzip über den typischen B2C Bereich hinaus Anwendung findet, dehnt das Gesetz den Unternehmerbegriff auf juristische Personen aus, auch wenn sie nicht unternehmerisch tätig sind, wie insbesondere KöR oder gemeinnützige Einrichtungen, sie aber eine Umsatzsteueridentifikationsnummer (UID-Nummer) haben (§ 3a Abs 5 Z 2). Damit wird vermieden, dass solche Einrichtungen in Ländern mit einem niedrigeren USt-Satz einkaufen und damit eine höhere Umsatzsteuer im eigenen Land umgehen.

Beispiel:
> Ein ausländischer Verlag räumt der Universität Wien die Nutzung seiner Rechtsdatenbank ein. Ohne Sonderregelung würde ein B2C Geschäft vorliegen, doch gilt in diesem Fall die Universität Wien als Unternehmer; daher liegt ein B2B Umsatz vor. Anstelle des leistenden Unternehmers schuldet die Universität die österreichische USt für die an sie erbrachte Leistung.

Die B2B-Regelungen des Leistungsorts kommen auch dann zur Anwendung, wenn eine Leistung nur teilweise für das Unternehmen bezogen wird (zB ein gemieteter Kleinbus wird für unternehmerische und private Fahrten genutzt).

Unternehmer an Unternehmer (B2B): Empfängerort –
Bestimmungslandprinzip (§ 3a Abs 6)

319 Eine sonstige Leistung, die **an einen Unternehmer** (siehe Tz 318) ausgeführt wird, wird nach der Grundregel an dem Ort ausgeführt, an dem der Empfänger sein Unternehmen betreibt (Empfängerort).

Beispiele:
> 1. Ein österreichischer Anwalt vertritt einen deutschen Unternehmer in einem Rechtsstreit vor einem Gericht in Wien. Auch wenn der Rechtsstreit ausschließlich in Österreich geführt wird, kommt die Grundregel B2B zur Anwen-

dung; Leistungsort ist daher Deutschland. Es kommt zum Übergang der Steuerschuld vom Rechtsanwalt auf den Unternehmer in Deutschland nach dem deutschen UStG.
2. Ein österreichischer Agent vermittelt im Auftrag eines ungarischen Unternehmers den Auftritt eines Sängers in Mailand. Es liegen zwei verschiedene B2B Umsätze vor:
– Der österreichische Agent leistet an den Unternehmer in Ungarn: Leistungsort des österreichischen Agenten ist der Empfängerort, also Ungarn.
– Der Sänger leistet an den ungarischen Unternehmer: Leistungsort des Sängers ist wieder der Empfängerort, hier also Ungarn. Obwohl der Sänger in Mailand auftritt, ist Mailand nicht der Leistungsort.
In beiden Fällen kommt es zum Übergang der Steuerschuld auf den Unternehmen in Ungarn.

Ausnahmen vom Empfängerort bei B2B

Abweichend von der Grundregel gibt es bei B2B eine Reihe von Sonderregelungen, die für bestimmte sonstige Leistungen einen besonderen Leistungsort vorsehen. Dazu gehören insbesondere 320

– Leistungen im Zusammenhang mit einem Grundstück: Grundstücksort (§ 3a Abs 9),
– Personenbeförderung: Beförderungsstrecke (§ 3a Abs 10),
– Restaurant- und Verpflegungsleistungen: Ort der Verpflegung (§ 3a Abs 11 lit d),
– Eintrittsberechtigungen zu kulturellen und ähnlichen Veranstaltungen: Veranstaltungsort (§ 3a Abs 11 a),
– kurzfristige Vermietung von Beförderungsmitteln: Übergabeort (§ 3a Abs 12).

Eine sonstige Leistung **im Zusammenhang mit einem Grundstück** wird dort ausgeführt, wo das Grundstück gelegen ist (§ 3a Abs 9).

Sonstige Leistungen im Zusammenhang mit einem Grundstück sind ua die Tätigkeiten der Grundstücksmakler und Grundstückssachverständigen, die Vermietung und Verpachtung sowie die Beherbergung in der Hotelbranche oder in Branchen mit ähnlicher Funktion (zB in Ferienlagern oder auf Campingplätzen), die Einräumung von Rechten zur Nutzung von Grundstücken und die Leistungen von Architekten.

Eine **Personenbeförderungsleistung** wird dort ausgeführt, wo die Beförderung bewirkt wird (Beförderungsstrecke, § 3a Abs 10).

Erstreckt sich eine Beförderungsleistung sowohl auf das Inland als auch auf das Ausland, unterliegt nur der inländische Teil der USt (allerdings bestehen Befreiungen für die Personenbeförderung mittels Bahn, Schiff und Flugzeug; siehe noch Tz 322).

Restaurant- und Verpflegungsdienstleistungen werden dort erbracht, wo der Unternehmer ausschließlich oder zum wesentlichen Teil die Leistung erbringt (§ 3a Abs 11 lit d).

V. Umsatzsteuer

Beispiel:

A (Wien) bestellt bei B (Gastronom in Wien) ein Catering für eine Produktpräsentation in Bratislava. B wird bei der Leistungserbringung zum wesentlichen Teil in Bratislava tätig. Die Leistung unterliegt nicht am Empfängerort in Österreich der USt, Leistungsort ist vielmehr Bratislava.

Die **kurzfristige Vermietung eines Beförderungsmittels** wird an dem Ort ausgeführt, an dem dieses Beförderungsmittel dem Leistungsempfänger tatsächlich zur Verfügung gestellt wird (Übergabeort, § 3 a Abs 12).

Als kurzfristig gilt bei Kfz eine Vermietung während eines ununterbrochenen Zeitraumes von nicht mehr als 30 Tagen.

Beispiel:

Ein Unternehmer aus München kommt auf Geschäftsreise drei Tage nach Wien und mietet sich hier ein Fahrzeug (Leistungsort Wien, Ausnahmeregelung wegen kurzfristiger Vermietung); kein Übergang der Steuerschuld auf den Empfänger, weil die Besteuerung im Inland erfolgt.

Würde der deutsche Unternehmer das Fahrzeug länger als 30 Tage mieten, dann wäre Leistungsort München (Empfängerort).

Unternehmer an Nichtunternehmer (B2C):
Ursprungsort – Ursprungslandprinzip (§ 3 a Abs 7)

321 Eine sonstige Leistung an einen Nichtunternehmer (§ 3 a Abs 5 Z 3) wird nach der Grundregel an dem Ort ausgeführt, von dem aus der Unternehmer sein Unternehmen betreibt: Leistungsort ist der Unternehmerort (Ursprungsort wie beim Touristenexport).

Beispiel:

Ein österreichischer Rechtsanwalt berät einen deutschen Unternehmer in Ehesachen. Da der deutsche Unternehmer die Leistung für rein private Zwecke bezieht, kommt es zur Anwendung der Grundregel B2C. Leistungsort ist Österreich; die Leistung ist in Österreich steuerbar und steuerpflichtig.

Ausnahmen vom Unternehmerort (Ursprungslandprinzip) bei B2C

322 Grundsätzlich gelten alle Sondervorschriften für den Leistungsort aus dem B2B-Bereich auch im B2C-Bereich, ergänzt um weitere Sonderfälle. Daraus ergeben sich ua folgende Ausnahmen vom Ursprungslandprinzip (Gesetzeszweck ist die Einhaltung des Bestimmungslandprinzips in besonders wichtigen Fällen):

- **Grundstücksort:** Leistungen im Zusammenhang mit einem Grundstück (§ 3 a Abs 9, wie bei B2B; siehe oben),
- **Umsatzort** bei Vermittlungsleistungen: wo der vermittelte Umsatz aufgeführt wird (§ 3 a Abs 8),
- **Ort der Personenbeförderung** (wie bei B2B; siehe oben), Güterbeförderung grundsätzlich wie Personenbeförderung mit Ausnahmen bei ig Güterbeförderung (§ 3 a Abs 10, bzw Art 3 a Abs 1),
- **Übergabeort** bei kurzfristiger Vermietung von Beförderungsmitteln, zB PKW (§ 3 a Abs 12 Z 1, wie bei B2B; siehe oben),

11. Ort der Leistung **USt**

- **Tätigkeitsort,** wo der Unternehmer für bestimmte einzelne Leistung tätig wird (§ 3a Abs 11 lit a bis d; siehe unten),
- **Empfängerort** bei nicht kurzfristiger Vermietung von Beförderungsmitteln § 3a Abs 12 Z 2),
- **elektronisch erbrachte sonstige Leistungen** udgl an einen Nichtunternehmer werden am **Empfängerort** (Verbraucherort) besteuert (§ 3a Abs 13; siehe unten),
- **Katalogleistungen:** bestimmte in § 3a Abs 14 aufgezählte Leistungen (sogenannte „Katalogleistungen") an Nichtunternehmer in Drittländern werden am **Empfängerort** erbracht (zB rechtliche, technische und wirtschaftliche Beratung, Datenverarbeitung, Finanzdienstleistungen).

Tätigkeitsort: Kulturelle, künstlerische, wissenschaftliche, unterrichtende, sportliche, unterhaltende oder ähnliche Leistungen, wie Leistungen im Zusammenhang mit Messen und Ausstellungen einschließlich der Leistungen der jeweiligen Veranstalter (§ 3a Abs 11 lit a), sowie **Arbeiten an beweglichen körperlichen Gegenständen** (§ 3a Abs 11 lit c) werden dort ausgeführt, wo der Unternehmer (bezogen auf die einzelne Leistung) „ausschließlich oder zum wesentlichen Teil tätig wird". Dies gilt auch für **Restaurant- und Verpflegungsdienstleistungen** (§ 3a Abs 11 lit d).

Bei diesen Leistungen bestimmt grundsätzlich die Tätigkeit selbst den Leistungsort (zB Auftritt eines Sängers).

Elektronisch erbrachte sonstige Leistungen, Telekommunikationsdienste, Rundfunk- und Fernsehdienstleistungen aus dem Gemeinschaftsgebiet oder aus Drittstaaten an einen **Nichtunternehmer** werden am Empfängerort (Verbraucherort) erbracht (§ 3a Abs 13). Bietet ein Unternehmer derartige Leistungen in verschiedenen Mitgliedstaaten an, besteht eine Sonderregelung, nach der er die auf die anderen Mitgliedstaaten entfallende Steuer zentral erklären und entrichten kann (§ 25a, Art 25a, „One-Stop-Shop", OSS; nicht zu verwechseln mit der „Zusammenfassenden Meldung", dazu unten).

Beispiel:
Ein Jugendlicher in Österreich lädt sich von der Website eines deutschen Unternehmers eine Spielesoftware herunter. Es handelt sich um eine auf elektronischem Weg erbrachte sonstige Leistung. Es kommt daher die Sonderbestimmung des § 3a Abs 13 zur Anwendung: Der deutsche Unternehmer ist am Empfängerort (Österreich) steuerpflichtig.

Die **One-Stop-Shop-Regelung** gilt nicht nur für elektronisch erbrachte Dienstleistungen udgl, sondern für alle grenzüberschreitenden sonstigen Leistungen an Nichtunternehmer in der EU sowie ig Versandhandelsumsätze und bestimmte Umsätze von Plattformen (§ 25a, Art 25a iVm § 28 Abs 47 Z 2).

Zusammenfassende Meldung

Unternehmer, die sonstige Leistungen an andere Unternehmer erbringen, deren Leistungsort nach § 3a Abs 6 im übrigen Gemeinschaftsgebiet

V. Umsatzsteuer

liegt und für die die Steuerschuld auf den Empfänger übergeht, haben über diese Umsätze an ihr FA eine „Zusammenfassende Meldung" zu übermitteln (Art 21 Abs 3). Darüber hinaus besteht die Steuerfreiheit von ig Lieferung nur, wenn sie der Unternehmer korrekt in der „Zusammenfassenden Meldung" angegeben hat (Art 7 Abs 1 Z 5 BMR). Damit wird die USt-Kontrolle innerhalb des Gemeinschaftsgebietes sichergestellt („Mehrwertsteuer-Informationsaustauschsystem"; MIAS).

323 **Übersicht**

	B2B	B2C
Vermittlungsleistungen	Grundregel (§ 3a Abs 6)	Ort, an dem der vermittelte Umsatz erbracht wird (§ 3a Abs 8)
Grundstücksleistungen	Grundstücksort (§ 3a Abs 9)	Grundstücksort (§ 3a Abs 9)
Personenbeförderung	Ort, wo sie jeweils stattfindet (§ 3a Abs 10)	Ort, wo sie jeweils stattfindet (§ 3a Abs 10)
Güterbeförderung (außer ig)	Grundregel (§ 3a Abs 6)	Dort, wo sie jeweils stattfindet (§ 3a Abs 10)
ig Güterbeförderung	Grundregel (§ 3a Abs 6)	Abgangsort (Art 3a Abs 1)
Kulturbereich, Reparaturen, Nebenleistungen zur Güterbeförderung	Grundregel (§ 3a Abs 6) (Eintrittsberechtigung zu Veranstaltungen = Veranstaltungsort)	Tätigkeitsort (§ 3a Abs 11 lit a bis c)
Restaurant- und Verpflegungsdienstleistungen bei ig Personenbeförderungen	Abgangsort (Art 3a Abs 3)	Abgangsort (Art 3a Abs 3)
Kurzfristige (langfristige) Vermietung von Beförderungsmitteln (max 30 Tage)	Ort, wo es zur Verfügung gestellt wird (§ 3a Abs 12) (langfristig Wohnsitz des Empfängers)	Ort, wo es zur Verfügung gestellt wird (§ 3a Abs 12) (langfristig Wohnsitz des Empfängers)
Elektronisch erbrachte Dienstleistungen, Telekom-, Rundfunk- und Fernsehdienstleistungen	Grundregel (§ 3a Abs 6)	Dort, wo der Nichtunternehmer ansässig ist (§ 3a Abs 13)
Restaurant- und Verpflegungsdienstleistungen	Tätigkeitsort (§ 3a Abs 11 lit d)	Tätigkeitsort (§ 3a Abs 11 lit d)
„Katalogdienstleistungen" an Nichtunternehmer in Drittländern	–	Empfängerort (§ 3a Abs 14)

12. Bemessungsgrundlage (§ 4)

(Doralt/Ruppe II[7], Tz 394 ff)

Bei Lieferungen und sonstigen Leistungen ist das **Entgelt** Bemessungsgrundlage für die USt (§ 4 Abs 1). Die Umsatzsteuer selbst gehört nicht zur Bemessungsgrundlage (§ 4 Abs 10). 324

Durchlaufende Posten, die im Namen und auf Rechnung eines anderen vereinnahmt und verausgabt wurden, gehören nicht zum Entgelt (§ 4 Abs 3; zB Gerichtsgebühren des Anwalts für seinen Klienten).

Zum Entgelt gehört alles, was der Empfänger aufwendet, um die Leistung zu erhalten; dazu gehören auch freiwillige Zahlungen (§ 4 Abs 2 Z 1, Beispiel: Ein Klient bezahlt aus Freude über den gewonnenen Prozess dem RA ein höheres Honorar als vereinbart). Zum Entgelt gehört auch, was ein Dritter dem Unternehmen leistet (§ 4 Abs 2 Z 2). Zuschüsse von dritter Seite (Subventionen) zählen dann zum Entgelt, wenn sie mit dem konkreten Leistungsaustausch in Zusammenhang stehen (zB: ein Verlag erhält für die Drucklegung eines konkreten Buches einen Druckkostenzuschuss).

Das Trinkgeld gehört zum Entgelt, wenn zB der Frisör oder Taxifahrer selbst als Unternehmer tätig ist. Dagegen ist das Trinkgeld beim Nichtselbständigen nicht steuerbar.

Freiwillige Leistungen ohne unmittelbare Gegenleistung unterliegen nicht der USt (EuGH 3. 3. 1994, C-16/93, *Tolsma,* zum Drehorgelspieler; es fehlt an der wechselseitig finalen Verknüpfung von Leistung und Gegenleistung).

Bei Leistungen kommt es grundsätzlich nicht auf die **Angemessenheit** des Entgelts an, bei nicht fremdüblichem Entgelt kann es jedoch in bestimmten Fällen zur Anwendung des „Normalwerts" kommen (dazu unten Tz 328).

Vom Entgelt ist der **zivilrechtliche Preis** zu unterscheiden. Wurde im Vertrag nichts anderes vereinbart, so versteht sich der Preis stets einschließlich der USt. Dies gilt auch für Kaufleute; es gibt keinen abweichenden Handelsbrauch.

Beim **Tausch** und beim **tauschähnlichen Umsatz** besteht das Entgelt im Wert der Gegenleistung, dh im Wert der anderen Leistung (§ 4 Abs 6). Als „Wert der Gegenleistung" ist der „subjektive Wert" für das Unternehmen maßgeblich (EuGH). Das entspricht idR dem Teilwert (*Spilker,* RdW 2019/ 331, 411; siehe auch *Ruppe/Achatz,* UStG[5], § 4 Tz 137). 325

Dagegen ist nach den UStR beim Tausch der gemeine Wert der Gegenleistung als Bemessungsgrundlage anzusetzen (Rz 671; entspricht nicht dem BewG; siehe oben *Ruppe/Achatz*).

Beispiel:
> Ein Spediteur tauscht beim Autohändler seinen gebrauchten Lkw gegen einen neuen Pkw. Das heißt: Der Spediteur liefert einen Lkw und erhält als Gegenleistung den neuen Pkw; Bemessungsgrundlage für die USt ist daher der Wert des Pkw (Gegenleistung für die Lieferung des Lkw). Für den Autohändler ist die Gegenleistung für die Lieferung des neuen Pkw der gebrauchte Lkw.

Die **EUSt (Einfuhr aus Drittländer)** bemisst sich vom Zollwert (idR abhängig vom Kaufpreis; § 5). 326

V. Umsatzsteuer

327 *Geschäftsveräußerung und unentgeltliche Unternehmensübertragung*

Die **Geschäftsveräußerung** im Ganzen unterliegt ebenfalls der USt. Bemessungsgrundlage ist das auf die Gegenstände und Rechte entfallende Entgelt des Erwerbers. Übernommene Schulden sind ebenfalls ein Bestandteil des Entgelts und können daher nicht abgezogen werden (§ 4 Abs 7).

Beispiel:
> Ein Unternehmen wird um 1 Mio € verkauft; der Käufer hat außerdem die Schulden iHv 0,5 Mio € zu übernehmen. Bemessungsgrundlage für die USt sind 1,5 Mio € (Kaufpreis und übernommene Schulden).

Die **unentgeltliche Unternehmensübertragung unter Lebenden** (Schenkung) wird als eine Entnahme für unternehmensfremde Zwecke angesehen, für die jedoch ein Vorsteuerabzug bestehen kann („Steuerweiterleitung"; § 12 Abs 15 iVm § 3 Abs 2; siehe unten Tz 344). Bei **Übergang von Todes wegen** liegt kein umsatzsteuerbarer Vorgang vor.

328 *Entnahme und nicht angemessenes (nicht fremdübliches) Entgelt*

Entnahme: Ansatz der Kosten (§ 4 Abs 8)

Kosten bei der Entnahme: Entnimmt der Unternehmer aus privaten Gründen („Zwecke außerhalb des Unternehmens") einen Gegenstand oder eine sonstige Leistung, dann werden als Bemessungsgrundlage für die USt die **Kosten** angesetzt (idR der Einkaufspreis). Damit wird im Ergebnis der Vorsteuerabzug rückgängig gemacht.

Nicht angemessenes (nicht fremdübliches) Entgelt: Normalwert (§ 4 Abs 9)

Normalwert bei nicht fremdüblichem Entgelt: Verlangt der Unternehmer aus privaten (unternehmensfremden) Motiven ein nicht angemessenes (nicht fremdübliches) Entgelt, dann ist der **„Normalwert"** als Bemessungsgrundlage heranzuziehen (im Wesentlichen der fremdübliche Betrag; dazu § 4 Abs 9 letzter und vorletzter Satz).

> Insoweit besteht ein Widerspruch gegenüber der Entnahme: Obwohl in beiden Fällen private Motive der Auslöser sind, gelten einmal nur die (niedrigen) Kosten als Bemessungsgrundlage, das andere Mal der – idR höhere – fremdübliche Preis für Dritte (EU-rechtlich vorgegeben; systemgerecht wäre wohl in beiden Fällen das fremdübliche Entgelt, mindestens die Kosten).

Ein weiterer Anwendungsfall für den Normalwert ist die **verbilligte Leistung an das Personal** (zwar keine privaten Motive, entspricht aber dem Verbrauchsteuercharakter der USt).

Der Normalwert kommt ua dann nicht zur Anwendung, wenn Leistender und Empfänger zum vollen Vorsteuerabzug berechtigte Unternehmer sind (die USt ist dann sowieso wirtschaftlich nur durchlaufender Posten).

12. Bemessungsgrundlage (§ 4) USt

Beispiele für Entnahme (Kosten) und nicht fremdübliches Entgelt:
1. Ein Fahrradhändler verkauft seiner Tochter ein Fahrrad um 300 €. Der Listenpreis wäre 600 €, der Händlereinkaufspreis beträgt 400 €. Bemessungsgrundlage sind 600 € (Normalwert).
   Würde der Händler seiner Tochter das Fahrrad schenken, dann wäre eine Entnahme anzunehmen; Bemessungsgrundlage wäre dann der Einkaufspreis von 400 € (Kosten).
2. Der Gesellschafter einer Autohandels-GmbH kauft von der Gesellschaft einen Pkw mit Listenpreis 60.000 € um nur 30.000 €. Bemessungsgrundlage sind 60.000 € (Normalwert).
3. Der Unternehmer gewährt seinen Mitarbeitern einen Personalrabatt. Es kommt der Normalwert zur Anwendung (in der Praxis der lohnsteuerliche Sachbezugswert).
4. Ein Juwelier verkauft anlässlich der Eröffnung die ersten 100 Uhren mit einem Rabatt von 50%. Da der Rabatt zur Werbung und nicht aus unternehmensfremden Motiven gewährt wird, kommt der Normalwert hier nicht zur Anwendung.
5. Ein Sportartikelhändler gewährt den Mitgliedern eines Sportvereins einen Sonderrabatt von 20%. Da der Sportartikelhändler sich daraus ein besseres Geschäft erhofft, kommt der Normalwert nicht zur Anwendung (anders allerdings die Gesetzesmaterialien und die UStR Rz 682, die den Normalwert auch bei Begünstigungen aufgrund von Mitgliedschaften annehmen).

Differenzbesteuerung

Beim **Handel mit Gebrauchtgegenständen** (insbesondere Kfz, Kunstgegenstände, Antiquitäten, Schmuck) gilt grundsätzlich eine **Differenzbesteuerung:** Grundlage für die Berechnung der USt ist der Unterschiedsbetrag zwischen dem Verkaufspreis und dem Einkaufspreis; aus dem Unterschiedsbetrag wird die USt herausgerechnet (§ 24).

329

Das Gesetz verwendet nicht den Begriff „Gebrauchtgegenstand", sondern spricht von Lieferungen, für die „USt nicht geschuldet wurde" (§ 24 Abs 1 Z 2 lit a). Damit sind vor allem jene Fälle gemeint, in denen ein Privater (Nichtunternehmer) an den Händler geliefert hat (idR Gebrauchtwarenhandel).

Der Händler muss mit diesen Gegenständen gewerbsmäßig handeln (§ 24 Abs 1 Z 1). Die USt darf auf der Verkaufsrechnung des Händlers nicht ausgewiesen werden; auf die Differenzbesteuerung ist in der Rechnung hinzuweisen (§ 24 Abs 7).

Hintergrund der Differenzbesteuerung ist folgender: Gebrauchtgegenstände werden idR vom Nichtunternehmer an den Gebrauchtwarenhändler verkauft und von diesem auch wieder an Nichtunternehmer weiterverkauft (zB Kfz). Müsste der Gebrauchtwarenhändler den vollen Verkaufspreis besteuern, käme es zu einer erneuten Besteuerung der im Einkaufspreis vom Nichtunternehmer noch enthaltenen Restmehrwertsteuer (Vermeidung eines „Kaskadeneffekts", vgl auch *Ruppe/Achatz*, UStG[5], § 24 Tz 2).

Beispiel:
Ein Kfz-Händler erwirbt einen Gebrauchtwagen um 30.000 € und verkauft ihn um 36.000 €.
Ohne die Sonderbestimmung für die Differenzbesteuerung wäre die USt aus dem Verkaufspreis von 36.000 € herauszurechnen; Bemessungsgrundlage wären

V. Umsatzsteuer

30.000 €, die USt würde 6.000 € betragen; damit wäre der gesamte Gewinn von der USt aufgezehrt.

Anders die Berechnung mit der Sonderbestimmung: Grundlage für die Berechnung der USt ist die Differenz zwischen dem Verkaufspreis von 36.000 € und dem Einkaufspreis von 30.000 €. Die Differenz beträgt 6.000 €. Aus dem Differenzbetrag ist die USt herauszurechnen, ergibt demnach als Bemessungsgrundlage 5.000 € und damit eine USt von 1.000 € (§ 24 Abs 4 und 6).

Verkauft der Händler an einen vorsteuerabzugsberechtigten Unternehmer, kann die Differenzbesteuerung nachteilig sein. Der Unternehmer kann daher für jeden einzelnen Umsatz auf die Differenzbesteuerung verzichten (§ 24 Abs 12).

Der **Steuersatz** bei der Differenzbesteuerung beträgt immer 20%, unabhängig davon, welchem Steuersatz der gelieferte Gegenstand sonst unterliegt (§ 24 Abs 6). Daher beträgt zB auch bei Büchern im Fall einer Differenzbesteuerung der Steuersatz 20%, obwohl grundsätzlich der Steuersatz für die Lieferung von Druckwerken 10% beträgt. Der Steuersatz von 20% erklärt sich daraus, dass der Verkauf derartiger Gegenstände wirtschaftlich einer Vermittlung ähnlich ist, die mit 20% zu versteuern ist. Bei Option zur Normalbesteuerung richtet sich der Steuersatz nach allgemeinen Vorschriften.

13. Änderung der Bemessungsgrundlage

(Doralt/Ruppe II[8], Tz 410f)

330 Ändert sich die Bemessungsgrundlage (das Entgelt), dann hat der Unternehmer die USt zu berichtigen (§ 16). Änderungen ergeben sich zB aus geltend gemachter Gewährleistung, aus Rabatten oder aufgrund der Zahlungsunfähigkeit eines Kunden. In diesen Fällen berichtigt (reduziert) der leistende Unternehmer gegenüber dem FA seine USt und der Leistungsempfänger seinen Vorsteuerabzug. Eine Berichtigung der Rechnung ist grundsätzlich nicht erforderlich (§ 11 Abs 13). Erhöht sich allerdings die Bemessungsgrundlage, dann ist eine Rechnungsberichtigung erforderlich, damit der Empfänger den Vorsteuerabzug geltend machen kann.

331 **USt in der Insolvenz des Leistungsempfängers:** Wird der Leistungsempfänger insolvent, dann berichtigt der leistende Unternehmer seine USt, er erhält also seine USt vom Fiskus zurück. Gleichzeitig müsste der Leistungsempfänger seine Vorsteuer, die er bereits geltend gemacht hat, berichtigen, das heißt an das FA zurückzahlen; dazu ist er aber nicht mehr in der Lage. Die Insolvenz geht daher aus der Sicht der USt zu Lasten des Fiskus.

Beispiel:

Eine Brauerei beliefert einen Getränkehändler, stundet aber den Kaufpreis mit drei Monaten Zahlungsziel. Der Getränkehändler macht den Vorsteuerabzug geltend und wird danach insolvent. Da die Brauerei mit der Bezahlung nicht mehr rechnen kann, korrigiert sie die Bemessungsgrundlage auf Null und holt sich die bereits entrichtete USt vom FA zurück. Ebenso müsste der Getränkehändler seinen Vorsteuerabzug korrigieren (dem FA rückerstatten), doch hat der Fiskus nur eine Insolvenzforderung (keine bevorzugte Masseforderung).

14. Steuerbefreiungen

(Doralt/Ruppe II[8], Tz 350 ff)

Das UStG unterscheidet zwei Arten von Steuerbefreiungen, nämlich 332
– die **echten Steuerbefreiungen** mit dem Recht auf Vorsteuerabzug; sie stehen regelmäßig mit Leistungen an das Ausland oder im Ausland im Zusammenhang und dienen der Entlastung von der USt im Inland (dazu unten);
– die **unechten Steuerbefreiungen,** die mit dem Verlust des Vorsteuerabzuges verbunden sind; sie beziehen sich auf Umsätze im Inland (zB Banken, Schulen, Ärzte usw, dazu unten).

Im Hinblick auf den Verlust des Vorsteuerabzugs bedeutet eine unechte Steuerbefreiung nicht immer einen Vorteil. Denn soweit in der Unternehmerkette der Vorsteuerabzug besteht, ist die USt kein Kostenfaktor. Ist dagegen in der Unternehmerkette ein Unternehmer von der USt unecht befreit und damit vom Vorsteuerabzug ausgeschlossen, dann bleibt bei ihm die USt „hängen"; er muss sie als Kostenfaktor einkalkulieren („Verschmutzungseffekt", „heimliche Umsatzsteuer"). Um dies zu vermeiden kann der Unternehmer bei einigen unecht steuerfreien Umsätzen zur Steuerpflicht bzw zur Regelbesteuerung optieren.

Eine solche Optionsmöglichkeit gibt es ua bei:
– Kleinunternehmern (Option zur Besteuerung nach den allgemeinen Vorschriften; § 6 Abs 1 Z 27 iVm Abs 3),
– Verkauf von Grundstücken (§ 6 Abs 1 Z 9 lit a iVm Abs 2),
– Vermietung und Verpachtung von Grundstücken, insbesondere von Geschäftsräumen und vermieteten Grundstücken (keine Option zur Steuerpflicht bei Wohnungen; § 6 Z 1 Z 16 iVm Abs 2).

Vorteilhaft wirkt sich die unechte Befreiung idR nur in jenen Fällen aus, in denen die steuerfreie Lieferung an einen Konsumenten oder an einen nicht zum Vorsteuerabzug berechtigten Empfänger erbracht wird. Danach entscheidet sich auch die Frage, ob es vorteilhaft ist, auf die Befreiung zu verzichten und auf die Steuerpflicht (Regelbesteuerung) zu optieren (zu Kleinunternehmer siehe Tz 337, zu Grundstücken und zur Vermietung siehe Tz 335 und Tz 336).

Echte Steuerbefreiungen

Die **echte Steuerbefreiung** bewirkt eine vollständige Entlastung der 333
Leistung von der USt im Inland; die Besteuerung wird idR ins Ausland verlagert. Denn nach dem Bestimmungslandprinzip müssen Gegenstände bei der Ausfuhr von der inländischen USt entlastet werden; dafür werden sie im Bestimmungsland mit der EUSt oder der Erwerbsteuer belastet. Der Vorsteuerabzug für ausgeführte Waren bleibt erhalten.

V. Umsatzsteuer

Echt steuerbefreit sind insbesondere:

- **Ausfuhrlieferungen ins Drittland** (§ 7)

    Über die erfolgte Ausfuhr ist ein **Ausfuhrnachweis** zu erbringen (Versendungsbelege, Ausfuhrbescheinigung); die Ausfuhr muss auch buchmäßig nachgewiesen werden (§ 18 Abs 8; **Buchnachweis**).
    Der **Touristenexport** (Transport „im Reisegepäck") in ein Drittland ist ebenfalls eine steuerfreie Ausfuhrlieferung (§ 7 Abs 1 Z 3). Eine steuerfreie Ausfuhr ist hier allerdings erst ab einem Rechnungsgesamtbetrag inkl USt von 75 € zulässig. Der Tourist darf keinen Wohnsitz im Gemeinschaftsgebiet haben (Eintragung im Reisepass), muss die Ware innerhalb von drei Monaten ausführen und dem Verkäufer den Ausfuhrnachweis übermitteln, den er beim Grenzübertritt vom Zollamt erhält. IdR wird der Tourist in seinem Heimatstaat (Verbraucherland) eine Einfuhrumsatzsteuer zu entrichten haben.

- **Lieferungen in das Gemeinschaftsgebiet** (Art 7 BMR)

    Steuerbefreit sind innerhalb des Gemeinschaftsgebietes grundsätzlich nur Lieferungen an andere Unternehmer. Für den Touristenexport gilt das Ursprungslandprinzip (siehe dazu unten Tz 356 ff).

- grenzüberschreitende **Beförderung von Gegenständen zur Ausfuhr oder Einfuhr iZm dem Drittland** (§ 6 Abs 1 Z 3 lit a bis c)

    Ohne die Befreiung wäre die Beförderungsleistung, je nach Leistungsempfänger, uU im Inland (teilweise) steuerpflichtig.

- grenzüberschreitende **Beförderung von Personen** mit der Eisenbahn, Schiffen und Flugzeugen (§ 6 Abs 1 Z 3 lit d idF AbgÄG 2022; teils international, teils ökologisch begründet).

    Erstreckt sich eine Beförderungsleistung mit der Eisenbahn, Schiffen und Flugzeugen sowohl auf das Inland als auch auf das Ausland, dann bleibt selbst der inländische Teil steuerfrei.

    Beförderungen von Personen mit dem Bus unterliegen dagegen mit der Inlandsstrecke der USt (§ 3a Abs 10; vgl Tz 320).

Unechte Steuerbefreiungen

334 **Unecht steuerbefreit** nennt man Umsätze, die zwar von der USt befreit sind, aber gleichzeitig vom Vorsteuerabzug ausgeschlossen sind (dem Vorteil der Steuerbefreiung steht der Nachteil des fehlenden Vorsteuerabzuges gegenüber; anders die „echten" Steuerbefreiungen, siehe oben). Darunter fallen insbesondere:

- Geld- und Bankgeschäfte, Umsätze mit Wertpapieren, Aktien und anderen Gesellschaftsanteilen (§ 6 Abs 1 Z 8),
- Versicherungsgeschäfte (§ 6 Abs 1 Z 9 lit c, sie unterliegen der Versicherungssteuer), weiters die Umsätze aus dem Mitarbeitervorsorgekassengeschäft iSd BMSVG,
- Grundstückslieferungen (§ 6 Abs 1 Z 9 lit a, sie unterliegen im Wesentlichen der GrESt; siehe unten, Tz 461 ff),
- Versicherungsvertreter, Bausparkassenvertreter (§ 6 Abs 1 Z 13),

- Vermietung und Verpachtung von Grundstücken (§ 6 Abs 1 Z 16, mit Ausnahmen dazu unten),
- private Schulen (§ 6 Abs 1 Z 11 lit a),
- Kranken- und Pflegeanstalten von KöR oder gemeinnützigen Einrichtungen (§ 6 Abs 1 Z 18, 25),
- Ärzte, Dentisten, Psychotherapeuten (§ 6 Abs 1 Z 19),
- gemeinnützige Sportvereine (§ 6 Abs 1 Z 14).

Danach sind gemeinnützige Sportvereine zB mit Einnahmen aus Zuschauereintritten steuerfrei; dagegen sind sie mit ihren gewerblichen Umsätzen steuerpflichtig (zB Kantine, Werbeanzeigen in der Vereinszeitschrift).

Steuerfrei sind in diesen Fällen auch die Lieferungen von Gegenständen, die aufgrund ihrer Verwendung für steuerbefreite Leistungen vom Vorsteuerabzug ausgeschlossen waren (zB Veräußerung von Anlagevermögen; § 6 Abs 1 Z 26); dies gilt allerdings nicht für sonstige Leistungen, zB die Übertragung des Kundenstocks (BFG 31. 3. 2016, RV/5100368/2016).

Beispiel:

Der Arzt veräußert einen Einrichtungsgegenstand seiner Ordination; es liegt zwar keine steuerfreie „Tätigkeit als Arzt" vor (§ 6 Abs 1 Z 19), doch ist auch dieser Vorgang steuerfrei, weil der Arzt für den Einrichtungsgegenstand keinen Vorsteuerabzug in Anspruch nehmen konnte (§ 6 Abs 1 Z 26; anders zB bei Veräußerung der ganzen Ordination betreffend den Patientenstock).

Wird ein Wirtschaftsgut zur Erbringung steuerfreier Umsätze angeschafft (eine Bank schafft zur Kreditverwaltung einen Großrechner an), aber später zur Erbringung steuerpflichtiger Umsätze eingesetzt (die Bank verwendet den Großrechner später in der Immobilienverwaltung), dann kommt es zu einer Änderung der Verhältnisse, die für den Vorsteuerabzug maßgebend waren. Damit kann es auch zu einer Berichtigung des Vorsteuerabzugs kommen (gilt genauso umgekehrt beim Wechsel von steuerpflichtigen Umsätzen auf steuerfreie Umsätze; siehe unten Tz 343).

Steuerbefreiungen bei der Einfuhr

Die Einfuhr **von Reisegepäck** (mit Grenzen für Tabak und Alkohol) und von **Übersiedlungsgut** sind in Anlehnung an Zollbefreiungen von der USt befreit (dazu § 6 Abs 4 Z 4 und Abs 5).

Daneben gibt es noch eine Reihe anderer Einfuhrbefreiungen, vor allem in Anlehnung an das Zollrecht.

Veräußerung von Grundstücken
(Steuerbefreiung mit Option zur Regelbesteuerung)

Die **Lieferung von Grundstücken** ist grundsätzlich von der USt befreit (§ 6 Abs 1 Z 9 lit a). Der Unternehmer kann jedoch auf die Befreiung verzichten und die Veräußerung des Grundstückes freiwillig der USt (20%) unterwerfen (§ 6 Abs 2).

335

Das **Optionsrecht** (Verzicht auf die Befreiung) hat folgenden Hintergrund: Errichtet der Unternehmer auf seinem Grundstück ein Gebäude, dann kann er aus den Errichtungskosten den Vorsteuerabzug in Anspruch nehmen,

V. Umsatzsteuer

wenn er das Gebäude – wie im Regelfall – für steuerpflichtige Umsätze verwendet. Veräußert er allerdings das Gebäude innerhalb der folgenden neunzehn Jahre, kommt es grundsätzlich zu einer steuerfreien Veräußerung (steuerfreier Grundstücksumsatz). Die steuerfreie Veräußerung bedeutet allerdings zugleich eine Änderung der für den Vorsteuerabzug maßgeblichen Verhältnisse; daher muss der Unternehmer den Vorsteuerabzug anteilsmäßig rückgängig machen (Änderung der Verhältnisse innerhalb der Neunzehnjahresfrist; § 12 Abs 10, siehe Tz 343). Die steuerfreie Veräußerung des Grundstücks hat daher für den Unternehmer den Nachteil, die bereits geltend gemachte Vorsteuer berichtigen zu müssen. Die Vorsteuerberichtigung kann jedoch vermieden werden, wenn die Veräußerung des Grundstücks der USt unterworfen wird (Optionsrecht). Ist der Käufer zum Vorsteuerabzug berechtigt, dann kann die Steuerpflicht wirtschaftlich sinnvoller sein als die Befreiung mit Vorsteuerberichtigung.

Beispiel:
> Ein Gebäude wurde im Jahr 01 errichtet und in Verwendung genommen. Drei Jahre später, im Jahr 04, wird es veräußert. Entweder ist der Vorsteuerabzug mit $^{17}/_{20}$ rückgängig zu machen, oder der Unternehmer optiert zur Steuerpflicht.

Auswirkung der Option auf die GrESt: Optiert der Verkäufer zur Steuerpflicht und unterliegt damit die Veräußerung des Grundstücks der USt, dann bemisst sich die GrESt vom Bruttoentgelt (inkl USt); daher ergibt sich bei Ausübung der Option eine höhere GrESt. Im Einzelfall ist daher der Vorteil des Verkäufers, die Vorsteuer nicht berichtigen zu müssen, dem Nachteil der höheren GrESt beim Käufer gegenüberzustellen.

Sonderregelung für den Verkauf von Genossenschaftswohnungen an den Mieter: Wird eine Genossenschaftswohnung dem Mieter in das Wohnungseigentum übertragen (Rechtsanspruch nach § 15c WGG), dann verkürzt sich der Berichtigungszeitraum für den Vorsteuerabzug von 19 Jahren auf 9 Jahre (§ 12 Abs 10, vierter Unterabsatz; ÖkoStRefG 2022 I ab 1. 4. 2022).

Vermietung und Verpachtung von Grundstücken

336 Bei der Vermietung und Verpachtung (entgeltliche Nutzungsüberlassung) von Grundstücken ist zu unterscheiden, ob die Vermietung zu Wohnzwecken oder zu anderen Zwecken (insbesondere Geschäftsmiete) erfolgt:

Vermietung von Wohnungen – ermäßigter Steuersatz: Die Vermietung zu Wohnzwecken unterliegt dem ermäßigten Steuersatz von 10% (§ 10 Abs 2 Z 3 lit a). Daher ist der Vermieter auch zum Vorsteuerabzug berechtigt.

Vermietung zur sonstigen Nutzung – Befreiung mit Option zur Regelbesteuerung insbesondere bei Geschäftsraum- und Büromiete. Die Vermietung und Verpachtung für andere Zwecke als für Wohnzwecke ist grundsätzlich von der USt befreit, doch kann auf die Befreiung verzichtet werden, wenn der Mieter (Leistungsempfänger) zum Vorsteuerabzug berechtigt ist (§ 6 Abs 1 Z 16 iVm § 6 Abs 2). Als Steuersatz gilt dann der **Normalsteuersatz**.

15. Kleinunternehmer **USt**

Da die Befreiung von der USt mit dem Verlust des Vorsteuerabzuges verbunden ist, wird der Vermieter auf die Befreiung ohnehin nur dann verzichten, wenn der Mieter (Leistungsempfänger) zum Vorsteuerabzug berechtigt ist. Damit wird erreicht, dass in der Unternehmerkette der Vorsteuerabzug gesichert bleibt, es also zu keiner USt-Belastung in der Unternehmerkette kommt. Ist allerdings der Mieter nicht zum Vorsteuerabzug berechtigt (zB Gemeinden, Banken, Ärzte), dann ist auch die Vermietung an ihn steuerfrei ohne Option zur Regelbesteuerung. Der Vermieter ist vom Vorsteuerabzug ausgeschlossen.

Beispiele:
1. Der Mieter ist ein Handelsunternehmer, also zum Vorsteuerabzug berechtigt. Der Vermieter kann auf die Befreiung verzichten (idR vorteilhaft).
2. Der Mieter ist Arzt, also selbst von der USt befreit, und deshalb vom Vorsteuerabzug ausgeschlossen. Damit ist auch der Vermieter zwingend von der USt befreit und verliert den auf die vermietete Ordination entfallenden Vorsteuerabzug. Insoweit ist die Vermietung einer Ordination an einen Arzt tatsächlich auch in der Praxis ein Problem: Der Arzt müsste dafür eine höhere Miete in Kauf nehmen, um den Vermieter für den Verlust des Vorsteuerabzuges schadlos zu halten.
3. Der Mieter ist eine Gemeinde, die ein Gebäude für Gemeindezwecke anmietet. Da die Gemeinde vom Vorsteuerabzug ausgeschlossen ist, ist auch der Vermieter zwingend von der USt befreit (ebenfalls mit Verlust des Vorsteuerabzuges).

Altmietverträge über Geschäftsräume:

Bei Mietverträgen, die vor dem 1. 9. 2012 abgeschlossen worden sind, konnte der Vermieter auch dann zur Steuerpflicht optieren, wenn der Mieter vom Vorsteuerabzug ausgeschlossen war. Aufgrund dieser Rechtslage konnten insbesondere unecht befreite Unternehmer (zB Banken) und Körperschaften öffentlichen Rechts (zB Gemeinden) den Vorsteuerabzug lukrieren, indem sie eine Vermietungsgesellschaft gründeten, die das Gebäude errichtet und an sie vermietet hat (zB eine Bank oder eine Gemeinde benötigten ein Bürogebäude). Da sie zum Vorsteuerabzug nicht berechtigt sind, gründeten sie eine GmbH, die das Gebäude errichtete und dann an die Bank oder an die Gemeinde vermietete. Derartige „Altfälle" sollen von der neuen Rechtslage nicht betroffen sein; daher gilt die Neuregelung (zwingende steuerfreie Vermietung, wenn der Mieter von der USt befreit ist) grundsätzlich erst für Mietverhältnisse, die nach dem 31. 8. 2012 begonnen haben (§ 28 Abs 38; 1. StabG 2012, mit weiteren Ausnahmen).

15. Kleinunternehmer

Befreiung mit Option auf Regelbesteuerung

Kleinunternehmer sind von der USt unecht befreit (§ 6 Abs 1 Z 27). Kleinunternehmer ist ein Unternehmer mit **Umsätzen bis höchstens 35.000 €** im Veranlagungszeitraum. Maßgeblich für die Umsatzgrenze sind die Umsätze für Lieferungen, sonstige Leistungen und aus dem Eigenverbrauch (ohne USt).

337

Hilfsgeschäfte und diverse unecht steuerfreie Umsätze bleiben außer Ansatz. Das einmalige Überschreiten der Umsatzgrenze innerhalb eines Zeitraums von fünf Kalenderjahren um nicht mehr als 15% ist unschädlich.

V. Umsatzsteuer

Beispiel:
Ein Arzt mit 300.000 € Jahresumsatz aus seiner Ordination vermietet eine Wohnung um 12.000 € im Jahr. Da die steuerfreien Umsätze als Arzt nicht in die Berechnung der Umsatzgrenze eingehen, bleibt für ihn die Kleinunternehmerregelung anwendbar. Daher ist die Vermietung der Wohnung von der USt befreit.

Der Kleinunternehmer hat **keinen Vorsteuerabzug** (§ 12 Abs 3, unechte Steuerbefreiung); er kann jedoch auf die Befreiung verzichten (**Option auf Regelbesteuerung** mit Vorsteuerabzug). Die Verzichtserklärung ist bis zur Rechtskraft des USt-Bescheides möglich (§ 6 Abs 3).

Der Verzicht auf die Kleinunternehmerbefreiung ist dann zweckmäßig, wenn
– der Kleinunternehmer hauptsächlich an vorsteuerabzugsberechtigte Unternehmer leistet oder
– seine Vorsteuern höher sind als die USt von den Umsätzen (Vorsteuerüberhang; zB bei Unternehmensgründung).

Der Verzicht bindet den Unternehmer **auf fünf Jahre** (§ 6 Abs 3).

Beispiele:
1. Ein Souvenirhändler hat einen Jahresumsatz von weniger als 35.000 €. IdR wird es für ihn günstiger sein, die Befreiung in Anspruch zu nehmen, weil er nur an Nichtunternehmer liefert.
2. Der Konsulent eines vorsteuerabzugsberechtigten Unternehmens hat einen Jahresumsatz von weniger als 35.000 €; zur Beratung benötigt er eine aufwendige Software. Der Verzicht auf die Befreiung wird hier zweckmäßig sein, um den Vorsteuerabzug zu sichern. Da sein Abnehmer vorsteuerabzugsberechtigt ist, belastet den Abnehmer die USt nicht.
3. Der Bau einer Hotelanlage wird im August 01 begonnen und im Jänner des Folgejahres 02 beendet. Umsätze fallen erst im Folgejahr an. Um sich den Vorsteuerabzug für die Leistungen zu sichern, die der Unternehmer im Jahr 01 erhalten hat, in dem er noch keine Umsätze ausgeführt hat (insbesondere aus der Errichtung des Hotels), wird er auf die Befreiung verzichten. Würde er auf die Befreiung nicht verzichten, dann würde er den Vorsteuerabzug aus den Errichtungskosten im Jahr 01 verlieren.

16. Steuersätze

338   Der **Normalsteuersatz** beträgt **20%** (§ 10 Abs 1). Für bestimmte Lieferungen und sonstige Leistungen sieht das Gesetz **ermäßigte Steuersätze** von **10%** und **13%** vor (§ 10 Abs 2 und Abs 3).

Der Steuersatz bezieht sich auf das Nettoentgelt; der Bruttobetrag versteht sich als 120% bzw 110% oder 113%. Aus einem Bruttobetrag muss daher der Nettobetrag als Bemessungsgrundlage herausgerechnet werden (bei 20% USt ist der Bruttobetrag durch 1,2 und bei 10% bzw 13% durch 1,1 und bei 13% durch 1,13 zu dividieren). Bei einem Verkaufspreis zB von 24 € (inkl 20% USt) beträgt die USt nicht 20% von 24 € (also nicht 4,8 €) sondern 20% von 20 €, das sind 4 €.

In den früheren Zollausschlussgebieten Jungholz und Mittelberg beträgt der Normalsteuersatz 19% (§ 10 Abs 4).

17. Rechnungen (§ 11) **USt**

Mit 10% begünstigte Lieferungen und sonstige Leistungen (§ 10 Abs 2)

Der USt von 10% unterliegen insbesondere folgende Umsätze:
– die Lieferung und die Einfuhr der in der Anlage 1 zum UStG aufgezählten Gegenstände; dazu gehören insbesondere:
  – Lebensmittel,
  – Leitungswasser,
  – Druckerzeugnisse, wie Bücher,
  – vergleichbare elektronische Publikationen, insbesondere E-Books,
  – Arzneimittel.
– Vermietung von Grundstücken für Wohnzwecke (ausgenommen als Nebenleistung erbrachte Lieferung von Wärme),
– Leistungen von Beherbergungsbetrieben (einschließlich Camping) samt Nebenleistungen,
– Erhaltungs- und Verwaltungsleistungen von Wohnungseigentümergemeinschaften iZm Wohnraum,
– Leistungen von gemeinnützigen Einrichtungen, soweit es sich nicht um steuerfreie Leistungen von Sportvereinen handelt,
– Personenbeförderung,
– Müllbeseitigung,
– Reparaturleistungen betreffend Fahrräder, Bekleidung, Lederwaren.

Mit 13% begünstigte Lieferungen und sonstige Leistungen (§ 10 Abs 3)

Der USt von 13% unterliegen insbesondere folgende Umsätze:
– die Lieferung und die Einfuhr der in der Anlage 2 zum UStG Z 1 bis 9 genannten Gegenstände; dazu gehören ua:
  – bestimmte lebende (landwirtschaftliche Nutz-)Tiere,
  – lebende Pflanzen und frische Schnittblumen,
– Umsätze von Künstlern,
– Theater, Musikaufführungen und Sportveranstaltungen,
– Lieferung von eigenem Wein („Abhofverkauf").

17. Rechnungen (§ 11)

Erbringt ein Unternehmer an einen anderen Unternehmer für dessen Unternehmen eine Leistung, dann ist er verpflichtet, über die Leistung eine Rechnung auszustellen. Denn der Leistungsempfänger kann einen Vorsteuerabzug nur dann geltend machen, wenn er über die empfangene Leistung eine Rechnung erhalten hat (§ 12 Abs 1 Z 1). Als Voraussetzung für den Vorsteuerabzug muss die Rechnung bestimmte Formerfordernisse erfüllen. Zur Rechnungsausstellung ist der Unternehmer außerdem auch dann verpflichtet, wenn er an eine juristische Person leistet, die nicht Unternehmer ist (insbesondere Körperschaften öffentlichen Rechts; zur Rechnungsausstellung an einen Unternehmer bei Leistung im Ausland siehe § 11 Abs 1 Z 2).

339

V. Umsatzsteuer

Der Anspruch auf eine formrichtige Rechnung ist zivilrechtlich durchsetzbar (§ 31 Abs 2). Geht eine Rechnung verloren, genügt der Nachweis, dass sie vorhanden war (zB Kopie, Durchschrift). Für den Vorsteuerabzug muss sie aber ursprünglich vorhanden gewesen sein. Als Rechnung gelten alle Dokumente, die die nötigen Angaben enthalten (zB ein Mietvertrag). Fehlende Angaben können uU auch in anderer Weise nachgewiesen werden. Eine Unterschrift oder die Bezeichnung „Rechnung" ist nicht erforderlich.

Als Rechnung kommt auch eine elektronische Rechnung in Betracht (dazu § 11 Abs 2 und E-Rechnung-UStV).

Ausnahmsweise ist eine Rechnung iSd § 11 auch an einen Nichtunternehmer verpflichtend auszustellen, insbesondere, wenn Werklieferungen oder Werkleistungen in Zusammenhang mit einem Grundstück ausgeführt werden (zur Bekämpfung der Schwarzarbeit im Bau- und Baunebengewerbe; § 11 Abs 1).

Formerfordernisse

Die **Rechnung muss folgende Angaben** enthalten (§ 11 Abs 1 Z 3):
- Name und Anschrift des leistenden Unternehmens,
- Name und Anschrift des Leistungsempfängers (allenfalls auch seine UID-Nummer; siehe unten),
- Bezeichnung der Leistung einschließlich Menge bzw Umfang,
- Tag bzw Zeitraum der Leistung,
- das Entgelt (= Bemessungsgrundlage) mit dem anzuwendenden Steuersatz bzw einem Hinweis auf eine Steuerbefreiung,
- den USt-Betrag,
- das Ausstellungsdatum,
- eine fortlaufende Nummer zur Identifizierbarkeit der Rechnung,
- die UID-Nummer (Umsatzsteuer-Identifikationsnummer) des leistenden Unternehmers, soweit dieser Leistungen erbringt, für die das Recht auf Vorsteuerabzug besteht,
- sowie die UID-Nummer des Leistungsempfängers, wenn der Gesamtbetrag der Rechnung 10.000 € übersteigt oder wenn der Leistungsempfänger die USt schuldet (Reverse Charge System; dann entfällt gleichzeitig der Steuerausweis).

Bei **Kleinbetragsrechnungen** (Gesamtbetrag bis 400 € inkl USt; § 11 Abs 6) genügen neben dem Ausstellungsdatum folgende Angaben:
- Name und Anschrift des leistenden Unternehmers,
- Bezeichnung der Ware,
- Tag der Lieferung,
- Entgelt und Steuerbetrag in einer Summe,
- Steuersatz.

Insbesondere Name und Anschrift des Leistungsempfängers können bei Kleinbetragsrechnungen entfallen.

Wird mit **Gutschrift** (= durch den Leistungsempfänger) abgerechnet (zB oft bei Abrechnungen von Lizenzgebühren, Autorenhonoraren), dann muss die Gutschrift den Formerfordernissen einer Rechnung entsprechen und ausdrücklich als Gutschrift bezeichnet sein (zu den weiteren Voraussetzungen siehe § 11 Abs 7f).

Anzahlungen und Vorauszahlungen unterliegen der Steuerpflicht (§ 19 Abs 2 Z 1 lit a); daher ist eine formgültige Rechnung über die erfolgte Zahlung mit Hinweis auf die Anzahlung auszustellen. Bei der Endabrechnung sind Anzahlungen und darauf entfallende Steuern abzuziehen (siehe unten Tz 348).

Von der Rechnungsausstellungspflicht ist die Belegerteilungspflicht bei Bargeschäften zu unterscheiden (§ 132a BAO; siehe Tz 67).

18. Unrichtiger und unberechtigter Steuerausweis
(Doralt/Ruppe II[8], Tz 446ff)

Unrichtiger Steuerausweis (die USt ist auf der Rechnung zu hoch oder zu niedrig ausgewiesen): Hat der Unternehmer die USt zu hoch ausgewiesen (zB es wurden 20% verrechnet statt 10%), dann schuldet er den zu hoch ausgewiesenen Betrag aufgrund der Rechnung; der Rechnungsempfänger darf trotzdem nur die USt in richtiger Höhe als Vorsteuer geltend machen. Ist dagegen die USt zu niedrig berechnet (10% statt 20%), dann schuldet der Unternehmer die USt in richtiger Höhe, der Rechnungsempfänger kann aber nur die in der Rechnung ausgewiesene zu niedrige USt als Vorsteuer geltend machen. Allerdings kann der Unternehmer die Rechnung berichtigen (§ 11 Abs 12). 340

Unberechtigter Steuerausweis (es liegt keine Leistung vor oder der Rechnungsaussteller ist nicht Unternehmer – „Scheinrechnung"): Der Rechnungsaussteller (Unternehmer oder Nichtunternehmer) hat die ausgewiesene USt ebenfalls zu entrichten (§ 11 Abs 14). Die Rechnung kann berichtigt werden, wenn der Rechnungsaussteller „die Gefährdung des Steueraufkommens rechtzeitig und vollständig beseitigt hat" (UStR Rz 1771); dazu muss insbesondere der Rechnungsempfänger die abgezogene Vorsteuer an den Fiskus tatsächlich zurückzahlen.

Von der Frage eines unrichtigen bzw unberechtigten Steuerausweises ist die Änderung der Bemessungsgrundlage zu unterscheiden, zB wenn der Preis nachträglich geändert wird (Rabatt, Gewährleistung). In diesen Fällen kommt es zwar zu einer Berichtigung der USt bzw der Vorsteuer, doch ist eine Berichtigung der Rechnung grundsätzlich nicht vorgesehen.

19. Vorsteuerabzug (§§ 12ff)
(Doralt/Ruppe II[8], Tz 453ff)

Der Vorsteuerabzug ist ein **Wesenselement der USt:** Der Unternehmer als Leistungsempfänger kann die ihm in Rechnung gestellten Umsatzsteuerbeträge als Vorsteuer abziehen. Damit sind alle Gegenstände des Unterneh- 341

V. Umsatzsteuer

mens und alle Leistungen an das Unternehmen von der USt entlastet. In der Unternehmerkette wirkt die USt wirtschaftlich wie ein durchlaufender Posten und stellt daher keinen Kostenfaktor dar.

Allgemeine Voraussetzungen für den Vorsteuerabzug

Der Vorsteuerabzug steht unter folgenden Voraussetzungen zu (§ 12 Abs 1 Z 1 lit a):
– Der Leistungsempfänger muss Unternehmer sein,
– die Leistung muss für das Unternehmen des Leistungsempfängers erbracht worden sein,
– eine den Formvorschriften entsprechende Rechnung muss vorliegen,
– die Leistung muss im Inland ausgeführt worden sein und steuerpflichtig sein.

Die Rechnung allein berechtigt noch nicht zum Vorsteuerabzug; es muss auch die Leistung bereits erbracht worden sein. Die Bezahlung der Leistung ist für die Geltendmachung des Vorsteuerabzuges im Rahmen der Soll-Besteuerung (dazu Tz 348) nicht erforderlich; anders bei der Ist-Besteuerung nach vereinnahmten Entgelten (dazu Tz 349).

Vorsteuerabzug aus entrichteten An- und Vorauszahlungen: Vorauszahlungen lösen beim Zahlungsempfänger USt aus, obwohl die Leistung noch nicht erbracht wurde (§ 19 Abs 2 Z 1 lit a). Dafür kann allerdings der Unternehmer, der die Vorauszahlung geleistet hat, den Vorsteuerabzug bereits aus der Vorauszahlung geltend machen, wenn er eine entsprechende Anzahlungsrechnung besitzt (§ 12 Abs 1 Z 1 lit b).

Erwerbsteuer und **Einfuhrumsatzsteuer** können ebenfalls als Vorsteuer abgezogen werden (Art 12 Abs 1, § 12 Abs 1 Z 2).

Ein **ausländischer Unternehmer** kann den Vorsteuerabzug auch dann geltend machen, wenn er im Inland keine Betriebsstätte hat und keine Leistungen erbringt, also mit eigenen Umsätzen nicht in Erscheinung tritt (zB ein ausländischer Unternehmer hat im Inland Reiseaufwendungen oder Aufwendungen für eine Messepräsentation).

Verlust des Vorsteuerabzugs wegen Steuerhinterziehung

Wusste der Unternehmer oder musste er wissen, dass der betreffende Umsatz im Zusammenhang mit Umsatzsteuerhinterziehungen oder sonstigen, die Umsatzsteuer betreffenden Finanzvergehen steht, entfällt das Recht auf Vorsteuerabzug (§ 12 Abs 14).

Leistungen für das Unternehmen

342 Der Vorsteuerabzug steht dem Leistungsempfänger nur zu, wenn **Leistungen für Zwecke seines Unternehmens** erbracht worden sind (§ 12 Abs 1 Z 1). Leistungen an den privaten Bereich rechtfertigen keinen Vorsteuerabzug.

19. Vorsteuerabzug (§§ 12 ff)

Sonderregelungen mit Ausschluss des Vorsteuerabzuges bestehen in folgenden Fällen:

– **Pkw, Kombis und Motorräder** gelten nicht als für das Unternehmen geliefert; die Aufwendungen für einen Pkw einschließlich Miete und Betriebskosten erlauben daher keinen Vorsteuerabzug; Ausnahmen bestehen ua für Fahrzeuge zur Weiterveräußerung, für Fahrschulen und für Taxis (§ 12 Abs 2 Z 2 lit b). Für CO_2-freie Fahrzeuge steht der Vorsteuerabzug nach den allgemeinen Regeln zu (§ 12 Abs 2 Z 2 lit a).

– ertragsteuerlich überwiegend **nicht abzugsfähige Aufwendungen** (§ 20 EStG, § 8 Abs 2 und § 12 KStG), insbesondere **Repräsentationsaufwendungen oder unangemessen hohe Auwendungen iSd § 20 Abs 1 Z 2 lit b EStG,** berechtigen nicht zum Vorsteuerabzug (§ 12 Abs 2 Z 2 lit a).

Beispiel:
Die Anschaffungskosten eines Jugendstil-Schreibtisches im Anlagevermögen eines Rechtsantwalts betragen 15.000 €. Nach den EStR 2000 (Rz 4799) sind die Anschaffungskosten von Antiquitäten dann als unangemessen hoch einzustufen, wenn sie die Anschaffungskosten eines entsprechenden neuwertigen Wirtschaftsgutes um mehr als 25 % überschreiten. Liegen die Anschaffungskosten eines vergleichbaren neuen Schreibtisches zB bei 5.000 €, überwiegen die unangemessenen Aufwendungen und der Vorsteuerabzug ist ausgeschlossen. Der Schreibtisch gehört aus umsatzsteuerlicher Sicht auch nicht zum Unternehmen.

Aufwendungen für ein **Geschäftsessen** sind in der ESt zu 50 % abzugsfähig (§ 20 Abs 1 Z 3 EStG). Dennoch kann die gesamte USt als Vorsteuer geltend gemacht werden (ergibt sich aus der Mehrwertsteuer-RL; VwGH 31. 3. 2004, 2001/13/0255).

Bei **gemischt genutzten Wirtschaftsgütern oder Leistungen** (private Mitbenutzung) steht ein Vorsteuerabzug nur dann zu, wenn sie mindestens zu 10 % unternehmerischen Zwecken dienen (§ 12 Abs 2 Z 1). Ordnet der Unternehmer die Wirtschaftsgüter oder Leistungen vollumfänglich dem Unternehmen zu (zur Möglichkeit der Aufteilung siehe § 12 Abs 2 Z 1 lit b), wird der privat genutzte Anteil als Nutzungsentnahme erfasst (§ 3a Abs 1a; UStR Rz 1902).

Wird dagegen ein **Gebäude gemischt genutzt** (teils unternehmerisch, teils privat), dann entfällt für den privat genutzten Teil der Vorsteuerabzug; dafür unterliegt die private Nutzung auch nicht der USt (§ 3a Abs 1a letzter Satz; § 12 Abs 3 Z 4).

Unecht steuerbefreite Umsätze – Verlust des Vorsteuerabzugs

Für Leistungen **im Zusammenhang mit unecht steuerbefreiten Umsätzen,** also Leistungen, die der Ausführung steuerfreier Umsätze dienen, besteht **kein Vorsteuerabzug** (§ 12 Abs 3).

Beispiel:
Umsätze von Banken aus der Kreditvermittlung und anderen typischen Bankgeschäften oder Umsätze aus der Tätigkeit als Arzt sind von der USt befreit

V. Umsatzsteuer

(siehe oben Tz 334); daher steht ein Vorsteuerabzug für das Bankgebäude, die Bankcomputer oder – bei Ärzten – für die Aufwendungen in der Ordination des Arztes nicht zu.

Berichtigung des Vorsteuerabzugs

343 **Ändern sich die für den Vorsteuerabzug maßgeblichen Verhältnisse,** indem der Unternehmer das Wirtschaftsgut zunächst für umsatzsteuerpflichtige und zB zwei Jahre später für umsatzsteuerfreie Umsätze verwendet (oder umgekehrt), dann ist der Vorsteuerabzug zu berichtigen (§ 12 Abs 10 ff):

Die Frist (Berichtigungszeitraum) beträgt bei beweglichem Anlagevermögen **4 Jahre** nach dem Jahr der erstmaligen Verwendung, bei Grundstücken und Gebäuden **19 Jahre** nach dem Jahr der erstmaligen Verwendung. Daher ist für jedes Jahr der Änderung ein Fünftel oder ein Zwanzigstel zu berichtigen (§ 12 Abs 10; beim Verkauf von Genossenschaftswohnungen an den Mieter beträgt der Berichtigungszeitraum 9 Jahre, siehe Tz 335).

Beispiel:

Der unecht befreite **Kleinunternehmer** K kauft im Jahr 01 einen Computer für sein Unternehmen; die Vorsteuer von 500 € kann er nicht geltend machen. Im Jahr 03 verzichtet K auf die Befreiung für Kleinunternehmer, seine Umsätze sind ab dem Jahr 03 steuerpflichtig. Der Computer wird bis zum Jahr 07 verwendet. Der Berichtigungszeitraum von 4 Jahren beginnt mit 1. 1. 02 zu laufen und endet am 31. 12. 05; daher hat eine Vorsteuerkorrektur zu erfolgen. Der Computer wird zwei Jahre für steuerfreie Umsätze verwendet (01 und 02) und drei Jahre innerhalb der Frist für steuerpflichtige Umsätze. Daher kann K in den Jahren 03, 04, 05 jeweils ein Fünftel des Vorsteuerbetrages (100 €) zu seinen Gunsten berichtigen.

Bei Grundstücken löst auch die **Veräußerung oder die Entnahme des Grundstücks** innerhalb der Frist die Berichtigung des Vorsteuerabzuges aus (steuerfreier Umsatz; ausführlich dazu Tz 335).

Veräußert oder entnimmt der Unternehmer das **Grundstück** jedoch **später als neunzehn Jahre nach dem Jahr der erstmaligen Verwendung** im Unternehmen, kommt es zu **keiner Berichtigung** des Vorsteuerabzuges mehr.

Bis zum 31. 3. 2012 (1. StabG 2012) betrug der Berichtigungszeitraum bei Grundstücken bzw Gebäuden neun Jahre nach der erstmaligen Verwendung (gilt für vorher angeschaffte Grundstücke weiter).

Bagatellgrenze bei Anlagevermögen: Für die Berichtigung des Vorsteuerabzuges beim Anlagevermögen besteht eine Bagatellgrenze von 60 € (dazu § 12 Abs 13).

Beim **Umlaufvermögen** sowie bei noch nicht in Verwendung genommenen Gegenständen des Anlagevermögens und bei sonstigen Leistungen (§ 3a) erfolgt die Vorsteuerberichtigung wegen Änderung der Verhältnisse zeitlich unbefristet und in voller Höhe (ohne Bagatellgrenze; § 12 Abs 11).

Beispiel:

Der praktische **Arzt** betreibt neben seiner Ordination eine sogenannte „Hausapotheke" (in Gemeinden ohne Apotheke zugelassen); er verwendet ein Medikament aus seiner Hausapotheke, das er im Vorjahr mit einem Vorsteuerabzug von 50 € angeschafft hatte, und behandelt damit einen Patienten.

Bei Medikamenten handelt es sich um Umlaufvermögen, daher ist die Vorsteuer **in voller Höhe im Jahr der Änderung** zurückzuzahlen.

Steuerweiterleitung bei unentgeltlichen Leistungen an andere Unternehmer

Schenkungen von Gegenständen des Unternehmens aus privaten Motiven sind als Entnahme steuerpflichtig (§ 3 Abs 2). Die Entnahme erfolgt nicht gegen Entgelt und es wird keine Rechnung ausgestellt. Bei Schenkungen aus dem Unternehmen für den Betrieb eines anderen Unternehmens würde danach in der Unternehmerkette USt anfallen; der Geschenkgeber würde mit der Leistung der USt unterliegen, der Empfänger wäre vom Vorsteuerabzug ausgeschlossen, obwohl der Gegenstand in der Unternehmerkette verbleibt. 344

Um dieses systemwidrige Ergebnis zu vermeiden, kann der Geschenkgeber die auf die Entnahme entfallende USt dem Empfänger in Rechnung stellen (§ 12 Abs 15); dieser kann sie dann als Vorsteuer abziehen (Nullbesteuerung).

Das Gleiche gilt für **unentgeltliche sonstige Leistungen** nach § 3a Abs 1a.

Pauschalierter Vorsteuerabzug (Durchschnittssätze)

Einen pauschalierten Vorsteuerabzug können Stpfl in Anspruch nehmen, die in der ESt unter die gesetzliche Betriebsausgabenpauschalierung fallen (§ 17 Abs 2 Z 1 und 2 EStG); die Pauschalierung beträgt 1,8% des Gesamtumsatzes (§ 14 Abs 1 Z 1; höchstens 3.960 €). 345

Neben der Vorsteuerpauschale können ua Vorsteuern für die angeschafften Waren geltend gemacht werden und außerdem Vorsteuern für abnutzbares Anlagevermögen, wenn die Anschaffungskosten 1.100 € übersteigen (§ 14 Abs 1 Z 1 lit a bis c).

Außerdem bestehen Vorsteuerpauschalierungen aufgrund von Verordnungen für einzelne Berufsgruppen (zB Lebensmittelhandel, Schriftsteller).

20. Steuerschuldner (§ 19)

(Doralt/Ruppe II[8], Tz 449 ff)

Steuerschuldner ist idR der Unternehmer, der die Leistung erbringt (§ 19 Abs 1). 346

Abweichendes gilt vor allem im **grenzüberschreitenden Bereich:**

Würde bei grenzüberschreitenden Leistungen der ausländische Unternehmer im Inland steuerpflichtig werden (oder der inländische Unternehmer im Ausland), wäre das weder administrierbar noch kontrollierbar. Das Gesetz löst dieses Problem in folgender Weise: Ist der Empfänger ein Unternehmer (und daher im Inland bereits steuerlich erfasst), dann wird er zum Steuerschuldner gemacht (anstelle des leistenden

V. Umsatzsteuer

Unternehmers). Dabei geht das Gesetz bei Lieferungen einerseits und sonstigen Leistungen andererseits unterschiedliche Wege.

Grenzüberschreitende Lieferung – Erwerbsteuer bzw EUSt

Bei **Lieferungen über die Grenze** nach Österreich (Leistungsort ist idR im Ausland, Beginn der Beförderung) schuldet
- die **Erwerbsteuer** im innergemeinschaftlichen Erwerb der „Erwerber" (idR Unternehmer; Art 1). Ist dagegen der Empfänger Nichtunternehmer, gilt grundsätzlich das Ursprungslandprinzip,
- die **Einfuhrumsatzsteuer** bei Lieferungen aus Drittstaaten, derjenige, der die Ware in das Bestimmungsland einführt (kann hier insbesondere bei Touristen auch ein Nichtunternehmer sein, siehe § 26).

Grenzüberschreitende sonstige Leistung – Reverse Charge System (§ 19 Abs 1)

Bei **grenzüberschreitenden sonstigen Leistungen und Werklieferungen** im Inland zwischen Unternehmen (B2B) geht die Steuerschuld auf den **Unternehmer** im Bestimmungsland über („Übergang der Steuerschuld" bzw „Reverse Charge System"; ausgenommen ua bei Vermietung von Grundstücken). Ist dagegen der Erwerber nicht Unternehmer, sondern Privater (B2C), dann gilt das Ursprungslandprinzip (allerdings mit zahlreichen Ausnahmen, siehe dazu Tz 319 ff).

Inländisches Reverse Charge System (§ 19 Abs 1 a)

Bei **Bauleistungen** gilt das Reverse Charge System auch dann, wenn alle Beteiligten inländische Unternehmer sind und der Leistungsempfänger selbst Bauleistungen erbringt oder als Generalunternehmer Subunternehmer beschäftigt (§ 19 Abs 1 a). Der leistende Unternehmer hat in der Rechnung darauf hinzuweisen.

Damit soll im Baugewerbe der Steuerbetrug bekämpft werden, wenn zB der Generalunternehmer den Vorsteuerabzug in Anspruch nimmt, der Subunternehmer aber die Steuer nicht abliefert, in Insolvenz geht oder sonst für den Fiskus nicht greifbar ist.

Weitere Anwendungsfälle des Reverse Charge Systems im Inland gibt es zB nach der Umsatzsteuer-Betrugsbekämpfungsverordnung.

Vom Reverse Charge System (Übergang der Steuerschuld) ist die Haftung für die Abfuhr der USt zu unterscheiden (§ 27 Abs 4; Tz 351).

21. Sollbesteuerung und Istbesteuerung (§§ 17, 19)

(Doralt/Ruppe II[8], Tz 547 ff)

347   Bei der **Sollbesteuerung** (Regelfall) orientiert sich die Entstehung der Steuerschuld an der erfolgten Leistung, unabhängig von der Bezahlung. Dagegen richtet sich bei der **Istbesteuerung** die Besteuerung nach dem Zeitpunkt der Bezahlung.

21. Sollbesteuerung und Istbesteuerung (§§ 17, 19) — USt

Sollbesteuerung (§ 19 Abs 2 bis 5; Regelfall)

Grundsätzlich ist für den Zeitpunkt der Besteuerung der **Zeitpunkt der Leistung** maßgeblich; Bemessungsgrundlage ist das **vereinbarte Entgelt**. Wann die Bezahlung erfolgt, hat idR für die Besteuerung keine Bedeutung. 348

Die Steuerschuld entsteht mit Ende des Kalendermonats, in dem die Leistung ausgeführt worden ist. Wird die **Rechnung für die erbrachte Leistung erst später** ausgestellt, dann verschiebt sich der Zeitpunkt der Steuerschuld höchstens um **einen Monat** (§ 19 Abs 2 Z 1 lit a; mit Ausnahmen).

Vom **Entstehen** der Steuerschuld ist die **Fälligkeit** der Steuerschuld zu unterscheiden; siehe dazu unten Tz 350.

Spiegelbildlich kann der Unternehmer den **Vorsteuerabzug** dann in Anspruch nehmen, wenn er die Leistung empfangen und die Rechnung erhalten hat; auch wenn er sie noch nicht bezahlt hat (anders bei Anzahlungen, siehe unten, und bei der Ist-Besteuerung, siehe Tz 349).

Beispiel:
Die Leistung wird am 5. Jänner erbracht; die Rechnungsausstellung erfolgt erst im Mai. Die Steuerschuld entsteht daher nicht bereits Ende Jänner, sondern wegen der späteren Rechnungslegung erst Ende Februar, die USt ist somit am 15. April fällig (15. des zweitfolgenden Monats – siehe Tz 350). Der Leistungsempfänger kann die Vorsteuer aber erst mit Erhalt der Rechnung im Mai geltend machen.

Mindest-Istbesteuerung (Sonderfall): Erhält ein Unternehmer **Anzahlungen oder Vorauszahlungen,** dann entsteht die Steuerschuld mit Ablauf jenes Voranmeldungszeitraums (vgl Tz 350), in dem die **Zahlung vereinnahmt** wurde („Mindest-Istbesteuerung", § 19 Abs 2 Z 1 lit a). Über Anzahlungen und Vorauszahlungen ist eine Rechnung auszustellen. Nach Maßgabe der Zahlung ist der Leistungsempfänger zum Vorsteuerabzug berechtigt, obwohl die Leistung noch nicht erbracht worden ist.

Die Steuerschuld bei Anzahlungen und Vorauszahlungen entsteht auch dann mit Ablauf des Monats der Vereinnahmung, wenn die Rechnung später ausgestellt wird.

Istbesteuerung (§ 17; Ausnahme)

Bei der Istbesteuerung ist der **Zeitpunkt der Vereinnahmung** für das Entstehen der Steuerschuld maßgeblich: Die Besteuerung ist anders als bei der Soll-Besteuerung (Tz 348) nicht vom Zeitpunkt der Leistung abhängig, sondern richtet sich nach der Vereinnahmung des Entgelts (mit Ablauf des Kalendermonates, in dem das Entgelt vereinnahmt worden ist; § 19 Abs 2). 349

Die Steuerschuld entsteht auch dann nach Maßgabe der Bezahlung, wenn die Rechnung in einem späteren Monat gelegt wird.

Die Istbesteuerung ist insbesondere in folgenden Fällen anzuwenden:
– bei **nichtbuchführungspflichtigen Land- und Forstwirten,**
– bei **nichtbuchführungspflichtigen Gewerbetreibenden,**

V. Umsatzsteuer

– bei den **freien Berufen** (unabhängig vom Umsatz und unabhängig von der Rechtsform),
– bei der **Vermietung** (bis höchstens 110.000 € Jahresumsatz).

Die Istbesteuerung erfolgt damit idR in jenen Fällen, in denen in der ESt die Einkünfte nach der **Einnahmen-Ausgabenrechnung** bzw der Überschussrechnung ermittelt werden; in diesen Fällen ist der Zahlungszeitpunkt auch für die ESt maßgeblich (Zufluss-Abflussprinzip; § 19 EStG). Über Antrag ist auch die Sollbesteuerung möglich (§ 17 Abs 1; mit Ausnahmen).

Vorsteuerabzug bei der Istbesteuerung: Bei der Istbesteuerung kann der Leistungsempfänger den Vorsteuerabzug erst dann geltend machen, wenn er die Leistung (die Rechnung) bereits bezahlt hat (mit Ausnahmen; dazu § 12 Abs 1 Z 1).

Die **Istbesteuerung** ist für Unternehmer idR günstiger als die Sollbesteuerung, weil die Entrichtung der USt nicht bereits mit der Leistung, sondern erst mit der Zahlung verknüpft ist (insbesondere bei lang ausstehenden Forderungen von Vorteil).

Bei der Istbesteuerung erübrigt sich im Fall eines Forderungsausfalles eine Umsatzsteuerberichtigung, weil nur das tatsächlich vereinnahmte Entgelt besteuert wird.

Ist der Leistungsempfänger Steuerschuldner **(Reverse Charge System)**, kommt die Istbesteuerung nicht zur Anwendung; maßgeblich ist in diesen Fällen vielmehr der Zeitpunkt der Leistungserbringung (§ 19 Abs 2 Z 1 lit b).

22. Durchführung der Besteuerung (§§ 20 ff)

(Doralt/Ruppe II[8], Tz 556 ff)

350 **Veranlagung zur USt:** Der Unternehmer wird für die im Laufe eines Kalenderjahres entstandene Steuerschuld veranlagt. Wird die ESt nach einem abweichenden Wirtschaftsjahr ermittelt, ist ein abweichender Veranlagungszeitraum auch in der USt möglich (§ 20).

Der Unternehmer hat **bis zum 30. April** des Folgejahres eine **Umsatzsteuererklärung** abzugeben, bei elektronischer Übermittlung **bis Ende Juni** (Fristverlängerung möglich). Dies gilt analog auch bei einem abweichenden Wirtschaftsjahr (§ 134 BAO).

Voranmeldungen und Vorauszahlungen:

Der Unternehmer hat dem FA regelmäßig USt-Voranmeldungen zu legen und USt-Vorauszahlungen für den entsprechenden Voranmeldungszeitraum selbst zu berechnen und an das FA abzuführen. Grundsätzlich gilt der **Kalendermonat** als Voranmeldungszeitraum.

Anstelle des Kalendermonats gilt das **Kalendervierteljahr** als Voranmeldungszeitraum, wenn der Vorjahresumsatz 100.000 € nicht überstiegen hat (mit Option zur monatlichen Voranmeldung, § 21 Abs 2).

Die im Voranmeldungszeitraum entstandene Steuerschuld ist bis zum **fünfzehnten Tag des zweitfolgenden Monats** selbst zu berechnen und an das

FA abzuführen (**Fälligkeit der USt-Vorauszahlung**; § 21). Die Voranmeldung hat grundsätzlich auf elektronischem Weg zu erfolgen.

Beispiel:
> Für den Voranmeldungszeitraum Jänner ist die USt am 15. März fällig. Ist der Voranmeldungszeitraum das erste Quartal, so ist die USt am 15. Mai fällig.

Die Vorauszahlungen werden mit der veranlagten USt verrechnet. Allfällige Differenzen sind an das FA abzuführen oder werden erstattet.

Voranmeldung bei steuerfreien Umsätzen und bei Kleinunternehmern: Unternehmer, die ausschließlich unecht **steuerfreie Umsätze** tätigen (zB Ärzte), müssen keine Voranmeldung abgeben (UStR Rz 2751). Das gilt auch für **Kleinunternehmer,** die die Befreiung in Anspruch nehmen. Haben sie dagegen für die Steuerpflicht optiert, dann müssen sie zwar eine Voranmeldung erstellen, brauchen sie aber beim FA nicht einreichen, wenn die Steuer rechtzeitig entrichtet wird („interne Voranmeldung"; VO BGBl II 2010/171).

Bei **pauschalierten Land- und Forstwirten** fingiert das Gesetz (mit Ausnahmen), dass die Vorsteuer im Prinzip gleich hoch ist wie die von den Umsätzen berechnete USt (land- und forstwirtschaftliche USt-Pauschalierung; Umsatzgrenze 600.000 €). Daher ergibt sich bei pauschalierten Land- und Forstwirten grundsätzlich eine Umsatzsteuerschuld von Null (§ 22).

Haftung des Empfängers und des Fiskalvertreters

Haftung des Empfängers (Unternehmer) für einen ausländischen Unternehmer: Erbringt ein ausländischer Unternehmer (ohne Sitz bzw Betriebsstätte im Inland) im Inland eine steuerpflichtige Leistung, und ist der Leistungsempfänger ein Unternehmer oder eine Körperschaft öffentlichen Rechts, dann ist der Leistungsempfänger verpflichtet, die Steuer einzubehalten und im Namen und für Rechnung des ausländischen Lieferers an das für diesen zuständige FA (idR FA-Österreich) abzuführen (§ 27 Abs 4; siehe Tz 355). Steuerschuldner bleibt jedoch der ausländische Unternehmer; der inländische Unternehmer haftet (§ 27 Abs 4). Kommt dagegen das Reverse Charge System zur Anwendung (zB bei sonstigen Leistungen und bei Werklieferungen), dann schuldet der Leistungsempfänger die USt und der leistende Unternehmer haftet für sie (§ 19 Abs 1, siehe oben Tz 346). 351

Beispiel: 352
> Ein ausländischer Maschinenhändler nimmt im Inland an einer Messe teil und verkauft zum Ende der Messe die ausgestellten Maschinen an inländische Unternehmer. – Der Verkäufer bleibt zwar Steuerschuldner; die Abnehmer sind jedoch verpflichtet, die USt einzubehalten und an das FA abzuführen (anders, wenn die Abnehmer keine Unternehmer sind; siehe nächste Tz 353).

Fiskalvertreter: Tätigt ein Unternehmer aus einem Drittland im Inland steuerpflichtige Umsätze, dann muss er dem FA einen steuerlichen Vertreter namhaft machen. Dies gilt nicht, wenn der Empfänger die USt schuldet 353 oder für die USt haftet oder ein Amtshilfeabkommen besteht (§ 27 Abs 7 und 8).

354 Beispiel (ähnlich wie oben):
Ein ausländischer Maschinenhändler aus einem Drittstaat, der sich im Inland an einer Messe beteiligt, verkauft die ausgestellte Ware an Private (Nichtunternehmer). In diesem Fall haften die Abnehmer nicht für die Abfuhr der USt (anders im Beispiel oben). Der ausländische Unternehmer hat die USt in Rechnung zu stellen und durch seinen steuerlichen Vertreter an das FA abzuführen.

23. Zuständigkeit

355 Grundsätzlich zuständig ist das FA Österreich, in Sonderfällen das FA für Großbetriebe (§§ 60, 61 BAO).

Für ausländische Unternehmer ohne Betriebsstätte in Österreich ist das FA Österreich zuständig (§ 60 Abs 2 Z 2 BAO).

24. USt im Binnenmarkt

(Doralt/Ruppe II[8], Tz 577 ff)

356 Zur Gesetzestechnik: Die Binnenmarktregelung (BMR) ist in einem Anhang zum UStG geregelt. Soweit die Binnenmarktregelungen die allgemeinen Vorschriften ändern oder ergänzen, sind sie in **Artikeln** zu den betreffenden allgemeinen Paragraphen geregelt; wo kein spezieller Regelungsbedarf besteht, fehlt ein entsprechender Artikel.

Die USt ist eine Verbrauchsteuer, damit gilt für sie das **Bestimmungslandprinzip:**

Der Letztverbrauch einer Ware soll nicht im Ursprungsland, sondern in dem Land besteuert werden, in dem der Letztverbrauch stattfindet. Gegenüber Drittstaaten (außerhalb des Gemeinschaftsgebietes) wird das Bestimmungslandprinzip mit Hilfe der Zollämter sichergestellt (Ausfuhrnachweis, Einfuhrumsatzsteuer). Im Binnenmarkt fehlen jedoch Zollämter, daher ist das Bestimmungslandprinzip steuertechnisch nur bei Unternehmen durchführbar, die vom Fiskus steuerlich bereits erfasst sind und vom Fiskus auch kontrolliert werden können. Dagegen ist die Ein- und Ausfuhr durch Private (Touristen) nicht kontrollierbar.

Daher gilt im Binnenmarkt grundsätzlich
– für **Leistungen B2B** das **Bestimmungslandprinzip,**
– für **Leistungen B2C** das **Ursprungslandprinzip.**

Nach dem **Ursprungslandprinzip** fällt im **privaten Reiseverkehr** (Lieferung an Private) die USt in dem Land an, in dem die Ware gekauft wird (§ 3 Abs 8), auch wenn sie in einen anderen Mitgliedstaat ausgeführt wird.

Das **Bestimmungslandprinzip** wird **zwischen Unternehmern** im Ergebnis wie gegenüber Drittstaaten durchgeführt, unterscheidet sich aber in der technischen Durchführung: Die **Lieferung** ist **steuerfrei** (innergemeinschaftliche

Lieferung; Art 7). Der Abnehmer tätigt gleichzeitig einen steuerbaren innergemeinschaftlichen Erwerb (Art 1). Der für die Erwerbsteuer maßgebliche Ort des ig Erwerbs ist der Ort, an dem sich der Gegenstand am Ende der Beförderung befindet (Art 3 Abs 8; zum Unterschied vom Lieferort des leistenden Unternehmers nach § 3 Abs 8). Steuerschuldner ist der Erwerber (Art 19 Abs 1); er hat im Bestimmungsland **Erwerbsteuer** zu entrichten, die er gegebenenfalls als Vorsteuer abziehen kann (Art 12 Abs 1).

Jeder Unternehmer im Gemeinschaftsgebiet kann für sich eine Umsatzsteueridentifikationsnummer (UID-Nummer) beantragen, österreichische Unternehmer erhalten sie idR von Amts wegen (Art 28). Gibt der ausländische Abnehmer dem Lieferanten seine UID-Nummer bekannt, dann kann dieser von einem – im Bestimmungsland steuerpflichtigen – innergemeinschaftlichen Erwerb ausgehen; im Ursprungsland ist die Lieferung dann steuerfrei. **Rechnungen** über ig Lieferungen müssen sowohl die UID-Nummer des Lieferanten als auch die UID-Nummer des Empfängers enthalten. Eine österreichische UID-Nummer enthält folgende Angaben: „ATU 12345678" (AT ist der Ländercode für Österreich, U steht für Umsatzsteuer). Die Gültigkeit von in- und ausländischen UID-Nummern kann zB über FinanzOnline kostenlos abgefragt werden.

Das bloße **Verbringen** eines Gegenstandes des Unternehmens in einen anderen Mitgliedstaat zu seiner eigenen Verfügung gilt als ig Erwerb (Art 1 Abs 3) bzw als entgeltliche Lieferung (Art 3 Abs 1). Im Ursprungsland liegt eine steuerfreie ig Lieferung vor, im Bestimmungsland ein steuerpflichtiger ig Erwerb. Die Erwerbsteuer kann auch beim Verbringen als Vorsteuer geltend gemacht werden.

Beispiel:
Eine Handelsfirma verbringt Waren aus ihrem Lager in Deutschland in ein Lager in Österreich. Das Verbringen unterliegt in Österreich der Erwerbsteuer (bei Drittstaaten der EUSt, § 1 Abs 1 Z 3).

Eine bloß vorübergehende Verwendung löst jedoch keine Erwerbsteuer aus (zB wenn ein Gegenstand nur zur Erbringung einer Dienstleistung in den anderen Mitgliedstaat gebracht wird).

Beispiel:
Ein Bauunternehmer aus Deutschland hebt mit einem Bagger eine Baugrube in Österreich aus und bringt das Gerät anschließend wieder nach Deutschland. Es kommt zu keinem ig Erwerb hinsichtlich des Baggers in Österreich, weil bloß eine vorübergehende Verwendung vorliegt.

Ausnahmen vom Ursprungslandprinzip

Das Ursprungslandprinzip, das primär nur für Lieferungen an Private gilt (Touristenexport), kann zu Wettbewerbsverzerrungen führen, wenn andere Personen, für die ebenfalls das Ursprungslandprinzip gilt, die einzelnen unterschiedlichen Steuersätze zwischen den Mitgliedstaaten gezielt für sich ausnützen. Aus diesem Grund sieht das Gesetz bestimmte Ausnahmen vom Ursprungslandprinzip vor.

357

V. Umsatzsteuer

Erwerbsschwelle beim Erwerber für steuerbefreite Unternehmer ua (Schwellenerwerber, Art 1 Abs 4 ff – 11.000 € Grenze)

358 Das Ursprungslandprinzip gilt nicht nur für den Nichtunternehmer (insbesondere Touristen), sondern insbesondere auch für den steuerbefreiten Unternehmer. Übersteigen allerdings seine Einkäufe aus dem Gemeinschaftsgebiet eine bestimmte Grenze (sog „Erwerbsschwelle"), dann hat er als „Schwellenerwerber" mit seinem ig Erwerb im Inland die Erwerbsteuer zu entrichten (Besteuerung nach dem Bestimmungslandprinzip).

Schwellenerwerber sind Unternehmer bzw Körperschaften, denen entweder kein Vorsteuerabzug oder nur ein pauschaler Vorsteuerabzug zusteht. Als Schwellenerwerber gelten nach Art 1 Abs 4 Z 1:
- unecht steuerbefreite Unternehmer,
- pauschalierte Land- und Forstwirte und
- juristische Personen, die nicht Unternehmer sind bzw die außerhalb ihres unternehmerischen Bereiches Erwerbe tätigen (insbesondere die öffentliche Hand).

Beziehen Schwellenerwerber Gegenstände aus dem Gemeinschaftsgebiet, dann fällt für diese Erwerbe die USt im Ursprungsland an. Überschreiten jedoch ihre gesamten ig Erwerbe im laufenden Kalenderjahr die **Erwerbsschwelle von 11.000 €**, dann unterliegen sie ab dem Umsatz, ab dem die Grenze im laufenden Jahr überschritten wird, im Inland der Erwerbsteuer; im anderen Mitgliedstaat ist dann die (ig) Lieferung von der USt befreit. Wurde die Schwelle im Vorjahr überschritten, dann unterliegt im Folgejahr der gesamte Erwerb der inländischen USt (Art 1 Abs 4 Z 2).

Einrichtungen, die nicht zum Vorsteuerabzug berechtigt sind, würden ohne die Erwerbsschwelle vor allem höherwertige Gegenstände aus Ländern mit einem niedrigen USt-Satz beziehen. Aus diesem Grund wird auch die öffentliche Hand in die Regelung miteinbezogen. Die eigentliche Bedeutung der Erwerbsschwelle liegt daher weniger darin, den Abnehmer im Inland steuerpflichtig zu machen; vielmehr nimmt die Erwerbsschwelle dem Einkauf im Ausland den steuerlichen Vorteil, wirkt also prohibitiv.

Der Schwellenerwerber kann auf die Anwendung der Erwerbsschwelle verzichten; er unterliegt dann unabhängig von der Erwerbsschwelle der Erwerbsteuer (Art 1 Abs 5; allenfalls dann günstig, wenn der Steuersatz im Ausland höher ist).

Beispiele:
1. Ein österreichischer Arzt importiert ein Laborgerät aus Deutschland um 10.000 € zzgl 1.900 € dt USt und Verbandsmaterial aus Italien um 1.000 € zzgl 200 € ital USt.

    Der Arzt ist Schwellenerwerber, seine ig Erwerbe betragen in Summe 11.000 €; die Erwerbsschwelle (11.000 €) wird daher nicht überschritten; die Lieferungen unterliegen in Deutschland bzw Italien der USt.

2. Die Universität Wien kauft Bücher bei verschiedenen Verlagen in anderen Mitgliedstaaten im Wert von mehr als 11.000 € jährlich.

24. USt im Binnenmarkt

Die Universität Wien ist Schwellenerwerber und hat daher für die angeschafften Bücher in Österreich Erwerbsteuer zu entrichten (daher ist es für die Universität Wien einfacher, die Bücher bei einem Buchhändler in Wien anzuschaffen).

Versandhandel

Grundsätzlich gilt bei der Beförderung/Versendung von Waren der Ort am *Beginn der Beförderung/Versendung* als Lieferort (§ 3 Abs 8, dazu Tz 317). Dagegen gilt im **Versandhandel** insbesondere an Konsumenten als Lieferort der Ort *am Ende der Beförderung/Versendung* (§ 3 Abs 8 a für Drittländer, Art 3 Abs 3 im Binnenmarkt). Damit wird im Versandhandel durchgehend das Bestimmungslandprinzip normiert (ausgenommen im Binnenmarkt bis zu einem Jahresumsatz von 10.000 €; Art 3 Abs 5).

359

Zur Besteuerung im Inland muss sich der Versandhändler grundsätzlich im Empfangsstaat registrieren lassen oder er benützt stattdessen eine Verrechnungsstelle in der EU (One Stop Shop/OSS nach Art 3 Abs 3 bzw im Drittlandfall Import One Stop Shop/IOSS nach § 25 a).

Dreiecksgeschäft (Art 25)

Bei einem Reihengeschäft (Tz 317/1) zwischen EU-Mitgliedsländern, das die Voraussetzungen eines Dreiecksgeschäftes erfüllt, gelten Besonderheiten (siehe Art 25).

359/1

Erwerb neuer Kraftfahrzeuge (Art 1 Abs 7)

Bei der Lieferung eines neuen Fahrzeuges an einen privaten Abnehmer aus einem anderen Mitgliedstaat würde bei Selbstabholung des Fahrzeuges nach der allgemeinen Regel die USt im Ursprungsland erhoben werden (vgl § 3 Abs 8); bei Abholung aus einem Land mit niedriger USt könnte daher die USt im eigenen Land umgangen werden.

360

Um die Besteuerung im Ursprungsland bei Kfz zu verhindern, unterliegt der Erwerb **neuer Fahrzeuge** auch dann der **Erwerbsteuer** im Bestimmungsland, wenn der Erwerber Nichtunternehmer ist (Art 1 Abs 7). Bei neuen Fahrzeugen kommt daher – unabhängig vom Abnehmer – immer das Bestimmungslandprinzip zur Anwendung.

Als Fahrzeuge gelten Landfahrzeuge (insbesondere Pkw, Lkw, Motorräder), Wasserfahrzeuge und Luftfahrzeuge (Art 1 Abs 8).

Ein **neues Landfahrzeug** liegt vor, wenn die erste Inbetriebnahme im Zeitpunkt des Erwerbs nicht mehr als sechs Monate zurückliegt oder es nicht mehr als 6.000 Kilometer zurückgelegt hat (Art 1 Abs 9).

Beispiel:

Wurde das Fahrzeug 10 Monate nach Inbetriebnahme ins Inland gebracht, aber wurden nur 5.000 km zurückgelegt, gilt das Fahrzeug noch als neu und unterliegt daher der Erwerbsteuer. Ebenso gilt das Fahrzeug noch als neu, wenn es im Aus-

V. Umsatzsteuer

land zwar 20.000 km zurückgelegt hat, aber innerhalb von 6 Monaten nach Inbetriebnahme in das Inland geholt wird.

Verbrauchsteuerpflichtige Waren (Art 3 Abs 7 iVm Art 1 Abs 6)

361 Die Lieferung von Alkohol, Tabakwaren und Mineralölen an private Abnehmer wird im Ursprungsland besteuert, wenn die Ware abgeholt wird (§ 3 Abs 8).

Wird sie jedoch an einen privaten Abnehmer **versendet,** dann unterliegt diese Lieferung im Bestimmungsland der Besteuerung (Art 3 Abs 7). Lässt ein privater Abnehmer sich daher zB aus Frankreich eine Kiste Champagner oder Rotwein liefern, unterliegt der liefernde Unternehmer im Inland der USt. Auch der Erwerb verbrauchsteuerpflichtiger Waren durch Schwellenerwerber unterliegt stets im Bestimmungsland der Besteuerung (ig Erwerb, Art 1 Abs 6).

362 frei

25. Exkurs: Zivilrechtlicher Schadenersatz und Umsatzsteuer

363 Der Vorsteuerabzug berührt den Schadenersatzanspruch des Geschädigten nicht. Der Geschädigte kann daher den Bruttobetrag (Entgelt zusätzlich der ihm in Rechnung gestellten USt) als Schadenersatz geltend machen, auch wenn er zum Vorsteuerabzug berechtigt ist. Allerdings erwächst dem Ersatzpflichtigen (Schädiger) ein Rückersatzanspruch in Höhe der USt, sobald und soweit der Ersatzberechtigte (Geschädigte) die USt als Vorsteuer abziehen könnte (Art XII Einführungsgesetz zum UStG 1972; zur Kritik siehe unten).

364 Das bedeutet: Der zum Vorsteuerabzug berechtigte Geschädigte kann zu Recht den vollen Schadenersatz inkl der im Rechnungsbetrag enthaltenen USt geltend machen und darauf warten, ob der Ersatzpflichtige (Schädiger) zivilrechtlich den Rückersatzanspruch in Höhe der Vorsteuer geltend macht.

Beispiel:
Ein Hotelgast beschädigt die Hoteleinrichtung. Die Reparatur kostet 1.200 € inkl USt.
Der Hotelier kann vom Hotelgast den vollen Betrag (also 1.200 €) als Schadenersatz geltend machen (obwohl er den Vorsteuerabzug geltend macht und der Schaden sich daher auf 1.000 € beschränkt). In weiterer Folge kann er darauf warten, ob der Hotelgast die Reduzierung um den Vorsteuerabzug geltend macht.

365 *Prozesskosten und Umsatzsteuer (Vorsteuerabzug)*

Ein Sonderfall des Schadenersatzes betrifft den Ersatz von Prozesskosten im Zivilprozess: Die unterlegene Partei wird auch zum Ersatz der Prozesskosten der obsiegenden Partei verurteilt. In den Prozesskosten sind ua auch die Anwaltskosten der obsiegenden Partei enthalten. Auch wenn die ob-

25. Exkurs: Zivilrechtlicher Schadenersatz und Umsatzsteuer   **USt**

siegende Partei Unternehmer ist und daher zum Vorsteuerabzug berechtigt ist, lautet das Urteil auf Ersatz der Kosten inkl USt (siehe oben).

Die unterlegene Partei kann jedoch vom Gegner den Rückersatz der USt bzw die Reduzierung um die USt (Vorsteuerabzug) verlangen. Vor allem, wenn die unterlegene Partei eine private Person (Nichtunternehmer) ist, wird auf diesen Umstand – zu Lasten der unterlegenen Partei – oft nicht gedacht, woraus ihr ein entsprechender Nachteil entsteht.

Der Anspruch der unterlegenen Partei gegenüber der obsiegenden Partei auf Rückersatz der USt aus den Prozesskosten besteht auch dann, wenn die obsiegende Partei den Vorsteuerabzug nicht geltend gemacht hat (OGH 1. 7. 2009, 7 Ob 21/09 b).

Reformbedarf: Die derzeitige Rechtslage ist reformbedürftig: Wenn der geschädigte Unternehmer den Bruttobetrag (inkl USt) einfordern kann, obwohl er zum Vorsteuerabzug berechtigt ist, ist das für den Unternehmer eine gesetzliche Legitimierung, den Verpflichteten zu übervorteilen. Denn der Ersatzpflichtige weiß oft nichts von seinem Rückforderungsanspruch. Vergleichsweise darf in Deutschland der vorsteuerabzugsberechtigte Unternehmer nur den Nettobetrag nach Abzug der USt als Schadenersatz geltend machen (§ 249 Abs 2 BGB). Die bestehende Rechtslage in Österreich wäre daher im Sinne des Konsumentenschutzes zu überdenken; sie scheint auch europaweit einzigartig zu sein.   366

frei   367–390

VI. Kommunalsteuer

(Doralt/Ruppe II[8], Tz 1151 ff)

391 Die Kommunalsteuer nach dem Kommunalsteuergesetz ist eine **Gemeindesteuer;** sie wird auch von den Gemeinden erhoben, ist aber bundesgesetzlich geregelt.

Der **Kommunalsteuer** unterliegen die **Unternehmer** mit den von ihnen an die **Dienstnehmer** in einem Kalendermonat ausbezahlten **Arbeitslöhnen.** **Dienstnehmer** iSd KommStG sind insbesondere
- Personen in einem **steuerlichen Dienstverhältnis** (§ 47 Abs 2 EStG),
- **freie Dienstnehmer** iSd § 4 Abs 4 ASVG (dienstnehmerähnliche Arbeitsverhältnisse) und
- **Gesellschafter-Geschäftsführer,** und zwar auch dann, wenn sie zu mehr als 25% beteiligt sind (dagegen gelten sie in der ESt als selbständig tätig; § 22 Z 2 EStG); im Werkvertrag tätige (Gesellschafter-) Geschäftsführer sind keine Dienstnehmer.

Nur **Unternehmer** unterliegen der Kommunalsteuer (Unterschied zum Dienstgeberbeitrag nach dem FLAG!); zum Unternehmen gehört die gesamte gewerbliche oder berufliche Tätigkeit des Unternehmers, einschließlich Liebhabereibetriebe (§ 3 KommStG; vgl § 2 Abs 1 UStG). Dienstnehmer im privaten Bereich eines Dienstgebers (Haushalt) werden von der Kommunalsteuer daher nicht erfasst.

Bemessungsgrundlage ist im Wesentlichen die Summe der Arbeitslöhne; dazu gehören zB auch sonstige Bezüge iSd § 67 EStG (ohne Abfertigungen); nicht dazu gehören ua Ruhe- und Versorgungsgenüsse.

Die Kommunalsteuer beträgt idR **3%** der Bemessungsgrundlage (§ 9 KommStG); sie ist vom Unternehmer für jeden Kalendermonat selbst zu berechnen und bis zum 15. des darauf folgenden Monats an die Gemeinde zu entrichten (§ 11 Abs 2 KommStG). Für das abgelaufene Kalenderjahr ist bis zum 31. 3. des Folgejahres an die Gemeinde eine Steuererklärung abzugeben (§ 11 Abs 4 KommStG).

Steuerschuldner ist der Unternehmer, in dessen Unternehmen die Dienstnehmer beschäftigt sind.

Bei der **Arbeitskräfteüberlassung** ist der überlassende Unternehmer Steuerschuldner (§ 6 KommStG).

Erstreckt sich eine Betriebsstätte über **mehrere Gemeinden** (mehrgemeindliche Betriebsstätten), kommt es zu einer Zerlegung der Bemessungsgrundlage (§ 10 KommStG).

Gemeinnützige und **mildtätige Einrichtungen** (§ 34 BAO) sind, soweit sie bestimmten sozialen Zwecken dienen, von der Kommunalsteuer befreit (§ 8 Z 2 KommStG).

VII. Dienstgeberbeitrag nach dem FLAG
(Doralt/Ruppe II[8], Tz 1143f)

Zur Finanzierung des Familienlastenausgleichs, insbesondere der Familienbeihilfe, wird ein **Dienstgeberbeitrag** eingehoben (§§ 39ff FLAG).

Den Dienstgeberbeitrag haben **alle Dienstgeber** zu leisten, die im Bundesgebiet **Dienstnehmer beschäftigen** (§ 41 FLAG). Daher ist der Dienstgeberbeitrag auch für Dienstnehmer zu entrichten, die im privaten Bereich beschäftigt werden. Dagegen werden von der KommSt nur Unternehmer erfasst.

Beispiel:
Die Haushaltshilfe unterliegt dem Dienstgeberbeitrag, nicht aber der KommSt.

Dienstnehmer sind
– Personen in einem **steuerlichen Dienstverhältnis** (§ 47 Abs 2 EStG),
– **freie Dienstnehmer** iSd § 4 Abs 4 ASVG (dienstnehmerähnliche Arbeitsverhältnisse) und
– **Gesellschafter-Geschäftsführer,** und zwar auch dann, wenn sie zu mehr als 25% beteiligt sind und in der ESt als selbständig tätig gelten (§ 22 Z 2 EStG). Im Werkvertrag tätige (Gesellschafter-)Geschäftsführer werden vom Dienstgeberbeitrag nicht erfasst.

Beitragsgrundlage ist im Wesentlichen die Summe der Arbeitslöhne (ähnlich der Kommunalsteuer).

Der Dienstgeberbeitrag beträgt idR **3,7%** der Beitragsgrundlage (§ 41 Abs 5 FLAG; ab 2025; davor 3,9%). Der Dienstgeberbeitrag ist für jeden Monat bis zum 15. des nachfolgenden Monats selbst zu berechnen und an das für die Lohnsteuer zuständige FA zu entrichten (keine Jahreserklärung).

Zuständigkeit: Die Überprüfung der Einhebung und Abfuhr des Dienstgeberbeitrages erfolgt im Rahmen der Lohnsteuerprüfung (§ 86 EStG).

VIII. Neugründungs-Förderungsgesetz

(Doralt/Ruppe II⁷, Tz 1131 f)

393 Zur Förderung der **Neugründung** von Betrieben werden bestimmte Abgaben nicht erhoben oder ermäßigt, soweit sie anlässlich der Neugründung anfallen (§ 1 NeuFöG).

Dazu gehören insbesondere:
- Gebühren für Schriften und Amtshandlungen nach dem GebG,
- Grunderwerbsteuer für die Einbringung von Grundstücken auf gesellschaftsvertraglicher Grundlage,
- Dienstgeberbeiträge zum Familienlastenausgleichsfonds und bestimmte andere Lohnnebenkosten (für eine befristete Zeit nach der Neugründung).

Eine **Neugründung** eines Betriebes liegt nur vor, wenn die wesentlichen Betriebsgrundlagen neu geschaffen werden („Schaffung einer bisher nicht vorhandenen betrieblichen Struktur"; § 2 NeuFöG).

Auf **Betriebsübertragungen** (entgeltliche oder unentgeltliche Übertragung des Betriebes) gelten die Begünstigungen nur zum Teil (§ 5 a NeuFöG).

394–400 frei

IX. Bewertungsgesetz
(Doralt/Ruppe II[8], Tz 801 ff)

Das Bewertungsgesetz hat folgenden Anwendungsbereich: 401
1. Die **allgemeinen Bewertungsvorschriften** (Erster Teil) gelten **subsidiär** für alle Bundesabgaben, soweit die einzelnen Abgabengesetze die Bewertung nicht selbst regeln (subsidiäre Bedeutung des BewG).
2. Die **Einheitsbewertung** (Zweiter Teil, erster Abschnitt) ist außerdem für die Grundsteuer und die GrESt maßgeblich.

Hauptanwendungsgebiete des Bewertungsgesetzes waren ursprünglich die Vermögenssteuer (seit 1994 aufgehoben) und das Erbschafts-Schenkungssteuergesetz (aufgehoben seit 1. 8. 2008). Weiterhin Bedeutung hat das Bewertungsgesetz vor allem für die Grundsteuer und zum Teil für die Grunderwerbsteuer, gelegentlich auch im Gebührengesetz. Das BewG bleibt jedoch weiterhin subsidiär anwendbar, bzw verweisen einzelne Gesetze gelegentlich ausdrücklich auf das Bewertungsgesetz (zB § 24 EStG bei der Betriebsaufgabe und § 29 EStG bei Veräußerung von Privatvermögen gegen Rente). In der Land- und Forstwirtschaft orientieren sich die Buchführungsgrenzen und die Pauschalierungsverordnungen an den Einheitswerten.

1. Allgemeine Bewertungsvorschriften

Wirtschaftliche Einheit: Jede wirtschaftliche Einheit ist für sich zu bewerten; ob eine wirtschaftliche Einheit vorliegt, richtet sich nach der Verkehrsauffassung. ZB können mehrere Betriebe einen einheitlichen Betrieb darstellen, wenn sie organisatorisch miteinander verbunden sind (§ 2). 402

Bedingte Rechtsgeschäfte: Bedingungen bleiben nach dem BewG vor Eintritt der Bedingung für die Zurechnung von Wirtschaftsgütern und Lasten grundsätzlich unberücksichtigt.

Ein **aufschiebend bedingter Erwerb** führt erst nach Eintritt der Bedingung zur Zurechnung beim Erwerber (§ 4).

Aufschiebend bedingte Lasten werden vor Eintritt der Bedingung nicht berücksichtigt (§ 6). Daher haben zB Rückstellungen für Abfertigungen und Pensionsverpflichtungen nicht die Bemessungsgrundlage der 2008 aufgehobenen Erbschaftssteuer gekürzt. Tritt allerdings die Bedingung ein, dann ist bei nicht laufend veranlagten Steuern der Wert auf Antrag zu berichtigen (§ 6 Abs 2).

Ein **auflösend bedingter Erwerb** lässt bis zum Eintritt der Bedingung die Zurechnung beim Eigentümer unberührt.

Auflösend bedingte Lasten werden bis zum Eintritt der Bedingung dem Belasteten zugerechnet.

IX. Bewertungsgesetz

Gemeiner Wert

403 Der Bewertung von **Vermögensgegenständen** ist grundsätzlich der gemeine Wert zugrunde zu legen (§ 10).

Der **gemeine Wert** wird durch den Preis bestimmt, der im gewöhnlichen Geschäftsverkehr nach der Beschaffenheit des Wirtschaftsgutes bei einer Veräußerung zu erzielen wäre. Ungewöhnliche oder persönliche Verhältnisse, ebenso ua letztwillige Verfügungsbeschränkungen, sind nicht zu berücksichtigen (§ 10).

Der gemeine Wert wird auch als „**Verkehrswert**", „**Einzelveräußerungswert**" oder „**Liquidationswert**" bezeichnet.

Nach der Rechtsprechung des VwGH entspricht der gemeine Wert dem Händlerverkaufspreis (zB E 11. 7. 2000, 97/16/0222). Da der Hauptanwendungsfall des gemeinen Wertes die frühere Vermögenssteuer war, kann der gemeine Wert entgegen dem VwGH allerdings nur der Wert sein, den auch ein Privater erzielen kann („Einzelveräußerungspreis", zB der in einer Versteigerung erzielte Preis). Mit „gewöhnlichem Geschäftsverkehr" meint das Gesetz nicht den Geschäftsverkehr des Unternehmers, sondern den Markt, der dem Privaten (Nichtunternehmer) zur Verfügung steht. Daher ist der gemeine Wert idR nicht der Preis, den der Händler erzielen kann, sondern der Preis, den der Private erzielen kann („gemeingewöhnlicher" Wert; ausführlich dazu Tz 84 und *Doralt*, ÖJZ 2019/7, 61).

Das BFG hat die Kritik an der bisherigen Rechtsprechung zum gemeinen Wert inzwischen bestätigt (E 6. 6. 2019, RV/5300006/2016).

Teilwert

404 Wirtschaftsgüter, die einem **Betrieb** dienen, sind in der Regel mit dem **Teilwert** zu bewerten.

Teilwert ist der Betrag, „den ein Erwerber des ganzen Betriebes im Rahmen des Gesamtkaufpreises für das einzelne Wirtschaftsgut ansetzen würde. Dabei ist davon auszugehen, dass der Erwerber den Betrieb fortführt" (§ 12 BewG, § 6 Z 1 EStG). Vereinfacht ist der Teilwert der Wert, der dem einzelnen Wirtschaftsgut **im Rahmen des Gesamtbetriebes** bei **Fortführung des Betriebes** zukommt (vgl das „Going-Concern-Prinzip" in der UGB-Bilanz; siehe dazu oben Tz 83 ff).

Kurz gefasst ist
– der Teilwert der Fortführungswert,
– der gemeine Wert der Einzelveräußerungswert (Liquidationswert).

Wertpapiere, Anteile

405 **Wertpapiere**, insbesondere **börsennotierte Aktien**, sind mit dem **Kurswert** anzusetzen (§ 13 Abs 1).

GmbH-Anteile und **nicht börsennotierte Aktien** sind mit dem gemeinen Wert zu bewerten. Lässt sich der gemeine Wert aus Verkäufen nicht ableiten, dann ist der Wert unter Berücksichtigung des **Gesamtvermögens** und der **Ertragsaussichten** zu schätzen (§ 13 Abs 2).

Die Bewertung nach dem Gesamtvermögen und den Ertragsaussichten ist erlassmäßig durch das **Wiener Verfahren** geregelt. Danach ergibt sich der Wert der Anteile aus dem arithmetischen Mittel von Vermögenswert und durchschnittlichem Ertragswert. Dieses Verfahren wird – unabhängig von anderen betriebswirtschaftlichen Methoden – auch bei der **Unternehmensbewertung** herangezogen.

Wirtschaftliche Entwicklungen, die am Bewertungsstichtag zwar noch nicht eingetreten, aber absehbar sind, sind bei der Bewertung zu berücksichtigen (VwGH 24. 4.

1. Allgemeine Bewertungsvorschriften **BewG**

2002, 2001/16/0615 zur Entwertung einer Beteiligung an einer Mühlen-GmbH durch den Eintritt in die EU).

Kapitalforderungen

Kapitalforderungen und **Schulden** sind mit dem **Nennwert** anzusetzen; sind sie unverzinst, ist der Betrag mit **5,5%** zum Fälligkeitsstichtag abzuzinsen (§ 14). 406

Lebensversicherungen, Kapital- oder Rentenversicherungen, die noch nicht fällig sind, sind mit zwei Drittel der eingezahlten Prämien oder mit dem niedrigeren **Rückkaufswert** zu bewerten (§ 14 Abs 4).

Wiederkehrende Nutzungen und Leistungen (§ 15)

Befristete Nutzungen und Leistungen sind mit 5,5% abzuzinsen. 407
Immerwährende Nutzungen und Leistungen sind mit dem **Achtzehnfachen** des Jahreswertes zu bewerten.
Bei **unbestimmter** Dauer sind Nutzungen und Leistungen mit dem **Neunfachen** des Jahreswertes anzusetzen.

Daher wird zB die Gebühr für Dienstbarkeiten (§ 33 TP 9 GebG) bei unbestimmter Dauer vom Neunfachen des Jahreswertes bemessen, während zB Bestandverträge auf unbestimmte Dauer aufgrund der Sondervorschrift des § 33 TP 5 Abs 3 GebG nur mit dem Dreifachen des Jahreswertes angesetzt werden.

Patente, Urheberrechte und ähnliche Rechte, die zur Nutzung überlassen werden, werden mit dem **Dreifachen** des Jahreswertes angesetzt (§ 15 Abs 3).

Lebenslängliche Nutzungen und Leistungen (§ 16)

Der Wert von Renten, wiederkehrenden Nutzungen oder Leistungen sowie dauernden Lasten, die vom Ableben einer oder mehrerer Personen abhängen, ergibt sich aus dem **Rentenbarwert** (Beispiele siehe Tz 27). 408

Der **Rentenbarwert** (Barwert der Rente zu einem bestimmten Stichtag) ergibt sich
1. aus der Lebenserwartung und
2. aus dem Zinssatz, mit dem die Rentenzahlungen auf den Stichtag abgezinst werden.

Die Lebenserwartung ist nach versicherungsmathematischen Methoden in einer Verordnung festgelegt (Erlebenswahrscheinlichkeitsverordnung).

Hat eine Rente tatsächlich weniger als die Hälfte des ermittelten Wertes betragen und beruht der Wegfall auf dem Tod des Berechtigten oder Verpflichteten, sind nicht laufend veranlagte Steuern auf Antrag nach der wirklichen Höhe der Nutzung zu berichtigen (§ 16 Abs 3; betraf insbesondere die ErbSt).

Bewertung von Renten in der **Einkommensteuer:** Das EStG verweist im außerbetrieblichen Bereich zur Bewertung von Renten auf § 16 BewG (§ 18 Abs 1 Z 1 und § 29 Z 1 EStG). Dagegen fehlt im betrieblichen Bereich ein ausdrücklicher Bewertungshinweis; daher ist dort der Teilwert maßgeblich. Eine Abweichung gegenüber dem Rentenbarwert nach § 16 BewG kann sich aus der Berücksichtigung der individuellen Lebenserwartung und aus der Anwendung des Marktzinsfußes ergeben.

IX. Bewertungsgesetz

2. Besondere Bewertungsvorschriften

409 Das Bewertungsgesetz unterscheidet folgende vier **Vermögensarten:**
1. land- und forstwirtschaftliches Vermögen,
2. Grundvermögen,
3. Betriebsvermögen,
4. sonstiges Vermögen.

410 **Einheitswerte** bestehen insbesondere für folgende Vermögen:
– land- und forstwirtschaftliche Betriebe,
– Grundstücke.

Land- und forstwirtschaftliches Vermögen wird nach einem **Ertragswertverfahren** bewertet (idR geringer als der Verkehrswert).

Eine Besteuerung nach dem Verkehrswert des Grund und Bodens würde den Bestand der Landwirtschaft gefährden. Allerdings entspricht der Einheitswert des land- und forstwirtschaftlichen Vermögens auch nicht annähernd dem tatsächlichen Ertrag, ist aber gleichzeitig maßgeblich für die Pauschalierung der Land- und Forstwirtschaft in der ESt. Da nahezu die gesamte Land- und Forstwirtschaft pauschaliert ist, erschöpft sich ihre Besteuerung in einer Bagatellbesteuerung.

Der niedrige landwirtschaftliche Ertragswert gilt selbst dann, wenn am landwirtschaftlich genutzten Boden Dienstbarkeiten, zB für Schiabfahrten, eingeräumt worden sind und daraus erhebliche Einnahmen erzielt werden (VwGH 31. 1. 2000, 98/15/0032). Dies führt zu weiteren Steuervorteilen ua im Bereich der Grundsteuer und in der GrESt.

Grundvermögen besteht aus Grund und Boden einschließlich der Bestandteile (insbesondere Gebäude) und des Zubehörs. Für die Bewertung werden **bebaute** und **unbebaute Grundstücke** unterschieden.

Der Einheitswert von Grundvermögen liegt regelmäßig erheblich unter dem tatsächlichen Wert; dies liegt an der sehr schematisierten Bewertung des Bodenwertes nach Lage, Größe, Form, Erschließungszustand etc und ebenso des Gebäudes nach Bauweise, Nutzungsart, Alter etc.

Die letzte Einheitswertfeststellung für das Grundvermögen erfolgte 1973; seither erfolgten nur pauschale Erhöhungen (zuletzt ab 1983).

Im Hinblick auf die gestiegenen Grundstückspreise und Baukosten einerseits und die regional unterschiedliche Entwicklung der Grundstückspreise andererseits, ist die Anknüpfung an die Einheitswerte verfassungswidrig (VfGH 27. 11. 2012, G 77/12 zur GrESt); nur bei geringem Gewicht der Steuerfolgen kann die Anknüpfung an den Einheitswert noch als unbedenklich gelten (VfGH 6. 10. 2010, B 298/10 zur Grundsteuer).

Zu einer sogenannten **Fortschreibung** des Einheitswertes kommt es, wenn sich wesentliche Umstände geändert haben, die eine Neubewertung erforderlich machen (zB Wertfortschreibung, wenn sich der Wert erheblich geändert hat; Artfortschreibung, wenn ein unbebautes Grundstück bebaut wird; Zurechnungsfortschreibung, wenn das Grundstück entgeltlich oder unentgeltlich übergeben worden ist; § 21).

411–412 frei

X. Grundsteuer

(Doralt/Ruppe II⁷, Tz 902 ff)

Die Grundsteuer ist eine **Objektsteuer.** Sie ist zwar eine ausschließliche **Gemeindesteuer,** doch liegt die Gesetzgebung grundsätzlich beim Bund. Die Länder können landesgesetzlich Grundsteuer-Befreiungen vorsehen. Die Einhebung erfolgt durch die Gemeinden. 413

Der Grundsteuer unterliegt der inländische **Grundbesitz;** dazu gehören das land- und forstwirtschaftliche Vermögen, das Grundvermögen und die Betriebsgrundstücke (§ 18 Abs 2 BewG).

Bemessungsgrundlage ist der Einheitswert; auf den Einheitswert wird eine Steuermesszahl angewendet. Daraus ergibt sich ein Grundsteuer-Messbetrag. Die Steuermesszahlen sind bundeseinheitlich festgelegt (grundsätzlich 2‰; niedrigere Promillesätze bestehen zB für Einfamilienhäuser und Mietwohngrundstücke). Auf den Messbetrag wird der Hebesatz angewendet (höchstens 500 %). Daraus ergibt sich eine Grundsteuer von etwa 1 % des Einheitswertes (das Fünffache von 2‰ des Einheitswertes). Zur Frage der Verfassungswidrigkeit siehe Tz 410.

Neben der Grundsteuer gibt es eine **Abgabe von land- und forstwirtschaftlichen Betrieben** und für unbebaute Grundstücke eine **Bodenwertabgabe.**

frei 414–460

XI. Grunderwerbsteuer

1. Allgemeines

(Doralt/Ruppe II[8], Tz 991 ff)

461 Die GrESt (GrEStG 1987) gehört zu den **Rechtsverkehrsteuern;** sie erfasst den **Erwerb von Grundstücken** im Inland.

Die GrESt ist eine **gemeinschaftliche Bundesabgabe,** die allerdings fast zur Gänze den Gemeinden (nach einem eigenen Verteilungsschlüssel) zufließt; dem Bund verbleibt nur ein geringer Teil als Kostenersatz für die Einhebung.

Seit der Aufhebung der Erbschafts-Schenkungssteuer unterliegen auch unentgeltliche Erwerbe von Grundstücken der GrESt (ab 1. 8. 2008; vorher von der GrESt befreit).

2. Steuergegenstand (§ 1)

462 Die GrESt knüpft grundsätzlich bereits an das **Verpflichtungsgeschäft** an.

Würde die GrESt an den zivilrechtlichen Eigentumserwerb, idR also erst an die Eintragung in das Grundbuch anknüpfen, könnte die GrESt durch Nichteintragung des Eigentums ins Grundbuch umgangen werden.

Der GrESt unterliegen folgende Erwerbsvorgänge:

1. **Kaufverträge** und andere Rechtsgeschäfte, die den Anspruch auf Übereignung eines Grundstücks begründen. Darunter fallen insbesondere auch **Schenkungen** (§ 1 Abs 1 Z 1).

   Auch mündliche Verträge unterliegen der GrESt; das Anbot oder eine Option unterliegen noch nicht der GrESt (erst im Fall der Annahme bzw Optionsausübung).

   Ein Tausch von Grundstücken löst für beide Grundstücke, also zweimal, GrESt aus (auch der Tausch von zwei Eigentumswohnungen am selben Grundstück).

2. **Eigentumserwerb** an einem Grundstück ohne vorangegangenes Verpflichtungsgeschäft. Darunter fallen insbesondere **Erwerbe von Todes wegen** (§ 1 Abs 1 Z 2).

   Weiters gehören dazu zB der Erwerb des überlebenden (Ehe-)Partners am Wohnungseigentum (§ 14 WEG), der Erwerb in der Zwangsversteigerung und die Ersitzung.

3. **Abtretungs- oder Kettengeschäfte,** durch die Übereignungsansprüche oder Rechte aus einem Kaufanbot übertragen werden (§ 1 Abs 1 Z 3 und 4).

2. Steuergegenstand (§ 1) **GrESt**

4. **Erwerb der Verwertungsbefugnis,** wenn die Möglichkeit eingeräumt wird, das Grundstück auf eigene Rechnung zu verwerten (wirtschaftliche Anknüpfung (§ 1 Abs 2).

Beispiel:

A beauftragt B mit der Veräußerung seines Grundstücks zu einem Preis von 100.000 €. B ist berechtigt, einen allfälligen Mehrerlös für sich zu behalten. In der Folge verkauft B das Grundstück an C um 150.000 €.
Es liegen 2 Erwerbsvorgänge vor:
1. Übertragung der Verfügungsbefugnis von A auf B (Bemessungsgrundlage 100.000 €),
2. Übereignung des Grundstücks von B an C (Bemessungsgrundlage 150.000 €).

5. **Anteilsvereinigung** bei Personen- und Kapitalgesellschaften und **Gesellschafterwechsel** bei Personengesellschaften (dazu unten).

Vorerwerbe, Treuhandschaft: Ein Erwerbsvorgang unterliegt auch dann der GrESt, wenn zwischen denselben Personen ein anderer Erwerbsvorgang vorausgegangen ist. Beim späteren Erwerbsvorgang wird die Steuer des vorangegangenen Erwerbsvorganges allerdings angerechnet (§ 1 Abs 4 und 5).

Beispiel:

A überträgt als Treugeber ein Grundstück an B als Treuhänder. Später verkauft A das Grundstück an B. – Es liegen zwischen denselben Personen zwei Erwerbsvorgänge vor. Beim späteren Erwerb des Eigentumsrechts wird die anlässlich der Treuhandschaft erhobene GrESt auf die GrESt anlässlich des Eigentumserwerbes angerechnet.

*Anteilsvereinigung und Anteilsübertragung
bei Personen- und Kapitalgesellschaften*

Gehört zum Vermögen einer Gesellschaft (Personen- oder Kapitalgesellschaft) Grundvermögen, dann steht das Grundvermögen zwar nicht im (unmittelbaren) Eigentum der Gesellschafter, doch können die Gesellschafter je nach Höhe ihrer Beteiligung indirekt über das Grundvermögen verfügen. Daher löst unter bestimmten Voraussetzungen auch der Wechsel der Gesellschafter GrESt aus, und zwar unterschiedlich bei Personengesellschaften und bei Kapitalgesellschaften (§ 1 Abs 2a und Abs 3). 463

Die **Anteilsvereinigung** bei einer **Personen- oder Kapitalgesellschaft** löst GrESt dann aus, wenn mindestens 95 % des Gesellschaftsvermögens bzw der Anteile

– in der Hand eines Gesellschafters oder
– in der Hand einer Unternehmensgruppe iSd § 9 KStG vereinigt werden.

Anteilsübertragung: Eine Anteilsvereinigung liegt auch dann vor, wenn die Anteile (mindestens 95 %) auf einen neuen Gesellschafter bzw auf eine neue Unternehmensgruppe übertragen werden. Die Anteilsübertragung löst daher genauso GrESt aus wie die Anteilsvereinigung.

XI. Grunderwerbsteuer

Beispiele:

1. A hält 60% der Anteile an einer GmbH und erwirbt weitere 35% hinzu. Damit liegt eine Anteilsvereinigung vor und löst GrESt für die Grundstücke im Gesellschaftsvermögen aus (unabhängig davon, wie lange A seinen ursprünglichen Anteil vorher erworben hatte). Veräußert A in weiterer Folge seine 95% an einen Dritten weiter, dann führt die Übertragung der Anteile beim übernehmenden Gesellschafter nochmals zu einer Anteilsvereinigung, die eine GrESt auslöst.

2. An der X-GmbH sind die A-GmbH mit 94% und die B-GmbH mit 6% beteiligt. Eine Anteilsvereinigung liegt nicht vor. Gehören allerdings A und B zu einer Gruppe iSd § 9 KStG, wird damit eine Anteilsvereinigung ausgelöst. Die X-GmbH muss nicht Gruppenmitglied sein.

Die GrESt kann daher legal vermieden werden, wenn weniger als 95% der Anteile in einer Hand vereinigt werden.

Treuhändig gehaltene Gesellschaftsanteile sind dem Treugeber zuzurechnen.

Gesellschafterwechsel bei Personengesellschaften

Bei Personengesellschaften löst auch ein Wechsel der Gesellschafter GrESt aus, und zwar dann, wenn (fast) alle Gesellschaftsanteile (95% der Anteile am Gesellschaftsvermögen) innerhalb kurzer Zeit (fünf Jahre) wechseln, dh, wenn sich innerhalb kurzer Zeit die Gesellschafterstruktur nahezu vollständig ändert (§ 1 Abs 2a).

Beispiel:

An einer OG sind vier Gesellschafter zu je einem Viertel beteiligt. Drei Gesellschafter übertragen ihre Anteile an neu eintretende Gesellschafter. – Dieser Vorgang alleine löst keine GrESt aus. Überträgt allerdings auch der vierte Gesellschafter seinen Anteil an einen neu eintretenden Gesellschafter, dann löst diese Übertragung GrESt aus, wenn alle Übertragungen der Gesellschaftsanteile innerhalb von fünf Jahren erfolgt sind.

Bei der Personengesellschaft löst sowohl der Gesellschafterwechsel als auch die Anteilsvereinigung GrESt aus, dagegen bei der Kapitalgesellschaft nur die Anteilsvereinigung. Ein Grund für die unterschiedliche Besteuerung ist allerdings nicht ersichtlich.

Anwachsung bei der Personengesellschaft: Überträgt der vorletzte Gesellschafter einer Personengesellschaft seine Anteile an den verbleibenden Gesellschafter, dann geht damit die Personengesellschaft unter; das Gesellschaftsvermögen geht ex lege auf den verbleibenden Gesellschafter über („Anwachsung"). Betreffend das Grundvermögen in der Gesellschaft liegt dann ein Eigentumserwerb ohne vorangegangenen Verpflichtungsgeschäft vor (§ 1 Abs 1 Z 2). Davon zu unterscheiden ist die Anteilsvereinigung (siehe oben); für sie genügt es, wenn 95% des Gesellschaftsvermögens in der Hand eines Gesellschafters vereinigt wird, die Gesellschaft also weiter besteht.

4. Ausnahmen von der Besteuerung (§ 3)   **GrESt**

Exkurs: Grunderwerbsteuer und Anschaffungskosten in der ESt bzw KSt

Grundsätzlich gehört die GrESt zu den Anschaffungskosten eines Grundstücks (daher aktivierungspflichtig). Fällt allerdings die GrESt anlässlich einer Anteilsvereinigung oder eines Gesellschafterwechsels an, ist sie sofort abzugsfähige Betriebsausgabe (kein Zusammenhang mit der Anschaffung eines Grundstücks; BFH 2. 9. 2014, IX R 50/13).

3. Begriff des Grundstücks (§ 2)

Unter „Grundstück" iSd GrEStG ist ein inländisches Grundstück iSd Zivilrechts zu verstehen. Zum Grundstück gehören 464
– der Grund und Boden,
– das Gebäude,
– der Zuwachs (Pflanzen, Tiere) und
– das Zugehör (zB Hotelinventar).

Maschinen und sonstige Vorrichtungen, die zu einer Betriebsanlage gehören, zählen jedoch nicht zum Grundstück.

Betriebsanlagen erfüllen gegenüber dem Grundstück einen selbständigen wirtschaftlichen Zweck, zB Kesselanlagen, Tanks, Kräne.

Dem Grundstück stehen außerdem gleich
– Baurechte,
– Gebäude auf fremdem Grund (Superädifikate; zB Gartenhaus auf Pachtgrund).

4. Ausnahmen von der Besteuerung (§ 3)

Von der GrESt sind insbesondere ausgenommen: 465
– Der **Erwerb eines Betriebsgrundstückes im Rahmen eines unentgeltlichen oder teilentgeltlichen Betriebserwerbes** bis zu einem Wert des Grundstückes von **900.000 €** (Freibetrag). Die Übertragung muss altersbedingt (Vollendung des 55. Lebensjahres) oder wegen Erwerbsunfähigkeit erfolgen (siehe § 3 Abs 1 Z 2 und Z 2a).
– Der **Erwerb einer (gemeinsamen) Wohnstätte durch (Ehe-)Partner** (unentgeltlich oder entgeltlich, sowohl unter Lebenden als auch von Todes wegen, siehe § 3 Abs 1 Z 7 und Z 7a).
– Erwerbe zur **Flurbereinigung.**
– Der Erwerb eines Grundstücks im Zusammenhang mit einem (drohenden) **behördlichen Eingriff** (zB Anschaffung eines Ersatzgrundstückes wegen einer Enteignung).

Die **Realteilung** eines im Miteigentum stehenden Grundstücks ist befreit, soweit das erworbene Alleineigentum dem früheren Quoteneigentum entspricht. Nicht befreit ist dagegen der Übergang eines Grundstücks von

XI. Grunderwerbsteuer

einer Personengesellschaft auf einen Gesellschafter (auch nicht in Höhe seines Anteils an der Personengesellschaft).

Bei **Neugründung einer Gesellschaft** ist die Einbringung von Grundstücken auf gesellschaftsvertraglicher Grundlage von der GrESt ausgenommen, soweit Gesellschaftsrechte an der neu gegründeten Gesellschaft als Gegenleistung gewährt werden (§ 1 Neugründungs-Förderungsgesetz).

5. Bemessungsgrundlage (§§ 4 bis 6)

466 Als Bemessungsgrundlage für die GrESt kommen in Betracht der
– Wert der Gegenleistung (Kaufpreis; siehe unten)
– Grundstückswert (Schenkung, Erbschaft ua; siehe unten)
– Einheitswert (Landwirteprivileg; siehe unten).

Wert der Gegenleistung

467 Grundsätzlich bemisst sich die GrESt vom **Wert der Gegenleistung** (Kaufpreis) zuzüglich den mitübernommenen Verpflichtungen (zB Schulden, Fruchtgenussbelastung), mindestens vom Grundstückswert.

Beispiel:
A (Käufer) kauft von B (Verkäufer) ein Grundstück zu einem Kaufpreis von 1 Mio €. Zusätzlich zum Kaufpreis übernimmt A von B eine Hypothek von 300.000 € und räumt B den Fruchtgenuss (Wohnrecht) an der Liegenschaft in Höhe von 200.000 € ein.
Bemessungsgrundlage: 1 Mio € + 300.000 € + 200.000 €, Summe 1,5 Mio €.

Wird der **Kaufpreis gestundet,** erfolgt keine Abzinsung des Kaufpreises.

USt als Teil der Gegenleistung: Veräußert ein Unternehmer ein Grundstück aus dem Betriebsvermögen, dann ist die Veräußerung grundsätzlich von der USt befreit (§ 6 Abs 1 Z 9a UStG). Optiert allerdings der Unternehmer in der USt zur Steuerpflicht, um den Vorsteuerabzug nicht rückgängig machen zu müssen, unterliegt also die Veräußerung des Grundstücks der USt, dann gehört auch die USt zur Bemessungsgrundlage für die GrESt (siehe dazu Tz 335; § 6 Abs 2 UStG).

Bauherrenproblem: Wird nur der Grund und Boden gekauft und später ein Gebäude darauf errichtet, so unterliegt nur der Grund und Boden der GrESt. Ein Problem (das sogenannte Bauherrenproblem) stellt sich allerdings dann, wenn der Verkäufer (der zB zugleich Bauunternehmer ist) den Grund und Boden mit einem von ihm noch zu errichtenden Gebäude verkauft. Verkauft er das noch zu errichtende Gebäude zu einem Fixpreis (er trägt das Risiko der Bauführung), dann wird der Fall genauso behandelt wie der Verkauf eines bebauten Grundstücks; der Kaufpreis für das noch zu errichtende Gebäude unterliegt dann ebenfalls der GrESt. Trägt dagegen der Käufer das Risiko der Bauführung, ist also der Käufer Bauherr, dann unterliegen die Kosten der Bauführung nicht der GrESt.

5. Bemessungsgrundlage (§§ 4 bis 6) **GrESt**

Grundstückswert iSd § 4

Der Grundstückswert als Bemessungsgrundlage ist insbesondere maßgeblich,   468
- wenn eine Gegenleistung nicht vorhanden ist (zB Erbschaft, Schenkung), oder
- wenn sich eine Gegenleistung nicht ermitteln lässt, oder
- in den ausdrücklich im Gesetz aufgezählten Sonderfällen (siehe unten Tz 473).

Nicht ermitteln lässt sich der Wert der Gegenleistung insbesondere
- wenn bei einer Personengesellschaft oder bei einer Kapitalgesellschaft die Gesellschafter wechseln und deshalb GrESt ausgelöst wird. Denn aus dem Kaufpreis zB für die Anteile an einer Kapitalgesellschaft lässt sich idR keine Gegenleistung für die im Gesellschaftsvermögen vorhandenen Grundstücke ableiten
- wenn im Rahmen eines Scheidungsvergleiches eine Aufteilung des ehelichen Vermögens erfolgt (§ 81 EheG; dazu BFG 5. 5. 2020, RV/710 1644/2015).

Nach der eigentlichen Zielsetzung des Gesetzes sollte der Grundstückswert iSd § 4 dem Verkehrswert, also in etwa dem Wert der Gegenleistung entsprechen; in der Praxis weicht aber der idR nach formalen Kriterien pauschal ermittelte Grundstückswert vom Verkehrswert erheblich ab.

Daher ist die Bemessungsgrundlage für die GrESt bei der Anteilsvereinigung oder beim Gesellschafterwechsel meist deutlich niedriger als bei einem Erwerb des Grundstücks gegen Entgelt. Dazu kommt ein erheblich niedrigerer Steuersatz (siehe unten). Insoweit ist es daher idR günstiger, die Anteile an einer Immobilien-GmbH zu erwerben und nicht unmittelbar das Grundstück.

Pauschalbewertung: Der Grundstückswert kann nach der **Grundstückswertverordnung** in einem vereinfachten Verfahren ermittelt werden.

Danach bestehen für den Stpfl wahlweise folgende Möglichkeiten, den Grundstückswert iSd § 4 GrEStG zu ermitteln:
- **Pauschalwertmethode:** ermittelt aus dem Wert des Grund und Bodens und dem Wert des Gebäudes (individuelle Bewertung; § 2 Grundstückswertverordnung)
- **Immobilienpreisspiegel:** ermittelt nach dem Immobiliendurchschnittspreis der Statistik Austria (§ 3 Grundstückswertverordnung)
- **Schätzungsgutachten:** individueller Verkehrswert.

In der Regel ergibt sich jedoch die niedrigste Bemessungsgrundlage aus der Pauschalwertmethode.

Von der Grundstückswertverordnung zur GrESt ist die Grundanteilverordnung zur ESt zu unterscheiden (dazu Tz 136).

Einheitswert (Landwirteprivileg)

Der **Einheitswert** nach dem Bewertungsgesetz ist beim Erwerb von land-   469
und forstwirtschaftlichen Grundstücken vorgesehen (idR sehr niedrige Werte,

XI. Grunderwerbsteuer

weit unter dem Verkehrswert und auch unter dem Wert nach der Grundstückswertverordnung).

6. Tarif (§ 7)

470 Für den **Steuertarif** sind zu unterscheiden
- **entgeltliche Erwerbe** unter Fremden (idR von der Gegenleistung zu bemessen),
- **unentgeltliche Erwerbe** unter Fremden (vom Grundstückswert iSd § 4 zu bemessen),
- **Erwerbe in der Familie** (entgeltlich oder unentgeltlich, ebenfalls vom Grundstückswert iSd § 4 zu bemessen),
- **Sonderfälle**.

1. Entgeltliche Erwerbe unter Fremden: 3,5% von der Gegenleistung

471 Bei **entgeltlichen Erwerben** beträgt die GrESt
im Allgemeinen . . . . 3,5% der Gegenleistung.

Entgeltliche Erwerbe von Familienangehörigen unterliegen nicht dem allgemeinen Tarif, sondern werden wie unentgeltliche Erwerbe behandelt (siehe unten).

Der **Tausch von zwei Grundstücken** ist auf beiden Seiten ein entgeltlicher Erwerb. Die GrESt bemisst sich dann vom Verkehrswert des jeweils anderen Grundstücks (und nicht vom „Grundstückswert" iSd § 4).

*2. Unentgeltliche Erwerbe unter Fremden und
Erwerbe in der Familie (Familienprivileg):
Stufentarif vom Grundstückswert (§ 4)*

472 **Unentgeltliche Erwerbe** (Schenkungen, Erwerbe von Todes wegen) bemessen sich nach dem **Grundstückswert iSd § 4** und unterliegen einem **begünstigten Stufentarif**.

Familienprivileg: Innerhalb der Familie werden auch entgeltliche Erwerbe wie unentgeltliche Erwerbe begünstigt behandelt.

Der Kreis der Familie ist hier weit gefasst: Ehegatten, Lebensgefährten, Verwandte und Verschwägerte in gerader Linie, Geschwister, Neffen, Nichten, Pflegekinder ua (Verweis auf § 26a Gerichtsgebührengesetz).

Das Familienprivileg bedeutet einen zweifachen Vorteil:
- erstens günstige Bemessungsgrundlage: an die Stelle des Entgelts tritt der idR günstigere „Grundstückswert" iSd § 4 GrEStG,
- zweitens günstiger Steuersatz: mit dem Vorteil des Stufentarifs.

Nach dem Stufentarif beträgt für unentgeltliche Erwerbe die Steuer:
- für die ersten 250.000 € 0,5%
- für die nächsten 150.000 € 2%
- darüber hinaus 3,5%

6. Tarif (§ 7) **GrESt**

Zusammenrechnung mehrerer Erwerbe: Im Hinblick auf den Stufentarif sind mehrere Erwerbe von denselben Personen zusammenzurechnen, wenn sie innerhalb von fünf Jahren erfolgen.

3. Teilentgeltliche Erwerbe unter Fremden

Teilentgeltliche Erwerbe können sich nur unter Fremden ergeben; in der Familie gelten auch teilentgeltliche Erwerbe als unentgeltlich. 472/1

Bei **teilentgeltlichen Erwerben** unter Fremden (Dritten) ist zu unterscheiden:
– der unentgeltliche Teil unterliegt dem begünstigten Steuertarif,
– der auf die Gegenleistung entfallende Anteil unterliegt dem Normalsteuersatz von 3,5%.

Teilentgeltliche Erwerbe gelten bei einer Gegenleistung bis 30% des Grundstückswerts als unentgeltlich, und bei einer Gegenleistung von mehr als 70% als entgeltlich (§ 7 Abs 1 Z 1 lit a).

Liegt eine Gegenleistung vor, lässt sich aber ihr Wert (ihre Höhe) nicht ermitteln, dann werden 50% des Grundstückswertes als Gegenleistung angenommen (gilt somit als teilentgeltlich, § 7 Abs 1 Z 1 lit d). Beispiel: Vorbehalt, die Wohnung weiter mitbenützen zu können (anders beim alleinigen Nutzungsrecht).

Da auch teilentgeltliche Erwerbe (gemischte Schenkungen) außerhalb der Familie selten sind, wird die Bedeutung teilentgeltlicher Erwerbe in der Praxis gering sein.

Beispiele:
1. A schenkt B ein Grundstück im Wert von 200.000 €. B hat eine Hypothek in Höhe von 80.000 € zu übernehmen.

   Sind A und B untereinander keine Familienangehörige, dann unterliegen 120.000 € dem Steuersatz von 0,5% und 80.000 € dem Normalsteuersatz von 3,5%.

   Sind dagegen A und B Familienangehörige, dann gilt der gesamte Erwerb als unentgeltlich; die Steuer beträgt 0,5% von 200.000 €.

2. Die Mutter schenkt der Tochter ihre Eigentumswohnung; die Tochter verpflichtet sich zur Pflege der Mutter im Fall der Bedürftigkeit. Unabhängig davon, dass der Wert der Auflage (Pflegeverpflichtung) sich nicht ermitteln lässt, gilt der Erwerb aufgrund des Familienverhältnisses jedenfalls als unentgeltlich. Die Pauschalregelung (50% des Grundstückswertes) kommt daher nicht zur Anwendung. Dagegen würde bei Nichtfamilienangehörigen ein teilentgeltlicher Erwerb vorliegen; die Auflage wäre in Höhe des halben Grundstückswertes mit dem Normalsteuertarif zu versteuern (wohl unbefriedigend, wenn eine übernommene Pflege mit GrESt belastet wird).

4. Sonderfälle

Abweichend vom allgemeinen Steuersatz (3,5%) beträgt die GrESt 473
– bei **Unternehmensübertragungen** vom Grundstückswert (soweit nicht die Befreiung eingreift; siehe oben Tz 465) 0,5%

XI. Grunderwerbsteuer

- bei **Gesellschafterwechsel, Anteilsvereinigung, Umgründungen** vom Grundstückswert 0,5%
- bei **land- und forstwirtschaftlichem Vermögen** vom Einheitswert zu bemessen 2%
- bei **Stiftungen** erhöht sich die Steuer, soweit die Gegenleistung den Grundstückswert übersteigt (gemischte Schenkung), um ein Stiftungseingangssteueräquivalent iHv 2,5% (§ 7 Abs 2; siehe auch Tz 225/1).

Für die **Anwachsung bei der Personengesellschaft** (Ausscheiden des vorletzten Gesellschafters aus der Personengesellschaft; siehe oben Tz 463) besteht keine besondere Tarifvorschrift; daher kommt der allgemeine Tarif von 3,5% zur Anwendung (nach der Gesetzessystematik wäre eher der gleiche Steuersatz wie bei der Anteilsvereinigung und den Umgründungen zu erwarten, das wären 0,5%).

7. Steuerschuld, Steuerschuldner (§§ 8, 9)

474   Die **Steuerschuld** entsteht, sobald der **Erwerbsvorgang** (siehe oben Tz 462) verwirklicht ist.

Ist der Erwerb aufschiebend bedingt oder von der Genehmigung einer Behörde abhängig (zB Pflegschaftsbehörde), so entsteht die Steuerschuld erst mit Eintritt der Bedingung bzw mit der Genehmigung (§ 8 Abs 2).

Steuerschuldner (Gesamtschuldner) sind die am **Erwerbsvorgang beteiligten Personen;** das sind idR der **Käufer** und der **Verkäufer,** bei Schenkungen der Geschenkgeber und der Beschenkte. Bei Erwerb von Todes wegen ist der Erwerber Steuerschuldner.

Wer die GrESt tatsächlich trägt, wird regelmäßig im Vertrag festgelegt; üblicherweise übernimmt der Erwerber die Vertragserrichtungskosten und damit auch die GrESt (ihm wird dann idR auch die GrESt vorgeschrieben); der Verkäufer bzw Geschenkgeber haftet allerdings gegenüber dem FA als Gesamtschuldner.

8. Erklärungspflicht, Selbstberechnung (§§ 10 bis 16)

475   Über den Erwerbsvorgang ist grundsätzlich eine **Steuererklärung** abzugeben, und zwar spätestens **bis zum 15. des zweitfolgenden Monats** nach Entstehen der Steuerschuld (zB Kaufvertrag im Jänner, Erklärungsfrist bis 15. März).

Die Abgabenerklärung hat zwingend durch einen Parteienvertreter (Rechtsanwalt, Notar) zu erfolgen. Nicht zwingend ist dagegen die Selbstberechnung durch den Parteienvertreter (siehe unten).

Aufgrund der Steuererklärung ergeht ein **GrESt-Bescheid,** die **Fälligkeit** tritt grundsätzlich **einen Monat** nach Zustellung ein.

Selbstberechnung durch den Parteienvertreter:

Rechtsanwälte und Notare können als Bevollmächtigte eines Steuerschuldners die GrESt innerhalb der Erklärungsfrist **selbst berechnen** und an das FA abführen

9. Steuererstattung (§ 17) **GrESt**

(§§ 11 bis 13); in diesem Fall wird die Steuererklärung durch eine Erklärung zur Selbstberechnung ersetzt.

Erfolgt die Selbstberechnung der GrESt durch den Parteienvertreter, dann hat er neben der GrESt auch die Immobilienertragsteuer an das für den Stpfl zuständige FA abzuführen (§ 30c EStG; Tz 28/3).

Unbedenklichkeitsbescheinigung (§ 160 BAO):

Für die Eintragung ins Grundbuch über den Erwerb von Grundstücken ist eine Unbedenklichkeitsbescheinigung des zuständigen FA notwendig („UB"); damit bescheinigt das FA, dass keine Bedenken hinsichtlich der Grunderwerbsteuer bestehen; die UB wird idR erst nach Bezahlung der GrESt ausgestellt. Im Fall der Selbstberechnung genügt die Selbstberechnungserklärung.

9. Steuererstattung wegen Rückgängigmachung des Erwerbsvorganges (§ 17)

Wird **der Erwerbsvorgang rückgängig gemacht,** dann wird die GrESt auf Antrag erstattet bzw nicht festgesetzt, und zwar 476

- **befristet innerhalb von drei Jahren,** wenn der Vertrag einvernehmlich oder aufgrund eines vorbehaltenen Rücktrittsrechtes oder Wiederkaufrechtes rückgängig gemacht wird, oder
- **unbefristet,** wenn der Vertrag ungültig war oder die Vertragsbedingungen nicht eingehalten worden sind und der Vertrag deshalb rückgängig gemacht wird. Das Gleiche gilt bei einem unentgeltlichen Erwerb, wenn das Grundstück nachträglich herausgegeben werden musste (zB Ungültigkeit des Testaments oder grober Undank bei Schenkungen).

Anders als andere Steuern kann daher die GrESt rückgängig gemacht werden (gilt auch bei Schenkungen; VwGH 29. 9. 2016, Ro 2016/14/0015).

Eine **Rückgängigmachung des Erwerbsvorganges** liegt nur dann vor, wenn der Verkäufer jene Verfügungsmacht über das Grundstück wiedererlangt, die er vor Abschluss des Vertrags hatte. Erfolgt dagegen die Rückgängigmachung nur dazu, um das Grundstück gleichzeitig an eine vom Käufer genannte andere Person zu übertragen, liegt keine begünstigte Rückgängigmachung vor.

Beispiel:

A verkauft an B ein Grundstück. C erfährt vom Verkauf und will B das Grundstück abkaufen. Um GrESt zu sparen, einigen sich A, B und C, dass der Kaufvertrag zwischen A und B rückgängig gemacht und gleichzeitig ein neuer Kaufvertrag zwischen A und C abgeschlossen wird. Die Rückgängigmachung verfehlt hier das angestrebte Ziel (keine Steuererstattung).

Wird zwischen Konzerngesellschaften ein Kaufvertrag rückgängig gemacht und erwirbt kurz danach eine andere Konzerngesellschaft das Grundstück, wird in freier Beweiswürdigung eine Rückgängigmachung des Erwerbsvorgangs mit grunderwerbsteuerlicher Wirkung zu verneinen sein.

Reduzierung des Kaufpreises: Wird der Kaufpreis reduziert, gelten die gleichen Grundsätze wie bei der Rückgängigmachung (§ 17 Abs 3).

XI. Grunderwerbsteuer

10. Zuständigkeit

477 Zuständig für die Einhebung der GrESt ist das FA Österreich (§ 60 BAO).

Exkurs: Grundbuchsgebühr

478 Die Eintragung des Eigentums an Grundstücken ins Grundbuch unterliegt einer Gerichtsgebühr in Höhe von **1,1%** (TP 9 GGG), bemessen vom gemeinen Wert (§ 25 GGG).

Bei Kaufverträgen bemisst sich daher die Grundbuchsgebühr idR vom **Kaufpreis**.

Bei unentgeltlichen Erwerben außerhalb des Familienkreises des § 26a GGG wird die Eintragungsgebühr vom gemeinen Wert (Verkehrswert) bemessen.

Familienprivileg: Bei entgeltlichen oder unentgeltlichen Erwerben im **Familienkreis.** Hier bemisst sich die Gerichtsgebühr vom **dreifachen Einheitswert** (höchstens ein Drittel des Verkehrswertes); der begünstigte Familienkreis ergibt sich aus § 26a Abs 1 Z 1 GGG.

Zum begünstigten Familienkreis gehören insbesondere Ehegatten, Lebensgefährten, Verwandte und Verschwägerte in gerader Linie, Geschwister, Nichten, Neffen, Stief-, Wahl-, Pflege- und Schwiegerkinder.

„Gesellschaftenprivileg": Bei Übertragungen einer Liegenschaft nach dem UmgrStG, bei Erwerbsvorgängen zwischen Gesellschaft und Gesellschafter oder Anteilsvereinigung bei einer Personengesellschaft bemisst sich die Gerichtsgebühr ebenfalls vom dreifachen Einheitswert, höchstens einem Drittel des Verkehrswertes (§ 26a Abs 1 Z 2 GGG).

479– 500   frei

XII. Gebührengesetz

1. Allgemeines
(Doralt/Ruppe II[8], Tz 1061 ff)

Nach dem Gebührengesetz (GebG) unterliegen der Gebühr **501**
– bestimmte **Schriften** und Amtshandlungen und
– bestimmte schriftlich beurkundete **Rechtsgeschäfte.**

Die Gebühren nach dem Gebührengesetz sind keine Gebühren im finanzwissenschaftlichen Sinn für die Inanspruchnahme öffentlicher Einrichtungen (vgl zB die Kanalgebühren), sondern Steuern (ohne Gegenleistung). Auch die Gebühren für Eingaben sind von einer Gegenleistung unabhängig (§ 14 TP 6; siehe unten Tz 505).

Neben den Gebühren nach dem Gebührengesetz gibt es insbesondere auch Gebühren nach dem GerichtsgebührenG, Gebühren nach dem KonsulargebührenG und Verwaltungsabgaben aufgrund einer Verordnung nach § 78 AVG.

Die Gebühren nach dem GebG sind ausschließliche Bundesabgaben.

Urkundenprinzip: Nur schriftliche Urkunden lösen die Gebühr aus (zu mechanisch hergestellten Unterschriften und zu Urkunden im E-Mail-Verkehr siehe unten Tz 520).

Werden über ein gebührenpflichtiges Rechtsgeschäft mehrere Urkunden ausgestellt, fällt die Gebühr nur einmal an.

Gebührenbefreiungen: Von der Gebühr sind **persönlich befreit** (§ 2)
– der Bund uneingeschränkt,
– die Länder und Gemeinden eingeschränkt auf ihren öffentlich-rechtlichen Wirkungsbereich,
– Körperschaften öffentlichen Rechts und bestimmte gemeinnützige Einrichtungen mit ihrem Schriftverkehr mit den Behörden.

Die persönlichen Befreiungen verhindern die Gebührenpflicht allerdings nur dann, wenn auch die anderen Vertragspartner persönlich befreit sind.

Beispiele:
1. Der Bund mietet von einer Privatperson ein Grundstück. – Der Bund ist zwar persönlich befreit; da jedoch der Vermieter ebenfalls die Gebühr schuldet, aber nicht befreit ist, fällt die Gebühr für den Bestandvertrag an.
2. Eine Gemeinde mietet vom Bund ein Gebäude, um es als Schule zu mieten. – Beide Vertragspartner sind persönlich befreit (die Gemeinde, weil sie das Gebäude im öffentlich-rechtlichen Wirkungsbereich nützt).
3. Die Gemeinde mietet vom Bund ein Gebäude, um es als Kongresshaus zu nützen. Die Nutzung des Gebäudes fällt nicht in den öffentlich-rechtlichen Wirkungsbereich der Gemeinde, daher ist der Mietvertrag gebührenpflichtig.

XII. Gebührengesetz

Sachliche Befreiungen finden sich in den Tatbeständen des GebG, oft aber auch in anderen nicht steuerlichen Gesetzen (zB Eingaben im Gesundheitswesen).

Vorgänge, die unter das GrEStG, das VersicherungssteuerG oder das StiftEG fallen, sind von einer Rechtsgeschäftsgebühr ausgenommen (§ 15 Abs 3).

Außerdem bestehen Ausnahmen für **Unternehmensneugründungen** (§ 1 NeuFöG).

Zum Gebührengesetz gibt es ausführliche „Gebührenrichtlinien" des BMF.

2. Feste Gebühren und Hundertsatzgebühren (§ 3)

502   Die Gebühren nach dem GebG sind entweder feste Gebühren oder Hundertsatzgebühren.

Feste Gebühren sind für Schriften und Amtshandlungen vorgesehen und in den Tarifposten betragsmäßig ausgewiesen.

Entrichtung der festen Gebühren: Feste Gebühren sind durch Barzahlung oder mit Erlagschein, allenfalls mittels Bankomatkarte oder Kreditkarte zu entrichten (§ 3 Abs 2; bei der Behörde, die für die Amtshandlung zuständig ist).

Hundertsatzgebühren sind für Rechtsgeschäfte vorgesehen und in den Tarifposten in Prozentsätzen der dort vorgesehenen Bemessungsgrundlage ausgewiesen.

Entrichtung der Hundertsatzgebühren: Hundertsatzgebühren sind aufgrund amtlicher Bemessung oder Selbstbemessung einzuzahlen (siehe unten Tz 521).

3. Bogengebühren (§§ 5 und 6)

503   Bei den festen Gebühren tritt gegebenenfalls eine **Bogengebühr** hinzu (ein Bogen besteht aus 4 Seiten à DIN A4; es gelten nur die beschriebenen Seiten). Dabei sind folgende Fälle zu unterscheiden:
– „feste Gebühren": einheitliche Gebühr für die gesamte Urkunde unabhängig von der Bogenzahl (zB 14,30 € für Eingaben nach TP 6),
– „für jeden Bogen feste Gebühren": Bogengebühr für jeden Bogen (zB 3,90 € pro Bogen für Beilagen nach TP 5),
– „vom ersten Bogen feste Gebühr": in der Tarifpost ist die Gebühr für den ersten Bogen festgelegt. Hinzu kommt eine Gebühr von je 13 € für die Folgebögen (§ 6; zB Protokolle über Versammlungen von Gesellschaftern 142,90 € für den ersten Bogen, TP 7, und je 13 € für die weiteren Bögen).

Bei den **Hundertsatzgebühren für Rechtsgeschäfte** gibt es keine Bogengebühr.

4. Nicht ordnungsgemäße Gebührenentrichtung (§ 9)

504   Werden Gebühren nicht ordnungsgemäß entrichtet, so ergeben sich folgende Zuschläge:
– Werden **feste Gebühren** nicht ordnungsgemäß entrichtet, dann erfolgt eine *verschuldensunabhängige* Erhöhung um 50% und eine weitere

verschuldensabhängige Erhöhung um nochmals bis zu 50% (höchstens also insgesamt 100%),
– bei den **anderen Gebühren** (Rechtsgeschäftsgebühren) erfolgt eine verschuldensabhängige Erhöhung bis zu 100%, wobei die Entschuldbarkeit der mangelnden Kenntnis der Gebührenpflicht zu berücksichtigen ist.

Das **Finanzstrafgesetz** ist auf Gebührenverkürzungen nicht anzuwenden (§ 2 Abs 2 FinStrG). Soweit allerdings die Gebührenerhöhung verschuldensabhängig ist (Rechtsgeschäftsgebühren), hat sie wohl Strafcharakter; daher muss auch hier eine strafbefreiende Selbstanzeige möglich sein (strittig; siehe auch Tz 596/3).

5. Gebühren für Schriften und Amtshandlungen (§ 14)

Insbesondere unterliegen folgende Schriften und Amtshandlungen der Gebühr: 505
– **amtliche Abschriften** (TP 1; idR 14,30 € von jedem Bogen),
– **Eingaben** von Privatpersonen an Gebietskörperschaften in Angelegenheiten ihres öffentlich-rechtlichen Wirkungsbereichs, die die Privatinteressen des Einschreiters betreffen (TP 6). Der Anwendungsbereich ist außerordentlich weit; dazu gehören zB alle Anträge an Verwaltungsbehörden, Berufungen im Verwaltungsverfahren (nicht Strafverfahren), aber auch etwa Aufsichtsbeschwerden. Die Eingabengebühr beträgt in der Regel als feste Gebühr 14,30 € (keine Bogengebühr!); es gibt jedoch zahlreiche Befreiungen, so etwa im Universitätsbereich und im Abgabenverfahren.

Mehrere Ansuchen in einer Eingabe lösen die Gebühr für jedes Ansuchen aus (§ 12).

Beispiele:
Anfrage an das Meldeamt, wo das Ehepaar Maria und Josef Huber wohnt: zweifache Eingabengebühr.
Ansuchen um das Aufstellen von Plakatständern an 10 verschiedenen Plätzen: zehnfache Eingabengebühr.

– **Beilagen,** das sind Schriften und Druckwerke jeder Art, wenn sie einer gebührenpflichtigen Eingabe beigelegt werden (TP 5); die Gebühr beträgt von jedem Bogen idR 3,90 €, insgesamt jedoch höchstens idR 21,80 € je Beilage. Beilagen, die auf elektronischem Wege beigelegt werden, unterliegen einer pauschalen Gebühr von 3,90 € je Beilage. Die Wiederverwendung einer Schrift als Beilage löst keine neue Gebühr aus,
– **Protokolle** zB über Gesellschafterversammlungen einer GmbH oder AG (TP 7; vom ersten Bogen 142,90 € bzw 285,90 € und für die weiteren Bögen je 13 € nach § 6), jedoch keine Gebühr bei einem Umlaufbeschluss,
– **Unterschriftsbeglaubigungen** (TP 13) durch Notare oder andere zur Beurkundung befugten Personen von jedem Bogen 14,30 €,

XII. Gebührengesetz

– **amtliche Zeugnisse:** von jedem Bogen 14,30 € (TP 14); amtliche Zeugnisse sind Schriften, durch die persönliche Eigenschaften oder Fähigkeiten oder tatsächliche Umstände bekundet werden, wenn diese Schriften insbesondere von Organen der Gebietskörperschaften (ausgenommen Gerichten) ausgestellt werden (mit zahlreichen Ausnahmen zB im Unterrichtswesen, Fürsorgewesen, Meldewesen).

Gebührenschuldner ist derjenige, in dessen Interesse die Schrift eingereicht bzw angefertigt worden ist (§ 13). Die Gebührenschuld entsteht insbesondere mit Zustellung der Erledigung einer Eingabe oder im Zeitpunkt der Unterfertigung (bei Zeugnissen, Protokollen; siehe § 11).

6. Gebühren für Rechtsgeschäfte (§ 33)

(Doralt/Ruppe II[8], Tz 1080 ff)

506   Urkunden über folgende Rechtsgeschäfte unterliegen der Gebühr (§ 33; nicht angeführte Tarifposten sind aufgehoben):
TP 1 – Annahme an Kindes statt (gebührenfrei ist die Adoption Minderjähriger),
TP 4 – Anweisungen (von und an Unternehmen gebührenfrei),
TP 5 – Bestandverträge (siehe unten),
TP 7 – Bürgschaftserklärung und Schuldbeitritt (siehe unten),
TP 9 – Dienstbarkeiten; 2% (siehe unten),
TP 11 – Ehepakte; 1% vom Wert,
TP 17 – Glücksverträge (siehe unten),
TP 18 – Hypothekarverschreibungen; 1% von der Verbindlichkeit (als Sicherungsgeschäft allenfalls gebührenfrei, siehe unten),
TP 20 – außergerichtliche Vergleiche (siehe unten),
TP 21 – Zessionen (siehe unten),
TP 22 – Wechsel ($^1/_8$% von der Wechselsumme).

Bestandverträge (§ 33 TP 5)

507   Der Gebühr für Bestandverträge unterliegen Miet- und Pachtverträge über
– bewegliche Sachen (zB Pkw, Maschinen, also insbesondere auch entsprechende Leasingverträge)
– unbewegliche Sachen (Liegenschaften, insbesondere zur gewerblichen Nutzung).

Gebührenfrei sind insbesondere
– die Miete von Wohnräumen,
– Nutzungsverträge über Urheberrechte, Lizenzverträge über Patente, Marken und Muster,
– Verträge über bestimmte Leitungsdienstbarkeiten.

6. Gebühren für Rechtsgeschäfte (§ 33) GebG

Die Gebühr beträgt 508
- im Allgemeinen 1 %
- bei der Jagdpacht 2 %.

Bei Verträgen auf
- **unbestimmte Dauer** bemisst sich die Gebühr vom **dreifachen Jahresentgelt,**
- **bestimmte Dauer** von dem auf die Vertragsdauer entfallenden Entgelt, höchstens vom **18fachen Jahresentgelt.**

Verträge auf unbestimmte Dauer sind daher gebührenrechtlich oft günstiger als etwa ein Vertrag auf bestimmte Dauer, wenn der Vertrag auf unbestimmte Dauer über mehr als drei Jahre bestehen bleibt.

Verträge auf zunächst bestimmte und anschließend unbestimmte Dauer sind zusammenzurechnen.

Beispiel:
Über ein Büro wird ein Mietvertrag auf ein Jahr abgeschlossen; danach kann der Vertrag zu jedem Monatsletzten mit einer Kündigungsfrist von einem Monat aufgekündigt werden. – Die Gebühr bemisst sich vom Vierfachen des Jahresentgeltes (Mietdauer auf ein Jahr bestimmt, danach auf unbestimmte Dauer, ergibt eine Einjahresmiete zuzüglich einer Dreijahresmiete als Bemessungsgrundlage). Eine **unüblich lange Kündigungsfrist** kann wie ein Vertrag auf bestimmte Dauer wirken (vom Einzelfall abhängig).

Für einen Vertrag auf unbestimmte Dauer genügt es, wenn der Vertrag nur von einer Partei aufgekündigt werden kann. Ist jedoch der Mieter auf bestimmte Dauer gebunden und kann auch der Vermieter nur nach den strengen Regeln des MRG kündigen, gilt der Vertrag als auf bestimmte Dauer abgeschlossen (VwGH 26. 4. 2018, Ra 2018/16/0040).

Beispiele:
1. Ein Pachtvertrag enthält folgende Klausel: Der Pachtvertrag wird auf 10 Jahre abgeschlossen; der Pächter kann jedoch den Vertrag jederzeit kündigen.

   Der Vertrag gilt auf unbestimmte Dauer abgeschlossen (dreifache Jahresgebühr), und zwar auch dann, wenn nach der wirtschaftlichen Interessenlage der Pächter nicht kündigen wird.

2. Ein Mietvertrag über ein Hotelgebäude wird auf mindestens 25 Jahre abgeschlossen. Der Vermieter darf den Mietvertrag zwar jederzeit kündigen, aber nur unter analoger Anwendung des MRG. Da die Kündigungsmöglichkeiten nach dem MRG aber nur sehr eingeschränkt bestehen, gilt der Vertrag für beide Seiten als befristet (25 Jahre) unkündbar. Die Gebühr bemisst sich daher vom 18fachen des Jahresentgeltes (BFG 4. 4. 2017, RV/1100501/2016).

Zur **Bemessungsgrundlage** gehören auch beurkundete Nebenleistungen, die der Mieter übernimmt (zB Übernahme der USt; Verpflichtung des Mieters, das Mietobjekt zu versichern; Übernahme der Betriebskosten; einmalige Ablösezahlung).

Leasingverträge unterliegen auch dann der Gebühr, wenn sie durch Zusatzvereinbarungen zwar wirtschaftliches Eigentum des Mieters begründen (wirtschaftlich ein

XII. Gebührengesetz

Kauf), zivilrechtlich aber ein Mietvertrag vorliegt (VwGH 15.11.1984, 83/15/0181, ÖStZB 1985, 244).

Entrichtung der Gebühr (Selbstbemessung): Bei Mietverträgen ist der **Bestandgeber verpflichtet,** die Gebühr selbst zu berechnen und an das FA zu entrichten, allenfalls ist der **Bestandnehmer** dazu **berechtigt** (TP 5 Abs 5 Z 5 und 6; siehe auch Tz 521).

Bürgschaftserklärung und Schuldbeitritt (§ 33 TP 7)

509　Die Tarifpost spricht zwar von einer „Bürgschaftserklärung", gemeint ist jedoch der Bürgschaftsvertrag (§ 1346 ff ABGB). Ebenso gebührenpflichtig ist der Schuldbeitritt, nicht jedoch die Schuldübernahme oder eine Garantieerklärung (BFG 18.8.2021 RV/7103299/2011).

Während die Bürgschaft vom Bestehen der Hauptschuld abhängig (akzessorisch) ist, ist eine Garantieerklärung vom Bestehen einer Schuld unabhängig; sie unterliegt nicht der Gebühr (*Arnold/Arnold,* Rechtsgebühren[9], § 33 TP 7 Tz 5).

Die Gebühr beträgt 1% vom Wert der verbürgten Schuld.

Bürgschaften für Darlehen und Kredite sind – als Sicherungsgeschäfte – von der Gebühr befreit (§ 20 Z 5; siehe Tz 518), ebenso die Bürgschaft für eine (gebührenfreie) Wohnungsmiete (§ 33 TP 7 Abs 2).

Dienstbarkeiten (§ 33 TP 9)

510　Dienstbarkeiten verpflichten den Eigentümer, *„zum Vorteil eines anderen in Rücksicht seiner Sachen etwas zu dulden oder zu unterlassen"* (§ 472 ABGB). Dienstbarkeiten (Servitute) sind insbesondere Wegerechte (zB Schiabfahrten) oder Fruchtgenussrechte an Grundstücken (Gebrauchsrecht, Wohnrecht). Bestimmte Leitungsdienstbarkeiten sind von der Gebühr befreit.

Der Gebühr unterliegt nur die entgeltliche Einräumung einer Dienstbarkeit. Übernommene oder vorbehaltene Dienstbarkeiten (zB Vorbehaltsfruchtgenuss bei der Übertragung einer Liegenschaft) unterliegen der GrESt (§ 5 Abs 1 Z 1 GrEStG) und daher nicht der Gebühr (§ 15 Abs 3 GebG).

Beispiel:
> A verkauft an B einen Teil seines Grundstückes und behält sich eine Wegeservitut vor: Die Wegeservitut löst keine Gebühr aus, weil die vorbehaltene Nutzung der GrESt unterliegt.

Die Gebühr beträgt 2% vom Entgelt; bei unbestimmter Dauer bemisst sich die Gebühr vom 9fachen des Jahresentgeltes, bei immerwährender Dauer vom 18fachen (siehe § 15 Abs 2 BewG).

Für Dienstbarkeiten ergeben sich daraus gegenüber Bestandverträgen erhebliche Unterschiede bei den Bemessungsgrundlagen.

Beispiel:
> Der Hauseigentümer räumt dem Betreiber einer Photovoltaikanlage das Recht ein, auf dem Dach eine entsprechende Anlage einzurichten und zu betreiben; der Vertrag wird auf 15 Jahre abgeschlossen, mit einer Verlängerungsoption um 5 Jahre.

6. Gebühren für Rechtsgeschäfte (§ 33)   GebG

Es liegt eine Dienstbarkeit (und kein Bestandvertrag) vor; die Gebühr bemisst sich vom 20fachen, jedoch nach § 15 Abs 2 BewG mit dem 18fachen Jahresentgelt begrenzt (BFG 22. 2. 2017, RV/7100320/2015).

Glücksverträge, Leibrentenverträge (§ 33 TP 17)
(Unternehmensveräußerung gegen Rente)

Glücksverträge, dazu gehören auch Leibrentenverträge, unterliegen der Gebühr (§ 33 TP 17 Abs 1 Z 3). Leibrenten werden nur dann von der Gebühr erfasst, wenn die Gegenleistung in **beweglichen Sachen** besteht.   511

Insbesondere **Unternehmensveräußerungen gegen Leibrente** unterliegen danach der Gebühr, allerdings nur, soweit sich die Rente auf bewegliche Gegenstände bezieht; dazu gehört auch der Firmenwert. Grundstücke sind aus der Bemessungsgrundlage auszuscheiden.

Die Gebühr beträgt 2% vom Wert der Rente, mindestens aber 2% vom Wert der überlassenen Gegenstände.

Beispiel:
Der Unternehmer betreibt sein Unternehmen in einem Mietlokal. Mit 65 Jahren verkauft er seinen Betrieb gegen Leibrente von 10.000 € jährlich; mit der Leibrente wird der Unternehmenswert abgegolten.
Die Gebühr beträgt 2% vom Rentenbarwert, ermittelt nach § 16 Abs 2 BewG.

Gebührenpflichtig sind auch Wetten, soweit sie nicht dem Glücksspielgesetz unterliegen.

Außergerichtliche Vergleiche (§ 33 TP 20)

Ein Vergleich ist ein Neuerungsvertrag, „*durch welchen streitige oder zweifelhafte Rechte dergestalt bestimmt werden, dass jede Partei sich wechselseitig etwas zu geben, zu tun oder zu unterlassen verbindet*" (§ 1380 ABGB). Mit dem Vergleich wird streitbereinigend eine neue Rechtsgrundlage geschaffen.   512

Für einen Vergleich genügt allerdings bereits die Beseitigung einer Ungewissheit über „zweifelhafte Rechte" (zB Unterhaltsvereinbarungen). Auch das „Außerstreitstellen" kann ein Vergleich sein. Damit geht der Vergleichsbegriff sehr weit und wohl auch weiter als im Sprachgebrauch. Ein Anerkenntnis ist kein Vergleich, weil es kein zweiseitig verbindliches Rechtsgeschäft ist (*Arnold/Arnold,* Rechtsgebühren[9], § 33 TP 20 Tz 4).

Die Gebührenpflicht für Vergleiche wird oft übersehen, weil sich die Beteiligten nicht bewusst sind, einen gebührenpflichtigen Vergleich abgeschlossen zu haben. Die Rechtsprechung des VwGH zeigt, dass auch Rechtsanwälte die Gebührenpflicht leicht übersehen!

Gegen die Vergleichsgebühr bestehen daher auch verfassungsrechtliche Bedenken: Einerseits besteht eine hohe Dunkelziffer nicht vergebührter Vergleiche, andererseits lässt sich die Einhaltung der Gebührenpflicht nicht einmal theoretisch kontrollieren; dazu müsste man zB den gesamten Schriftverkehr sowohl von Unternehmen als

XII. Gebührengesetz

auch von Privaten zumindest stichprobenweise kontrollieren. Ein Abgabengesetz, dessen Einhaltung aber nicht einmal stichprobenweise kontrolliert werden kann, führt zu einer Ungleichbehandlung in jenen wenigen Fällen, in denen die Abgabenpflicht ausnahmsweise festgestellt werden kann (allerdings keine verfassungsrechtlichen Bedenken des VfGH).

Zu den Vergleichen iSd TP 20 gehören ua auch **Scheidungsfolgenvereinbarungen** (auch unter Verlobten!) und **Unterhaltsvergleiche** (ausgenommen über Unterhaltsansprüche Minderjähriger).

Seit Aufhebung der Erbschaftssteuer können auch **Erbteilungsübereinkommen** eine Vergleichsgebühr auslösen. Wird das Erbübereinkommen allerdings vor dem Notar als Gerichtskommissär abgeschlossen, gilt es als gerichtlicher Vergleich (und ist damit gebührenfrei; es kommt nur die Gerichtsgebühr zur Anwendung, siehe unten Tz 513).

Höhe der Vergleichsgebühr

Grundsätzlich beträgt die Vergleichsgebühr 2%.

Bei Vergleichen über anhängige Rechtsstreitigkeiten 1%.

Wird ein gerichtlicher Vergleich geschlossen, fällt keine Gebühr nach dem GebG an, sondern nur eine Gerichtsgebühr (dazu unten).

Bemessungsgrundlage ist der verglichene Betrag, jedoch nur, soweit er strittig war; doch muss der unstrittige Teil sich aus der Urkunde ergeben, ansonsten unterliegt der gesamte Betrag der Gebühr. Das „Außerstreitstellen" kann allerdings selbst wieder ein Vergleich sein (siehe oben und das Beispiel 1 unten über den Abfindungsvertrag). Ein Verzicht ist kein Vergleich; daher gehört auch nicht zur Bemessungsgrundlage, worauf verzichtet worden ist (*Arnold/Arnold*, Rechtsgebühren[9], § 33 TP 20 Tz 16). Die Abgrenzung kann im Einzelfall schwierig sein.

Betrifft der Vergleich lebenslange Unterhaltszahlungen, dann ist der Kapitalwert zu ermitteln („Rentenbarwert", § 16 BewG).

Beispiele:

1. Im Rahmen eines Abfindungsvertrages wurde der Gesellschafter einer KG für sein Ausscheiden mit rund 3,5 Mio € abgefunden. Der VwGH sah darin einen gebührenpflichtigen Vergleich (VwGH 9. 11. 2000, 2000/16/0348, ÖStZB 2002, 144). Gebührenpflichtig war der gesamte Abfindungsbetrag, obwohl ein Teil unstrittig war; wäre der unstrittige Betrag im Vertrag festgehalten worden, dann wäre nach derselben Entscheidung nur der Differenzbetrag gebührenpflichtig gewesen (problematisch, weil auch das „Außerstreitstellen" ein Vergleich sein kann). Wird dagegen der Vergleich als Gerichtsvergleich geschlossen, dann fällt keine Gebühr nach dem GebG an, sondern nur eine Gerichtsgebühr (siehe auch *Arnold/Arnold*, Rechtsgebühren[9], § 33 TP 20 Tz 5).

2. Wird ein Sparbuch geschenkt, und sollen damit alle wechselseitigen Ansprüche und möglichen Streitigkeiten bereinigt sein, liegt ein (gebührenpflichtiger) Vergleich vor (BFG 3. 4. 2018, RV/7102184/2013, taxlex 2018, 200).

3. Im Rahmen einer Scheidung verpflichtete sich der Ehegatte außergerichtlich gegenüber seiner Ehegattin zu Unterhaltszahlungen von rund 6.000 € monatlich und zu einer einmaligen Unterhaltszahlung von rund 350.000 €. – Die Ver-

gleichsgebühr betrug im Beispielsfall rund 25.000 €, wobei die monatlichen Unterhaltszahlungen nach § 16 BewG kapitalisiert und die Einmalzahlung von rund 350.000 € miteinbezogen wurde (VwGH 28. 9. 2000, 2000/16/0332, ÖStZB 2001, 342).

Wird dagegen die Scheidungsfolgenvereinbarung im Rahmen eines anhängigen Gerichtsverfahrens geschlossen, dann beträgt die Gebühr 1%. Wird die Scheidungsfolgenvereinbarung als Gerichtsvergleich abgeschlossen (auch im Verfahren außer Streitsachen), fällt keine Gebühr nach TP 20, sondern nur eine Gerichtsgebühr an.

4. Die Brautleute regeln vor der Eheschließung den Unterhalt für den Fall einer Ehescheidung. Auch eine derartige Unterhaltsvereinbarung unterliegt der Vergleichsgebühr (VwGH 29. 7. 2004, 2003/16/0117). Die aufschiebende Bedingung (Eheschließung) hindert das Entstehen der Gebührenpflicht nicht (siehe unten Tz 519).

Vergleichsweise unterliegen **Ehepakte** der Gebühr nach TP 11 (1%); gebührenpflichtig sind jedoch nur Vereinbarungen über das Heiratsgut und über eine Gütergemeinschaft. Unterhaltsvereinbarungen fallen nicht unter Ehepakte, sondern unter die Vergleichsgebühr (2%).

513 Ein **Gerichtsvergleich** unterliegt der idR wesentlich günstigeren Pauschalgebühr nach dem Gerichtsgebührengesetz (GGG), die sich im Fall eines prätorischen Vergleiches (Gerichtsvergleich vor Einbringen der Klage nach § 433 ZPO) halbiert (Anm 2 zu TP 1 GGG); bei Unterhaltsvergleichen zwischen (auch geschiedenen) Ehegatten berechnet sich die Gerichtsgebühr außerdem nur vom Einfachen des Jahresertrages (§ 15 Abs 5 GGG), während nach dem GebG der vom Lebensalter abhängige Barwert der Rente anzuwenden ist (§ 16 BewG).

Zessionen (§ 33 TP 21)

514 Zessionen (Abtretungen von Schuldforderungen) unterliegen einer Gebühr von 0,8%, bemessen vom Entgelt.

Eine Abtretung von Forderungen im Rahmen einer Vertragsübernahme (zB Unternehmensveräußerung, Veräußerung von Rechten) unterliegt nicht der Zessionsgebühr, weil es sich bei der Vertragsübernahme um ein eigenes Rechtsinstitut handelt (VwGH 11. 9. 2014, 2012/16/0023).

Wechsel (§ 33 TP 22)

515 Wechsel unterliegen idR einer Gebühr von $1/8$% der Wechselsumme.

Gebührenfreie Sicherungsgeschäfte (§ 19 Abs 2)

516 Unterliegt ein Rechtsgeschäft an sich der Gebühr, wird es aber als „Nebengeschäft" zur Sicherung oder Erfüllung eines anderen Hauptgeschäftes abgeschlossen, so bleibt dieses Nebengeschäft gebührenfrei, wenn

– das **Hauptgeschäft gebühren- oder verkehrsteuerpflichtig** ist. Außerdem muss
– das **Nebengeschäft zwischen denselben Vertragspartnern**
– in der **Urkunde über das Hauptgeschäft** abgeschlossen werden.

XII. Gebührengesetz

Beispiele:
1. A schließt mit seiner Frau einen (gebührenpflichtigen) Unterhaltsvergleich. Der Unterhaltsvergleich wird auf einem Grundstück des Ehegatten sichergestellt. – Der Hypothekarvertrag ist als Sicherungsgeschäft gebührenfrei. Würde allerdings ein fremdes Grundstück als Sicherheit dienen, dann wäre der Hypothekarvertrag gebührenpflichtig (nicht zwischen denselben Vertragspartnern wie beim Hauptgeschäft).

2. Ein Grundstück wird gegen Rente verkauft; die Rente wird mit einer Hypothek sichergestellt. Da die Rentenvereinbarung über ein Grundstück gebührenfrei ist (vgl § 33 TP 17), ist die Hypothekarverschreibung kein gebührenfreies Sicherungsgeschäft (daher gebührenpflichtig).

517 Die Bürgschaft kommt als gebührenfreies Sicherungsgeschäft iSd § 19 Abs 2 von vornherein nicht in Betracht (nie zwischen denselben Vertragspartnern wie beim Hauptgeschäft).

518 Sicherungsgeschäfte zu Darlehens- und Kreditverträgen sind von der Gebühr generell befreit (§ 20 Z 5). Damit sind insbesondere Hypothekarverschreibungen und Bürgschaften zur Sicherung von Darlehen und Krediten gebührenfrei (Ausnahme von der Gebührenpflicht von Bürgschaften).

Beispiel:
Die Eltern übernehmen die Bürgschaft für eine Büromiete und für ein Darlehen des Sohnes.

Die Bürgschaft für die Büromiete ist gebührenpflichtig, für das Darlehen ist sie gebührenfrei.

Genehmigungsbedürftige und aufschiebend bedingte Rechtsgeschäfte

519 **Genehmigungsbedürftige Rechtsgeschäfte,** die der **Genehmigung einer Behörde** oder eines **Dritten** bedürfen, sind vor der Genehmigung noch nicht rechtsgültig zustande gekommen und daher nicht gebührenpflichtig: sie lösen die Gebühr erst mit der Genehmigung aus (§ 16 Abs 6).

Beispiele für genehmigungsbedürftige Rechtsgeschäfte:
Adoptionsverträge, Genehmigung der OeNB nach dem Devisengesetz für bestimmte Auslandsgeschäfte, Verträge mit Minderjährigen.

Aufschiebend bedingte Rechtsgeschäfte, deren Wirksamkeit von einer Bedingung oder von einer Genehmigung **eines Beteiligten** abhängt, sind sofort **gebührenpflichtig,** auch wenn die Bedingung nicht eintritt oder das Rechtsgeschäft nicht ausgeführt wird (§ 17 Abs 4 und 5; auch keine Rückerstattung der Gebühr, nicht verfassungswidrig, VwGH 18. 12. 1995, 95/16/0135 mit Hinweis auf die Ablehnung durch den VfGH).

Auch eine **Mietoption** ist danach gebührenpflichtig (BFG 24. 7. 2017, RV/3100167/2017).

7. Entstehen der Gebührenschuld (§§ 15, 16)

Genehmigungsbedürftige und aufschiebend bedingte Rechtsgeschäfte sind zu unterscheiden:

- Die von der Genehmigung einer Behörde abhängigen Rechtsgeschäfte sind vor der Genehmigung zivilrechtlich noch nicht zustande gekommen, sondern „schwebend unwirksam" (zB Adoptionsvertrag).
- Dagegen ist das bedingt oder unter der Genehmigung eines Beteiligten abgeschlossene Rechtsgeschäft gültig; die Bedingung oder Genehmigung betrifft lediglich die Rechtswirkungen des Vertrages.
- Bei aufschiebend bedingten Rechtsgeschäften, die von einer Genehmigung abhängig sind, sollte daher die Genehmigung vor Abschluss des Rechtsgeschäftes eingeholt werden, um die Gebühr zu vermeiden, wenn die Genehmigung nicht erteilt wird und das Rechtsgeschäft nicht wirksam wird.

Beispiele für aufschiebend bedingte Rechtsgeschäfte:
1. Wird die Wirksamkeit des Mietvertrages über ein Bürogebäude zB von der Zustimmung der Baubehörde zum Umbau des Mietobjektes abhängig gemacht, so ist der Vertrag zustande gekommen und zu vergebühren, auch wenn die Zustimmung („Genehmigung") der Baubehörde zum Umbau unterbleibt und der Mietvertrag aufgrund der nicht eingetretenen Bedingung bloß nicht wirksam wird.
2. Schließt der Vorstand zB einen Vergleich ab, aufschiebend bedingt mit der Zustimmung des Aufsichtsrates, ist der Vertrag zu vergebühren; es liegt auch keine Genehmigung eines „Dritten" vor, wenn der Vorstand die Zustimmung des Aufsichtsrats einholt, denn auch der Aufsichtsrat ist ein Organ der Aktiengesellschaft.
3. Scheidungsfolgenvereinbarungen sind unabhängig davon gebührenpflichtig, ob es tatsächlich zu einer Scheidung kommt (Vergleichsgebühr).

Aufhebung des Rechtsgeschäfts, Anfechtung wegen Irrtums

519/1 Eine **einvernehmliche Aufhebung** eines Rechtsgeschäfts hat auf die bereits entstandene Gebührenpflicht keine Auswirkung (anders im GrEStG). Die **Anfechtung wegen Irrtums** führt dagegen zum Wegfall der Gebühr (vgl BFG 22. 3. 2017, RV/7100286/2015). Kommt das Rechtsgeschäft wegen Dissens nicht zustande, entsteht keine Gebührenschuld (*Arnold/Arnold*, Rechtsgebühren⁹, § 17 Tz 26).

Die Rückgängigmachung eines Mietvertrages nach dem Konsumentenschutzgesetz (§ 30 a KSchG) ändert nichts an der bereits entstandenen Gebührenschuld.

7. Entstehen der Gebührenschuld (§§ 15, 16)

(Doralt/Ruppe II⁸, Tz 1090 ff)

520 Die Gebührenschuld für Rechtsgeschäftsgebühren entsteht grundsätzlich mit der **Unterzeichnung durch die Vertragspartner.**

Wurde die Vertragsurkunde nur von einem Vertragspartner unterzeichnet, entsteht die Gebührenschuld im Zeitpunkt der Aushändigung der Ur-

XII. Gebührengesetz

kunde an den anderen Vertragspartner oder an einen Dritten; bei einseitig verbindlichen Rechtsgeschäften entsteht die Gebührenpflicht bei Aushändigung an den Berechtigten (zB Bürgschaft).

Die Unterzeichnung einer Urkunde über einen (allenfalls auch nur mündlich) abgeschlossenen Vertrag wirkt rechtsbezeugend und löst damit die Gebührenpflicht aus.

Mechanisch hergestellte Unterschriften: Als Unterschrift gilt auch eine Unterschrift, die „mechanisch oder in jeder anderen technisch möglichen Weise oder mit Namenszeichnung vollzogen wird" (§ 18); danach genügt auch zB die am Vertrag bereits vorgedruckte Unterschrift eines Vertragspartners oder ein Unterschriftenstempel. Der Briefkopf mit dem Namen des Verfassers eines Schriftstückes ist allerdings keine Unterschrift; ohne Unterschrift löst ein solches Schriftstück daher keine Gebühr aus.

Ein im **E-Mail-Verkehr** zustande gekommener Vertrag ist nach Auffassung der Finanzverwaltung gebührenpflichtig (gleichgültig, ob ausgedruckt oder nicht), nach Auffassung des VwGH tritt die Gebührenpflicht jedenfalls dann ein, wenn der Vertrag eine Unterschrift iSd Signaturgesetzes trägt (E 16. 12. 2010, 2009/16/0271); auf den Ausdruck des E-Mails kommt es nicht an. Ob jeder im E-Mail-Verkehr abgeschlossene Vertrag gebührenpflichtig ist (Auffassung der Finanzverwaltung), hat der VwGH in dieser Entscheidung nicht beurteilt.

Ein schriftliches Offert mit **mündlicher Annahme** löst keine Gebühr aus.

Ein mündliches Offert mit **schriftlicher Annahme** löst die Gebühr aus.

Mit einer nur mündlichen Annahme eines schriftlichen Offerts lässt sich daher die Gebührenpflicht vermeiden (soweit nicht aus anderen Gründen die Schriftlichkeit erforderlich ist, wie zB für Befristungen im MRG).

Auch bei einem mündlich abgeschlossenen Vertrag entsteht allerdings die Gebührenpflicht, wenn in einer späteren Urkunde auf das Rechtsgeschäft in einer Weise verwiesen wird, die geeignet ist, Beweis über das Rechtsgeschäft zu machen (VwGH 25. 1. 2007, 2006/16/0163, ÖStZB 2007, 356).

Ersatzbeurkundung (insbesondere durch Gedenkprotokolle): Wird über ein gebührenpflichtiges Rechtsgeschäft keine Urkunde errichtet, dann löst auch eine Niederschrift die Gebühr aus, in der eine oder mehrere Personen bekunden, dass andere Personen in ihrer Gegenwart ein Rechtsgeschäft abgeschlossen haben (§ 18 Abs 3). Auch durch Punktationen (§ 885 ABGB) kann eine Gebührenpflicht idR nicht umgangen werden (§ 18 Abs 5).

Wird die Urkunde im **Ausland** errichtet, dann entsteht eine Gebührenpflicht nur, wenn bestimmte persönliche oder sachliche Inlandsbeziehungen bestehen, insbesondere wenn die Vertragspartner im Inland ansässig sind und das Rechtsgeschäft eine im Inland gelegene Sache oder eine im Inland zu erbringende Leistung betrifft. Ebenso entsteht die Gebührenpflicht, wenn die Urkunde in das Inland gebracht wird und ein entsprechender inhaltlicher Inlandsbezug besteht (dazu § 16 Abs 2).

Gebührenschuldner sind die Vertragspartner, die die Urkunde unterzeichnet haben (§ 28).

Die **Haftung** trifft auch die übrigen am Rechtsgeschäft beteiligten Personen, also auch den Rechtsanwalt (§ 30, siehe auch Tz 552).

8. Zuständigkeit, Exkurs — GebG

Anzeigepflicht, Entrichtung der Gebühr (§ 31)

Anzeigepflichtig sind alle Rechtsgeschäfte, für die die Gebühr mit Bescheid festzusetzen ist; die Anzeige hat bis zum 15. Tag des zweitfolgenden Monats nach dem Monat, in dem die Gebührenschuld entsteht, zu erfolgen. 521

Selbstberechnung der Gebühr:

Bei Bestandverträgen ist der Bestandgeber zu Selbstbemessung und Entrichtung an das FA verpflichtet, allenfalls der Bestandnehmer berechtigt (§ 33 TP 5 Abs 5 Z 5 und 6; idF AbgÄG 2022).

Allgemein können Gebührenschuldner mit einer Vielzahl gleichartiger Rechtsgeschäfte die Gebühr selbst berechnen und an das FA abführen (§ 3 Abs 4).

Rechtsanwälte, Notare und Wirtschaftstreuhänder können als Bevollmächtigte eines Gebührenschuldners oder eines Haftenden die Gebühren selbst bemessen und an das FA abführen (§ 3 Abs 4a).

Notare und andere Urkundspersonen haben ua die Gebühr für Unterschriftbeglaubigungen an das FA abzuführen (§ 3 Abs 5).

8. Zuständigkeit

Zuständig ist das FA Österreich (§ 60 BAO). 522

Exkurs: Notariatsgebühren im Verlassenschaftsverfahren 522/1

Vorbemerkung: Seit 1. 8. 2008 gibt es zwar keine Erbschaftssteuer mehr (Aufhebung durch den VfGH), doch sind im Verlassenschaftsverfahren auch die Notariatsgebühren zu beachten. Eine Verschärfung ergab sich seit der Beseitigung der Anonymität von Sparbüchern und Wertpapierkonten (im Wesentlichen ab 2002). Bis dahin wurde derartiges Finanzvermögen in der Verlassenschaft zumeist nicht angegeben, um damit Notariatsgebühren zu sparen.

Mit der Beseitigung der Anonymität von Finanzanlagen stiegen daher die Notariatsgebühren im Verlassenschaftsverfahren ganz erheblich, ohne dass damals der Notariatstarif geändert (ermäßigt) worden ist. Vergleichsweise sind die Gebühren im Verlassenschaftsverfahren in Deutschland deutlich niedriger (siehe unten).

Der Notariatstarif für das Verlassenschaftsverfahren ist im Gerichtskommissionstarifgesetz (GKTG) geregelt.

Danach bemisst sich der Tarif grundsätzlich nach dem Wert des Gegenstandes, dies allerdings ohne Abzug von Schulden (§ 3 Abs 1 GKTG). Daraus kann sich, gemessen am Nachlassvermögen, eine ganz beträchtliche Höhe der Notariatsgebühren ergeben, auch wenn der Wert des Nachlasses gering ist. Bei einer Bemessungsgrundlage, die sich grundsätzlich am Wert des Nachlasses orientiert, erscheint daher die Nichtberücksichtigung von Verbindlichkeiten als problematisch.

Beispiel:

Der Erblasser hat ein Darlehen in Höhe von 1 Mio €, das jedoch mit einem Sparbuch in gleicher Höhe besichert ist. – Bemessungsgrundlage für die Notariatsgebühr ist der Wert des Sparbuchs in Höhe von 1 Mio €, auch wenn ein Vermögen

XII. Gebührengesetz

tatsächlich nicht vorhanden ist. Die Notariatsgebühr beträgt dann rund 7.500 € (siehe unten).

Die Bewertung erfolgt nach der Verwaltungspraxis nach den Regeln des Außerstreitgesetzes für das Inventar (§ 167 AußerstreitG). Danach ist bei beweglichen Gegenständen der Verkehrswert maßgeblich, bei Grundstücken idR der dreifache Einheitswert (nicht verfassungswidrig, VfGH 7.10.2014, G 27/2014; dazu *Fellner*, SWK 2015, 448).

Der Tarif ist ein Staffeltarif (§ 1 GKTG) und beträgt zB bei einer Bemessungsgrundlage von

100.000 €	rund 2.000 € (also rund 2%)
500.000 €	rund 4.500 € (also rund 0,9%)
1,000.000 €	rund 7.500 € (also rund 0,75%),

immer unter Berücksichtigung, dass Schulden nicht abzugsfähig sind.

Bei besonders aufwendigen Verfahren kann der Tarif höher sein, unter bestimmten Voraussetzungen auch niedriger.

Wird das Verlassenschaftsverfahren armutshalber abgetan, fällt keine Gebühr an.

Dafür erhält der Notar bei werthaltigen Verlassenschaften eine entsprechend höhere Gebühr. – Allerdings bekommen damit die Notariatsgebühren im Verlassenschaftsverfahren einen steuerähnlichen Charakter (der Erbe eines werthältigen Nachlasses bezahlt den Notar für den wertlosen Nachlass in anderen Fällen).

Vergleich mit Deutschland: In Deutschland sind die Gebühren im Verlassenschaftsverfahren deutlich niedriger als in Österreich, die Schulden mindern auch die Höhe der Bemessungsgrundlage. Zwar hat der Notar in Österreich als Gerichtskommissär eine andere Funktion als in Deutschland, doch kann das die Höhe der Gebühr in Österreich nicht rechtfertigen.

XIII. Sonstige Steuern

(Doralt/Ruppe II[8], Tz 1111 ff)

VersicherungssteuerG: Der Versicherungssteuer unterliegen 523
- Lebensversicherungen, Krankenversicherungen, Pensionsversicherungen: zwischen 1% und 11% vom Versicherungsentgelt;
- Schadensversicherungen (zB Gebäudeversicherung, Haushaltsversicherung, Haftpflichtversicherung): 11% vom Versicherungsentgelt.

Eine **motorbezogene Versicherungssteuer** wird für im Inland zugelassene Krafträder, Pkw und Kombinationskraftfahrzeuge eingehoben; sie bemisst sich vom Hubraum bzw von der Motorleistung und wird neben der Haftpflichtversicherung eingehoben.

Versicherungsentgelte aus einer **Feuerversicherung** unterliegen dem **Feuerschutzsteuergesetz** (8% vom Versicherungsentgelt).

Kfz-SteuerG: Der Kfz-Steuer unterliegen alle Kraftfahrzeuge, die nicht der motorbezogenen Versicherungssteuer unterliegen, also Lkw, Omnibusse und die im Ausland zugelassenen, aber im Inland verwendeten Kfz. Die Kfz-Steuer bemisst sich nach der Motorleistung oder nach dem Gesamtgewicht.

NormverbrauchsabgabeG: Der NoVA unterliegen insbesondere
- die **Erstanschaffung** von bisher im Inland nicht zugelassenen Krafträdern oder Pkw,
- der **innergemeinschaftliche Erwerb** von Krafträdern und Pkw,
- die **erstmalige Zulassung** von Krafträdern und Pkw im Inland.

Bemessungsgrundlage ist das Entgelt (bzw der gemeine Wert); der Tarif richtet sich insbesondere nach dem CO_2-Emissionswert (ursprünglich nach dem Durchschnittsverbrauch; insoweit ist die Bezeichnung „Normverbrauchsabgabe" nicht mehr richtig).

WerbeabgabeG: Der Werbeabgabe unterliegen Werbeleistungen, soweit sie im Inland gegen Entgelt erbracht werden (5% vom Entgelt).

DigitalsteuerG: Der Digitalsteuer unterliegen Onlinewerbeleister ab einer Mindestgröße (umsatzabhängig) mit ihren Werbeleistungen, soweit sie nicht der Werbeabgabe unterliegen (5% des Entgelts).

Energieabgaben: ElektrizitätsabgabeG, ErdgasabgabeG, KohleabgabeG.

Glücksspielabgabe: Glücksspiele außerhalb konzessionierter Spielbanken, die einer Konzessionsabgabe und einer Spielbankabgabe unterliegen, unterliegen einer Glücksspielabgabe (GlücksspielG).

Stabilitätsabgabe für Banken, bemessen nach der Bilanzsumme.

XIV. Landes- und Gemeindeabgaben
(Doralt/Ruppe II[8], Tz 1191 ff)

524 Zu den Landes- bzw Gemeindeabgaben zählen insbesondere (§§ 15 ff FAG):
– Grundsteuer (siehe oben Tz 413),
– Kommunalsteuer (siehe oben Tz 391),
– Zweitwohnsitzabgaben,
– Feuerschutzsteuer,
– Fremdenverkehrsabgaben,
– Jagd- und Fischereiabgaben,
– Lustbarkeitsabgaben (Vergnügungssteuer),
– Abgaben für das Halten von Tieren („Hundesteuer"),
– Abgaben von freiwilligen Feilbietungen,
– Abgaben für den Gebrauch von öffentlichem Grund in der Gemeinde (zB für Schanigärten oder für das Abstellen von zum Verkehr nicht zugelassenen Kfz ohne Nummerntafeln),
– Interessentenbeiträge von Grundstückseigentümern und Anrainern (zB zur Straßenerrichtung),
– Gebühren für die Benützung von Gemeindeeinrichtungen (Kanalisationsabgaben),
– Dienstgeberabgabe (Wien; zur Finanzierung der U-Bahn eingeführt, daher auch als „U-Bahn Abgabe" bezeichnet).

525–527 frei

XV. Steuerrecht und Europarecht

(Doralt/Ruppe II[8], Tz 73 ff)

Europarechtliche Vorgaben (insbesondere Harmonisierungsgebote und Diskriminierungsverbote) im Bereich des Steuerrechts gibt es vor allem im Bereich der indirekten Steuern (Mehrwertsteuern), Verbrauchssteuern und der Verkehrsteuern (Kapitalansammlungsrichtlinie). Im Bereich der direkten Steuern gibt es insbesondere die Mutter-Tochter-Richtlinie (KSt; Vermeidung einer Mehrfachbesteuerung grenzüberschreitend gezahlter Dividenden) und die Anti Tax Avoidance Directive (ESt/KSt, Wegzugsbesteuerung, Hinzurechnungsbesteuerung, Zinsschrankenregelung, Maßnahmen gegen hybride Gestaltungen). 528

Davon abgesehen gelten die im AEUV (Vertrag über die Arbeitsweise der EU) garantierten Grundfreiheiten auch für das Steuerrecht (steuerliche Diskriminierungsverbote aufgrund der Grundfreiheiten). Dazu gehören: 529
– Die Freiheit des Warenverkehrs (Art 28 ff AEUV),
– die Freiheit des Personenverkehrs (Freizügigkeit der Arbeitnehmer gem Art 45 ff AEUV und Niederlassungsfreiheit gem Art 49 ff AEUV),
– die Freiheit des Dienstleistungsverkehrs (Art 56 ff AEUV) und
– die Freiheit des Kapital- und Zahlungsverkehrs (Art 63 ff AEUV).

Beispiele: 530
1. Ist ein EU-Bürger in einem bestimmten Mitgliedstaat zwar nicht ansässig, erzielt er dort aber nahezu sein gesamtes Einkommen, dann darf er in diesem Mitgliedstaat steuerlich nicht schlechter gestellt werden als andere in diesem Staat Ansässige (Freizügigkeit der Arbeitnehmer, und Niederlassungsfreiheit für selbständig Tätige und Unternehmer; EuGH 14. 2. 1995, Rs C-297/93, *Schumacker*). Aufgrund dieses Urteils wurde für beschränkt Steuerpflichtige § 1 Abs 4 EStG eingeführt, wonach sie auf Antrag wie unbeschränkt Steuerpflichtige zu behandeln sind (siehe Tz 10).
2. Die ertragsteuerliche Benachteiligung von ausländischen Kapitalerträgen (voller Steuersatz statt Hälftesteuersatz) verstößt gegen die Kapitalverkehrsfreiheit. Differenzierungen, die zu einer ungünstigeren Behandlung von ausländischen Kapitalanlagen oder ausländischen Kapitalanlegern führen, sind bei Fehlen einer sachlichen Rechtfertigung unionsrechtswidrig (EuGH 15. 7. 2004, Rs C-315/02, *Lenz*). Als Folge wurde der begünstigte Steuersatz auf ausländische Kapitalerträge ausgedehnt.
3. Eine sofortige Wegzugsbesteuerung bei Beteiligungen ist unionsrechtswidrig (Verstoß gegen die Niederlassungsfreiheit; EuGH 11. 3. 2004, Rs C-9/02, *Hughes de Lasteyrie du Saillant*). Auf Antrag werden daher die stillen Reserven aus Beteiligungen anlässlich des Wegzugs in das EU-/EWR-Ausland nicht im Zeitpunkt des Wegzugs besteuert, sondern erst im Zeitpunkt der tatsächlichen Veräußerung (§ 27 Abs 6 Z 1 lit a EStG). Wird hingegen Betriebsvermögen aus einer inländischen Betriebsstätte in eine Betriebsstätte im EU-/EWR-Ausland desselben Steuerpflichtigen verlegt, kann die auf die stillen Reserven entfallende Steuerschuld auf Antrag in Raten (5 Jahresraten bei Anlagevermögen) entrichtet werden (§ 6 Z 6 EStG; EuGH 21. 5. 2015, Rs C-657/13, *Verder LabTec;* Art 5 ATAD).

XVI. Steuerrecht und Verfassungsrecht

(Doralt/Ruppe II[8], Tz 25 ff)

531 Auf verfassungsrechtlicher Ebene regelt das **Finanz-Verfassungsgesetz (F-VG)** die Zuständigkeit des Bundes und der Länder auf dem Gebiet des Abgabenwesens (vgl Art 13 B-VG); auf der Grundlage des F-VG werden die (befristeten) **Finanzausgleichsgesetze** beschlossen.

Der **Grundsatz der Gesetzmäßigkeit** der Verwaltung (Art 18 B-VG), bedeutet nicht nur vordergründig, dass Abgaben nur aufgrund der Gesetze vorgeschrieben werden dürfen; darüber hinaus müssen die Gesetze inhaltlich so ausreichend bestimmt sein, dass sie auch vollziehbar sind (*Doralt/Ruppe* II[8], Tz 26 ff).

Von den Grundrechten sind im Steuerrecht von besonderer Bedeutung
- der **Gleichheitssatz** (Art 7 B-VG, Art 2 StGG; *Doralt/Ruppe* II[8], Tz 53 ff),
- der **Eigentumsschutz** (Art 5 StGG; *Doralt/Ruppe* II[8], Tz 66 ff).

Gegen den Gleichheitssatz kann ein Bescheid, eine Verordnung oder ein Gesetz verstoßen. Dagegen wird das Eigentumsrecht verletzt, wenn ein Bescheid ohne Gesetz oder aufgrund eines verfassungswidrigen Gesetzes ergangen ist („Gesetzesvorbehalt"). Dem gesetzlosen Eingriff in das Eigentumsrecht wird die denkunmögliche Auslegung eines Gesetzes gleichgesetzt; das ist auch ein wichtiger Anwendungsfall der Verletzung des Eigentumsrechtes.

Beispiel:
Ein Verlustabzug ist zulässig, wenn der Verlust durch „ordnungsmäßige Buchführung" ermittelt worden ist (§ 18 Abs 6 EStG).

Während der VwGH bei Kassaführungsmängeln die Ordnungsmäßigkeit der Buchführung ursprünglich verneint hat (VwGH 19. 4. 1988, 88/14/0001), hat der VfGH diese Auffassung wegen Verletzung des Eigentumsrechts (denkunmögliche Auslegung) abgelehnt und bejaht den Verlustabzug, wenn sich der Verlust auf andere Weise ermitteln lässt (VfGH 10. 12. 1992, B 227/91, ÖStZB 1993, 659).

Die **Rückwirkung von Steuergesetzen** vor den Zeitpunkt der Verlautbarung ist nicht generell verboten; doch besteht nach der Rechtsprechung des VfGH ein **Vertrauensschutz** in die bestehende Rechtslage, dessen Verletzung zu einer Gleichheitswidrigkeit führen kann.

Eine Bindung der Behörde nach **Treu und Glauben** kann sich aus dem Gleichheitssatz ergeben (*Doralt/Ruppe* II[8], Tz 38 ff), doch wird dies auf Ausnahmefälle eingeschränkt sein (dazu noch Tz 565); insbesondere besteht keine Bindung an eine bisherige als gesetzwidrig erkannte Verwaltungspraxis.

XVII. Allgemeine Bestimmungen

1. Die Bundesabgabenordnung (BAO) enthält im ersten Abschnitt allgemeine Bestimmungen, die weitgehend dem materiellen Steuerrecht zuzuordnen sind (§§ 1–48i). Erst die nachfolgenden Abschnitte regeln das Abgabenverfahren (zweiter bis neunter Abschnitt; siehe dazu unten). 532

2. Der **Abgabenanspruch entsteht**, sobald der Tatbestand verwirklicht ist, an den das Gesetz die Abgabepflicht knüpft (§ 4 Abs 1; teils in der BAO, teils in den einzelnen Abgabengesetzen geregelt). 533

    Vom Entstehen der Steuerschuld ist die Fälligkeit zu unterscheiden.

3. **Steuerschuldner** ist derjenige, der den Steuertatbestand, an den sich eine Steuerschuld knüpft, erfüllt. Schulden mehrere Personen dieselbe abgabenrechtliche Leistung, sind sie **Gesamtschuldner** (§ 6). Es liegt dann im Ermessen der Abgabenbehörde, welchen der Gesamtschuldner sie zur Leistung heranzieht. 534

4. Eine **Haftung** für fremde Abgabenschulden ist insbesondere in folgenden Fällen vorgesehen: 535
    - **Vertretungsorgane juristischer Personen** haften, wenn die Abgaben der von ihnen vertretenen juristischen Personen aus ihrem Verschulden nicht eingebracht werden können („**Geschäftsführerhaftung**"; §§ 9 und 9a),
    - Bei mehreren Gläubigern hat der Geschäftsführer die Schulden im gleichen Verhältnis zu befriedigen (Gleichbehandlungsgrundsatz),
    - **Andere Vertreter,** zB Parteienvertreter, gesetzliche Vertreter haften ebenfalls, wenn die Abgaben der von ihnen Vertretenen aus ihrem Verschulden nicht eingebracht werden können (§ 9 Abs 1),

        Rechtsanwälte, Notare, Wirtschaftstreuhänder haften nur bei Verletzung von Berufspflichten (§ 9 Abs 2; siehe dazu unten, Exkurs: Haftung des berufsmäßigen Parteienvertreters),

    - **Beteiligte an einem vorsätzlichen Finanzvergehen** haften für den verkürzten Betrag (§ 11),
    - **Gesellschafter einer Personengesellschaft** haften verschuldensunabhängig für die Abgabenschulden der Personengesellschaft (§ 12),
    - **die Organgesellschaft** haftet für die auf sie entfallenden Steuern des Organträgers; betrifft insbesondere die USt (§ 13),
    - **der Erwerber eines Unternehmens haftet** für die Abgabenschulden des erworbenen Unternehmens nach Maßgabe des § 14 BAO,

XVII. Allgemeine Bestimmungen

– **der wesentlich beteiligte Gesellschafter** haftet mit dem Wert der an die Gesellschaft vermieteten Wirtschaftsgüter für die Steuerschulden der Gesellschaft nach Maßgabe des § 16 BAO.

Die Haftung wird durch einen Haftungsbescheid geltend gemacht (§ 224); mit der Geltendmachung der Haftung wird der Haftende Gesamtschuldner der Abgabenschuld.

536 5. **Ermessensentscheidungen** hat die Behörde insbesondere nach Billigkeit und Zweckmäßigkeit zu treffen (§ 20).

537 6. Nach der **wirtschaftlichen Betrachtungsweise** ist – soweit die Abgabengesetze nichts anderes vorsehen – für die Beurteilung abgabenrechtlicher Fragen „der wahre wirtschaftliche Gehalt und nicht die äußere Erscheinungsform des Sachverhalts maßgebend" (§ 21; Unterschied zur formalen Betrachtungsweise insbesondere im Gebührenrecht und bei den Verkehrsteuern; *Doralt/Ruppe* II[8], Tz 102 ff).

Beispiele:
Vermietung und Verpachtung im § 28 EStG: wirtschaftliche Anknüpfung.
Rechtsgeschäftsgebühren nach § 33 GebG: formale Anknüpfung.

538 7. Durch **Missbrauch** von Formen und Gestaltungsmöglichkeiten des privaten Rechts kann die Abgabenpflicht nicht umgangen oder gemindert werden (§ 22).

Missbrauch liegt vor, wenn eine rechtliche Gestaltung im Hinblick auf die wirtschaftliche Zielsetzung unangemessen ist. Unangemessen sind solche Gestaltungen dann, wenn sie ohne die damit verbundene Steuerersparnis nicht mehr sinnvoll erscheinen. Missbrauch liegt allerdings nicht vor, wenn triftige wirtschaftliche Gründe für die Gestaltung vorliegen.

Ergänzend zu § 22 BAO besteht ein „EU-Meldepflichtgesetz" für grenzüberschreitende potentiell aggressive Steuermodelle.

539 8. **Scheingeschäfte** und andere Scheinhandlungen sind für die Erhebung von Abgaben ohne Bedeutung. Wird durch ein Scheingeschäft ein anderes Rechtsgeschäft verdeckt oder gewollt, so ist das verdeckte bzw gewollte Rechtsgeschäft für die Abgabenerhebung maßgebend.

Beispiele:
Zum Schein abgeschlossene Dienstverträge; Kauf, wenn in Wahrheit eine Schenkung vorliegt.

540 9. **Verbotene und sittenwidrige Rechtsgeschäfte** hindern die Steuerpflicht nicht (§ 23 Abs 2).

Beispiel:
Auch die Hehlerei führt zu gewerblichen Einkünften iSd EStG.

541 10. **Einrichtungen für gemeinnützige, mildtätige, kirchliche Zwecke** sind nach einzelnen Steuergesetzen begünstigt (zB KStG, KommStG). Siehe dazu die Ausführungen in der Körperschaftsteuer, Tz 203.

XVII. Allgemeine Bestimmungen **Allg Best**

11. Die **Zurechnung** von Wirtschaftsgütern erfolgt idR nach den Grundsätzen des **wirtschaftlichen Eigentums** (§ 24; siehe Tz 60). 542

12. Wer **Angehöriger** iSd Abgabenvorschriften ist, richtet sich nach § 25 BAO (insbesondere Ehegatten, Kinder, Verschwägerte, Wahl- und Pflegeeltern, Wahl- und Pflegekinder und Lebensgefährten); abweichend davon zB der Bereich der Begünstigten in § 7 GrEStG. 543

13. Einen **Wohnsitz** iSd Abgabenvorschriften hat jemand dort, „wo er eine Wohnung innehat unter Umständen, die darauf schließen lassen, dass er die Wohnung beibehalten und benutzen wird"; den **gewöhnlichen Aufenthalt** hat jemand dort, „wo er sich unter Umständen aufhält, die erkennen lassen, dass er an diesem Ort oder in diesem Land nicht nur vorübergehend verweilt" (§ 26; siehe auch Tz 10). 544

14. **Gewerbebetrieb** iSd Abgabenvorschriften ist eine „selbständige nachhaltige Betätigung, die mit Gewinnabsicht unternommen wird und sich als Beteiligung am allgemeinen wirtschaftlichen Verkehr darstellt", wenn die Betätigung weder als Ausübung der Land- und Forstwirtschaft noch als Ausübung eines freien Berufs noch als eine andere selbständige Arbeit iSd EStG anzusehen ist (§ 28; siehe auch § 23 EStG). 545

15. **Betriebsstätte** iSd Abgabenvorschriften ist **jede feste örtliche Anlage** oder Einrichtung, die der Ausübung eines Betriebes oder wirtschaftlichen Geschäftsbetriebes dient (§ 29). 546

    Als Betriebsstätte gelten insbesondere (§ 29 Abs 2)
    – die Stätte, an der sich die Geschäftsleitung befindet;
    – Zweigniederlassungen, Fabrikationsstätten, Warenlager, Ein- und Verkaufsstellen, Geschäftsstellen und sonstige Geschäftseinrichtungen, die dem Unternehmer oder seinem ständigen Vertreter zur Ausübung des Betriebes dienen;
    – Bauausführungen, deren Dauer sechs Monate überstiegen hat oder voraussichtlich übersteigen wird.

    Die Betriebsstätte hat vor allem für die beschränkte Steuerpflicht Bedeutung.

16. **Vermögensverwaltung** liegt insbesondere vor, wenn eigenes Vermögen genutzt wird, also Kapitalvermögen verzinslich angelegt oder unbewegliches Vermögen vermietet oder verpachtet wird (§ 32). 547

17. Die **abgabenrechtliche Geheimhaltungspflicht** der Behörde (Amtsverschwiegenheit) ergibt sich aus Art 20 Abs 3 B-VG und ergänzend aus § 48a BAO. Die Verletzung dieser Bestimmung ist nach den §§ 251f FinStrG strafbar (zur Verschwiegenheitspflicht im abgabenrechtlichen Verwaltungsstrafverfahren der Länder siehe § 48c BAO). 548

18. **Mitteilungspflichten** der Abgabenbehörden bestehen insbesondere gegenüber der ÖGK über Personen, die unter die Sozialversicherungspflicht fallen können. 549

XVII. Allgemeine Bestimmungen

Außerdem sind die Abgabenbehörden „berechtigt", die zuständigen Behörden über einen begründeten Verdacht einer Übertretung arbeitsrechtlicher und ähnlicher Vorschriften zu verständigen (§ 48b BAO). Eine Verpflichtung zu einer allgemeinen **Amtshilfe** ergibt sich aus Art 22 B-VG.

Von der Mitteilungspflicht der Abgabenbehörde ist die **Auskunftspflicht gegenüber der Abgabenbehörde** zu unterscheiden; die Auskunftspflicht trifft jedermann, auch wenn es sich nicht um seine persönliche Abgabepflicht handelt (§ 143 Abs 1).

Eine allgemeine **Anzeigepflicht bei Verdacht einer Straftat** kann sich für die Behörde aus § 78 StPO ergeben (zB im Rahmen einer Betriebsprüfung ergibt sich der Verdacht einer strafbaren Handlung des Stpfl).

Exkurs: Haftung des berufsmäßigen Parteienvertreters

Haftung nach der BAO bei Verletzung von Berufspflichten

550 Hat ein Notar, Rechtsanwalt oder Wirtschaftstreuhänder (Steuerberater bzw Wirtschaftsprüfer) seine Berufspflichten verletzt und können deshalb Abgaben bei dem von ihm vertretenen Stpfl nicht eingebracht werden, dann haftet der Notar, Rechtsanwalt bzw Wirtschaftstreuhänder neben dem Stpfl. Die Haftung besteht nur, wenn die Abgabe beim Stpfl (Mandanten) nicht einbringlich ist (Ausfallshaftung); Uneinbringlichkeit liegt vor, wenn Vollstreckungsmaßnahmen erfolglos waren oder voraussichtlich erfolglos wären (§ 9 Abs 2).

Ob eine Verletzung von Berufspflichten vorliegt, hat die Disziplinarbehörde des Parteienvertreters zu entscheiden.

Haftung nach dem FinStrG

551 Hat ein berufsmäßiger Parteienvertreter im Rahmen seiner Tätigkeit ein Finanzvergehen begangen, dann macht er sich bei Vorsatz oder grober Fahrlässigkeit als Beteiligter strafbar (§ 11 iVm § 34 FinStrG). Für die Haftung nach der BAO genügt dagegen leichte Fahrlässigkeit (siehe oben).

Haftung nach dem Gebührengesetz

552 Gebühren für Schriften und Amtshandlungen:

Wer im Namen eines anderen eine Eingabe oder Beilage überreicht, oder eine gebührenpflichtige amtliche Ausfertigung oder ein Protokoll oder eine Amtshandlung veranlasst, ist zur Entrichtung der Gebühren zur ungeteilten Hand verpflichtet (§ 13 Abs 3 GebG).

Rechtsgeschäftsgebühren:

Für die Rechtsgeschäftsgebühr haftet neben den Gebührenschuldnern bei nicht ordnungsgemäßer Gebührenanzeige auch der Urkundenverfasser (§ 30 GebG).

XVII. Allgemeine Bestimmungen

Haftung nach dem GrEStG

Notare, Rechtsanwälte und sonstige Bevollmächtigte, die bei der Errichtung der Vertragsurkunde mitgewirkt haben, sind gemeinsam mit den Steuerschuldnern zur ungeteilten Hand zur Abgabe der Abgabenerklärung verpflichtet (§ 10 Abs 2 GrEStG). Unter den Voraussetzungen des § 9 BAO haften sie daher auch für die Entrichtung der Abgabe. 553

Haftung im Fall der Selbstberechnung

Für die Immobilienertragsteuer, die Grunderwerbsteuer und die Hundertsatzgebühren iSd GebG kann der Parteienvertreter eine Selbstberechnung der Abgaben vornehmen. Der Parteienvertreter haftet dann für die Entrichtung der von ihm selbst berechneten Abgaben (§ 30c Abs 3 EStG; § 13 Abs 4 GrEStG; § 3 Abs 4a GebG). 554

frei 555–560

XVIII. Das Abgabenverfahren

561 *Vorbemerkung: Neuorganisation der Bundesfinanzverwaltung ab 2021*

Mit dem Finanz-Organisationsgesetz (FORG, BGBl I 2019/104) wurde die Bundesfinanzverwaltung ab 2021 neu organisiert. An die Stelle der bisherigen örtlich und sachlich unterschiedlich zuständigen Finanzämter trat das „Finanzamt Österreich" und ein weiteres „Finanzamt für Großbetriebe".

Das FORG löst damit das bisher geltende Abgabenverwaltungsorganisationsgesetz 2010 ab.

Die **Bundesabgabenordnung** (BAO) regelt das Abgabenverfahren in Angelegenheiten der öffentlichen Abgaben des Bundes, der Länder und Gemeinden (mit Ausnahme der Verwaltungsabgaben).

– Die folgenden Ausführungen beschränken sich auf das Verfahren über Bundesabgaben.

Die Bundesfinanzverwaltung besteht aus den Abgabenbehörden des Bundes (BMF, Finanzamt Österreich, Finanzamt für Großbetriebe und Zollamt Österreich) sowie dem Amt für Betrugsbekämpfung, den Zentralen Services und dem Prüfdienst für Lohnabgaben und Beiträge (§ 49).

Der **Aufbau der Abgabenbehörden** ergibt sich aus § 49 Z 1: Die Einhebung der Abgaben erfolgt durch die **Finanzämter** (Finanzamt Österreich und Finanzamt für Großbetriebe) und das **Zollamt Österreich;** sie sind gegenüber dem BMF **weisungsgebunden.**

Rechtsmittelinstanz ist das **Bundesfinanzgericht** (BFG; seit 2014; vorher unabhängiger Finanzsenat).

Gegen Entscheidungen des BFG kann unter bestimmten Voraussetzungen Revision beim VwGH oder Beschwerde beim VfGH erhoben werden (Art 133 und Art 140 B-VG).

1. Zuständigkeit

(Doralt/Ruppe II[8], Tz 1259 ff)

562 Die Zuständigkeit einer Abgabenbehörde ergibt sich aus dem jeweils durch Bundes- oder Landesgesetz, Staatsvertrag oder Verordnung für sie festgelegten Aufgabenbereich (§ 51).

Die Zuständigkeit eines **Finanzamtes** ergibt sich aus § 60 BAO (für das Finanzamt Österreich) und § 61 BAO (für das Finanzamt für Großbetriebe).

Das **Finanzamt Österreich (FAÖ)** hat eine umfassende Zuständigkeit für alle Aufgaben, die nicht einer anderen Abgabenbehörde übertragen sind; insbesondere die Erhebung der ESt, KSt und USt von Abgabepflichtigen, die nicht in die Zuständigkeit des Finanzamtes für Großbetriebe fallen, weiters

Gebühren, Verkehrsteuern und Glücksspiel und alle Aufgaben in Zusammenhang mit Einheitsbewertung und Bodenschätzung.

Das **Finanzamt für Großbetriebe (FAG)** ist nur für spezifische, durch persönliche Merkmale bestimmte Abgabepflichtige zuständig (§ 61 Abs 1). Das sind insbesondere Abgabepflichtige, deren Einkünfte aus Gewerbebetrieb in den letzten beiden Jahren die Umsatzschwelle von 10 Mio € überschritten haben und Körperschaften öffentlichen Rechts, die diese Umsatzschwelle überschritten haben.

Außerdem besteht die Zuständigkeit – unabhängig vom Überschreiten der Umsatzgrenze – unter anderem für Abgabepflichtige, die Teil einer Unternehmensgruppe gemäß § 9 KStG sind, Privatstiftungen, Stiftungen nach dem Bundes-Stiftungs- und Fondsgesetz sowie gemeinnützige Bauvereinigungen.

Daneben besteht eine sachliche Zuständigkeit des FA für Großbetriebe für bestimmte Aufgaben, wie etwa die Rückzahlung von Abgaben aufgrund völkerrechtlicher Verträge (§ 61 Abs 4).

Anzeigen für Schenkungen (§ 121 a) sind beim FA Österreich einzubringen.

Ein Finanzamt kann auf Antrag oder von Amts wegen die Erhebung einer Abgabe auf das andere Finanzamt mit Bescheid übertragen (§ 57).

Dem **Amt für Betrugsbekämpfung** obliegen die Geschäftsbereiche Finanzstrafsachen (insbesonders die bundesweite Durchführung von Finanzstrafverfahren nach dem FinStrG), Finanzpolizei, Steuerfahndung und die Zentralstelle Internationale Zusammenarbeit (§ 3 des Bundesgesetzes über die Schaffung eines Amtes für Betrugsbekämpfung, BGBl I 2019/104 idF BGBl I 2022/108). Aufgabe der **Finanzpolizei** ist insbesondere die Bekämpfung der Schwarzarbeit (Sozial- und Abgabenbetrug), illegale Ausländerbeschäftigung und die Einhaltung des Glücksspielgesetzes.

Eingabe bei einem unzuständigen Finanzamt: Wird eine Eingabe (insbesondere Abgabenerklärung, Rechtsmittel) bei einem unzuständigen Finanzamt eingereicht, dann wird die Eingabe zwar von Amts wegen an das zuständige Finanzamt weitergeleitet, doch erfolgt dies auf Gefahr des Einschreiters (§ 53). Die Einreichung beim unzuständigen FA schließt damit insbesondere die Gefahr der Fristversäumnis ein (zB Einreichung der Steuererklärung beim FAÖ statt richtig beim FAG). Dagegen ist die Einreichung bloß bei einer falschen Dienststelle unschädlich (zB ein in Tirol wohnhafter Steuerpflichtiger gibt seine Einkommensteuererklärung bei einer Dienststelle des FAÖ in Wien ab).

2. Die Parteien und ihre Vertretung

(Doralt/Ruppe II[8], Tz 1263 ff)

Im Abgabenverfahren ist Partei der **Abgabepflichtige,** im Beschwerdeverfahren jeder, der eine Beschwerde einbringt oder einen Vorlageantrag

563

XVIII. Das Abgabenverfahren

stellt (§§ 77 ff). Die Parteien und ihre gesetzlichen Vertreter können sich im Abgabenverfahren grundsätzlich vertreten lassen (§§ 80 ff).

Abgabenrechtliche Pflichten einer **Personengesellschaft** (Personenvereinigung ohne eigene Rechtspersönlichkeit) sind von den zur Geschäftsführung bestellten Personen bzw von den Mitgliedern zu erfüllen (§ 81 Abs 1). Kommen dafür mehrere Personen in Betracht, dann haben sie der Abgabenbehörde einen **gemeinsamen Bevollmächtigten** namhaft zu machen; ersatzweise kann die Behörde einen Gesellschafter als Vertreter mit Wirkung für die Gesamtheit bestellen (§ 81 Abs 2).

3. Obliegenheiten des Abgabepflichtigen

564 **Offenlegungspflicht:** Der Abgabepflichtige hat die für die Abgabepflicht maßgebenden Umstände der Abgabenbehörde gegenüber vollständig und wahrheitsgemäß offen zu legen (§ 119).

Anzeigepflicht: Der Abgabepflichtige hat Umstände anzuzeigen, die insbesondere seine ESt- und USt-Pflicht begründen, ändern oder beenden (§ 120).

Die Anzeige ist innerhalb eines Monats nach Eintritt des anmeldepflichtigen Ereignisses zu erstatten (§ 121). Danach hat jeder Stpfl insbesondere den Beginn einer abgabepflichtigen Tätigkeit, zB auch eine Nebentätigkeit, dem FA zu melden (bleibt insbesondere bei Nebentätigkeiten regelmäßig unbeachtet).

Führung von Büchern und Aufzeichnungen: Wer nach Unternehmensrecht oder anderen gesetzlichen Vorschriften zur Führung oder Aufbewahrung von Büchern oder Aufzeichnungen verpflichtet ist, hat diese Verpflichtung auch im Interesse der Abgabenerhebung zu erfüllen (§ 124).

Registrierkassenpflicht: Betriebe mit Bareinnahmen haben ihre Losungen unter Verwendung eines elektronischen Aufzeichnungssystems (Registrierkassen) zu ermitteln (dazu § 131 b).

Aufbewahrungspflichten: Bücher und Aufzeichnungen und die dazugehörenden Belege sind mindestens 7 Jahre aufzubewahren, bei anhängigen Verfahren entsprechend länger (§ 132). Längere Aufbewahrungspflichten können sich aus den Einzelgesetzen ergeben (zB § 18 Abs 10 UStG betreffend Grundstücke, 22 Jahre).

Abgabenerklärungen: In welchen Fällen Abgabenerklärungen vorgesehen sind, ergibt sich aus den einzelnen Abgabengesetzen. Abgabenerklärungen für die ESt, KSt und USt sind bis jeweils Ende April des Folgejahres oder Ende Juni bei elektronischer Eingabe einzureichen; die Frist kann vom BMF allgemein und vom FA im Einzelfall erstreckt werden (§ 134).

Allgemeine Fristerstreckungen des BMF hinsichtlich der ESt und der USt bestehen für Stpfl, die von einem Steuerberater oder Rechtsanwalt vertreten werden.

Wird die Erklärungspflicht verletzt, kann die Behörde einen **Verspätungszuschlag** bis zu 10% der festgesetzten Abgaben auferlegen, wenn die Verspätung nicht entschuldbar ist (§ 135).

Wird die Erklärungspflicht *vorsätzlich* verletzt, liegt außerdem eine **Finanzordnungswidrigkeit** vor (§ 51 Abs 1 FinStrG).

Mängelbehebung: Bei Mängel von Eingaben (Formgebrechen, inhaltliche Mängel, Fehlen einer Unterschrift) hat die Behörde die Behebung der Mängel aufzutragen mit dem Hinweis, dass die Eingabe nach Ablauf der Behebungsfrist als zurückgenommen gilt. Werden die Mängel rechtzeitig behoben, gilt die Eingabe als ursprünglich richtig eingebracht (§ 85 Abs 2).

Anzeigepflicht für Schenkungen (§ 121 a BAO)

Vorbemerkung: An die Stelle der ab 1. 8. 2008 nicht mehr erhobenen Erbschafts-Schenkungssteuer sind Anzeigepflichten getreten. Damit soll verhindert werden, dass zum Zweck der Steuerumgehung entgeltliche Rechtsgeschäfte als Schenkungen getarnt werden (§ 121 a, eingeführt mit dem Schenkungsmeldegesetz 2008).

564/1

Anzeigepflichtig sind insbesondere Schenkungen von folgenden Vermögensgegenständen:
– Bargeld, Kapitalforderungen, Anteile an Kapitalgesellschaften,
– Betriebe, Teilbetriebe und Mitunternehmeranteile,
– bewegliche körperliche und immaterielle Vermögensgegenstände.

Ausgenommen von der Anzeigepflicht sind insbesondere Schenkungen
– bis zu 50.000 € innerhalb eines Jahres zwischen Angehörigen (§ 25),
– bis zu 15.000 € innerhalb von 5 Jahren zwischen anderen Personen.

Schenkungen von Liegenschaften sind nicht anzeigepflichtig; sie werden bereits im Zusammenhang mit der Erhebung der GrESt steuerlich erfasst.

Die Anzeigepflicht trifft sowohl den Erwerber als auch den Geschenkgeber, außerdem auch den Rechtsanwalt bzw Notar, der an der Errichtung der Vertragsurkunden mitgewirkt hat.

Die Anzeige ist innerhalb von 3 Monaten ab dem Erwerb zu erstatten; bei mehreren zusammenzurechnenden Erwerben ist der Erwerb maßgeblich, mit dem die Betragsgrenze überschritten wird. Die Anzeige ist beim FA Österreich zu erstatten.

Die vorsätzliche Verletzung der Anzeigepflicht stellt eine Finanzordnungswidrigkeit dar und wird mit einer Geldstrafe bis zu 10% des gemeinen Wertes des nichtangezeigten Vermögensüberganges geahndet (§ 49 a FinStrG). Die fahrlässige Verletzung der Anzeigepflicht ist straffrei.

4. Befugnisse der Abgabenbehörde

Auskunftspflichten: Die Abgabenbehörden sind berechtigt, Auskunft über alle für die Abgabenerhebung maßgeblichen Tatsachen zu verlangen. Die Auskunftspflicht trifft jedermann, auch wenn es sich nicht um seine persönliche Abgabepflicht handelt (§ 143).

565

Das **Bankgeheimnis** gilt nicht in einem Strafverfahren wegen vorsätzlicher Finanzvergehen (§ 38 Abs 2 BWG; ausgenommen bei Finanzordnungswidrigkeiten). Davon abgesehen sind Auskünfte aus dem Kontenregister bei der Veranlagung zur ESt, KSt und USt nur zulässig, „wenn die Abgabenbehörde Bedenken gegen die Richtigkeit

XVIII. Das Abgabenverfahren

der Abgabenerklärung hat". Die Abgabenbehörde hat jedoch vor einer Konteneinschau die Bewilligung des BFG einzuholen; das BFG entscheidet darüber durch Einzelrichter, tunlichst binnen drei Tagen (§ 4 Abs 5 und § 9 Kontenregister- und Konteneinschaugesetz).

Außenprüfung (Betriebsprüfung): Bei Abgabepflichtigen, die zur Führung von Büchern oder von Aufzeichnungen oder zur Zahlung gegen Verrechnung mit der Abgabenbehörde verpflichtet sind, kann die Abgabenbehörde jederzeit alle für die Erhebung von Abgaben bedeutsamen tatsächlichen und rechtlichen Verhältnisse prüfen (Außenprüfung; § 147). Die Prüfung ist *„tunlichst"* (mindestens) eine Woche vorher anzukündigen, soweit dadurch der Prüfungszweck nicht vereitelt wird (§ 148 Abs 5). Nach Beendigung der Prüfung ist idR eine **Schlussbesprechung** abzuhalten (§ 149; dient dem Parteiengehör).

Für die **Prüfung lohnabhängiger Abgaben** (LohnSt, SozVers, KommSt ua) besteht eine gesonderte Prüfungseinrichtung (Prüfdienst für Lohnabgaben und Beiträge; PLABG).

Begleitende Kontrolle: Anstelle einer Außenprüfung können große Unternehmen und Stiftungen eine „begleitende Kontrolle" beantragen. Die Abgabenbehörde kontrolliert dann nicht nachträglich, sondern begleitet das Unternehmen laufend (ausführlich §§ 153 a ff).

Auskunftspflichten der Abgabenbehörden gegenüber dem Abgabepflichtigen

Allgemeine Auskunftspflichten der Behörde ergeben sich aus dem AuskunftspflichtG. Aus dem AuskunftspflichtG ergibt sich jedoch keine Verpflichtung der Behörde, zu einer vom Stpfl geplanten steuerlichen Gestaltung verbindlich Stellung zu nehmen.

Bei einer Auskunft der Behörde kann eine **Bindung nach Treu und Glauben** bestehen; dies jedoch nur dann, wenn die Auskunft von der zuständigen Behörde stammt (daher idR keine Bindung an eine Auskunft des BMF).

In bestimmten Fällen ist ein sogenannter **Auskunftsbescheid** über noch nicht verwirklichte Sachverhalte vorgesehen („Advance Ruling", § 118; § 118a). Gegenstand eines solchen Auskunftsbescheides sind insbesondere Rechtsfragen in Zusammenhang mit

– Umgründungen,
– Unternehmensgruppen,
– dem internationalen Steuerrecht,
– dem Umsatzsteuerrecht,
– dem Vorliegen von Missbrauch (§ 22 BAO).

Entspricht der anschließend tatsächlich verwirklichte Sachverhalt dem angefragten Sachverhalt oder weicht nur unwesentlich davon ab, ist die Behörde an die vorgenommene Beurteilung gebunden. Für den Auskunftsbescheid ist ein Verwaltungskostenbeitrag bis zu 20.000 € zu leisten (abhängig von der Umsatzhöhe des Unternehmens).

5. Verfahrensgrundsätze

Zu den Verfahrensgrundsätzen des Abgabenverfahrens gehören insbesondere

- die Amtswegigkeit des Verfahrens (§ 115 Abs 1),
- die freie Wahl der Beweismittel und die freie Beweiswürdigung (§§ 166 f),
- das Parteiengehör (§ 115 Abs 2).

Die **Auskunftspflicht** über abgabenrechtlich erhebliche Tatsachen trifft **jedermann**; die Behörde ist berechtigt, Auskünfte über alle für die Erhebung der Abgaben maßgebenden Tatsachen zu verlangen; die Auskunftspflicht betrifft auch die Abgabepflicht anderer (§ 143; siehe auch oben Tz 565).

Vorfragen im Abgabenverfahren, die als Hauptfragen von anderen Verwaltungsbehörden oder von den Gerichten zu entscheiden wären, hat die Abgabenbehörde nach eigener Anschauung zu beurteilen. Wird die Vorfrage von der zuständigen Behörde anders entschieden, kann dies einen Wiederaufnahmegrund darstellen (§ 303 Abs 1 lit c). Eine Bindung an Entscheidungen von Gerichten besteht nur, wenn das Gericht bei der Ermittlung des Sachverhalts von Amts wegen vorzugehen hatte (§ 116).

Verletzt die Abgabenbehörde ihre **Entscheidungspflicht** und entscheidet sie aus eigenem überwiegenden Verschulden nicht innerhalb von sechs Monaten nach Einlangen des Anbringens, dann kann der Stpfl **Säumnisbeschwerde** beim Bundesfinanzgericht erheben (§ 284).

Wird das Bundesfinanzgericht säumig, dann kann ein Antrag auf Fristsetzung beim VwGH erhoben werden (Art 133 Abs 7 B-VG, § 38 VwGG).

6. Festsetzung der Abgaben

(Doralt/Ruppe II[8], Tz 1307 ff)

Die Abgabenbehörde hat die Abgabenerklärung des Stpfl zu prüfen und gegebenenfalls ergänzende Sachverhaltsermittlungen durchzuführen (Bedenkenvorhalt, Ergänzungsauftrag, sonstige Ermittlungen; § 161 BAO).

Die Abgabenfestsetzung erfolgt mit **Bescheid** (§ 92).

Die Zustellung eines Abgabenbescheides ist nach dem Zustellgesetz bzw der BAO vorzunehmen (§ 98 ff).

Die Behörde kann einen **vorläufigen Bescheid** erlassen, wenn die Abgabepflicht zwar noch ungewiss, aber wahrscheinlich ist oder der Umfang der Abgabepflicht noch ungewiss oder von einem anhängigen Beschwerdeverfahren abhängig ist (§ 200).

Beispiele:
1. Der Stpfl hat Einkünfte aus Gewerbebetrieb; außerdem hat er Verluste aus Vermietung erklärt. Da die Vermietung auch Liebhaberei sein könnte, erkennt das FA zwar die Verluste an, erlässt aber nur einen vorläufigen Bescheid, um die Einkünfteentwicklung in den Folgejahren abwarten zu können.

XVIII. Das Abgabenverfahren

2. Die Höhe der GrESt ist noch ungewiss, weil die Endabrechnung durch den Bauträger noch nicht erfolgt ist.

Gesonderte Feststellungen erfolgen bei einheitlichen Einkünften aus betrieblichen Tätigkeiten und bei Einkünften aus Vermietung und Verpachtung unbeweglichen Vermögens, wenn an der Einkunftsquelle mehrere Personen beteiligt sind (§ 188; betrifft Mitunternehmerschaften und Miteigentümergemeinschaften; siehe auch Tz 123 ff).

Einwendungen, die im Verfahren über die gesonderte Einkünftefeststellung (Feststellungsbescheid) vorzubringen sind, können gegen den Veranlagungsbescheid (abgeleiteten Bescheid) nicht mehr erfolgreich vorgebracht werden (§ 252).

Unbedenklichkeitsbescheinigungen sind im Zusammenhang mit Eintragungen ins Grundbuch (GrESt) und mit Eintragungen bzw Löschungen im Firmenbuch (KSt) erforderlich; sie sind keine Bescheide, sondern bescheinigen nur, dass gegen die Eintragung keine steuerlichen Bedenken bestehen und erwachsen auch nicht in Rechtskraft (siehe § 160); spätere Änderungen der Abgabenhöhe sind daher ohne weiteres möglich.

7. Fälligkeit und Stundung

(Doralt/Ruppe II[8], Tz 159 ff)

568 Die **Fälligkeit einer Abgabe** ist grundsätzlich von der Festsetzung der Abgabe abhängig und tritt **einen Monat** nach Bekanntgabe des Abgabenbescheides ein (§ 210; anders bei Selbstbemessungsabgaben).

Wird die Abgabe nicht spätestens am Fälligkeitstag entrichtet und beträgt die Säumnis mehr als fünf Tage, dann ist ein **Säumniszuschlag** zu entrichten. Der Säumniszuschlag beträgt **2%** (§ 217 Abs 2). Bei längerer Säumnis ist ein **zweiter** und **dritter Säumniszuschlag** von jeweils 1% möglich.

Herabsetzung des Säumniszuschlags: Trifft den Abgabepflichtigen kein grobes Verschulden an der Säumnis, dann sind Säumniszuschläge auf Antrag herabzusetzen bzw nicht festzusetzen (§ 217 Abs 7).

Zu unterscheiden sind:
– **Säumniszuschlag:** wegen Zahlungssäumnis (2%; Erhöhung nach drei bzw sechs Monaten um je 1%),
– **Verspätungszuschlag:** wegen verspäteter Abgabe einer Erklärung (bis 10%; siehe Tz 564).

Stundung

Eine **Stundung** kann auf Antrag gewährt werden, wenn die sofortige Entrichtung
– mit erheblichen Härten verbunden wäre *und*
– die Einbringlichkeit der Abgabe durch den Aufschub nicht gefährdet wird (§ 212).

7. Fälligkeit und Stundung

Beispiele:
1. Der Stpfl beantragt eine Stundung, weil er arbeitslos ist und daher kein Einkommen bezieht.
   In diesem Fall darf eine Stundung nicht gewährt werden, weil die Einbringlichkeit der Abgabe gefährdet ist.
2. Der Stpfl beantragt eine Stundung, weil er im Moment nicht liquid ist und er zur sofortigen Bezahlung der Abgaben Wertpapiere verkaufen müsste.
   In diesem Fall ist die Einbringlichkeit nicht gefährdet, aber die sofortige Entrichtung wäre eine erhebliche Härte.

Das **Stundungsansuchen** ist spätestens am Fälligkeitstag einzubringen; im Fall der Abweisung ist eine Nachfrist von 1 Monat zu setzen (§ 212 Abs 3).

Die **Stundungszinsen** betragen 4,5 % über dem Basiszinssatz (für gestundete Beträge von mehr als 750 €; § 212 Abs 2).

Der **Basiszinssatz** ist der gesetzlich definierte Nachfolgezinssatz für den bis Ende 1998 von der Nationalbank verlautbarten Diskontsatz und ergibt sich heute aus den inzwischen erfolgten Anpassungen durch die Europäische Zentralbank.

Bis zu einer **Bagatellgrenze von 50 €** unterbleibt die Festsetzung von Säumniszuschlägen (§ 217), Verspätungszuschlägen (§ 135), Stundungszinsen (§ 212 Abs 2) und von Aussetzungszinsen (§ 212 a Abs 9).

Anspruchszinsen (ESt, KSt) und Umsatzsteuerzinsen

Von den Stundungs- und Aussetzungszinsen sind die **Anspruchszinsen** zu unterscheiden. Zu einer Verzinsung von Ansprüchen kommt es in der ESt und KSt dann, wenn die Vorauszahlungen zu niedrig waren (Nachforderungszinsen) oder die Vorauszahlungen höher waren als die später festgesetzte ESt oder KSt (Gutschriftzinsen; § 205, siehe oben Tz 168).

Ebenso ist eine Verzinsung von Gutschriften oder Nachforderungen iZm der USt vorgesehen (**Umsatzsteuerzinsen** iSd § 205 c; AbgÄG 2022).

Aussetzung der Einhebung

Aussetzung der Einhebung: Die Beschwerde gegen einen Abgabenbescheid hat **keine aufschiebende Wirkung** (§ 254). Die Einhebung oder zwangsweise Einbringung der Abgabe wird daher durch die Beschwerde nicht aufgehalten. Der Abgabepflichtige kann jedoch eine „Aussetzung der Einhebung" beantragen; die Aussetzung ist in der Regel zu bewilligen (§ 212 a).

568/1

Eine Aussetzung kommt insbesondere nicht in Betracht, wenn
– der Bescheid von der Erklärung nicht abgewichen ist (erklärungsgemäß veranlagt worden ist),
– die Beschwerde wenig Erfolg versprechend erscheint.

Beispiel:
Der Stpfl erhebt Bescheidbeschwerde, weil er in der Steuererklärung auf Sonderausgaben vergessen hat und dies im Rahmen der Beschwerde nachholen möchte. Gleichzeitig beantragt er eine Aussetzung der Einhebung.
Die Aussetzung der Einhebung ist nicht zu gewähren, weil die Veranlagung erklärungsgemäß erfolgt ist.

Die Aussetzung bewirkt einen Zahlungsaufschub ähnlich der Stundung, doch sind die Aussetzungszinsen niedriger (2% über dem Basiszinssatz; § 212a Abs 9).

8. Entrichtung und Nachsicht

(Doralt/Ruppe II[8], Tz 163 ff)

569 Die **Entrichtung** der Abgaben erfolgt insbesondere durch
- **Einzahlung** mit Erlagschein oder Banküberweisung, idR am Tag der Einzahlung bzw Überweisung (§ 211 BAO),
- **Umbuchung** eines Guthabens des Stpfl auf Abgabenschuldigkeiten beim selben FA bzw Überrechnung bei einem anderen FA bereits mit Entstehen des Guthabens (§ 211 iVm § 215 BAO).

Der Stpfl kann sein Guthaben auf Antrag auch auf die Abgabenschulden eines anderen Stpfl umbuchen bzw überrechnen lassen; in diesem Fall gilt die Abgabenschuld des anderen Stpfl jedoch erst mit der Antragstellung als entrichtet.

Eine „Umbuchung" erfolgt auf ein Konto beim selben FA, eine „Überrechnung" auf ein Konto bei einem anderen FA.

Beispiel:
Der Stpfl hat ein hohes Abgabenguthaben, das er mit eigenen Steuerschulden nicht verrechnen kann. Um den Zinsenverlust aus der Zeit bis zur Rückzahlung zu vermeiden, überträgt er sein Guthaben auf einen anderen Stpfl, der ihm den Betrag sofort erstattet (zB in Konzernen vorteilhaft).

Nachsicht für die Abgabenschulden kann gewährt werden, wenn die Einhebung „nach der Lage des Falls unbillig wäre" (§ 236). Die Unbilligkeit kann persönlicher oder sachlicher Natur sein.

Die Abgabenbehörde kann außerdem von der Festsetzung einer Abgabe absehen, wenn der Abgabepflichtige von den Folgen eines durch höhere Gewalt ausgelösten Notstandes betroffen wurde, oder wenn der Abgabenanspruch nicht durchsetzbar ist (§ 206).

Löschung mangels Einbringlichkeit erfolgt von Amts wegen insbesondere dann, wenn Einhebungsmaßnahmen aussichtslos sind (§ 235).

9. Rückzahlung (§§ 239 ff BAO)

570 **Guthaben** (iSv § 115 Abs 4) sind auf Antrag des Stpfl zurückzuzahlen; dabei kann die Abgabenbehörde Abgabenschulden in Abzug bringen, die **innerhalb von 3 Monaten** nach Stellung des Antrags zu entrichten sind.

Zu Unrecht einbehaltene Abzugssteuern: Wurden Abgaben für Rechnung eines Abgabepflichtigen ohne dessen Mitwirkung einbehalten und lässt sich der unrichtige Abzug nicht im Rahmen einer Veranlagung korrigieren, dann kann der Abgabepflichtige die Rückzahlung eines zu Unrecht einbehaltenen Betrages beim zuständigen FA beantragen (§ 240 Abs 3; zB es wurde

LSt einbehalten, obwohl nach Meinung des Dienstnehmers ein Dienstverhältnis nicht vorliegt).

Während eines Kalenderjahres zu Unrecht einbehaltene Abgaben kann der Abfuhrpflichtige bis zum Ablauf dieses Kalenderjahres ausgleichen oder dem Abgabepflichtigen (Abgabenschuldner) zurückzahlen (§ 240 Abs 1).

10. Verjährung
(Doralt/Ruppe II[8], Tz 174 ff)

Die BAO kennt drei Arten der Verjährung
- die **Festsetzungsverjährung** (auch Bemessungsverjährung genannt),
- die **absolute Verjährung** (als Teil der Festsetzungsverjährung),
- die **Einhebungsverjährung**.

571

Mit der **Festsetzungsverjährung** verjährt das Recht, die Abgabe bescheidmäßig festzusetzen (§ 207). Die Verjährungsfrist beträgt
- grundsätzlich fünf Jahre,
- bei hinterzogenen Abgaben zehn Jahre.

Bei Verbrauchsteuern (zB AlkoholSt, TabakSt) beträgt die Verjährungsfrist drei Jahre; die USt gilt hier nicht als Verbrauchsteuer.

Beginn der Verjährung: Die Verjährung beginnt idR mit Ablauf des Jahres, in dem der Abgabenanspruch entstanden ist, also mit Beginn des Folgejahres (§ 208).

Ist über eine Abgabe eine **Beschwerde** anhängig, dann greift die Festsetzungsverjährung nicht ein (§ 209 a).

Verlängerung der Verjährung: Die **Festsetzungsverjährung** wird durch jede nach außen erkennbare und zur Geltendmachung des Anspruchs unternommene Amtshandlung verlängert (zB Zusendung eines Steuererklärungsformulars; Zusendung eines Vorhaltes; Außenprüfung). Die Verjährung verlängert sich dann um ein Jahr und jeweils um ein weiteres Jahr, wenn solche Amtshandlungen in einem Jahr unternommen werden, bis zu dessen Ablauf die Verjährungsfrist verlängert ist (§ 209 Abs 1).

Beispiel:
Die ESt für das Jahr 1 entsteht mit Ablauf des Jahres 1. Daher beginnt die Verjährung mit Beginn des Jahres 2 und endet grundsätzlich mit Ende des Jahres 6. Kommt es im Jahr 6 zu einer Verfolgungshandlung (zB Aufforderung zur Abgabe einer Steuererklärung), dann endet die (fünfjährige) Verjährung mit Ende des Jahres 7, wenn sie nicht nochmals verlängert wird.

Sind seit dem Entstehen des Abgabenanspruchs **zehn Jahre** verstrichen, darf die Abgabe nicht mehr festgesetzt werden (**absolute Verjährung**, § 209 Abs 3). Auch eine Verfolgungshandlung verlängert die absolute Verjährung nicht; nach Ablauf von zehn Jahren nach Beginn der Verjährung ist daher eine Festsetzung der Abgabe nicht mehr zulässig (gilt nicht für ein anhängiges

XVIII. Das Abgabenverfahren

Beschwerdeverfahren; § 209 a). Bei hinterzogenen Abgaben deckt sich die zehnjährige Verjährungsfrist mit der absoluten Verjährung, daher gibt es auch dort grundsätzlich keine Verlängerung der Verjährung.

Bei einer vorläufigen Abgabenfestsetzung (§ 200 Abs 1) beträgt die absolute Verjährung fünfzehn Jahre (§ 209 Abs 4).

Mit der **Einhebungsverjährung** verjährt das Recht, eine bereits festgesetzte Abgabe einzuheben (§ 238). Die Einhebungsverjährung beginnt mit Ablauf des Jahres, in dem die Abgabe fällig geworden ist und beträgt **fünf Jahre.**

Bei der **Einhebungsverjährung** führt eine nach außen erkennbare Amtshandlung zu einer Unterbrechung der Verjährung (zB Mahnung oder Vollstreckungsmaßnahmen); in diesem Fall beginnt die fünfjährige Verjährungsdauer neu zu laufen (§ 238 Abs 2; Unterschied zur Festsetzungsverjährung, die nicht unterbrochen wird, sondern sich nur verlängert).

11. Rechtsmittelverfahren (Beschwerde)

(Doralt/Ruppe II[8], Tz 1316 ff)

572 Hält der Stpfl den Abgabenbescheid des FA für rechtswidrig, dann kann er gegen den Bescheid eine **Beschwerde** („Bescheidbeschwerde") beim Bundesfinanzgericht (BFG) erheben (§ 243, seit 2014, vorher Unabhängiger Finanzsenat, UFS).

Die Beschwerdefrist beträgt **einen Monat** ab Zustellung des Bescheides und ist auf Antrag **verlängerbar;** ein Antrag auf Bescheidbegründung hemmt die Beschwerdefrist (§ 245 Abs 2).

Die Beschwerde muss enthalten (§ 250):
– die Bezeichnung des angefochtenen Bescheides,
– die Beschwerdepunkte, die angeben, welche Änderungen beantragt werden,
– eine Begründung.

Mängelbehebungsauftrag: Bei einer fehlerhaften Beschwerde hat die Abgabenbehörde dem Beschwerdeführer die Behebung der inhaltlichen Mängel mit dem Hinweis aufzutragen, dass die Beschwerde nach erfolglosem Ablauf der Verbesserungsfrist als zurückgenommen gilt (§ 85 Abs 2).

Die Beschwerde ist bei der Abgabenbehörde einzubringen, die den Bescheid erlassen hat; die Einbringung beim BFG ist zulässig (§ 249), aber nicht zweckmäßig.

Die Beschwerde hat **keine aufschiebende Wirkung** (§ 254). Es kann jedoch eine **Aussetzung der Einhebung** beantragt werden (§ 212 a; siehe oben Tz 568).

Verfahrenförderungspflicht: Jede Partei hat ihr Vorbringen rechtzeitig und vollständig so zu erstatten, dass das Verfahren möglichst rasch durchgeführt werden kann (§ 270 Abs 2; AbgÄG 2022).

Neue Tatsachen und Beweismittel können im Beschwerdeverfahren grundsätzlich bis zum Schluss des Verfahrens vorgebracht werden (§ 270 Abs 1; kein Neuerungsverbot); bei Durchführung einer mündlichen Verhandlung jedoch nur bis zum Schluss der Verhandlung (§§ 270 Abs 1 letzter Satz iVm § 277 Abs 4). Zudem kann das BFG von der Aufnahme neuer Beweise absehen, wenn dies der Verfahrensförderungspflicht widerspricht (§ 183 Abs 3; AbgÄG 2022). Ein Verstoß gegen die Verfahrenförderungspflicht soll dabei bereits dann vorliegen, wenn objektiv nicht erkennbar ist, warum die im Verfahren vor dem BFG eingebrachten Beweisanträge nicht schon in einem früheren Verfahrensstadium eingebracht wurden (Gesetzesmaterialien, 1534 der BlgNR XXVII. GP, 36).

Beschwerdevorentscheidung (§ 262): Die Abgabenbehörde hat grundsätzlich über eine Bescheidbeschwerde immer mit Beschwerdevorentscheidung abzusprechen, es sei denn, es wird in der Beschwerde die sofortige Entscheidung durch das BFG beantragt und die Abgabenbehörde legt die Beschwerde innerhalb von drei Monaten ab Einlangen der Beschwerde an das BFG vor.

Eine Beschwerdevorentscheidung unterbleibt zB auch dann, wenn in der Beschwerde bloß die Verfassungswidrigkeit des Gesetzes oder Gesetzwidrigkeit einer Verordnung behauptet wird (§ 262 Abs 3; kann vom FA nicht berücksichtigt werden).

Mit der Beschwerdevorentscheidung kann das FA
– den Bescheid abändern bzw (ersatzlos) aufheben oder
– die Beschwerde als unbegründet abweisen.

Ist die Beschwerde unzulässig (zB der Beschwerdeführer ist nicht Partei) oder wurde sie verspätet eingebracht, ist sie mit Beschwerdevorentscheidung zurückzuweisen (§ 260).

Unterschied zwischen „zurückweisen" und „abweisen":

Eine „Zurückweisung" erfolgt aus formalen Gründen (zB verspätete Eingabe), es ergeht keine Entscheidung in der Sache.

Eine „Abweisung" ist eine Entscheidung in der Sache (zB eine Betriebsausgabe liegt nicht vor, weil kein betrieblicher Zusammenhang besteht).

Vorlageantrag: Gegen die abweisende bzw zurückweisende Beschwerdevorentscheidung kann der Stpfl innerhalb eines Monats (verlängerbar) beim FA oder beim BFG einen **Antrag auf Entscheidung durch das BFG** stellen (§ 264).

Aussetzung der Entscheidung: Ist wegen einer gleichen oder ähnlichen Rechtsfrage ein Verfahren beim BFG oder bei einem Gerichtshof öffentlichen Rechts anhängig, dann kann die Entscheidung über die Beschwerde ausgesetzt werden (§ 271).

12. Das Bundesfinanzgericht

573 Das Bundesfinanzgericht entscheidet über die Beschwerde gegen Bescheide von Finanzämtern (§ 243). Grundsätzlich entscheidet der Referent

XVIII. Das Abgabenverfahren

(Einzelrichter) alleine als **Einzelorgan;** der Senat entscheidet allerdings dann, wenn dies
- in der Beschwerde bzw im Vorlageantrag beantragt oder
- vom Berichterstatter verlangt wird (§ 272).

Dem **Senat des BFG** gehören vier Personen an (§ 12 BFGG):
1. zwei Richter, davon ein Senatsvorsitzender sowie
2. zwei fachkundige Laienrichter (§ 4 BFGG).

Die Berufsvertretungen der Notare, Rechtsanwälte und Wirtschaftstreuhänder sind nicht berechtigt, Mitglieder zu entsenden.

Über die Beschwerde hat eine mündliche Verhandlung insbesondere dann stattzufinden, wenn
- der Stpfl es in der Bescheidbeschwerde oder im Vorlageantrag beantragt oder
- der Berichterstatter es für erforderlich hält (§ 274).

Der Senat fasst seine Beschlüsse mit einfacher Mehrheit. Bei Stimmengleichheit entscheidet die Stimme des Vorsitzenden (§ 277).

Die Abgabenbehörde ist Partei im Verfahren vor dem Verwaltungsgericht („Amtspartei"; § 265 Abs 5). Gegen Erkenntnisse des BFG kann sowohl vom Stpfl wie auch vom FA Revision beim VwGH eingebracht werden (Art 133 Abs 6 Z 2 B-VG; §§ 25a ff VwGG).

13. Entscheidungen des Bundesfinanzgerichts

(Doralt/Ruppe II[8], Tz 1326 ff)

574   Über die Beschwerde entscheidet das BFG mit **Beschluss** (§ 278 BAO) oder – in der Sache – mit **Erkenntnis** (§ 279 BAO).

Mit **Beschluss** wird eine Beschwerde **zurückgewiesen,** wenn die Beschwerde verspätet eingebracht worden ist oder unzulässig ist (zB der Beschwerdeführer ist nicht Partei); eine Zurückweisung eines Bescheides erfolgt daher aus formalen Gründen und ist keine Entscheidung in der Sache (Unterschied zur „Abweisung").

Mit **Erkenntnis** entscheidet das BFG in der Sache; dabei kann das BFG die Entscheidung der Abgabenbehörde sowohl im Spruch als auch in der Begründung in jeder Richtung abändern, die Entscheidung aufheben oder die Beschwerde abweisen.

Gegen die Entscheidung des BFG kann sowohl vom Steuerpflichtigen als auch vom Finanzamt innerhalb von sechs Wochen Revision an den VwGH und/oder vom Stpfl Beschwerde an den VfGH erhoben werden (Art 133 B-VG, Art 144 B-VG).

Eine Revision an den VwGH ist nur zulässig, wenn es sich um eine Rechtsfrage von „grundsätzlicher Bedeutung" handelt, zB eine Rechtspre-

13. Entscheidungen des Bundesfinanzgerichts **Verfahren**

chung des VwGH fehlt oder nicht einheitlich ist. Ob eine Revision zulässig ist, hat das BFG in seinem Erkenntnis zu erklären, doch entscheidet das BFG darüber nicht. Erklärt das BFG die Revision an den VwGH für nicht zulässig, kann der Steuerpflichtige trotzdem Revision beim VwGH erheben (außerordentliche Revision), muss jedoch ausführen, warum die Rechtsfrage von grundsätzlicher Bedeutung ist. Der VwGH entscheidet dann, ob die Revision zulässig war oder nicht.

Die Revision an den VwGH ist beim BFG einzubringen (§ 25a Abs 5 VwGG), die Beschwerde an den VfGH direkt beim VfGH (§ 15 VfGG).

Wird nur eine VfGH-Beschwerde eingebracht und diese vom VfGH abgewiesen, dann kann eine Abtretung der Beschwerde an den VwGH beantragt werden (Art 144 Abs 3 B-VG).

Neuerungsverbot: Der VwGH entscheidet auf der Grundlage des vom BFG angenommenen Sachverhalts. Daher können im VwGH-Verfahren nur solche Tatsachen und Beweismittel berücksichtigt werden, die bereits im finanzgerichtlichen Verfahren vorgebracht worden sind (Neuerungsverbot im VwGH-Verfahren, § 41 Abs 1 VwGG).

EuGH-Vorabentscheidung: Als Gericht iSd Art 267 AEUV ist das BFG berechtigt, dem EuGH eine Frage zur Auslegung des Unionsrechtes zur Vorabentscheidung vorzulegen (§ 290).

Zusammenfassung: Gang des Abgabenverfahrens

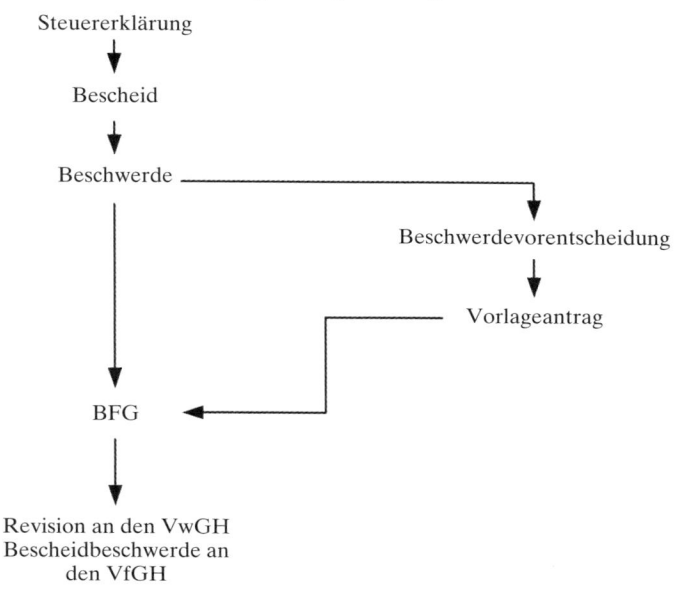

Steuererklärung
↓
Bescheid
↓
Beschwerde ─────────────────────────┐
                                     ↓
                        Beschwerdevorentscheidung
                                     ↓
                             Vorlageantrag
         ┌───────────────────────────┘
         ↓
        BFG ◄───
         │
         ↓
Revision an den VwGH
Bescheidbeschwerde an
den VfGH

XVIII. Das Abgabenverfahren

14. Änderung und Aufhebung rechtskräftiger Bescheide

(Doralt/Ruppe II[8], Tz 1330 ff)

575 Ein rechtskräftiger Bescheid kann grundsätzlich nicht mehr aufgehoben werden.

Formelle Rechtskraft: Der Bescheid kann durch ein ordentliches Rechtsmittel nicht mehr bekämpft werden.
Materielle Rechtskraft: Der Bescheid kann nicht mehr widerrufen werden.

Die BAO geht bei der **Durchbrechung der Rechtskraft** relativ weit; die Rechtskraft wird insbesondere durchbrochen durch:
– die Abänderung oder Aufhebung des Bescheides (§§ 295 a, 299; siehe unten Tz 576/1 f),
– die Wiederaufnahme des Verfahrens (§ 303; siehe unten Tz 576).

Außerdem kann ein Bescheid bei **offenkundigen Fehlern** (zB Schreib- und Rechenfehler) berichtigt werden (§ 293; allenfalls auch hinsichtlich der Einkunftsart, § 293 a; oder bei Übernahme offensichtlicher Unrichtigkeiten aus der Abgabenerklärung, § 293 b); insbesondere kann auch ein **abgeleiteter Bescheid** an einen geänderten Feststellungsbescheid angepasst werden (§ 295).

Aufhebung wegen Unrichtigkeit des Spruchs (§ 299 BAO)

575/1 Das FA kann auf Antrag der Partei oder von Amts wegen den eigenen Bescheid **wegen Unrichtigkeit des Spruchs** aufheben und durch einen neuen Bescheid ersetzen (§ 299).

Die Aufhebung des Bescheides ist grundsätzlich nur bis zum Ablauf eines Jahres nach Bekanntgabe des Bescheides zulässig (§ 302 Abs 1).

Eine Aufhebung des Bescheides nach § 299 BAO ist nicht mehr zulässig, wenn gegen den Bescheid Beschwerde erhoben worden ist und die Beschwerde dem BFG bereits vorgelegt worden ist (§ 300).

Abänderung wegen rückwirkender Ereignisse (§ 295 a BAO)

575/2 Ein Bescheid kann auf Antrag der Partei oder von Amts wegen abgeändert werden, wenn ein Ereignis eintritt, aus dem sich eine abgabenrechtliche **Wirkung für die Vergangenheit** ergibt.

Beispiele:
– Dem Stpfl wird eine bereits geltend gemachte außergewöhnliche Belastung in einem späteren Jahr rückerstattet,
– eine nachträglich entrichtete Quellensteuer ist bei bereits versteuerten Kapitaleinkünften anzurechnen,
– eine ausländische Steuer, die nach einem DBA auf die inländische Steuer angerechnet werden kann, wird erst entrichtet, nachdem die Veranlagung im Inland erfolgt ist.

15. Wiederaufnahme des Verfahrens **Verfahren**

Die Auslegung der Bestimmung im Einzelfall ist strittig; zB ist die nachträgliche Änderung des steuerbegünstigten Unternehmenskaufpreises kein rückwirkendes Ereignis (VwGH 4. 2. 2009, 2006/15/0151).

15. Wiederaufnahme des Verfahrens (§§ 303 ff BAO)

(Doralt/Ruppe II[8], Tz 1336 ff)

Die Wiederaufnahme eines mit Bescheid abgeschlossenen Verfahrens kommt aus folgenden **Wiederaufnahmsgründen** in Betracht (§ 303 Abs 1): 576
- **Neuerungstatbestand** (lit b): Tatsachen oder Beweismittel sind neu hervorgekommen (dazu unten),
- **Vorfragentatbestand** (lit c): Vorfragen wurden von der zuständigen Behörde nachträglich anders entschieden,
- **Erschleichungstatbestand** (lit a): der Bescheid wurde erschlichen (zB durch Fälschung einer Urkunde).

Eine Bindung an eine geänderte Vorfragenentscheidung ergibt sich zB aus der Bestätigung über eine Behinderung für die außergewöhnliche Belastung (§ 35 EStG).

Eine Wiederaufnahme ist außerdem nur dann zulässig, wenn die maßgebenden Umstände einen Bescheid mit anders lautendem Spruch herbeigeführt hätten.

Der wichtigste Wiederaufnahmsgrund ist der **Neuerungstatbestand**; danach kann das Verfahren wieder aufgenommen werden, wenn Tatsachen oder Beweismittel neu hervorkommen, die im abgeschlossenen Verfahren nicht geltend gemacht worden sind. Gemeint sind Tatsachen, die zwar im Zeitpunkt der Bescheiderlassung „im abgeschlossenen Verfahren" bereits existierten, aber erst danach hervorgekommen sind (VwGH 21. 11. 2016, Ra 2014/15/0058). 577

Der Neuerungstatbestand gilt für die Behörde (amtswegige Wiederaufnahme) genauso wie für den Stpfl (Wiederaufnahme auf Antrag); und zwar auch dann, wenn die neuen Tatsachen oder Beweismittel aus Verschulden der Behörde oder der Partei im abgeschlossenen Verfahren nicht bekannt waren. Maßgeblich für die Frage, ob neue Tatsachen vorliegen, ist die Sicht des Antragstellers (VwGH 19. 10. 2016, Ra 2014/15/0058).

Unterschied zum AVG: Nach dem AVG kann die Partei den Neuerungstatbestand nur dann geltend machen, wenn sie kein Verschulden daran trifft, dass die geltend gemachten Umstände im abgeschlossenen Verfahren nicht geltend gemacht worden sind (§ 69 Abs 1 AVG; ähnlich § 530 ZPO); insoweit weicht die BAO von den anderen Verfahrensordnungen ab.

Häufigster Anwendungsfall des Neuerungstatbestandes ist die Betriebsprüfung (zB zu Unrecht geltend gemachte Betriebsausgaben, fehlende Aufzeichnungen, unrichtige Bewertung, unterlassene Aktivierung).

Von den neu hervorgekommenen Tatsachen sind **neu hervorgekommene Umstände** zu unterscheiden; sie rechtfertigen keine Wiederaufnahme

XVIII. Das Abgabenverfahren

(Beispiele: geänderte Rechtsprechung, ein nach Rechtskraft eingeholtes SV-Gutachten).

Der Antrag auf Wiederaufnahme muss vor Eintritt der Verjährung bzw innerhalb von drei Jahren ab Rechtskraft des abschließenden Bescheides gestellt werden (§ 304).

Eine amtswegige Wiederaufnahme ist allerdings dann nicht zulässig, wenn die Behörde die Tatsachen oder Beweismittel im abgeschlossenen Verfahren bereits gekannt hat (zB der Stpfl hat die maßgeblichen Umstände offen gelegt, doch wurden sie von der Behörde versehentlich nicht berücksichtigt; keine neu hervorgekommene Tatsache).

Beispiel:
Der Stpfl macht anlässlich der Veräußerung seines Betriebes die Verteilungsbegünstigung geltend (Verteilung des Veräußerungsgewinnes auf 3 Jahre, wenn der Betrieb bereits 7 Jahre bestanden hat). Das FA gewährt die Begünstigung, obwohl aktenkundig ist, dass der Betrieb erst seit 5 Jahren besteht.
Eine amtswegige Wiederaufnahme käme in diesem Fall nicht in Betracht.
Wird dagegen der Fehler innerhalb eines Jahres nach Bescheiderlassung entdeckt, wäre eine Bescheidaufhebung wegen Unrichtigkeit des Spruches möglich (§ 299, siehe dazu oben Tz 575).

578 **Wiederaufnahmebescheid und neuer Sachbescheid:** Wird das Verfahren wieder aufgenommen, so ergehen zwei Bescheide:
– der Bescheid, mit dem die Wiederaufnahme verfügt wird, und
– der neue Sachbescheid.

Beide Bescheide können getrennt bekämpft werden; daher ist bei einer Beschwerde aus Anlass eines wieder aufgenommenen Verfahrens klarzustellen, gegen welchen Bescheid sich die Beschwerde richtet.

Wird nur die Wiederaufnahme bekämpft und wird der Antrag abgewiesen, dann bleibt der Sachbescheid rechtskräftig; daher muss man idR auch den Sachbescheid bekämpfen.

16. Wiedereinsetzung in den vorigen Stand (§§ 308 ff)
(Doralt/Ruppe II[8], Tz 1347)

579 Gegen die Versäumung einer Frist ist auf Antrag eine Wiedereinsetzung in den vorigen Stand zu bewilligen, wenn die Partei glaubhaft macht, dass sie durch ein **unvorhergesehenes** oder **unabwendbares Ereignis** gehindert war, die Frist wahrzunehmen (§ 308).

Ein Verschulden minderen Grades schließt die Wiedereinsetzung nicht aus.

Der Antrag muss binnen **drei Monaten** nach Aufhören des Hindernisses bei der Abgabenbehörde eingebracht werden; nach Ablauf von 5 Jahren ab der versäumten Frist ist ein Wiedereinsetzungsantrag nicht mehr zulässig.

Spätestens **gleichzeitig** mit dem Wiedereinsetzungsantrag ist die versäumte Handlung nachzuholen (bei sonstigem **Verlust der Wiedereinsetzungsmöglichkeit!**).

17. Kostentragung, Verfahrenshilfe

Die **Parteien** haben die ihnen im Abgabenverfahren erwachsenen Kosten selbst zu bestreiten (§ 313). Gegebenenfalls besteht ein Anspruch auf **Verfahrenshilfe** (§ 292). Die **Abgabenbehörden** haben die Kosten für ihre Tätigkeit grundsätzlich selbst zu tragen (§ 312). Ausnahmen bestehen im Verbrauchsteuer- und Monopolverfahren (§ 314). 580

frei 581–590

XIX. Finanzstrafgesetz

(Doralt/Ruppe II[8], Tz 1401)

591 Das FinStrG gliedert sich in zwei Abschnitte
- das (materielle) Finanzstrafrecht mit einem Allgemeinen Teil und einem Besonderen Teil und
- das Finanzstrafverfahren.

Die wichtigsten Delikte im FinStrG sind
- die vorsätzliche Abgabenverkürzung (Steuerhinterziehung),
- die grob fahrlässige Abgabenverkürzung und
- die Finanzordnungswidrigkeiten.

Dazu kommen Zollvergehen und Monopolvergehen.

Die fahrlässige Abgabenverkürzung ist nur bei grober Fahrlässigkeit strafbar.

A. Allgemeiner Teil

1. Geltungsbereich

592 Das FinStrG gilt insbesondere für die **bundesrechtlich geregelten Abgaben,** die von den **Abgabenbehörden des Bundes** zu erheben sind und außerdem für die Grundsteuer (§ 2 FinStrG).

Die Verkürzung von Gebühren nach dem GebG wird nach § 9 GebG geahndet.
Die Verkürzung von Landes- und Gemeindeabgaben unterliegt dem VerwaltungsstrafG.

2. Allgemeine Grundsätze

593 Die allgemeinen Grundsätze des FinStrG sind mit den Grundsätzen des Strafgesetzbuches (StGB) weitgehend ident. Dies gilt insbesondere für
- das **Verbot einer Strafe ohne Gesetz** (§ 1 FinStrG; § 1 StGB) **und ohne Schuld** (§ 6 FinStrG; § 4 StGB),
- das **Rückwirkungsverbot** (§ 4 Abs 1 FinStrG; § 1 StGB),
- die **Zurechnungsfähigkeit** (§ 7 FinStrG; § 11 StGB; § 4 JGG),
- **Vorsatz** und (grobe) **Fahrlässigkeit** (§ 8 FinStrG; §§ 5 und 6 StGB),
- den **entschuldbaren Irrtum** (§ 9 FinStrG; §§ 8 und 9 StGB),
- den **Notstand** (§ 10 FinStrG; § 10 StGB),
- **Beteiligte** (§ 11 FinStrG; § 12 StGB),
- den **Versuch** (§§ 13 f FinStrG; §§ 15 f StGB).

Einzelfälle:

Wer eine **für die Erledigung steuerlicher Angelegenheiten ungeeignete Person heranzieht,** verantwortet fahrlässige Abgabenverkürzung (strafbar ist erst eine grobe Fahrlässigkeit).

Eine **vertretbare Rechtsansicht** ist kein entschuldbarer Irrtum, wenn der Stpfl wusste, dass die Behörde eine andere Rechtsauffassung vertritt.

Schwarzgeschäfte auf Weisung des Dienstgebers begründen idR keinen Notstand des Dienstnehmers (allenfalls einen Milderungsgrund).

Beihilfe (Beitragstäterschaft) liegt nicht schon dann vor, wenn man weiß, dass der Zahlungsempfänger die Steuer hinterzieht. Verzichtet man allerdings auf die Rechnung, *weil* der Zahlungsempfänger erklärt hat, dafür die USt nicht in Rechnung zu stellen, dann trägt man zur Ausführung des Finanzvergehens bei (vgl § 11 FinStrG).

Nur im **Inland** begangene Finanzvergehen sind strafbar; dazu genügt es, dass der Erfolg im Inland eingetreten ist oder eintreten sollte; als Inland gilt auch das Zollgebiet der EU.

3. Strafen

Im FinStrG stehen **Vermögensstrafen** im Vordergrund; das sind:
- **Geldstrafen** (§ 16, die Mindestgeldstrafe beträgt 20 €),
- **Strafe des Verfalls** (§ 17; vor allem in Zoll- und bei Monopolabgaben).

594

Dem Verfall unterliegen nicht nur die Gegenstände, hinsichtlich derer das Finanzvergehen begangen worden ist, sondern uU auch das Beförderungsmittel und die Geräte zur Erzeugung der verfallenen Gegenstände (bei Verbrauchsteuer und Zoll von Bedeutung).

- **Wertersatzstrafen** anstelle des Verfalls (§ 19).

Freiheitsstrafen kommen grundsätzlich nur bei Finanzvergehen in Betracht, die von den Gerichten geahndet werden (§ 15 Abs 3); Ausnahmen bestehen für Schmuggel und Abgabenhehlerei (§ 58 Abs 2 lit a).

Eine Freiheitsstrafe kommt idR außerdem nur als Präventivmaßnahme in Betracht, um den Täter von weiteren Finanzvergehen abzuhalten oder der Begehung von Finanzvergehen durch andere entgegenzuwirken (§ 15 Abs 2).

Bedingte Strafnachsicht gibt es nur bei Strafen, die von den Gerichten geahndet werden (§ 26; nicht verfassungswidrig, weil im Gerichtsverfahren die Strafen höher sind; VfGH 5. 3. 1984, B 86/80).

4. Haftung, Verbandsverantwortlichkeit (§§ 28, 28a FinStrG)

Das FinStrG sieht eine **Haftung für Geldstrafen** in folgenden Fällen vor (§ 28):

595

- Der **Vertretene** haftet für seinen **(Parteien-)Vertreter,** der als sein Vertreter ein Finanzvergehen zu verantworten hat.
- Der **Dienstgeber** haftet für den **Dienstnehmer,** der im Rahmen seiner Dienstnehmertätigkeit ein Finanzvergehen begangen hat.

Der Vertretene und der Dienstgeber haften nur eingeschränkt, insbesondere wenn sie vom Vergehen des Vertreters bzw Dienstnehmers wussten oder wissen hätten müssen und für das Auswahlverschulden. Sie haften außerdem nur subsidiär.

XIX. Finanzstrafgesetz

Juristische Personen unterliegen nach dem Verbandsverantwortlichkeitsgesetz dem Finanzstrafgesetz hinsichtlich der Finanzvergehen ihrer Entscheidungsträger und Mitarbeiter (§ 28 a).

5. Selbstanzeige (§ 29 FinStrG)

596 Durch Selbstanzeige kann Strafbefreiung erwirkt werden (§ 29 FinStrG). Die Voraussetzungen sind:
- Offenlegung der Verfehlung,
- Offenlegung der bedeutsamen Umstände,
- fristgerechte Entrichtung des verkürzten Betrages,
- Rechtzeitigkeit der Selbstanzeige.

Offenlegung der Verfehlung: Die Abgabenverkürzung (die Verfehlung) muss „dargelegt" werden.

Daraus könnte geschlossen werden, dass die Selbstanzeige ausdrücklich zum Ausdruck gebracht werden muss. Es genügt jedoch zB die Einreichung einer berichtigten Erklärung; eine Selbstbezichtigung ist nicht erforderlich.

Beispiele:
1. Sind die USt-Voranmeldungen unrichtig gewesen, dann führt die Abgabe einer richtigen Jahreserklärung automatisch zur Straffreiheit der unrichtigen Vorauszahlungen (Voranmeldungen).
2. Die ESt-Erklärung war unrichtig. – Der Steuerpflichtige reicht eine „Berichtigte Jahreserklärung" ein. Daraus ergibt sich konkludent, dass die ursprünglich eingereichte Erklärung unrichtig war.
3. Die ESt-Erklärung wurde verspätet eingereicht. – Mit der, wenn auch verspäteten Einreichung der Erklärung ist die Finanzordnungswidrigkeit beseitigt. Das FA kann jedoch einen Verspätungszuschlag nach § 135 BAO verhängen (keine Strafe).

596/1 **Offenlegung der bedeutsamen Umstände:** Die Behörde muss mit den offengelegten Umständen in der Lage sein, die Abgabe richtig festzusetzen.

Teilselbstanzeige: Die Straffreiheit tritt „insoweit" ein, als die maßgeblichen Umstände offengelegt werden. Danach ist auch eine teilweise Selbstanzeige wirksam. Werden daher nach der Selbstanzeige der Behörde weitere Verkürzungen (Verfehlungen) bekannt, bleiben zumindest die angezeigten Verfehlungen straffrei.

Entrichtung des verkürzten Betrages: Der verkürzte Betrag ist innerhalb eines Monats nach Bekanntgabe der Abgabenschuld (idR also ein Monat ab Bescheidzustellung) zu entrichten, bei Selbstbemessungsabgaben innerhalb eines Monats nach der Selbstanzeige. Eine Stundung ist jedoch möglich (bis zu zwei Jahren).

Zuschlag zur verkürzten Steuer: Wird eine Selbstanzeige erst aus Anlass einer bereits angekündigten Prüfungshandlung (zB Betriebsprüfung) erstattet, dann ist von der verkürzten Steuer ein Zuschlag zur entrichten (je nach Höhe des verkürzten Betrags 5% bis 30%; § 29 Abs 6).

596/2 **Rechtzeitigkeit der Selbstanzeige:** Die Selbstanzeige muss rechtzeitig erstattet worden sein.

Die Selbstanzeige ist insbesondere nicht rechtzeitig, wenn
a) zum Zeitpunkt der Selbstanzeige bereits strafbehördliche Verfolgungshandlungen gesetzt worden sind,
b) zum Zeitpunkt der Selbstanzeige die Verkürzung (objektive Tatseite) bereits entdeckt war und dies dem Anzeiger auch bekannt war,
c) bei einem vorsätzlichen Finanzvergehen anlässlich einer behördlichen Nachschau oder Betriebsprüfung die Selbstanzeige nicht bereits bei Beginn der Amtshandlung erstattet wird,
d) bereits einmal in derselben Sache Selbstanzeige erstattet worden ist,
e) bei Verletzung von Zollvorschriften die Entdeckung der Tat unmittelbar bevorstand und dies dem Abgabepflichtigen bekannt war.

Die Selbstanzeige ist auch dann noch wirksam, wenn die Behörde eine Abgabenverkürzung nur vermutet, und ebenso dann, wenn der Stpfl nur vermutet, dass die Behörde bereits Kenntnis hat. Ermittlungen im Abgabenverfahren sind keine strafbehördlichen Verfolgungshandlungen. Daher ist die Selbstanzeige selbst dann noch möglich, wenn der Stpfl mit der Entdeckung der Tat bereits rechnen musste (anders bei Zollvergehen; siehe oben die Beispiele, lit e).

Beispiele:
1. Der Steuerpflichtige wird vom Finanzamt aufgefordert, eine geltend gemachte Betriebsausgabe nachzuweisen. Daraufhin verzichtet der Stpfl auf die Geltendmachung. Der Verzicht auf die Berücksichtigung der geltend gemachten Ausgaben gilt als strafbefreiende Selbstanzeige.
2. Die entlassene Angestellte zeigt ihren früheren Chef beim Finanzamt wegen Steuerhinterziehung an. Eine Selbstanzeige ist noch immer möglich, solange das Finanzamt nicht weiß, ob die Vorwürfe richtig sind.
3. Am Flughafen verwendet der Abgabenpflichtige bei der Ankunft den „Grünkanal". Im Fall einer Kontrolle ist die Selbstanzeige nicht mehr rechtzeitig, weil die Entdeckung der Tat unmittelbar bevorstand.

Begünstigter Personenkreis: Die Selbstanzeige wirkt nur für denjenigen strafbefreiend, der sie erstattet hat und für den sie erstattet wird.

Beispiele:
1. Der Gesellschafter einer Personengesellschaft erstattet Selbstanzeige wegen Abgabenverkürzungen der Gesellschaft. – Die strafbefreiende Wirkung der Selbstanzeige wirkt für den Gesellschafter und für die Personengesellschaft, nicht dagegen für die Mitgesellschafter, selbst wenn mit seiner Selbstanzeige auch die Verfehlungen seiner Mitgesellschafter der Abgabenbehörde bekannt werden. Offen ist in einem solchen Fall, ob die Mitgesellschafter noch zeitgerecht ebenfalls Selbstanzeige machen können.
2. Der Geschäftsführer einer Kapitalgesellschaft macht für die Gesellschaft eine Selbstanzeige. Selbst wenn er die Selbstanzeige nicht ausdrücklich für sich selbst macht, wirkt sie ebenso für ihn strafbefreiend.

Verletzung der Anzeigepflicht für Schenkungen: Wird die Anzeigepflicht für Schenkungen (§ 121a BAO; siehe oben Tz 564/1) **vorsätzlich** verletzt, dann liegt eine Finanzordnungswidrigkeit vor (siehe unten Tz 601). Eine strafbefreiende Selbstanzeige ist nur befristet – innerhalb eines Jahres – möglich (§ 49a Abs 2 FinStrG).

Zuständigkeit für die Selbstanzeige: Die Selbstanzeige in Abgabenangelegenheiten ist gegenüber einem Finanzamt oder dem Amt für Betrugsbekämpfung zu erstatten, in Zollangelegenheiten beim Zollamt Österreich.

XIX. Finanzstrafgesetz

596/3 Die strafbefreiende Wirkung der Selbstanzeige als verfassungsrechtliches Gebot:
Die strafbefreiende Wirkung der Selbstanzeige ergibt sich im Grundsatz aus dem verfassungsrechtlichen Gebot, dass der Stpfl in einem Strafverfahren nicht verpflichtet werden darf, Beweise gegen sich selbst zu liefern. Da der Stpfl nach § 139 BAO verpflichtet ist, auch nachträglich erkannte Fehler in einer Steuererklärung gegenüber dem FA offen zu legen bzw anzuzeigen, setzt dies die Straffreiheit einer solchen Anzeige voraus (VfGH 16. 10. 1997, B 552/94, ÖStZB 1998, 280).

Selbstanzeige bei Gebühren: Da das FinStrG auf Gebühren nach dem GebG nicht anwendbar ist, kommt eine Selbstanzeige für Gebühren nach § 29 FinStrG nicht in Betracht. Aufgrund der verfassungsrechtlichen Überlegungen muss aber auch für Gebühren eine Selbstanzeige möglich sein. § 29 FinStrG wird daher analog auch bei der Gebührenverkürzung anzuwenden sein (vor allem bei gelegentlich hohen Rechtsgeschäftsgebühren von Bedeutung).

6. Verkürzungszuschlag (§ 30 a)

Verkürzungszuschlag statt Strafe

597 Der Steuerpflichtige (Abfuhrpflichtige) kann ein drohendes Finanzstrafverfahren abwehren, wenn er dafür einen Verkürzungszuschlag von 10 % entrichtet.

Es müssen folgende Voraussetzungen erfüllt sein:
- die Steuernachforderung darf für ein Jahr (Veranlagungsjahr) insgesamt nicht mehr als € 10.000 und bei mehreren Jahren in der Summe nicht mehr als € 33.000 betragen (insbesondere bei Betriebsprüfungen über mehrere Jahre von Bedeutung),
- der Steuerpflichtige hat einen Rechtsmittelverzicht gegen den Verkürzungszuschlag erklärt,
- die Steuernachforderung und der Verkürzungsbetrag sind innerhalb eines Monats nach der Festsetzung zu entrichten; eine Stundung ist nicht zulässig.

Ein Verkürzungszuschlag (Verzicht auf die Strafverfolgung) ist ausgeschlossen, wenn
- ein Strafverfahren bereits anhängig ist, oder
- eine Selbstanzeige vorliegt, oder
- Wiederholungsgefahr besteht und eine Bestrafung erforderlich ist, um den Täter von der Begehung neuerlicher Straftaten abzuhalten (§ 30 a Abs 6).

Der Verkürzungszuschlag gilt nicht als Strafe, sondern als Nebenanspruch zur Abgabenschuld (jedoch keine abzugsfähige Betriebsausgabe; § 20 Abs 1 Z 5 lit d EStG).

7. Verjährung (§§ 31, 32)

598 Die **Strafbarkeit** eines Finanzvergehens verjährt nach
- **5 Jahren** allgemein,
- **3 Jahren** für Finanzordnungswidrigkeiten nach § 49 FinStrG (insbesondere betreffend USt-Voranmeldungen und -Vorauszahlungen),
- **1 Jahr** für andere Finanzordnungswidrigkeiten.

Beginn der Verjährungsfrist: Grundsätzlich beginnt die Verjährungsfrist nicht früher zu laufen als die jeweilige Festsetzungsverjährung nach § 207

BAO; ansonsten beginnt die Verjährungsfrist, sobald die strafbare Handlung abgeschlossen oder das strafbare Verhalten beendet ist bzw mit Eintritt des Erfolgs.

Wird während der Verjährungsfrist ein vorsätzliches Finanzvergehen begangen, tritt für die erste Tat die Verjährung nicht ein, bevor nicht auch für die letzte Tat die Verjährungsfrist abgelaufen ist (§ 31 Abs 3).

Danach deckt sich die finanzstrafrechtliche Verjährung nicht mit der Verjährung des Abgabenanspruches nach der BAO. Daher kann ein Abgabenanspruch bereits verjährt sein, während die finanzstrafrechtliche Verjährung noch nicht eingetreten ist.

Beispiel:
> Der Stpfl hinterzieht sieben Jahre hindurch Einkommensteuer. Die Verjährung für die ersten sechs Jahre tritt erst dann ein, wenn auch die Verjährung für das siebente Jahr eingetreten ist (kann von der Verjährung im Abgabenverfahren abweichen).

Absolute Verjährung: Bei Finanzvergehen, für deren Verfolgung die Finanzstrafbehörde zuständig ist, tritt Verjährung jedenfalls dann ein, wenn seit dem Beginn der Verjährungsfrist zehn Jahre verstrichen sind, nicht jedoch, so lange das Verfahren beim VwGH oder VfGH anhängig ist (§ 31 Abs 5).

Die **Vollstreckbarkeit** von Strafen wegen Finanzvergehen verjährt nach 5 Jahren ab Rechtskraft der Entscheidung (§ 32).

B. Besonderer Teil

(Doralt/Ruppe II[8], Tz 1440 ff)

Das FinStrG unterscheidet vor allem folgende Finanzvergehen: 599
- **Abgabenhinterziehung** (§ 33 FinStrG, vorsätzliche Abgabenverkürzung),
- **grob fahrlässige Abgabenverkürzung** (§ 34 FinStrG),
- **Finanzordnungswidrigkeiten** (§§ 49 ff FinStrG).

Daneben gibt es ua den Schmuggel (§ 35 FinStrG), die Abgabenhehlerei, insbesondere bei geschmuggelten Waren (§ 37 FinStrG) und Monopolvergehen (§§ 44 bis 47 FinStrG).

1. Abgabenhinterziehung

Abgabenhinterziehung begeht, wer **vorsätzlich** (zum Vorsatz siehe § 8 Abs 1) unter Verletzung einer abgabenrechtlichen Anzeige-, Offenlegungs- oder Wahrheitspflicht eine Abgabenverkürzung bewirkt (§ 33).

Abgabenhinterziehung begeht auch, wer die USt-Vorauszahlung, die Lohnsteuer oder den Dienstgeber-Beitrag bei gleichzeitiger Verletzung der Voranmeldungspflicht bzw Führung des Lohnkontos vorsätzlich verkürzt und die Verkürzung „nicht nur für möglich, sondern für gewiss hält" (direkter Vorsatz; § 33 Abs 2).

XIX. Finanzstrafgesetz

Die Abgabenverkürzung ist insbesondere bewirkt, wenn
- **bescheidmäßig festzusetzende Abgaben** zu niedrig oder infolge Unkenntnis der Behörde mit Ablauf der Erklärungsfrist nicht festgesetzt werden konnten,
- **Selbstbemessungsabgaben** nicht entrichtet worden sind,
- **Abgabengutschriften** zu Unrecht oder zu hoch geltend gemacht worden sind.

Strafe bei Abgabenhinterziehung: bis zum **Zweifachen** des verkürzten Betrages (§ 33 Abs 5). In besonderen Fällen kann **zusätzlich** eine **Freiheitsstrafe** verhängt werden.

Erfahrungsgemäß beträgt die Finanzstrafe bei erstmaliger Abgabenhinterziehung etwa 20 bis 35 % des verkürzten Betrages.

Abgabenbetrug: Bei Delikten mit Gerichtszuständigkeit, also bei besonders erschwerenden Umständen, begeht Abgabenbetrug insbesondere, wer unter Verwendung falscher oder gefälschter Urkunden oder mithilfe von Scheingeschäften eine Abgabenhinterziehung begeht (§ 39). Die Fälschung der eigenen Geschäftsbücher fällt nicht darunter; dagegen wäre die Fälschung einer fremden Rechnung Abgabenbetrug.

Abgabenbetrug wird – je nach Höhe der Abgabenhinterziehung – mit einer Freiheitsstrafe bestraft, zusätzlich kann eine Geldstrafe verhängt werden (§ 39 Abs 3).

Grenzüberschreitender Umsatzsteuerbetrug ("Karussellbetrug") unterliegt qualifizierten Strafen (§ 40).

2. Grob fahrlässige Abgabenverkürzung

600 **Grob fahrlässige Abgabenverkürzung** bewirkt, wer grob fahrlässig (§ 8 Abs 3) durch Verletzung von abgabenrechtlichen Anzeige-, Offenlegungs- oder Wahrheitspflichten eine Abgabenverkürzung bewirkt (vgl § 34).

Auch berufsmäßige Parteienvertreter können bei grober Fahrlässigkeit als Beitragstäter strafbar sein (§ 34 Abs 3 iVm § 11).

Strafe bei grob fahrlässiger Abgabenverkürzung: bis zum **Einfachen** des verkürzten Betrages (bei erstmaliger Begehung erfahrungsgemäß 10 bis 15 % des verkürzten Betrages).

Die bloß fahrlässige Abgabenverkürzung (§ 8 Abs 2) ist nicht strafbar.

3. Finanzordnungswidrigkeiten

601 **Finanzordnungswidrigkeiten** (§§ 49 ff) liegen insbesondere bei folgenden vorsätzlichen Handlungen vor:
- **vorsätzliche verspätete Zahlung von Selbstbemessungsabgaben** von mehr als 5 Tagen nach Fälligkeit, wenn dem FA auch nicht die Höhe des geschuldeten Betrages bekannt gegeben wird, soweit nicht eine Abgabenhinterziehung vorliegt; die Strafe beträgt bis zur Hälfte des nicht entrichteten Betrages (gilt insbesondere für die USt-Vorauszahlungen).

Die Versäumung eines Zahlungstermins ist im Übrigen für sich alleine nicht strafbar (nur Säumniszuschlag, § 217 BAO; siehe auch Tz 568).

- **Erschleichung von Zahlungserleichterungen;** Strafe bis zu 5.000 € (§ 50),
- **vorsätzliche Verletzung abgabenrechtlicher Offenlegungs- und Wahrheitspflichten** oder Aufzeichnungspflichten, soweit dadurch kein anderes Finanzvergehen zu verantworten ist; Strafe bis zu 5.000 € (§ 51; zusätzlich kann es zu entsprechenden Sanktionen nach der BAO kommen, zB Verspätungszuschlag),
- Verfälschung automationsunterstützter Aufzeichnungssysteme (Strafe bis 25.000 €; § 51 a).

Die Verletzung der Anzeigepflicht für Schenkungen (§ 121 a BAO) ist ebenfalls nur dann eine Finanzordnungswidrigkeit, wenn sie vorsätzlich unterlassen wird. Die Strafe beträgt bis zu 10% des Wertes der nicht gemeldeten Schenkung (§ 49 a Abs 1).

Die Verletzung von Anzeige- und Erklärungspflichten und anderen abgabenrechtlichen Ordnungsvorschriften ist nur strafbar, wenn sie vorsätzlich erfolgt, nicht dagegen, wenn sie nur fahrlässig begangen wird.

Beispiel:

Der Stpfl unterlässt vorsätzlich/fahrlässig die Abgabe der Steuererklärung. – Bei der vorsätzlichen Unterlassung liegt eine Finanzordnungswidrigkeit vor; daneben kann die Behörde einen Verspätungszuschlag nach § 135 BAO verhängen. Bei einer fahrlässigen Unterlassung liegt keine Finanzordnungswidrigkeit vor; es kommt nur der Verspätungszuschlag in Betracht (siehe auch oben).

4. Exkurs:
Berichtigung einer irrtümlich unrichtigen Steuererklärung

Erkennt der Stpfl nach Einreichung seiner Steuererklärung, dass die Erklärung unrichtig war, dann ist er verpflichtet, dies der Abgabenbehörde zu melden (§ 139 BAO). Verletzt er diese Berichtigungspflicht, dann kann sich daraus entweder eine Abgabenhinterziehung, eine grob fahrlässige Abgabenverkürzung oder eine Finanzordnungswidrigkeit ergeben:

- Erkennt der Stpfl die Unrichtigkeit der Erklärung vor der Veranlagung, unterlässt er aber die Berichtigung, dann verantwortet er eine Abgabenhinterziehung. Denn er hat damit „unter Verletzung einer abgabenrechtlichen Anzeigepflicht" eine Abgabenverkürzung bewirkt (§ 33 Abs 1 FinStrG).
- Erkennt der Stpfl die Unrichtigkeit der Erklärung erst nach der Veranlagung, dann ist im Fall einer grob fahrlässigen Unrichtigkeit die grob fahrlässige Abgabenverkürzung bereits bewirkt; die unterlassene Berichtigung der Erklärung ist für die Verkürzung nicht mehr kausal, es bleibt daher bei der grob fahrlässigen Abgabenverkürzung; die Nichtberichtigung ist eine straflose Nachtat.
- Liegt keine vorsätzliche oder grob fahrlässige Abgabenverkürzung vor, und verletzt der Stpfl nur seine Berichtigungspflicht, dann liegt eine Finanzordnungswidrigkeit vor.

C. Finanzstrafverfahren

(Doralt/Ruppe II[8], Tz 1459 ff)

603 Das Finanzstrafverfahren ist grundsätzlich ein **verwaltungsbehördliches Strafverfahren** mit Rechtsmittel an das Bundesfinanzgericht. Bei erschwerenden Umständen ist ein **gerichtliches Strafverfahren** vorgesehen (§§ 53 ff FinStrG).

1. Zuständigkeit

604 **Gerichtszuständigkeit** besteht bei
- **vorsätzlichen Finanzvergehen** mit einem strafbestimmenden Wertbetrag von **mehr als 100.000 €**,
- **Schmuggel** und **Abgabenhehlerei** mit einem strafbestimmenden Wert von **50.000 €** (§ 53 Abs 1 FinStrG).

Die Finanzstrafbehörde ist zuständig, soweit nicht das Gericht zuständig ist (§ 53 Abs 6 FinStrG).

Finanzordnungswidrigkeiten sind nur von den Finanzstrafbehörden zu ahnden (§ 53 Abs 5 FinStrG).

2. Verfahren vor der Finanzstrafbehörde (§§ 56 ff FinStrG)

605 Zur Durchführung des Finanzstrafverfahrens ist das Amt für Betrugsbekämpfung als Finanzstrafbehörde zuständig oder das Zollamt Österreich (§ 58 Abs 1).

Die Finanzstrafbehörde entscheidet:
- als **Einzelorgan im vereinfachten Verfahren** oder
- durch **Spruchsenate**.

Spruchsenate sind zuständig (§ 58 Abs 2)
- wenn der strafbestimmende Wert **33.000 €** übersteigt (bei Schmuggel 10.000 €),
- **auf Antrag** des Steuerpflichtigen (Beschuldigten).

Die Spruchsenate bestehen aus drei Mitgliedern. Den Vorsitz im Spruchsenat führt ein Richter, die weiteren Mitglieder sind ein Finanzbeamter und ein Laienbeisitzer (§ 66 Abs 2).

Vereinfachtes Verfahren: Die Finanzstrafbehörde kann das Strafverfahren durch **Strafverfügung** beenden, wenn der Sachverhalt hinreichend geklärt ist und die Entscheidung nicht einem Spruchsenat obliegt (§ 143 FinStrG). Gegen die Strafverfügung kann Einspruch erhoben werden; über den Einspruch entscheidet der Spruchsenat (§ 145 Abs 2 FinStrG).

Beschwerde an das Bundesfinanzgericht: Gegen die Entscheidung der Finanzstrafbehörde kann Beschwerde beim BFG erhoben werden (§ 150). Die Senate für Finanzstrafrecht beim BFG bestehen aus vier Mitgliedern (§ 71 a).

C. Finanzstrafverfahren — FinStrG

Öffentlichkeit des Verfahrens (§ 127 Abs 2): Das Verfahren vor dem Spruchsenat und dem Berufungssenat des BFG ist öffentlich; die Öffentlichkeit ist jedoch auszuschließen,
- wenn der Beschuldigte dies verlangt oder
- Verhältnisse erörtert werden, die der abgabenrechtlichen Geheimhaltungspflicht (§ 48a BAO) unterliegen.

Wird die Öffentlichkeit ausgeschlossen, dann ist jedenfalls die Verkündung der Entscheidung öffentlich, nicht aber die Begründung (§ 134).

Amtswegigkeit des Verfahrens: die Finanzstrafbehörde hat den Sachverhalt von Amts wegen zu ermitteln; es besteht **keine Bindung der Finanzstrafbehörde an die Feststellungen der Abgabenbehörde.**

Anzeigepflichten: Dienststellen der Gebietskörperschaft mit behördlichem Aufgabenkreis, die Gebietskrankenkassen und das Arbeitsmarktservice sind verpflichtet, ihnen bekannt gewordene Finanzvergehen den Finanzstrafbehörden mitzuteilen (§ 81).

Vertretungspflicht: Vor der Finanzstrafbehörde und dem Bundesfinanzgericht ist die Beiziehung eines Strafverteidigers nicht zwingend (dazu § 77). Im gerichtlichen Finanzstrafverfahren ist ein Strafverteidiger beizuziehen; ein Steuerberater kann zur Unterstützung des Strafverteidigers beigezogen werden (§ 199).

Rechtsschutzbeauftragter: Für bestimmte Fälle im verwaltungsbehördlichen Finanzstrafverfahren ist ein Rechtsschutzbeauftragter vorgesehen (§ 74a).

606 Beschlagnahme: Gegenstände, die im Finanzstrafverfahren als Beweismittel in Betracht kommen, können beschlagnahmt werden; die Beschlagnahme ist mit Bescheid anzuordnen, soweit nicht Gefahr im Verzug ist (§ 89).

Hausdurchsuchungen dürfen ua vorgenommen werden, wenn begründeter Verdacht besteht, dass sich in den Räumlichkeiten Gegenstände befinden, die im Finanzstrafverfahren als Beweismittel in Betracht kommen; Entsprechendes gilt für **Personendurchsuchungen** (§ 93).

607 Beweisverwertungsverbot: Beweismittel, die unter Verletzung insbesondere des Bankgeheimnisses gewonnen wurden, dürfen zum Nachteil des Beschuldigten nicht herangezogen werden (§ 98 Abs 4).

Kosten des Strafverfahrens hat der Bestrafte zu ersetzen (grundsätzlich mit 10% der Geldstrafe pauschaliert; § 185).

Tilgung: Bestrafungen durch Finanzstrafbehörden gelten nach Ablauf der Tilgungsfrist als getilgt (§ 186).

Die Tilgungsfrist beträgt grundsätzlich 5 Jahre, bei Finanzordnungswidrigkeiten 3 Jahre.

608 Finanzstrafregister: Zur Evidenthaltung der verwaltungsbehördlichen Finanzstrafverfahren ist ein Finanzstrafregister eingerichtet (§§ 194a ff); die erfassten Daten sind 2 Jahre nach der rechtskräftigen Einstellung eines Strafverfahrens, nach Eintritt der Tilgung oder nach dem Tod zu löschen.

XIX. Finanzstrafgesetz

3. Gerichtliches Finanzstrafverfahren

609 Für gerichtliche Verfahren wegen Finanzvergehen gilt die Strafprozessordnung unter Berücksichtigung der Sondervorschriften der §§ 195 bis 246 FinStrG.

Stichwortverzeichnis

Die Zahlen verweisen auf die Textziffern.

A

Abfertigungen, ESt 170
Abfertigungen, Lohnsteuer 170/2
Abfertigungsrückstellung, ESt 102
Abflussprinzip 42, 117
Abgabe von freiwilligen Feilbietungen 524
Abgabe von Zuwendungen 94
Abgabenanspruch, Entstehung 533
Abgabenbetrug 599
Abgabenerklärung, BAO 564
Abgabenhehlerei 594, 599, 604
Abgabenhinterziehung, FinStrG 599
Abgabenverfahren 561 ff
Abgabenverkürzung, FinStrG 599 f
Abgabenverwaltungsorganisationsgesetz 561
Ablösezahlungen, VuV 140
Abschriften, GebG 505
Absetzbeträge 161
Absetzung für Abnutzung 107 f
Absetzung für Abnutzung, VuV 136
abweichendes Wirtschaftsjahr 54
Abzinsung, Rückstellungen 105
Abzugssteuer 2, 8, 174
Abzugssteuer, beschränkte Steuerpflicht, ESt 173 f
Abzugssteuer, Lohnsteuer 170 ff
Advance Ruling 565
AfA 107 f
aktivieren 56
Alleinerzieherabsetzbetrag 161
Alleinverdienerabsetzbetrag 161
Altgrundstück 28
amtliche Zeugnisse, GebG 505
Amtshandlungen, GebG 505
Amtshilfe 549
Amtswegigkeit, BAO 566
Amtswegigkeit, FinStrG 605
Änderung der Bemessungsgrundlage, USt 330 f
Änderung der Verhältnisse, Vorsteuer 343
Angehörige, BAO 543

Angehörige, Verträge zwischen 45
Anlagenintensität 622
Anlagevermögen 86 f
Anrechnung der Grunderwerbsteuer 129
Anrechnungsmethode, DBA 178 f
Anschaffungskosten 78, 81
anschaffungsnaher Erhaltungsaufwand 81
Anspruchsprinzip, Nachzahlungen, ESt 43
Anspruchszinsen, ESt, KSt 168, 222, 568
Anteile, BewG 405
Anteilsvereinigung, GrESt 463
Anweisungen, GebG 506
Anzahlungen, ESt 96
Anzahlungen, USt 339, 348
Anzeigepflicht für Schenkungen 564/1
Anzeigepflicht für Schenkungen, FinStrG 601
Anzeigepflicht, GebG 521
Arbeitnehmerabsetzbetrag 161
Arbeitnehmerveranlagung 171
Arbeitsmittel 133
Arbeitszimmer, ESt 95
Arbeitszimmer, USt 342
Architekten, Einkunftsart 19
Ärzte, Einkunftsart 19
Ärzte, USt-Befreiung 334
Aufbewahrungspflicht 67, 564
Aufgabe eines Betriebes 128
Aufhebung von Bescheiden 575
Aufwand 94
Aufwandsrückstellungen 106
Aufwendungen, nichtabzugsfähig 95
Ausfuhr 304
Ausfuhrlieferung, USt 333
Ausfuhrnachweis, USt 333
Ausgaben 94
Auskunftsbescheid 565
Auskunftspflicht 549
Auskunftspflicht des Steuerpflichtigen 565 f
Auskunftspflichten der Abgabenbehörden 565

Stichwortverzeichnis

Auslandsverluste 143
Außenprüfung 565
außergewöhnliche Abnutzung 109
außergewöhnliche Belastungen 154
außerordentliche Einkünfte, Hälftesteuersatz 164
außerplanmäßige Abschreibung 109
Aussetzung der Einhebung 568
Aussetzung der Entscheidung 572
AVOG 561

B

Bankenabgabe 523
Bankgeheimnis 565
Bankgeschäfte, USt-Befreiung 334
Bargeldzahlungen für Bauleistungen 95
Barumsätze 67
Basispauschalierung 120 f
Basiszinssatz 568
Bauherrenproblem, GrESt 467
Bauleistungen, USt 346
bedingte Rechtsgeschäfte, BewG 402
bedingte Rechtsgeschäfte, GebG 519
bedingte Strafnachsicht, FinStrG 594
Befreiungen, GebG 501
Befreiungen, GrESt 465
Befreiungen, KSt 203
Befreiungen, USt 332
Befreiungsmethode, DBA 177, 179
begleitende Kontrolle 565
Begräbniskosten 154
begünstigte Steuersätze, USt 338
Beilagen, GebG 505
Beistandspflicht von Behörden 565
Belegerteilungspflicht 67
Bemessungsgrundlage, Änderung, USt 330 f
Bemessungsgrundlage, GrESt 466
Bemessungsgrundlage, USt 324 ff
Berufsausbildung 154
Bescheid, BAO 567
Bescheidaufhebung/-berichtigung 575
Bescheidaufhebung/-berichtigung, rückwirkende Ereignisse 575/2
Bescheidaufhebung/-berichtigung, Unrichtigkeit des Spruchs 575/1
Beschlagnahme, FinStrG 606
Beschluss des BFG 574
beschränkte Steuerpflicht, ESt 10, 173 f
beschränkte Steuerpflicht, KSt 204 f
Beschwerde 572
Beschwerdevorentscheidung 572

Bestandvertrag, GebG 507 f
Bestimmungslandprinzip 304, 356
Beteiligung am wirtschaftlichen Verkehr 20
Beteiligungsertragsbefreiung 211 ff
Betrieb gewerblicher Art, KSt 206
Betrieb gewerblicher Art, USt 306
Betriebsaufgabe 128
Betriebsausgaben 94 ff
Betriebsausgabenpauschalierung 120/1
Betriebseinnahmen 94 ff
Betriebserwerb 92 f
Betriebsfinanzamt 562
Betriebsgründung, NeuFöG 393
Betriebsprüfung 565
Betriebsstätte, BAO 546
Betriebsveräußerung 128
Betriebsveräußerung, Hälftesteuersatz 164
Betriebsvermögen 56 ff
Betriebsvermögen, gewillkürtes 58, 63
Betriebsvermögen, Grundstücke 59/1
Betriebsvermögen, notwendiges 57, 63
Bevollmächtigte 563
bewegte Lieferung 317
Beweisverwertungsverbot, FinStrG 607
Bewertung, Anlagevermögen 86 f
Bewertung, Einlage 90
Bewertung, Entnahme 90
Bewertung, Umlaufvermögen 88
Bewertung, Verbindlichkeiten 89
Bewertungsgesetz 401 ff
Bewertungsmaßstäbe 75
Bewertungsstetigkeit 71
Bewertungsvorschriften, ESt 69 ff
Bewirtungsspesen 95
Bilanzänderung 68
Bilanzberichtigung 68
Bilanzbündeltheorie 124
Bilanzierungsgrundsätze 64 ff
Binnenmarktregelung 304, 356 ff
BMR 304, 356 ff
Bodenwertabgabe 413
Bogengebühr, GebG 503
Briefkastenfirma 204
Buchführungspflicht 564
Buchnachweis, USt 333
Buchungen von Geschäftsvorgängen 618
Buchwert 76 f
Buchwertfortführung, ESt 92
Buchwertfortführung, UmgrStG 253, 256, 260, 264 ff

Stichwortverzeichnis

Bundesabgabenordnung 561
Bundesfinanzgericht 561, 573
Bundesministerium für Finanzen 561
Bürgschaftserklärung, GebG 509

C

Cash-Flow, Bilanz 626

D

Darlehensgewährung 125
DBA 176 ff
Dentisten, USt-Befreiung 334
Derivate 24/3
Dienstbarkeiten, GebG 510
Dienstgeberabgabe 524
Dienstgeberbeitrag, FLAG 392
Dienstleistungen, USt 316
dienstnehmerähnliche Tätigkeiten 23
Differenzbesteuerung 329
direkte Steuern 2
Disagio 89
Doppelbesteuerung 176 ff
Doppelwohnsitz 12
Doppelwohnsitz, ESt 12
down-stream-merger 253
Dreiecksgeschäft, USt 359/1
drohende Verluste, Rückstellungen 102
Durchgriffsprinzip 22, 123 f
durchlaufende Posten, USt 324
Durchschnittssätze, ESt 51, 120 f
Durchschnittssätze, USt 345

E

echte Steuerbefreiung, USt 333
ehemalige Tätigkeit, Einkünfte 32
Eigenkapitalquote 624
Eigenkapitalrentabilität 623
Eigentumsschutz 531
Eigenverbrauch 305, 312
Einbringung 259 ff
Einfuhr 304 f, 327, 334
Einfuhrumsatzsteuer 304, 341, 346
Einfuhrumsatzsteuer, Zuständigkeit 355
Eingaben, GebG 505
Einhebungsverjährung 571
Einheitlichkeit der Leistung 313 ff
Einheitswert 410
Einheitswert, GrESt 469
Einkommen 14
Einkommensermittlung, ESt 142 ff
Einkommensermittlung, KSt 208 f

Einkommensteuer 8
Einkommensteuer, Berechnung 161 ff
Einkünfte, aus einer ehemaligen Tätigkeit 32
Einkünfte, Gewerbebetrieb 20 ff
Einkünfte, Kapitalvermögen 24
Einkünfte, Land- und Forstwirtschaft 18
Einkünfte, Leistungen 30
Einkünfte, nichtselbständige Arbeit 23
Einkünfte, selbständige Arbeit 19
Einkünfte, sonstige 26 ff
Einkünfte, Vermietung und Verpachtung 25
Einkünftevermutung, ESt 39
Einkunftsarten 15 ff
Einkunftsarten, KSt 208/1
Einlage, ESt 63, 90
Einlage, KSt 210
Einlagenrückzahlung 210
Einnahmen-Ausgabenrechnung 50, 117
Einnahmen, Rückzahlung, ESt 43
Einzelbewertung 69
Einzelveräußerungswert 84
elektronische Leistungen, USt 322
Empfängerbenennung 94
Empfängerbenennung, ESt 94
Empfängerbenennung, KSt 221
Endbesteuerung 24
Energieabgaben 523
Entgelt, USt 324
Entgeltlicher Erwerb im Familienkreis, GrESt 472
Entnahme, ESt 63, 90
Entnahme, USt 312, 344
Entschädigungen, ESt 32
Entscheidungen des BFG 574
Erbauflteilung, Vergleich, GebG 512
Erbschaft von Betrieben 92
Ergänzungsbilanz 124
Erhaltungsaufwand 79, 137
Erhebungsformen, ESt 8
Erkenntnis des BFG 574
Erklärungsfrist, ESt 167
Ermessensentscheidungen 536
Erschwerniszulage 170
Ertragswertverfahren 410
Erwerbsteuer 346
Erwerb von Todes wegen, ESt 46
Erwerbsschwelle 358 f
Erwerbsteuer 304, 341, 356
Europarecht 528 ff
Eventualverbindlichkeiten 100

F

Fahrtkosten 133
Fahrzeuglieferung, Binnenmarkt 360
Fälligkeit, BAO 568
Fälligkeit, USt 350
Familienbonus 161
Familienlastenausgleichs-Gesetz, DG-Beitrag 392
Feilbietungen, Abgabe 524
feste Gebühren 502 f
Festsetzungsverjährung 571
Feststellung der Einkünfte 127
Feststellungen, gesonderte 567
Feuerschutzsteuer 523
Finanzamt 562
Finanzamt Österreich 562
Finanzamt für Großbetriebe 562
Finanzanlagen 87
Finanzausgleich 531
Finanzordnungswidrigkeiten 601
Finanzpolizei 562
Finanzstrafbehörde 605
Finanzstrafgesetz 591 ff
Finanzstrafregister 608
Finanzstrafverfahren 603 ff
Finanzstrafverfahren, gerichtliches 609
Finanzverfassung 531
Firmenwert, ESt 93, 107
Fiskalvertreter, USt 353
FLAG, DG-Beitrag 392
Forderungen, BewG 406
Forderungsintensität 622
Forschungsprämie 113
Fortschreibung, BewG 410
Freibetrag, investitionsbedingt 114 ff
Freibeträge 161
Freibetragsbescheid 170
freie Berufe 19
freie Beweiswürdigung 566
Freigrenzen 161
Fremdenverkehrsabgaben 524
Fremdvergleich 45
Fruchtgenuss 44
Funktionen der Steuern 3
Funktionsgebühren 31

G

Gebäude, AfA bei Vermietung und Verpachtung 136
Gebäude, gemischt genutzt, USt 342
Gebrauchsabgabe 524
Gebrauchtgegenstände, USt 329
Gebührenentrichtung, nicht ordnungsgemäß 504
Gebührengesetz 501 ff
Gebührenhinterziehung 504
Gebührenschuld, GebG 520
Gebührenschuldner, GebG 505
Gefahrenzulage 170
Gegenleistungsrenten 27, 158
Gegenleistungsrenten, Sonderausgaben 145
Geheimhaltungspflicht 548
Geldbeschaffungskosten 89
Geldbußen, ESt 95
Geldstrafe, ESt 95
Geldstrafe, FinStrG 594
Gemeindeabgaben 2, 524
gemeiner Wert 84
gemeiner Wert, BewG 403
gemeinnützige Sportvereine, USt-Befreiung 334
Gemeinnützigkeit, BAO 541
Gemeinnützigkeit, KommSt 391
Gemeinnützigkeit, KSt 203
gemischt genutzte Wirtschaftsgüter 59
gemischte Leistung, USt 314
genehmigungsbedürftige Rechtsgeschäfte, GebG 519
geringwertige Wirtschaftsgüter 110
Gerichtsvergleich 513
Gesamtschuldner 534
Geschäftsessen, USt 342
Geschäftsführer 33 ff
Geschäftsräumlichkeiten, USt-Option 336
Geschäftsveräußerung, ESt 128
Geschäftsveräußerung, USt 327
Gesellschafter-Geschäftsführer, ESt 19, 23, 33 ff
Gesellschafter-Geschäftsführer, FLAG 392
Gesellschafter-Geschäftsführer, KommSt 391
gesonderte (Gewinn-) Feststellung 567
Gewerbebetrieb, BAO 545
Gewerbebetrieb, Einkünfte 20 ff
Gewinn- und Verlustrechnung 616
Gewinnanteile 24/1, 223
Gewinnausschüttung, KSt 209
Gewinnbeteiligungen Arbeitnehmer 24
Gewinnermittlung 124
Gewinnermittlung durch Vermögensvergleich 48 f
Gewinnermittlung nach § 4 Abs 1 49/1

Stichwortverzeichnis

Gewinnermittlung nach § 5 49/1, 53 f
Gewinnermittlungsarten 47 ff
Gewinnermittlungsarten, Wechsel 118 f
Gewinnerzielungsabsicht 20
Gewinnfreibetrag 114 ff
gewöhnlicher Aufenthalt, BAO 544
gewöhnlicher Aufenthalt, ESt 10
Gleichheitssatz 531
Glücksspielabgabe 523
Glücksverträge, GebG 511
Going-Concern-Prinzip 83
grob fahrlässige Abgabenverkürzung 600
Grundanteilverordnung 136
Grundbuchsgebühr 478
Grunderwerbsteuer 461 ff
Grunderwerbsteuer, Stiftungen 225
Grundfreibetrag 114 ff
Grundrechte 531
Grundsätze ordnungsmäßiger Buchführung 67
Grundsteuer 413
Grundstück, Begriff, GrESt 464
Grundstück, USt-Befreiung 334
Grundstück, USt-Entnahme 312
Grundstück, USt-Option 335 f
Grundstücke im Betriebsvermögen 59/1
Grundstückshandel, ESt 28
Grundstücksort, USt 320
Grundstücksveräußerung 28
Grundstücksveräußerung, Abzugsverbot für Ausgaben 95
Grundstückswert, GrESt 468
Grundvermögen, BewG 410
Gruppenbesteuerung 212 ff
Gutschrift, USt 339
Gutschriftzinsen 168

H

Haftung, FinStrG 595
Haftung, fremde Steuern 535
Haftung, für ausländische Unternehmer, USt 351
Haftung, GebG 520
Haftung, Parteienvertreter 550 ff
Hälftesteuersatz 129, 164
Handel mit Gebrauchtwaren, USt 329
Hauptwohnsitzbefreiung 28, 129
Hausdurchsuchung, FinStrG 606
Herstellungskosten 78, 82
Hilfsbetrieb, Gemeinnützigkeit, KSt 203
Hilfsgeschäfte, USt 307
Hinzurechnungsbesteuerung, KSt 211/3

höchstpersönliche Tätigkeit 44/1
Holdinggesellschaft, USt 306
Homeoffice 23, 134
Hundertsatzgebühren 502 f
Hundesteuer 524
Hybride Gestaltungen 218/2

I

immaterielle Wirtschaftsgüter 86
Immobilienertragsteuer 28
Imparitätsprinzip 72, 74
indirekte Steuern 2
Individualbesteuerung 9
Inflationsanpassung, ESt 161
Innenumsätze 309
innergemeinschaftliche Lieferung 356
innergemeinschaftlicher Erwerb 305, 356, 358, 361
Insolvenz, USt 331
Instandhaltungsaufwand 80, 137 f
Interessentenbeiträge 524
Investitionsfreibetrag 109/1
Investitionsbegünstigungen 111
Irrtum, FinStrG 593
irrtümlicher Steuerausweis, USt 340
Isolationstheorie 174
Istbesteuerung 347, 349

J

Jagd- und Fischereiabgaben 524
Jahressechstel 170/1
Jobticket 23, 134
Jubiläumsgeldrückstellung 102

K

kalte Progression, Inflationsanpassung 161
Kanalisationsabgaben 524
Kapitalertragsteuer 24
Kapitalertragsteuer auf Gewinnausschüttungen 223
Kapitalerträge, Abzugsverbot für Ausgaben 95
kapitalistische Mitunternehmerschaft 123
Kapitalvermögen im Betriebsvermögen 87
Kapitalvermögen, Einkünfte 24
Katalogleistungen, USt 322
Kaufpreisrente 158
Kfz-Steuer 523
Kilometergeld 23

Stichwortverzeichnis

Kinderabsetzbetrag 161
Kinderbetreuungskosten 154
Kinderfreibetrag 161
Kirchenbeitrag, Sonderausgabe 150
Kleinbetragsrechnung, USt 339
Kleinunternehmer, USt 337
Kommunalsteuer 391
Körperschaften öffentl Rechts, KSt 205
Körperschaftsteuer 201 ff
Kosten 94
Kostentragung im Abgabenverfahren 580
Krankenanstalten, USt-Befreiung 334
Krankheitskosten 154
Kryptowährungen, Einkünfte 24/4
kulturelle Leistungen, Leistungsort 322
Kunstgegenstände, USt 338
Künstler, Einkunftsart 19
Künstler, Gewinnrücktrag 166
Künstler, USt 338
Kurzezeit-Regel 43

L

Lagefinanzamt 562
Land- und Forstwirtschaft, Einkunftsart 18
land- und forstwirtschaftlicher Betrieb, Abgabe 413
land- und forstwirtschaftliches Vermögen, BewG 410
Landesabgaben 2, 524
Leasing 61
Leasingverträge, GebG 508
Lebensmittel, USt 338
Legalitätsprinzip 531
Lehrbeauftragte 23
Leibrenten, GebG 511, siehe auch Renten
Leistungen, ESt 30
Leistungsentnahme, USt 312
Leistungsfähigkeitsprinzip 9
Leistungsort 316
Leitungsrechte 18/1
Liebhaberei, ESt 37 ff
Liebhaberei, KSt 208
Liebhaberei, USt 308
Liebhabereivermutung, ESt 38
Lieferort 317
Lieferschwelle 359
Lieferung 310 f
Liquidation, KSt 220
Liquidationswert, BewG 403
Liquidationswert, ESt 84
Liquidität 625
Lohnsteuer 170 ff
Löschung, BAO 569
Luftsteuer 524

M

Managerbezüge 95
Mängelbehebung 564
Mantelkauf 219
Maßgeblichkeitsprinzip 49/1, 65
Mausefalle-Effekt 226
Mehr-Weniger-Rechnung 65
Mehrwertsteuer 302 f
Methodenwechsel, KSt 211/3
Mietverträge, GebG 508
Mindestkörperschaftsteuer 221
Missbrauch 538
Miteigentümerschaft 141
Mitgliedsbeiträge, USt 311
Mitteilungspflicht 549
Mitunternehmerschaft 123 ff, siehe auch Personengesellschaften
Montagelieferung 317
motorbezogene Versicherungssteuer 523

N

Nachforderungszinsen, ESt 168
Nachhaltigkeit, ESt 20
Nachhaltigkeit, USt 307 f
Nachholverbot 68
Nachsicht, BAO 569
Nachzahlungen, ESt 43
nahe Angehörige, Verträge 45
Nebengeschäfte, USt 307
Nebenleistung 313
negatives Kapitalkonto 124
Negativsteuer 161
Nettolohnvereinbarung 170/3
Nettoprinzip 9
Neuerungstatbestand, BAO 577
Neuerungsverbot 574
Neugrundstück 28
Neugründungs-Förderungsgesetz 393
nichtabzugsfähige Aufwendungen, ESt 95
nichtabzugsfähige Aufwendungen, KSt 218
nichtabzugsfähige Aufwendungen, USt 312
nichtselbständige Arbeit, Einkünfte 23
Niederstwertprinzip 88

Stichwortverzeichnis

Normalsteuersatz, USt 338
Normalwert, USt 328
Normverbrauchsabgabe 523
Notariatsgebühren im Verlassenschaftsverfahren 522/1
Notstand, FinStrG 593
NoVA 523
Nutzung für private Zwecke, USt 312
Nutzungsdauer 107 f

O

Objektsteuern 2
Öffi-Ticket 94, 134
Offenlegungspflicht 564
One Stop Shop/OSS 159
Optionsrecht, USt bei Grundstücken 335 f
Organschaft, KSt 212
Organschaft, USt 306
Ort der Leistung 316
Ort der Lieferung 317
Ort der sonstigen Leistung 318 ff
örtliche Zuständigkeit, BAO 562

P

Parteiengehör 566
Parteienvertreter, Haftung 550 ff
passivieren 56
Patente, BewG 407
Patentrechte, Hälftesteuersatz 164
Pauschalierung, ESt 120 f
Pauschalierung, USt 345
Pauschalrückstellung 104
Pendlereuro 134
Pendlerpauschale 134
Pensionistenabsetzbetrag 161
Pensionsabfindungen 170
Pensionsrückstellung 102
Periodenprinzip 9
Personalsteuergesetz 1
Personenbeförderung, USt 320
Personengesellschaft 22, 123 ff
Personensteuern 2
Personenvereinigungen, KSt 202, siehe Personengesellschaften
persönliche Zurechnung von Einkünften 44 ff
Pkw, Erwerb im Binnenmarkt 360
Pkw, Normverbrauchsabgabe und Kfz-Steuer 523
Pkw, Vorsteuerabzug 342
politische Funktionäre, ESt 23

private Grundstücksveräußerung 28
Privatschulen, USt-Befreiung 334
Privatstiftung 225 ff
Privatvermögen, notwendiges 58
Progressionsermäßigung, ESt 163 ff
Progressionsvorbehalt 177
Protokolle, GebG 505
Prozesskosten, USt 365 f

R

Realisationsprinzip 72
Realteilung, ESt 126
Realteilung, UmgrStG 265
Rechnung, USt 339
Rechnungsabgrenzungsposten 97
Rechnungslegungspflicht 53
Rechtsanwälte, Einkunftsart 19
Rechtsgeschäftsgebühren 506 ff
Rechtskraft 575
Rechtsmittelverfahren 572
Rechtsschutzbeauftragter, FinStrG 605
Rechtsüberleitungsgesetz 1
Registrierkassenpflicht 67, 564
Reihengeschäft 317
Reisekosten 95, 133
Renten, Betriebsveräußerung 130
Renten, BewG 408
Renten, Exkurs 156 ff
Renten, Sonderausgaben 145
Renten, sonstige Einkünfte 27
Rentenlegat 27, 160
Repräsentationsaufwendungen, ESt 95
Repräsentationsaufwendungen, USt 312, 342
Reverse Charge System 318, 346
Revision an den VwGH 574
ruhende Lieferung, USt 317
Rücklagen 99
Rückstellungen 98 ff
Rückstellungen, Abzinsung 105
rückwirkendes Ereignis, Bescheidaufhebung/-berichtigung 575/2
Rückwirkung von Steuergesetzen 531
Rückzahlung von Abgabenguthaben 570
Rückzahlung von Einnahmen, ESt 43
ruhende Lieferung 317
Rumpfwirtschaftsjahr 54

S

Sachliche Steuerpflicht, KSt 208
sachliche Zuständigkeit, BAO 562
Sanierungsgewinn, ESt 162

Stichwortverzeichnis

Sanierungsgewinn, KSt 221
Säumnisbeschwerde 566
Säumniszuschlag 568
Schachtelbefreiung 211 ff
Schadenersatz, USt 311, 363 f
Schadenersatzrenten 160
Schätzung 122
Scheidungsfolgenvergleich, GebG 512
Scheingeschäfte, BAO 539
Schenkung von Betrieben, ESt 92
Schenkung von Betrieben, USt 325
Schenkungen, Anzeigepflicht 564/1
Schenkungsmeldegesetz 564/1
Schlussbesprechung 565
Schmuggel 594, 599, 604 f
Schmutzzulage 170/2
Schriftsteller, Einkünfteverteilung 166
Schriftsteller, Einkunftsart 19
Schriftsteller, Pauschalierung 121
Schuldbeitritt, GebG 509
Schulden, BewG 406
Schulderlass, ESt 162
Schuldzinsen, Werbungskosten 133
schwebendes Geschäft 72
Schwellenerwerber 358 f
selbständige Arbeit, Einkunftsart 19
Selbständigkeit 20
Selbstanzeige, FinStrG 596 ff
Selbstberechnung, GebG 521
Selbstberechnung, GrESt 475
Selbstberechnung, Haftung 554
Sicherungsgeschäfte, GebG 516 ff
side-stream-merger 253
Sollbesteuerung 347 f
Sonderausgaben 144 ff
Sonderbetriebsausgaben 124
Sonderbetriebsvermögen 124
Sonderbilanz 124
sonstige Bezüge 170/1
sonstige Einkünfte 26 ff
sonstige Leistung 310 f
sonstige Leistung, USt 312
Spaltung 266 f
Spekulationsgeschäft 29
Spenden, Betriebsausgaben 94
Spenden, Sonderausgabe 152
Sportler, Pauschalierung 121
Spruchsenat, FinStrG 605
Stabilitätsabgabe 523
Steuerarten 2
Steuerbefreiung, KSt 203
Steuerbefreiung, USt 332 ff
Steuerberater, Einkunftsart 19

Steuerberatung, Sonderausgabe 151
Steuererklärung, ESt 167
Steuererklärung, GrESt 475
Steuererklärung, KSt 221
Steuererklärung, USt 350
Steuererstattung, GrESt 476
Steuersatz, ESt 161
Steuersatz, GrESt 470 ff
Steuersatz, KSt 221
Steuersatz, USt 338
Steuerschuld, GrESt 474
Steuerschuld, kraft Rechnung, USt 340
Steuerschuldner, BAO 534
Steuerschuldner, USt 346
Steuertarif, siehe Steuersatz
Stichtagsbewertung 70
Stichtagsprinzip 64
Stiftungseingangssteuer 225
Stiftungseingangssteueräquivalent 473
stille Gesellschaft 24/1, 24/6, 123
stille Reserven 77
stille Reserven, Übertragung ESt 112
Stornogebühr, USt 311
Studienreisen 95
Stundung von Abgaben 568
Subsidiarität der Einkünfte 17

T

Tagesgeld 23
Tarif, ESt 161
Tarifbegünstigung, ESt 163 f
Tätigkeitsort, USt 322
Tausch, ESt 81
Tausch, USt 311, 325
tauschähnlicher Umsatz 325
Teilpauschalierung 121
Teilwert, BewG 404
Teilwert, ESt 83
Teilwertabschreibung 86
Touristenexport, USt 333
Trennungsprinzip 22, 208, 212
Treu und Glauben 531
Treuhänder, wirtschaftlicher Eigentümer 61

U

Übergang der Steuerschuld 318
Überrechnung 569
Überschuss der Einnahmen über die Werbungskosten 132
Überstundenzuschlag 170/2
Übertragung stiller Reserven, ESt 112

Stichwortverzeichnis

Übertragung stiller Reserven, KSt 208
Übertragungsrücklage 112
UGB-Bilanz 53
UID 356
Umbuchung 569
Umgründungssteuergesetz 251 ff
Umlaufintensität 622
Umlaufvermögen 88
Umsatzrentabilität 623
Umsatzsteuer 301 ff
Umsatzsteuer, Fälligkeit 350
Umsatzsteuer, Veranlagung 350
Umsatzsteuer, Voranmeldung 350
Umsatzsteuererklärung 350
Umsatzsteueridentifikationsnummer (UID-Nummer) 339, 356
Umsatzsteuerzinsen 568
Umwandlung 256 ff
Unbedenklichkeitsbescheinigung, BAO 567
Unbedenklichkeitsbescheinigung, GrESt 475
unberechtigter Steuerausweis, USt 340
unbeschränkte Steuerpflicht, ESt 10, 13
unbeschränkte Steuerpflicht, KSt 204 f
unbewegte Lieferung, USt 317
unechte Steuerbefreiung, USt 334
unechte stille Gesellschaft 24/1, 123
unentgeltliche Leistung, Steuerweiterleitung 344
unentgeltlicher Erwerb, ESt 92
unentgeltlicher Erwerb, GrESt 472
Unfallrenten 160
unkörperliche Wirtschaftsgüter 86
unrichtiger Steuerausweis, USt 340
Unterhalt, ESt 95, 155
Unterhaltsabsetzbetrag 161
Unterhaltsrenten 27, 157
Unterhaltsrenten, Sonderausgaben 145
Unterhaltsvergleich, GebG 512
Unternehmensbewertung, BewG 405
Unternehmenseinheit 309
Unternehmenskennzahlen 622
Unternehmensnachfolge, ESt 93
Unternehmensnachfolge, USt 327
Unternehmensverkauf, USt 327
Unternehmer, USt 306
Unterschriftsbeglaubigung, GebG 505
unwiderlegbare Einkunftsquelleneigenschaft, ESt 40
up-stream-merger 253
Urkundenprinzip, GebG 501
Ursprungslandprinzip 304, 356

V

Veranlagung, ESt 167 ff
Veranlagung, USt 350
Veranlagungsjahr 54
Veranlagungssteuer 2, 8
Veräußerung von Kapitalvermögen 24/2
Veräußerung 126
Veräußerung, Betriebsgrundstücke 28
Veräußerung, gegen Rente 130
Veräußerung, private Grundstücke 28
Verbandsverantwortlichkeit, FinStrG 595
Verbindlichkeiten, Bewertung 89
Verbindlichkeitsrückstellungen 102
Verbrauchsteuern 2
verbrauchsteuerpflichtige Ware, Binnenmarkt 361
Verbringen, USt 356
verdeckte Gewinnausschüttung 209
verdecktes Eigenkapital, KSt 210
Verfahrensgrundsätze 566
Verfahrenshilfe im Abgabenverfahren 580
Verfall, FinStrG 594
Vergleich, GebG 512
Vergnügungsteuer 524
Verjährung, BAO 571
Verjährung, FinStrG 598
Verkehrsabsetzbetrag 161
Verkehrsteuern 2
Verkehrswert, BewG 403
Verkehrswert, ESt 84
Verkürzungszuschlag, FinStrG 597
Verlustabzug, ESt 153
Verlustabzug, KSt 219
Verlustausgleich 94, 143
Verluste, Kapitalvermögen 24/5
Verluste, stille Gesellschaft 24/6
Verlustvortrag, Sonderausgabe ESt 153
Vermietung eines Beförderungsmittels, USt 320
Vermietung und Verpachtung, Einkünfte 25
Vermietung, USt-Befreiung 334
Vermietung, USt-Option 336
Vermögensvergleich 49 f, 615
vermögensverwaltende Tätigkeit, Einkunftsart 19
Vermögensverwaltung 21, 547
Verpachtung eines Betriebes 128
Verpachtung, USt-Option 336
Verpflegungsdienstleistungen, USt 320

Stichwortverzeichnis

Versandhandel 359
Verschmelzung 253
Versicherungsbeiträge 133
Versicherungsbeiträge, Sonderausgaben 146 ff
Versicherungsleistungen 24/1
Versicherungssteuer 523
Versicherungsverträge, USt-Befreiung 334
Versorgungsrenten 159
Verspätungszuschlag 568
Verteilungsbegünstigung 129, 165
Verträge, zwischen nahen Angehörigen 45
Vertrauensschutz 531
Vertretung, BAO 563
Vertretung, FinStrG 605
Vollmacht zur stl Vertretung 563
Vollpauschalierung 121
Voranmeldung, USt 350
Vorauszahlungen, betriebliche 96
Vorauszahlungen, ESt 43, 167
Vorauszahlungen, USt 339, 341, 350
vorbehaltene Entnahmen, UmgrStG 261
Vorbehaltsfruchtgenuss, ESt 44
Vorfrage, BAO 566
Vorlageantrag, BAO 572
Vorratsintensität 622
Vorsichtsprinzip 53, 73
Vorsteuer 302
Vorsteuerabzug 341 ff
Vorsteuerabzug, Pauschalierung 345
Vorsteuerberichtigung 343
Vorsteuerpauschalierung 345

W

Waldnutzung, Hälftesteuersatz 164
Wechsel der Gewinnermittlung 118 f
Wechsel, GebG 515
Wegzugbesteuerung 90/1, 530
Werbeabgabe 523
Werbungskosten 133
Werbungskosten, Pauschale 121
Werbungskosten, VuV 136 ff
Werbungskostenpauschale 134
Werkleistung 315
Werklieferung 315

Wert der Gegenleistung, GrESt 467
werterhellende Umstände 70
Wertersatzstrafe, FinStrG 594
Wertpapiere, BewG 405
wertverändernde Umstände 70
Wiederaufnahme 576 ff
Wiedereinsetzung 579
wiederkehrende Bezüge 26 f
wiederkehrende Zahlungen, ESt 43
Wiener Verfahren 405
wirtschaftliche Betrachtungsweise 537
wirtschaftliche Einheit, BewG 402
wirtschaftliches Eigentum, BAO 542
wirtschaftliches Eigentum, ESt 60
Wirtschaftsgüter 56
Wirtschaftsgüter, gemischt genutzte 59
Wissenschaftler, Einkunftsart 19
Wohnraumsanierung, Sonderausgabe 148 f
Wohnsitz, BAO 544
Wohnsitz, ESt 10 f, 13
Wohnungsmiete, USt-Option 336

Z

zeitliche Zuordnung von Einkünften 42 f
Zession, GebG 514
Zeugnisse, GebG 505
Zinsen, Einkunftsart 24/1
Zinsschranke 218/1
Zuflussprinzip 42, 117
Zulagen 170/2
zusammenfassende Meldung 322
Zusammenschluss, UmgrStG 264
Zuschreibung 86, 87
Zuständigkeit, AVOG 562
Zuständigkeit, ESt 169, 172, 174
Zuständigkeit, FinStrG 604
Zuständigkeit, GebG 522
Zuständigkeit, GrESt 477
Zuständigkeit, KSt 222
Zuständigkeit, USt 355
Zuwendungsfruchtgenuss 44
Zuzugsbegünstigungen, ESt 175
Zweitwohnsitzabgabe 524
Zweitwohnsitzverordnung 11
Zwischenbesteuerung 225